U0529738

1630年，英国清教徒建立马萨诸塞湾殖民地。

1776年，在大陆会议上，五人委员会约翰·亚当斯、本杰明·富兰克林、罗杰·谢尔曼、罗伯特·R.利文斯顿和托马斯·杰斐逊讨论起草《独立宣言》。

乔治·华盛顿，美国第一任总统，他签署了《1796年土地法令》，奠定了西部自由土地制度的基础。他在遗嘱中解放了自己的奴隶。

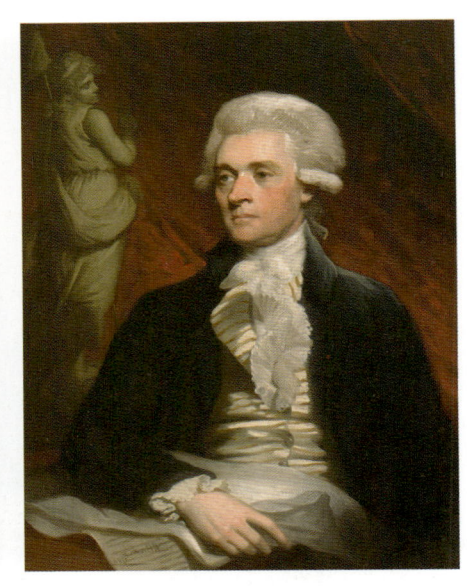

托马斯·杰斐逊，美国第三任总统，《独立宣言》主要起草人。他在任期间，从法国手中收购了路易斯安那。

詹姆斯·麦迪逊，美国第四任总统，他全面修改了邦联条款，是一位联邦主义者。

詹姆斯·门罗，美国第五任总统，是开国元勋中的最后一任总统。

蒙茅斯战役中的乔治·华盛顿，这是考验华盛顿作为北美大陆军总司令的第一场战役。

西蒙·玻利瓦尔通常被称为委内瑞拉、玻利维亚、哥伦比亚、巴拿马、厄瓜多尔和秘鲁的"乔治·华盛顿"。他释放了自己的所有奴隶，并寻求结束他所解放的国家的奴隶制。

1803 年，美国以 1500 万美元收购了路易斯安那地区。当时，法国军队在海地损失惨重，而且要为新一轮欧洲战争提供资金，所以拿破仑决定把北美洲的领地卖掉。

1815 年，安德鲁·杰克逊率领美军，在伤亡仅 10 余人的情况下击败英军，赢得了新奥尔良战役的胜利，扭转了战局，杰克逊因此成为美国人心目中的英雄。

此图为反映奴隶贸易的雕刻，描绘了一个被商人分开的奴隶家庭，戏剧性的场景旨在引起人们对不人道的奴隶贸易的关注。

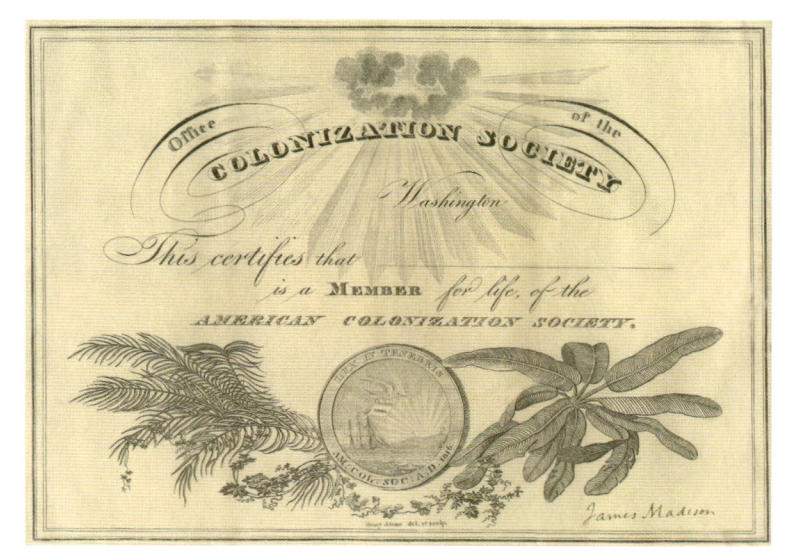

美国殖民协会的会员证书，由其主席詹姆斯·麦迪逊签署。该协会成立于1816年，认为将奴隶遣返非洲是解决奴隶制问题的一个方法，其徽章描绘了一艘驶向利比里亚的船，拉丁语的座右铭是为"黑暗中的光明"。

安德鲁·杰克逊,美国第七任总统。他作风强硬,是边疆开拓者仰慕的典范,绰号"印第安人杀手"。

1830年,安德鲁·杰克逊总统签署了《印第安迁移法案》,迫使印第安人从密西西比河以东向西迁移,4000多名印第安人死于途中,而美国依靠掠夺来的土地,实现了经济崛起。

1841 年，威廉·辛克莱创作了这幅描绘帕克斯顿男孩（由苏格兰–爱尔兰裔拓殖者组成）在康尼斯托加袭击美洲原住民的作品。

阿布纳基人（印第安部落联盟的其中一支）夫妇。

佐治亚斯通山上的纪念性雕刻，描绘了南方联盟英雄：杰斐逊·戴维斯（内战时南方邦联的总统，支持奴隶制）、罗伯特·E.李（南方邦联总司令）和斯通沃尔·杰克逊（南方邦联的重要军事指挥家，在第一次奔牛河战役中赢得"石墙"称号）。

1846年5月，美墨战争爆发。这是美国对墨西哥发动的一场侵略战争，墨西哥战败后，割让面积相当于墨西哥全部领土的一半给美国，美国大陆领土基本成形。

1861年,法兰西第二帝国在拿破仑三世的领导下武装入侵墨西哥,赶走墨西哥总统胡亚雷斯,怂恿奥地利大公马克西米利安前往墨西哥成立傀儡政府。

墨西哥皇帝马克西米利安一世和卡洛塔皇后的明信片。他们的统治时间为1864年至1867年。马克西米利安于1867年被墨西哥军事法庭以颠覆墨西哥共和国的罪名判处枪决。

南方种植园里的奴隶正在采摘棉花。美国南方经济尤其依赖棉花，棉花工业本质上是奴隶制度的代名词，所以南方精英保存和扩大奴隶制的愿望强烈，由此引发的政治争议最终以内战结束。

1862年，美国内战期间，弗吉尼亚州约克维尔附近农舍里的一群走私奴隶。

亚伯拉罕·林肯总统参观内战指挥总部。这场联邦州之间的战争导致超过63万名士兵和水手因伤因病而死，林肯承认这个结果"如此令人吃惊"。

图片为"地下铁路"。这个名字是隐喻性的，它是由房屋、洞穴、谷仓等地点和路线，以及充满正义、渴望结束奴隶制的人员组成的网络。在某种意义上，它被称为美国第一个民权运动，因为它大约引导了10万名奴隶获得自由。

1866 年，难民、自由民和弃置土地局在弗吉尼亚州里士满创办的工业学校。

1870 年 7 月 4 日，罗伯特·E. 李号和纳奇兹号两艘汽船在密西西比河上进行了 1200 英里的比赛，引起了全球的关注。

美国历史学家弗雷德里克·杰克逊·特纳（1861—1932年）提出了"边疆学说"，是"边疆学派"的创始人。他认为跨越边疆的拓殖扩张活动创造了独特的美国式政治平等。

1926年9月16日，三K党在华盛顿特区游行。他们有自己的服装和秘密仪式，以反黑人、天主教徒和犹太人为宗旨，并以恐怖暴力活动著称。

20 世纪 40 年代得克萨斯拘留中心。该集中营在二战期间用于关押日裔美国人，战后其柱子和围栏被回收修建美墨边境墙。

1967 年，马丁·路德·金在联合国大楼外发表谴责越南战争演讲。

归零地空中（"9·11"事件后，"归零地"成为美国世贸中心废墟的代称）。

美国亚利桑那州圣拉斐尔山谷的美墨边境。

新墨西哥州桑兰公园的边境墙。

一架无人机拍摄的集装箱半卡车通过美国墨西哥边境墙。

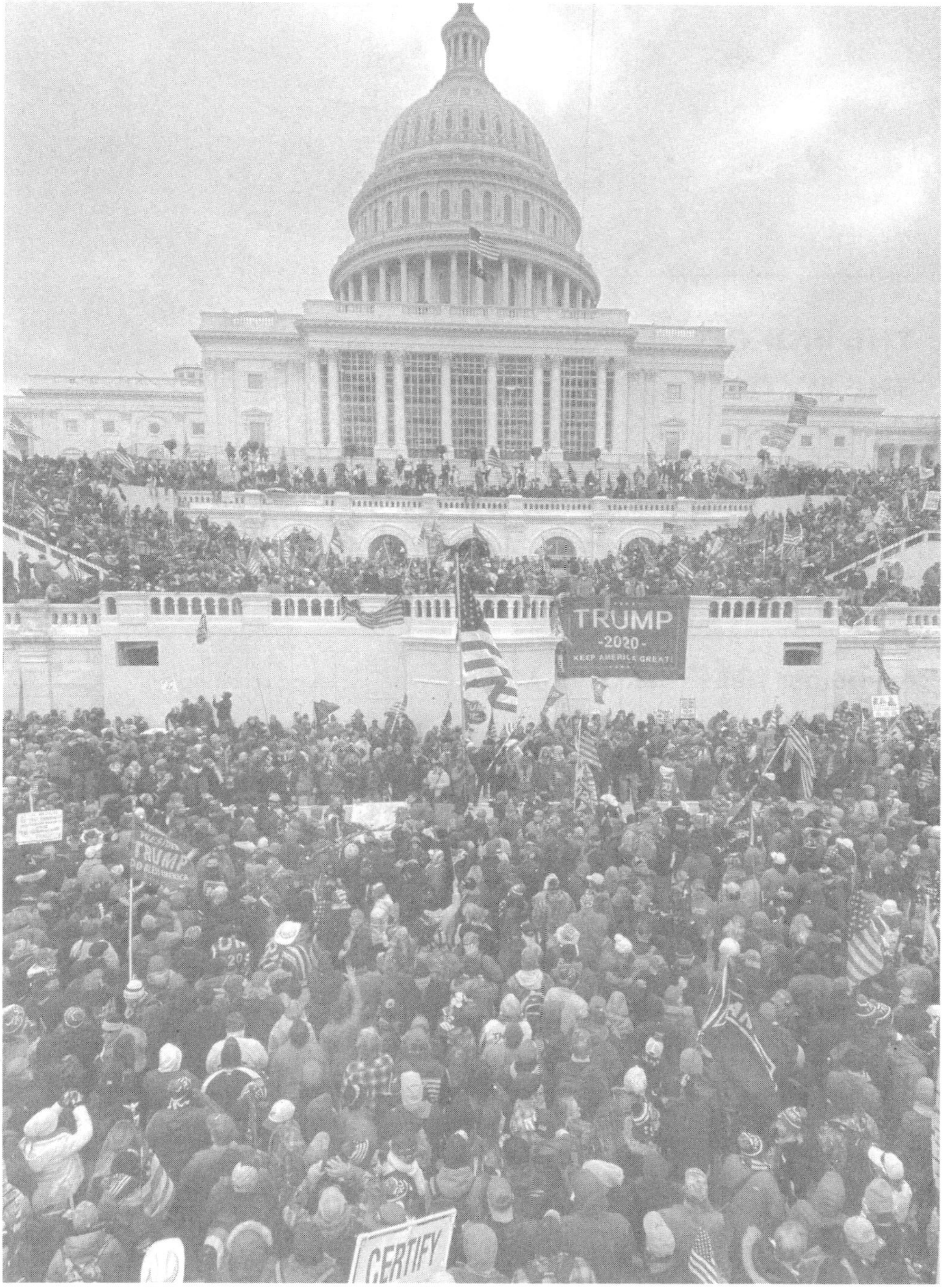
TRUMP
-2020-
KEEP AMERICA GREAT!
CERTIFY

**THE END OF
THE MYTH**

From

the Frontier to

the Border Wall

in the Mind of

America

神话的终结

从开疆拓境到画地为牢的美国史

Greg Grandin

[美]格雷格·格兰丁 ◎ 著
兰莹 ◎ 译

天地出版社 | TIANDI PRESS

献给

迈克尔、玛丽莲、乔尔、塔妮、吉恩、汤姆和艾米莉亚,
还有埃莉诺和她的朋友们。

To live past the end of your myth is a perilous thing.

跨过神话终点，前方危机四伏。

——安妮·卡尔森（Anne Carson）

目录
CONTENTS

引　言	逃离，一路向前	001
第 一 章	普天之下，皆为吾土	013
第 二 章	始与终	037
第 三 章	高加索民主政治	057
第 四 章	安全阀	083
第 五 章	你们准备好迎接所有战争了吗？	103
第 六 章	真正的救济	125
第 七 章	外　缘	143
第 八 章	1898年协定	167
第 九 章	边疆的堡垒	189
第 十 章	心理扭曲	215

第十一章	丰　收	237
第十二章	恶魔的吸管	255
第十三章	更多，更多，更多	273
第十四章	新的先发者	295
第十五章	跨越血色子午线	317
结　语	那堵墙在美国历史上的意义	339

| 引文出处和其他说明 | 351 |
| 注　释 | 371 |

引言

逃离，一路向前

THE END OF THE MYTH

如果说边疆发展史以诗的语言写就，那么历史学家弗雷德里克·杰克逊·特纳（Frederick Jackson Turner）堪称"诗坛"领袖。他在1893年的某篇文章中写道："在社会史这卷大书中，记载美利坚合众国的篇章是无论如何都绕不过去的。在这片大陆历史的书页上，我们自西向东，逐行细读，发现上面尽是社会演变的记录。"[1]在特纳看来，大陆扩张将欧洲人改造为新民族。一个粗俗而好奇心盛，自律又听从本能，务实而善于创造，身心充满"躁动而焦虑的能量"，因"自由而轻快活跃"的民族。特纳的学术生涯跨越19世纪末和20世纪初，当时吉姆·克劳法（Jim Crow laws）如日中天，反种族间通婚和排外主义的法律日渐巩固，三K党（K. K. K.）死灰复燃。墨西哥工人在得克萨斯被私刑处死，美国军队在加勒比海和太平洋地区疯狂镇压叛乱。但后来非常有名的特纳"边疆学说"（Frontier Thesis）看好美国的未来，认为跨越边疆的"自由土地"拓殖扩张活动创造了独特的美国式政治平等，即活力十足、有远见的自由放任主义。

特纳代表的那种美国精神全盘继承了美国立国时的无限乐观主义，坚信这个国家会迈着大步开拓边疆、走向整个世界，会逐渐压制种族主义，最后把其残余作为过时之物抛在身后。它还会减缓包括贫困、不平等和极端主义在内的其他社会问题，教会不同的人如何和平共处。作家弗兰克·诺里斯（Frank Norris）在1902年说，他希望当美国人意识到"整个世界都是我们的国家，朴素的人性就是我们的同胞"时，领土扩张能催生新的普救论①，到那时"人皆弟兄"（brotherhood of man）。[2]

　　向西而行，那里是应许之地②，是伊甸园般的乌托邦。在那片土地上，作为新一代的亚当，美国人想象自己摆脱了自然限制、社会负担和历史分歧。美国历史上，没有哪个神话能比那些穿越无尽子午线的先驱的影响力更大、能被更多总统援引。向前，再向前。尤其是20世纪30年代至70年代间，有平静，有怀疑，有异议，还有反对运动，然而几个世纪以来，虽然形式不同，但扩张主义的必要性保持不变。正如总统伍德罗·威尔逊（Woodrow Wilson）在19世纪90年代所说："美国这辆大车里总是坐着边疆人民，到目前为止，他们是我们国家历史的中心，也决定了国家历史。"并且，"从未想过要后退"[3]。

　　俱往矣。这部史诗在2015年6月16日戛然而止。当时，唐纳德·J.特朗普（Donald J. Trump）发表的总统竞选演说将弗雷德里克·杰克逊·特纳一笔抹倒："我要建一道高墙。"

　　特朗普很可能从未听说过特纳此人或其对美国思想的巨大影响。但在曼哈顿第五大道他那栋高楼的大厅里，特朗普对历史做出了判断。他特别提到《北美自由贸易协定》（North American Free Trade Agreement），还露骨地谈到美国对自由贸易的承诺，称："我们必须停止，而且必须现在停止。"

---

① 普救论（universalism）主张所有人的灵魂（包括已下地狱者）最终都得到救赎，因为基督的救赎是普及全人类的。——译者注

② 应许之地（promised land）取自圣经。圣经中上帝带领摩西与其他在埃及受苦的犹太人逃离法老的残酷统治，将他们带到迦南，并允诺这片土地将世世代代属于犹太人民。——译者注

***

所有国家都有边界，今天甚至有许多国家沿着边界建起围墙。但是唯有美国曾拥有边疆——至少是可作为自由程度标尺的边疆，其与现代生活本身的可能和承诺同义——还曾是其他国家效仿的榜样。[4]

在美国开国先贤赢得独立的几十年前，美国被视为不断形成、不断发展的过程。1651年，英国政治家、哲学家托马斯·霍布斯（Thomas Hobbes）描述英国在美洲的殖民主义是受"对领土扩张贪得无厌的欲望或贪食症"的驱动。[5] 托马斯·杰斐逊（Thomas Jefferson）在《独立宣言》（Declaration of Independence）发表两年前的某份政治宣言中，把"不能选择出生地的拓殖者可自由离开出生地寻找新居住地"的权利，确定为普世法则的要素之一。[6]

早期的美国神学家相信，真正的宗教随太阳自东向西移动，如果人类能够追上它的光芒，也许历史可被重写，也能避免衰落。[7] 有位边疆作家说，西部这片土地"为人类提供第二次机遇"[8]。特纳说，在那里能"永恒重生"。会有新边疆吗？历史学家沃尔特·普莱斯考特·韦布（Walter Prescott Webb）在20世纪50年代初撰文说，该永恒问题无非揭示了对死亡的本能排斥。你不妨问问，那里有人类灵魂吗？[9] 人们相信边疆拥有再生力量，因为西部确实曾为许多人提供机会摆脱现状，甚至还有不少人在那里发家致富。在野心和疆域两方面，美国都很大。

边疆的概念既是诊断（解释美国为何拥有权力和财富），又是处方（建议决策者如何维持并扩大上述权力和财富）。物理世界的边疆关闭后，它的意象可以轻而易举地应用于如市场、战争、文化、技术、科学、心理和政治等其他扩张运动的竞技场。在第二次世界大战结束后的几年里，"边疆"

成为中心隐喻，描述对新世界秩序的愿景。旧时的帝国在人们普遍认为资源有限的环境中确立统治地位并扩大霸权，尽可能多地攫取世界财富、遏制对手。然而，现在美国做出可信声明，自称要做与众不同的世界大国，领导着以无限增长为前提的世界经济。历任总统声称，美国政府与其说是统治，不如说是协助组织并稳定可被理解为自由的、共同的和多边的国际社会。对无限制边疆的承诺意味着财富不是零和命题。它可以被所有人共享。战后规划者借用安德鲁·杰克逊（Andrew Jackson）及其追随者在19世纪30年代和40年代提到边疆时的说法，表示美国将推广世界的"自由区域"，扩大其"自由制度圈"。[10]

***

边疆的理想本身就包含着自我批评，这是它作为国家隐喻如此强大的另一个原因。马丁·路德·金（Martin Luther King, Jr.）认为，该理想是种族主义、暴力的男权意识、嫌贫爱富的道德主义等种种社会问题滋生的土壤。从1967年初到1968年4月他被谋杀为止，一年多的时间里，随着越战逐渐升级，马丁·路德在一系列布道会和记者招待会上，同时提出了一个致命的分析。他认为，海外军事扩张加速了美国国内的两极分化。他说："越南战场上的火焰喷射器在我们的城市里煽风点火，该在越南爆炸的炸弹却在国内炸响。"与此同时，连绵战火将美国国内两极分化的最坏结果向国外转移。[11]

马丁·路德的观点既简单又深刻：美国不断逃避，从而避免了对经济不平等、种族主义、犯罪和刑罚、暴力等社会问题的真正清算。当时的其他评论家也得出了类似的结论。有学者认为，帝国扩张使美国能通过剥削第三世界带来的社会福利或更高工资"收买"国内的白种技术工人。其他人强调扩张能带来政治利益，使相互竞争的利益集团得以和解。[12]更有人倾向于以弗洛伊德主义（Freudianism）甚至荣格主义（Jungian）来解释其动机：从前在对边疆有色人种的战争中形成的根深蒂固的暴力幻想外化于行；士兵们为"内心罪恶欲望"、他们在战争期间的暴行以及更加怪诞的施虐行为披上神圣外衣。[13]

在美国历史的长河中，无论是通过领土还是通过市场和军国主义进行的无休止扩张都具有转移国内极端主义的倾向。就这一点，有很多话题值得展开谈谈。例如，几百年来，历史的创伤和怨恨、神话和象征如何代代相传？客观上，美国扩张，是为了美国国内生产获得海外资源和开放市场吗？还是说扩张只是国家领袖的一厢情愿？无论答案为何，美国自建国以来，一直在向外推进，并为该行为披上道义的外衣，证明它对边疆内外的人民同样有益。历史学家威廉·阿普尔曼·威廉姆斯（William Appleman Williams）在1966年写道，扩张的理念"在心理学和哲学意义上令人振奋"，因为它可以"投射于无限"。[14]

然而事实证明，没有什么无限。

***

美国现在（至作者落笔）在一场战争中已经打了18年的仗，而这场战争永远不会胜利。21世纪初在阿富汗和伊拉克作战的士兵，现在他们的孩子也加入了军队。有位退役海军将领最近表示，美国将在阿富汗再待上至少16年，届时第一代老兵的孙辈也将扛起枪。参议员林赛·格雷厄姆（Lindsey Graham）认为，美国正在打"一场没有边界、没有时间和地域限制的无休止的战争"[15]。另一名前军官在提到将军事行动扩大到尼日尔等非洲国家时说，战争"永远不会结束"[16]。这场战争的账单目前估价近6万亿美元，到我们的孙辈都付不完。[17]

美国在无休止的战争沼泽中泥足深陷，再也不能想象经济无止境增长。2007至2008年金融危机之后，经济反常复苏，其标志是平庸的投资率、财富储蓄、股市飙升和工资增长停滞，整整一代人的预期提前画上句号。[18]当前危机的根源可以向前追溯几十年，其始于20世纪80年代的经济结构调整。当时，危机从农业衰退和去工业化开始，接下去是金融放松管制，大幅减税，以及服务业薪酬降低和个人债务固化。在接下来的几十年中，该国政治家们愈加倾向于以夸张口吻兜售经济结构改革。罗纳德·里根（Ronald Reagan）说，"万事皆有可能""增长无极限"。[19]在随后几任总统老布什（George H. W. Bush）、比尔·克林顿（Bill Clinton）和小布什（George W. Bush）主导下形成了一个意识形态肥皂泡。事实证明，该泡沫与克林顿手下顶级经济学家的预测同样不切实际。1998年，该经济学家认为互联网热潮这个泡沫会"永远持续下去"，然而它很快就破灭了。[20]四位总统都在稳定加注，将"参与全球事务"视为道义上的责任并大肆推行，而正是该使命将美国引进波斯湾，引向那场导致经济疲软、败坏大义的全球战争。

在所有民族主义中，理想与经验之间的差距都会存在。但在越战失败后的数年中，当去工业化使越来越多的人的日常生活处于不稳定状态，使越来越多的人忍耐达到极限时，粗暴的个人主义和边疆无限的神话复活，对社会和谐造成了沉重打击。它削弱了社会团结的机制，特别是政府提供的福利和工会制度，而当时这些正是人民最需要的。在西部的英雄传奇中，牛仔们可不会加入工会。[21]神话和现实间的差距现在已经扩大为鸿沟。

政府应允许个人自由地追求自身利益，这是美国的立国原则。即便美国肩负"道德使命感"走向世界，腐败和贪婪仍由其内部滋生。但很难想象它曾有这样一个时期：唯利是图者当道，人民幻想破灭；富人捂紧钱袋，穷人遭到鄙视。

***

唐纳德·特朗普于2016年当选美国总统这一事实，及其竞选过程和总统生涯引发的所有尖刻批评，被评论人士认为代表了两种完全相反的可能。特朗普主义（Trumpism）要么代表决裂，即控制了政府机构的完全去美国化运动，要么代表他实现了根深蒂固的美国式极端主义。特朗普对本土主义的粗暴和残酷的呼吁是否代表要摆脱传统，摆脱断断续续的对内宽容平等，对外捍卫多边主义、民主和海外开放市场的承诺呢？或者，用迪克·切尼①那个引起广泛共鸣的词来说，这不过是美国历史走向光明过程中的"阴暗面"。这究竟是违背还是延续呢？

大多数评论都没有提到，扩张以及对无边界的承诺有助于压制种族主义和极端主义，直至将它们推到边缘。可以肯定的是，之前的几轮动荡催生了乔治·华莱士（George Wallace）和帕特·布坎南（Pat Buchanan）等类似特朗普的煽动家。但这些本土主义者领导的运动在地理、制度和意识形态上仍然微不足道，并受到遏制。美国也曾有公开鼓吹种族主义的总统。在理查德·尼克松（Richard Nixon）实施"南方战略"②以赢得南方新邦联（neo-Confederates）选票之前，伍德罗·威尔逊培植南方邦联的遗老及其子孙组成

---

① 迪克·切尼（Dick Cheney，1941— ）是老布什总统的国防部长、小布什总统的副手，也是他那一代人中最有影响力的共和党政治家之一。——译者注

② 南方战略（Southern Strategy）指几十年来共和党含蓄甚至明确地利用白人在反种族主义运动中生出的"白人恐惧心理"以及"怨恨情绪"来赢得南方选票的做法。——译者注

选举联盟，在联邦政府的官僚机构中恢复种族隔离制度，并使三K党合法化。在威尔逊之前，安德鲁·杰克逊亲自驱赶运奴队伍来往于纳奇兹①和纳什维尔②之间，主持种族清洗政策，为白人拓殖者腾出大量土地，同时投入联邦政府的全部力量来创建"高加索民主"（Caucasian democracy）。

然而，像杰克逊和威尔逊这样的早期种族主义总统与特朗普的不同之处在于，在他们执政的时期，崛起的美国正走向世界，而在无限增长的承诺之下，即使在那场几乎将美国一分为二的内战后，国内政治两极分化也能被遏制，国家也不致分裂。而特朗普主义是极端主义指向内部的矛尖，消耗一切并吞噬自我。没有任何"神圣救世主式的十字军东征"能够驾驭激情并将其重新导向外部。任何形式的扩张都不再能满足各路利益集团、调和矛盾、弥合派系或改变怒火烧灼的方向。

作家萨姆·塔南豪斯（Sam Tanenhaus）称巴拉克·奥巴马（Barack Obama）任期内发展壮大的保守派边缘势力为"复仇三女神"，说他们已经无处可去[22]，在美国国内四处游荡。特朗普使用美国种族主义的种种手段，比如玩弄"出身论"③、接纳宣扬法治的极端分子、拒绝与三K党和纳粹支持者保持距离。然而，只有对边境地区的关注以及随之而来的一切，如给墨西哥人贴上"强奸犯"的标签，称移民为"蛇"和"动物"，激起民众对非法居民的愤怒，提议终止与生俱来的公民权，任由美国移民和海关执法局（U. S. Immigration and Customs Enforcement）特工渗透全国进行突袭检查、冲进学校和医院、拆散家庭、传播悲痛等做法，才向特朗普主义提

---

① 纳奇兹（Natchez）是密西西比州最早建立的城市之一。——译者注
② 纳什维尔（Nashville）是美国田纳西州的首府。——译者注
③ 特朗普在大选期间宣扬"奥巴马出身论"，认为奥巴马实际上是穆斯林，篡改了出生证明才顺利当上了美国总统。直到奥巴马的竞选阵营公布了一份当年刊发在夏威夷当地报纸上的出生公告和出生证明证件后，坊间猜测才渐渐平息。——译者注

供了最强烈的、一以贯之的信息：世界有限；并非所有人都能分享其中的财富；国家政策应该体现这一实际问题。这种说法并不新鲜，多年来它有两个版本。一是承认现代生活强加义务于人，而且自然资源有限，因此社会应采取以尽可能公平分配财富为目标的人道主义组织方式；另一种则认为，占据统治地位方能认识到极限存在。

"跨过神话终点，前方危机四伏。"加拿大女诗人安妮·卡尔森曾如是说。特朗普让美国意识到自己已经走到了神话尽头。

***

要讨论边疆问题，就绕不开关于资本主义的力量和可能性，也绕不开它对"无限"的承诺。唐纳德·特朗普发现，讨论国界并承诺修建国界墙，可以在不挑战资本主义地位的前提下，承认其令人头痛的局限性确实存在。特朗普在竞选时承诺要结束战争，还要扭转其党派的极端反监管和自由市场计划。然而上任后，他加速放松管制，增加军费开支并扩大战争规模。[23] 同时，他仍然不断提到那堵墙。

那堵墙可能建起，也可能不会建起。然而即便它仅存在于变幻不定的预算阶段，这条将沿美国南部边境线修建的长2000英里①、高30英尺②的钢筋混凝土"飘带"也是国会和白宫间的永久谈判筹码，关于它的承诺也将能够达到目的。它是美国的新神话，是边疆最终关闭的纪念碑。它是某个国家的象征：这个国家过去一直相信自己已经逃过历史规律，或至少能大

---

① 1英里约等于1.6千米。——译者注
② 1英尺约等于0.3米。——译者注

步跨越历史阶段，但现在却发现自己为历史所困。这堵墙也是某个民族的象征：该民族过去一直相信自己是未来的主宰，现如今却发现自己仍是过去的囚徒。

第一章 普天之下,皆为吾土

THE END OF THE MYTH

"不为美国下定义则已,
下则除疆域空间外,再无其他。"

1

THE END OF THE MYTH

英国在北美的殖民地诞生于扩张。美国是一种渴望、一种使命、一种义务，是激烈的基督教分裂，以及欧洲无休止的宗教和帝国冲突造就了它。定居新英格兰的新教徒可能把横越大西洋视为逃离欧洲战争的一种方式，也可能是把移民当作开辟新战线并想在新大陆上赢得上述战争——这两种原因是根据他们对《启示录》的复杂解读所得。17世纪，美洲有如末世中预示新世界出现的星云，给人的第一个矛盾形象是既原始单纯，又掠夺横行。它臣服于奉行天主教的西班牙，空虚而又充斥着对拯救的原始祈求。百年前，西班牙就已征服部分美洲，如巨大的拦路石，阻挡了经过宗教改革运动，正崛起为世界强国的英国的脚步。教士兼宫廷大臣理查德·哈克路特（Richard Hakluyt）曾在16世纪末写下"所有人都异口同声地呼喊自由，自由"之语，希望说服投资者和女王在美洲建立殖民地。[1]

拓殖者面临的严酷生活条件使清教徒社会逐渐衰弱，此时边疆受到威胁，在前方召唤他们。黑暗的森林里到处都是女巫，她们怪异却富有魅力。在森林中，这个群体可以得到救赎并找到新的目标，一个重新开始的机会。或许那里更多的是悲伤，正如两位早期的清教主教把进入未知领域的冒险者即将面临的艰辛描述为"荒野之哀"。在那未知领域里，当拓殖者为逃避神职人员统治而四散奔逃时,坚如磐石的团结也会碎如齑粉。英克利斯·马瑟①警告说,"人们就要再次狂奔到森林里,变回以前的异教徒"。就建立基督教团体而言,扩张常常在同一次布道中同时被描述为原因和解决办法。

不管怎样,美洲原住民必须让开。某位清教徒编年史家在提到土著人时说:他们可能死去,"他们日渐衰弱,他们逐渐消失,他们不复存在"。在1620年"五月花"号到来的前几年,大批土著人死于欧洲瘟疫,从而为建立马萨诸塞湾殖民地(Massachusetts Bay Colony)腾出土地。另一位观察家说:"上帝为他的子民开路,赶走异教徒,把他们种在地里。"[2] 他们可能被谋杀掉:历史学家伯纳德·贝林(Bernard Bailyn)认为,清教徒散播神圣恐惧,是由于"对文明人在难以想象的荒野中可能遭遇之事的恐惧,以及对上帝的子民注定要与无情的撒旦代理人和他们周围的异教反基督者作战的种族冲突的恐惧"。[3] 幸存者可能被奴役:1626年,弗吉尼亚商人、种植园主威廉·克莱本(William Claiborne)获得美国在英属殖民地时期的首项专利。此人发明了一种装置,在束缚印第安人的同时还能迫使他们工作。克莱本得到了一个印第安人来做实验对象,好"试试他的发明"。[4] 殖民地的记录没有形容这项发明是什么样子,只指出它没有成功。②

或者他们可能会逐渐被驱赶得越来越往西。1794年,新奥尔良的西班牙总督抱怨道:"数量庞大而不安的人口不断地把印第安人赶到我们前面,试图占有俄亥俄河、密西西比河、墨西哥湾和阿巴拉契亚(Appalachian)山脉之间的广袤大陆,而这片土地是印第安人的家园。"[5]

---

① 英克利斯·马瑟(Increase Mather,1639—1723年)是17世纪新英格兰美国清教主义的代表人物。——译者注

② 为获得劳动力,弗吉尼亚人毅然转向非洲,而清教徒的同情者克莱本转向西属美洲求助,并在伦敦商业资本的支持下,筹划在洪都拉斯海岸再建一个"新英格兰",但以失败告终。——作者注

一个半世纪后，即20世纪50年代初，墨西哥作家兼外交家奥克塔维奥·帕斯（Octavio Paz）发表文章，提出大致相同的观点：

> 不为美国下定义则已，下则除向人类活动开放的纯粹空间外，再无其他。由于它缺乏诸如古代社会阶级、既定制度、宗教和世袭法律等历史实体，那么现实中除了自然便没有其他障碍。人类要抗争的不是历史而是自然。任何历史障碍诸如土著社会等都会被从历史中抹去，沦为纯粹的自然事实，并被相应摒弃……邪恶就在外面，是自然界的一部分，包括印第安人、河流山脉和其他必须被驯化或摧毁的障碍。[6]

帕斯还说，独立战争是永久性的革命，是对所有"与美国本质无关的因素"的不断放逐，也是在"不断创造自身"。无论美洲原住民、西属美洲还是历史本身，任何阻碍这种自我创造的东西，所有"以任何方式都不能还原或同化"为这种永久创造的东西，都"不是美国的"：

> 在别的地方，未来是人的属性之一：因为我们是人，所以我们有未来。而在撒克逊人的美国……这个过程颠倒过来，未来决定了人：我们是人，因为我们是未来。所有没有未来者都不是人。

帕斯说，美国"没有给矛盾、模棱两可或冲突留下任何余地"。整个国家"像失重一样迅速地"铺满这片大陆。得克萨斯州的创始人斯蒂芬·奥斯汀（Stephen Austin）在一个多世纪前曾说，试图阻止北美人向西迁移就像"试图用稻草筑坝拦住奔涌的密西西比河"[7]。

向西的推进力忽强忽弱，在关键时刻会迸发出激情。

在 18 世纪的头几十年中，神学思潮相对平静。英国殖民者仍然被战争、疾病、恶劣天气和国内分裂主义所困扰，但多少摆脱了曾折磨其清教徒移民祖先的精神痛苦。接着是 18 世纪 30 年代的大觉醒运动①，而虚张声势的哀诉布道②再次将全球事件，即欧洲国家间的战争解读为宗教自由与真正宗教信仰间的斗争进入了最新阶段。"森林热"再次升温，人们认为有先知曾预言这次移民，认为清除森林并让基督徒住满山谷是弥赛亚使命的一部分。拓殖者开始越过蓝岭③，进入弗吉尼亚的谢南多厄（Shenandoah）和俄亥俄河谷，穿过坎伯兰岬口（Cumberland Gap）。"他们都是虔诚的信徒，坚定信仰圣经且反对'异教徒'。"[8]18 世纪 30 年代，苏格兰 – 爱尔兰

---

① 大觉醒运动（Great Awakening）是一场旨在提高信徒宗教敬虔的宗教改革运动，加速了殖民地教区制度的瓦解，最终造成教会分裂和无穷尽的纷争。——译者注

② 哀诉布道（jeremiad）产生于 16 世纪的欧洲。北美洲新英格兰殖民地的清教徒从文体上对布道进行了加工和改造，创造出具有美国特色的哀诉布道。——译者注

③ 蓝岭（Blue Bridge）是美国阿巴拉契亚山系的东部山脉，从宾夕法尼亚南部向南延伸到佐治亚北部。——译者注

人几乎把所有科内斯托加（Conestoga）人从宾夕法尼亚西部驱走。他们认为这是信仰问题："这么多的土地闲置，同时却有这么多基督徒想在此劳作谋生，这违反上帝和自然的法则。"[9]

在美国独立战争之前的几十年里，人们也越来越多地从世俗的角度来理解西部拓殖，认为这不是在引导基督的降临，而是在引导社会的进步。1751年，本杰明·富兰克林（Benjamin Franklin）在名为《关于人类增长的观察报告》（*Observations Concerning the Increase in Mankind*）的小册子中预演了这种思维方式。[10] 富兰克林写道，在欧洲，过剩的人口被挤压到生存极限。他们竭力从贫瘠的农田中获取食物，又大群拥入城市，压低了他们的工资。他说："劳动力充足时，薪水就会降低。"相比之下，美国逃过了这个人口陷阱。使财富倍增的是人口增长，而不是努力将有限的资源再细分为更小份额。丰富、廉价而富饶的土地意味着劳动者可以随心所欲地生育，因为他们的孩子也可以清除森林获得耕地，种庄稼来养活自己。市场与供给同步增长，从而使美国避免了如食物短缺、劳动力泛滥、工资过低、城市爆满、制成品生产过剩等困扰欧洲的扭曲现象。富兰克林在他位于费城的印刷所里写道，"北美的疆域如此辽阔"，"需要相当长的时间才能被完全拓殖。而在它被完全拓殖之前，这里的劳动力永远不会便宜"。

富兰克林是个乐观的普罗米修斯（Promethean）。他把历史想象成一场跨越海洋和陆地、由东向西推进的活动。他写道："通过清除美洲森林，我们正在清洗我们这颗星球。"据他估计，美国有"100万人"，而这个数字在一代人之内将翻一番，直到"大洋此岸"的英国人比英国本土还要多。富兰克林在这里提出一种思考种族差异的新方式，将对与自己同"肤色"者的偏爱合理化，证明他依赖的不是神学上的绝对论（即把美洲原住民想象成撒旦的代理人，并执行上帝的意志把他们赶出这片土地是合理做法），而是某种听起来颇为时髦的相对论主张。他说，所有的人都"偏爱"自己的种族，就像他偏爱白种人一样："我希望白人能越来越多。"非洲是"黑色"，亚洲是"茶色"。富兰克林认为，除了大不列颠和撒克逊德国（Saxon Germany）的部分地区外，欧洲大部分地区都是"黝黑的"。富兰克林写道，在北美，白人拓殖者正在使"地球这边朝火星或金星居民反射的光更加明亮"。这是自然神论的说法，用其他（外星）生命的判断取代全能上帝的判断。

七年英法战争拓宽了人们的眼界，富兰克林式的乐观主义（把繁荣与扩张联系在一起）和更阴暗的冲动（使殖民者相信这片土地是他们该继承的遗产，是他们用鲜血换来的奖赏）都传播渐广。1756年至1763年间，欧洲分裂成两大阵营，一方推天主教法国为领袖，另一方唯新教英国马首是瞻。战争爆发后，战火几乎烧遍全世界，非洲、亚洲印度、中美洲加勒比海地区和南美洲都卷入其中。英法在北美洲部署了常备军，在拓殖者中招募民兵并与原住民结盟，开始争夺对这片大陆的控制权。[11]

这场战争（实际上在美国始于1754年，当时英法殖民者为争夺俄亥俄河谷的控制权发生了小规模冲突）满是血腥。这是一场强度低、死亡率高、漫长艰苦、令人筋疲力尽的跋涉，战争双方穿过人迹罕至的森林，大肆屠杀、烧毁村庄、疯狂撤退、忍饥挨饿。有时为报复，有时为生存，他们还被迫吃人。英国"游骑兵"照搬美洲原住民的战斗风格，学会了如何化整为零，以小分队形式潜近目标，发起快速突袭。例如，罗杰斯游骑兵①的衣着和生活方式都"像印第安人"，在平定康涅狄格河谷（Connecticut Valley）时，他们用剥头皮的利刃对付法国人的土著盟友。有次他们接近圣劳伦斯河（Saint Lawrence River）附近某个原住民阿布纳基人（Abenaki）

---

① 罗杰斯游骑兵（Rogers' Rangers）是殖民地民兵组成的独立军事单位，在七年战争期间隶属于英国军队，负责侦察和对遥远目标进行特殊行动。——译者注

的村庄，村里大部分是妇孺。据其中一位游骑兵说，他们"格杀勿论，毫不留情"，不到15分钟，"村庄四处火起，可怕的大屠杀开始了"。几乎无人能逃脱："从火海中逃出的人要么被击毙，要么死于战斧（tomohawk）之下。""就这样，这些野蛮人的残忍终于招致了灭顶之灾。的确可怕，但他们罪有应得。"那位游骑兵说。[12]

这种模仿不仅是战术，也有精神作用：他们想象自己像受害者一样进行无情杀戮，并以此为理由对杀戮行为辩护。而且，模仿这片土地上的原住民印第安人行事，一旦真正的印第安人被赶走，他们就可以宣称自己对这片土地的拥有权。有位作家把殖民者的这种模仿形容为"兄弟间的种族灭绝"（Fraternal genocide）：被屠杀的"印第安兄弟"成了"白种人潜意识中永不满足的鬼魂"。[13]在某种程度上，这是科马克·麦卡锡（Cormac McCarthy）在小说中描述的"血色子午线"的开端，是无尽长空与无尽仇恨相交而成的地平线。或者，至少这是"野蛮年代"（伯纳德·贝林①以此称呼殖民者杀戮美洲原住民的最初几十年）大陆化的开始。

英国赢得了那场战争，从法国手中夺取了北起五大湖到俄亥俄河谷、西至密西西比河的大片森林，但伦敦很快就失去了和平。法国战败后，西班牙就成为大英帝国最后一个竞争者。不过，西班牙王室当时对北美领土的控制还相当乏力，于是包括富兰克林在内的许多英国拓殖者都在期待最后一战能把整个北美和加勒比海地区纳入大不列颠王权之下。富兰克林在1767年写道，在即将开始的"未来战争"中，讲英语的人将"大举沿密西西比河而下，直抵下游国家、进入墨西哥湾（Bay of Mexico），以对付古巴或墨西哥"。[14]

他们已经大举顺流而下，而这位英国总督将他们描述为"四溢的帝国

---

① 伯纳德·贝林（Bernard Bailyn，1922—2020年）是美国历史学家、教育家。——译者注

浮渣"。这些漂泊者和擅自占地者翻山越岭，进入密西西比河谷。王室派出的官员竭力阻止他们。但是他们陷入了困境，因为英国的胜利受惠于两个对立集团，而这两方利益无法调和。一方是来自阿勒格尼山脉和阿巴拉契亚山脉以东的英国拓殖者，他们的步兵部队曾抗击法国人。他们曾得到许诺，说他们的服役可以得到边疆土地作为报偿。另一方是主要居住在横贯阿巴拉契亚河谷的山脉以西的英国的原住民盟友，包括北边的易洛魁人（Iroquois），南边的切罗基人（Cherokee）、乔克托人（Choctaw）和契卡索人（Chickasaw），还有佛罗里达的塞米诺尔人（Seminoles）等。他们中的许多人也曾为王室而战，对英国胜利的贡献不亚于白人拓殖者。

1763年10月，英国王室试图澄清局势。国王乔治三世（George Ⅲ）发布公告，在阿勒格尼山脊顶部划定分割线，禁止欧洲拓殖者在此线以西定居："我们严禁所有臣民以购买、定居或诸如此类的方式占有任何上述保留地。"英国政府甚至命令已经越过这条线的拓殖者"立即撤离"并返回东部。这项法令实际意味着乔治国王废除了殖民地的创建殖民地特许状，并撤销了英国政府多年来给予私营公司的长期特许权，俄亥俄公司①占据的数十万英亩②土地也包括在其内。[15]事实上，英国政府承认的是某种新殖民地。这种新殖民地上居住着不同的土著民族，独立于大西洋沿岸的欧洲殖民地，但与它们地位平等。公告中提到土著人时说，他们生活在"我们的羽翼之下"，"不应该在我们的主权下和领土上受骚扰"。这新安排中也有私心。英国商人知道，要想继续获得皮毛，就必须把白人拓殖者挡在土著人的狩猎场之外。不过，正如上议院的贸易和种植园专员（Lords

---

① 俄亥俄公司（Ohio Company）成立于1748年，旨在促进与美洲印第安人群体的贸易，并确保英国人对俄亥俄河谷的控制。——译者注

② 1英亩约等于4046.86平方米。——译者注

Commissioners for Trade and Plantations）所说，"让野蛮人安静地享受他们的沙漠"是强有力的声明，正如乔治三世用"民族"（nations）这个词来描述土著民族一样。土著人领袖把该公告理解为对自己主权的承认。[16]

英国殖民者把主权定义为西进的权利，因此他们认为该公告是对自己主权的侵犯。

3

擅自占地者和大地主都无法容忍乔治三世规定的分割线,因为这向英国殖民者证实,他们的利益已与英国王室的利益脱钩。鉴于上帝和自然的法则高于乔治三世的法律,他们声称有权在任何合适的地方——阿勒格尼山脉东边、西边或山顶——建立合适的新社会。富兰克林告诫说这种潮流不可逆转。他写道:"无论是王室还是总督的公告,抑或对残酷战争的畏惧,都不足以阻止拓殖者越过山脉。"拓殖者已占领那片土地,木已成舟。

如此分割北美洲是行不通的。公告本身就不合逻辑,因为它将土地授予参加过七年战争的白人退伍老兵,同时又授权印第安人保护自己的土地。对于前者,王室命令迟迟无法推行,对于后者的承诺更是空头支票。王室在美洲的代表,即忠诚的殖民地总督绝望地试图阻止陆续向西进发的拓殖者,并赶走擅自占有印第安人土地的家伙,甚至以"神职人员也无法豁免的死罪"相威胁,然而都无济于事。在与法国作战时,成千上万的殖民地志愿者亲身了解过禁区内的情况,他们知道那里橡树和榆树的长势、猎物和水源、河流和支流承载船只的能力和土壤性质,还知道那里适合种植烟草、亚麻还是棉花,以及何种作物不必侍弄就能长势良好。那里有野生葡萄和桑葚等着采摘,还有据说能自然生长蔓延的大麻正等待收获者的镰刀。见过如此丰厚奖赏的人不会止步于阿勒格尼山脉以东。

拓殖者在推进的同时，还恐吓住在俄亥俄河谷和密西西比河谷的美洲原住民。1763 年，苏格兰 - 爱尔兰裔拓殖者组成名为"帕克斯顿男孩"（Paxton Boys）的组织，在宾夕法尼亚西部杀害了数十名科内斯托加土著人，并剥下受害者的头皮，肢解尸体。[17] 还有个例子可以证明当时边疆地区的野蛮行为：腓特烈·施通普（Frederick Stump）出生于美洲，其父是德国移民，这批移民曾于 1755 年参与建立宾夕法尼亚的弗雷德里克斯堡（Fredericksburg）。乱世中，施通普因战争致富，又因战争一贫如洗，随后借战争再次起家。在宾夕法尼亚东部，他以小规模土地投机买卖和开店为生。但他未从费城得到许可，就把家搬到了"山那边"的某个地方。据说那里的土著人杀掉了他的妻子儿女，于是施通普和他忠心耿耿的德国仆人汉斯·艾森豪尔①展开了报复。有个充满同情心的说法，说施通普和艾森豪尔［又名约翰·艾恩卡特（John Ironcutter）］"上山入谷地捕猎野蛮人，受害者爬上树躲避猎犬时，追捕者就像射杀野猫一样将他们击毙"[18]。施通普渐渐被人称作"印第安杀手"（Indian Killer），也就是说，他以印第安人杀人的方式杀死印第安人："用火与魔鬼"战斗，并使用"与野蛮敌人相同的方法"。[19]

1768 年 1 月，发生了最恶劣的事。在阿勒格尼山脉东边某个山谷里，施通普和艾森豪尔杀了 11 名——用英国官员的话说——"友好的印第安人"，其中包括 5 名男子，3 名妇女，2 名儿童和 1 名婴儿。他们剥掉死者的头皮，把其中几具尸体扔进河面的冰窟窿里，又将余下的尸体焚毁。凶杀事件传遍了整个地区，尤其是印第安人聚居地。费城的贵格会当局高

---

① 汉斯·艾森豪尔（Hans Eisenhauer）是德怀特·D.艾森豪威尔（Dwight D. Eisenhower）的曾曾曾祖父。——作者注

额悬赏施通普和艾森豪尔，两人很快被抓获。不过，有七八十个白人"私警"①纠集起来营救他们，据说其中还有仍然活跃的"帕克斯顿男孩"成员。暴徒们带着枪和战斧，蜂拥到卡莱尔镇（Carlisle）关押两名杀人犯的用陈旧原木搭成的监狱，把他们放了出来。

施通普和艾森豪尔都没有被绳之以法。费城颁布了另一项法令，禁止在原住民地盘上定居。该法令又一次被置之不理。施通普穿过佐治亚，进入田纳西，逃到贵格会的势力范围之外。在那里，他成为纳什维尔最富有的人之一，种植园主、麦芽威士忌蒸馏商和奴隶贩子。他还在田纳西第一次民兵远征中获得了上尉军衔，负责清除从纳什维尔到纳奇兹之间公路上的克里克人（Creek）和乔克托人。[20] 就这样，施通普摇身一变，从亡命之徒变为法律代理人。他还加入由非正规游骑兵和有组织的民兵组成的松散组织。这些民兵负责向外扩张殖民地的界线，使白人可以向北推进到缅因和加拿大，向南进入西属佛罗里达，向西进入密西西比河谷。

像施通普和艾森豪尔这类人的后台也是对西部投机买卖感兴趣的大地主。他们在隔离线以西，即今天的肯塔基、田纳西、西弗吉尼亚、俄亥俄、西佛罗里达和宾夕法尼亚西部一带打下桩子，圈出大片土地。这些投资者中有许多出生于弗吉尼亚，包括很快就要领导人们反抗王室权威的托马斯·杰斐逊、帕特里克·亨利（Patrick Henry）和乔治·华盛顿（George Washington）。和施通普一样，他们认为《1763年公告》（Royal Proclamation of 1763）与自己无关。然而，与一介平民施通普不同的是，他们有办法不被人抓住把柄，也不必流血。经历了"七年战争"的老兵华盛顿买进边疆土地，指导"定位员"（私人测量员的别称）"以狩猎为名"小

---

① 私警（vigilante）指对官方执法感到失望，进而自发采取不符合正规程序的措施惩治暴力的治安会会员。——译者注

心地向西边试探，以避开王室权威。这位未来的美国开国总统打算"把国王土地中最有价值的搞些过来"——他指的是隔离线以西的那部分。华盛顿写道，"虽说当下公告禁止这种做法，也完全禁止拓殖那片土地"，但他仍打算这样做，"因为依我之见（但这只是我们自己私下里说），这公告不过是安抚印第安人的权宜之计"。

"它必被废除。"华盛顿说。美国独立战争给它画上了句号。[21]

4

1776年的《独立宣言》是殖民者对《1763年公告》的反制手段之一。这份由托马斯·杰斐逊撰写的文件只间接提到了英国政府采取迂回方式，试图分割北美，抱怨乔治国王煽动"我们边疆地区的居住者，就是那些残忍的印第安野蛮人"向拓殖者发动战争。但两年前，杰斐逊在最早写出的一批政论小册子中，明确谴责了王室限制移民的努力。"美洲被（殖民者）征服了"，杰斐逊在《英属美洲权利概述》（*A Summary View of the Rights of British America*）中写道，"其代价是牺牲个人价值，而非英国公众。他们为获得土地而流血，为使拓殖合法而投入财富。他们为自己而战，为自己去征服，他们有权拥有自己的土地"。在独立战争爆发之前几年，《英属美洲权利概述》所持的论点尤为弗吉尼亚的反叛者欢迎。它主张的以财产权为基础的现代自由理想可以追溯到几百年前的撒克逊德国。在第二个千年的前几百年中，用杰斐逊的话说，那里的自由人首次实现了平等自治，能对土地拥有"绝对权利"。当旧世界（Old World）的贵族试图遏制他们的权利时，这些撒克逊人先是逃到了英国，然后又逃到了新世界（New World），成为美洲自由的先驱。

撒克逊人逃到英国，英国人逃到美洲，而美洲人一路向西。在18世纪 50 年代早期，本杰明·富兰克林为向荒野扩张提供了令人信服的政治经济学依据，现在托马斯·杰斐逊则为拓殖者提供了一部道德史，以及一个贴切的类比，帮他们表达不满之情。正如诺曼贵族在 1066 年入侵不列颠群岛后践踏撒克逊自由人的权利，把封建制度的"枷锁"套在他们脖子上一样，乔治三世也侵犯了他们在弗吉尼亚的后裔的权利。

杰斐逊说，正是"自然赋予所有人的普遍法则"，给他的"祖先"离开出生地，"寻找新的居所，并在那里建立新社会"的权利。

对杰斐逊来说，迁移的能力不仅是自然权利的行使，而且是众多权利的来源，或者至少是它们产生的历史必要条件。开拓殖民地的权利促成自由，也让自由人在自由受到威胁时能够继续前行寻找自由土地，同时把火炬从一个地方带到另一个地方。我们的"撒克逊祖先"，杰斐逊写道，"离开了欧洲北部的荒野和森林"，并且"为自己占领了不列颠岛（Island of Britain）"。彼时没有哪位德意志贵族声称比他们"优越"。那么，英王又凭借什么法律宣称自己比定居"美洲荒野"的殖民者更优越呢？

美国独立战争给出的答案是：根本一无所凭。1783 年，《巴黎条约》（*Treaty of Paris*）的签署意味大不列颠与其前殖民地间的战争正式结束。该条约向战败的英国列出的条款是将新国家的西部边界定为密西西比河。共和国就此登上世界舞台，疆域面积也就此增加了一倍。英王乔治三世在条约第一款中承认最早建立的 13 个美洲殖民地独立，并在第二款中割让了阿勒格尼山脉和密西西比河之间的领土。随后美国版图迅速扩张，覆盖西部——速度快到奥克塔维奥·帕斯会将其比作"失重"。1786 年，谈及迁入肯塔基的移民数量时杰斐逊说："就在我们奋笔疾书时，拓殖者的人数仍在攀升。"

当时欧洲人普遍认为，新世界并不富饶，而且每况愈下，据说那里土壤贫瘠，牲畜发育不良，而居民——包括原住民和欧洲移民都缺乏活力，几乎打不起精神来生儿育女。而未来的总统纠正了这个观点。杰斐逊等人强调美国的实力、富足和生育能力——有高出生率和低死亡率为证。这种乐观主义后来体现在"自然无限,而边疆会成为永恒重生之地"这一观念中。[22] 曾有个欧洲人对本杰明·富兰克林坚称美国人死得早,富兰克林回答说:"第一代拓殖者的孩子还在世呢!"①

在某个很短的时期内,美国西部的边界是密西西比河河道的中线。这很恰当,因为这条河给人静止不动的错觉,而实际上它在不断地变化,处于永恒的创造状态。它是"世界上最弯曲的河流",马克·吐温后来写道:"在地峡抄近路,大大缩短流程,实现了惊人的跳跃。"[23] 美国外交官利用这种易变性,敦促就《巴黎条约》做出更自由的解释。英国人仍然控制着加拿大,但挡在这个新生国家路上的是西班牙(18世纪80年代至90年代,西班牙控制着密西西比河以西的大部分土地以及佛罗里达)。

当时已是国务卿的杰斐逊和他的外交官开始向马德里要求美国船只在密西西比河西岸的停泊权(根据《巴黎条约》,西岸是西班牙的领土),因为在蒸汽机还没问世时,船只要想逆流而上,最好的办法是在两岸间折返走"之"字路线。他说:"原则就是,如果你对某物享有权利,而要行使这种权利的方法唯有一种,那么你也就享有使用该方法的权利。也就是说,方法为目的服务。"杰斐逊告诉西班牙,这样的原则不过是"顺理成章",

---

① 对长寿和子孙满堂的快乐坚持与欧洲在这方面的阴郁情绪形成鲜明对比。不久后,英国经济学家罗伯特·马尔萨斯(Robert Malthus)在关于人口增长的著名论文中揭示了该论调,其基础文本仍被"种族现实主义者"(今天的白人至上主义者喜欢这样称呼自己)用以论证社会冲突的根源是世界人口过多,或者在不久的将来会人口过多。杰斐逊说,美洲有足够的空间,并将上限定为每平方英里10人左右。如果超出这一上限,居民们会跑开"寻找空旷的国家",直到"这两个大陆——北美和南美——全部被填满"。"人口,只有人口才能拯救我们的熏肉。"一代人后,作家帕森·威姆斯(Parson Weems)如是敦促国内未婚男子和无子女的妇女听从创世纪的劝告,反击欧洲对新世界的断言。——作者注

是"人类的常识"。西班牙官员则认为该地役权①要求像是正悄悄潜近猎物的猎人。当时美国正在修改《巴黎条约》的条款，宣称可自由使用所有汇入密西西比河的可通航支流，并含蓄暗示自己拥有上述河流的拓殖和管理权，而连接所有可通航支流的所有运输道路亦同此理。这是一片令人望而生畏的广袤土地，因为世界第四大水系——密西西比河流域绵延100余万平方英里②。而杰斐逊当选总统后任命的国务卿詹姆斯·麦迪逊（James Madison）也迫切要求美国有权使用佛罗里达所有的水道。麦迪逊坚持说："与大海的自由沟通是自然、合理且必要的需求，它最终必然会成为现实。"[24]

但此类要求何时才能停止？新奥尔良的西班牙总督卡伦德莱男爵（Baron de Carondelet）很想知道这一点。卡伦德莱警告说，美国很快就会以"自由航行"为借口，控制"密苏里河沿岸利润丰厚的皮毛贸易，并主导墨西哥王国（Kingdom of Mexico）内陆地区的丰富矿产"。[25]作为回应，西班牙的对策是实施"遏制"政策。"我们必须想办法遏制他们"，某位殖民地总督在谈到盎格鲁定居者时说。[26]"我们必须把美国人控制在他们自己设定的范围内"，另一位总督写道。

但美国不会受人限制。卡伦德莱写道，没什么能阻止他们的"发展的方式"。这位男爵说，独立战争后，拓殖者"在和平带来的宁静中迅速增加"，他们进入俄亥俄河谷和肯塔基，拒绝听命于"任何当局"。当他们"厌倦某地时，就会搬到另一个地方"。

有众多个人或机构，包括在七年战争时获得土地奖赏的退役老兵、投机者、从西班牙或法国购买土地的定居者、房地产公司，以及最初独立的13个州中的许多个州都宣称对西部领土拥有主权，他们要求的土地位置远

---

① 地役权（easement）是穿越或征用某人土地的权利。——译者注
② 1平方英里约等于2.59平方公里。——译者注

超对密西西比河流域最宽泛的定义。以佐治亚、南卡罗来纳、北卡罗来纳和弗吉尼亚为例，根据他们持有的旧殖民特许状，他们的领土应该一直延伸到太平洋。弗吉尼亚在 17 世纪早期颁发的特许状将其疆域定义为"两片大洋间的陆地"。"普天之下，皆为吾土。"那份特许状如是说。[27]

美国根据不同的情况，以不同的方式利用这些主张向前推进。换言之，美国是以独立战争从英国手中赢得独立的，而这场战争的原因之一，就是拒绝大不列颠建立西部边界的权利。而一旦《巴黎条约》承认美国独立并设定西部边界，美国就援引英国早些时候颁发的批地书跨越那条边界。

要这么大的空间来做什么呢？

5

本杰明·富兰克林有个想法。在 18 世纪 50 年代，他已经勾勒出基本的政治经济体系：以美洲大陆上低廉且富饶的大量土地为安全阀，确保家庭数量增长、工资保持高位、需求与供应同步、农业生产与城市制造业协调发展的方式。18 世纪 70 年代，托马斯·杰斐逊曾为拓殖者提供一套历史道德哲学理论，告诉他们西进运动不仅是自由的果实，也是自由的源泉。在 18 世纪 80 年代，詹姆斯·麦迪逊也提出了一种政治理论。

1787 年美国着手起草宪法时，尽管富兰克林和麦迪逊对经济增长赞歌连篇，但不少代表还是对国家体量表示担忧。他们担心的是广袤疆域带来的种种缺点。西班牙帝国幅员辽阔，其专制和腐败也极其盛行。当时为大家普遍接受的政治哲学承自古人亚里士多德、西塞罗，以及现代人马基雅维利、卢梭和孟德斯鸠一脉，认为共和国是只能在小花园中培育的娇嫩花朵。"共和国的本质就是拥有一小块领土，否则它几乎无法存在。"孟德斯鸠在 1748 年《论法的精神》(The Spirit of The Laws) 中说，"在庞大的共和国中，有一千种考量可以要求共同利益 (common good) 做出牺牲"。何谓"共同利益"？众说纷纭。但大多数共和党人将其定义为比个人利益的总和更伟大的东西。共和党人所称的美德 (virtue) 可能与文化、宗教、血统、肤色、语言或战斗的勇气有关，但无论如何，它都有超越个人追求和激情的卓越价值。事实上，正如孟德斯鸠书中所写，美德不断受到这些追求和激情威胁，"为一千种考量做出牺牲"。这就是为什么在麦迪逊提出理论之前，有许多哲学家认为广袤版图和美德相互矛盾。共和国不可能既"大"又"好"，既幅员辽阔而又富有美德。过大的疆域意味着过多的追求和激情，以及过多的"考量"。

对麦迪逊来说，孟德斯鸠的规模限制是行不通的。美国已经很大了，而且还在扩张。同时，商人、农民和奴隶贩子对美德的看法似乎分歧过多。麦迪逊想出一个办法来协调不同的愿景，提出"分两步走"来修正现有的简单优雅的共和国理论。首先，他说，孟德斯鸠的"一千种考量"没有威胁到共同利益。它们就是公益。麦迪逊于1787年11月发表的《联邦党人文集·第十篇》（Federalist Paper No. 10）提供了一个相当现代化的社会视角，反对以美德的名义压制自己主张的"多样性"的共和主义愿景。麦迪逊提出一个理想，将美德定义为"多样性"，即社会中无数的冲动、意见、欲望、才能、思想、野心和创造财富或"所有物"的能力。而政府的"首要目标"，亦即其首要义务，就是保护这种能创造财富的多样性。

与此同时，麦迪逊也知道，财富会把社会撕裂为对立的"拥有财富的人和没有财富的人"，从而摧毁美德。其他将要参与起草宪法的代表也承认财富会给公共福利带来问题。制宪会议上，宾夕法尼亚代表古弗尼尔·莫里斯（Gouverneur Morris）认为："富人会努力建立统治权并奴役其他人。"他说："他们过去一直如此，将来亦然。"[28] 但他们想出了一个烦琐的解决办法：没收每一代人的财产，防止贵族统治形成；设立下议院（House of Commons）和上议院（House of Lords）彼此制衡；或者确保土地在所有家庭间平等分配。杰斐逊简略地提出了财产"细分"的想法，以避免人不敷出的"劳动穷人"（laboring poor）日渐增多。[29]

麦迪逊有一个更简单的解决办法，即修正孟德斯鸠理论的第二步："拓宽范围。"[30]

起草宪法时，"范围"被用来描述一系列与政治有关的问题，包括国家的人口规模、享有投票权的人数以及贸易关系的范围。但在《联邦党人文集·第十篇》中，麦迪逊用它来表示原始大小、领土和物理空间。庞大的共和国能稀释政治冲突和派系主义威胁，一个不断扩张的共和国也能做到这点。分散在广阔领土上的公民不太可能因"共同的兴趣或激情"联合，不太可能在目标上"团结一致"，不太可能"发现自己的力量并协同进退"。扩张将使社会分裂为"相互制衡的更多种的利益和对激情的追求"。这样就可以防止权力集中，使政府不必采取行动监管集中的财富，或镇压为反对财富集中而组织的运动。麦迪逊写道："扩大范围，你就会接纳更多不同的党派和利益集团"，你会让占多数的暴民或暴政少数派很难联合起来"侵犯其他公民的权利"。

无论你对当时各种辩论（尤其是关于奴隶制的辩论）有何看法，无论你如何从哲学角度理解共和政治与土地、商业、金融和劳动的关系，在实践上大多数人都比较一致。他们都想把西班牙势力排挤出密西西比河流域，都想有能力安抚怀有敌意的美洲原住民并镇压穷人叛乱，都希望大不列颠不要插手他们的贸易。正如托马斯·杰斐逊在就职演讲中所说，大家都希望有"足够的空间"，保护自己免受欧洲"毁灭性破坏"的影响。

扩张成了所有问题的答案，以及解决所有问题的方法，尤其是那些由扩张引起的问题。

第二章

始与终

THE END OF THE MYTH

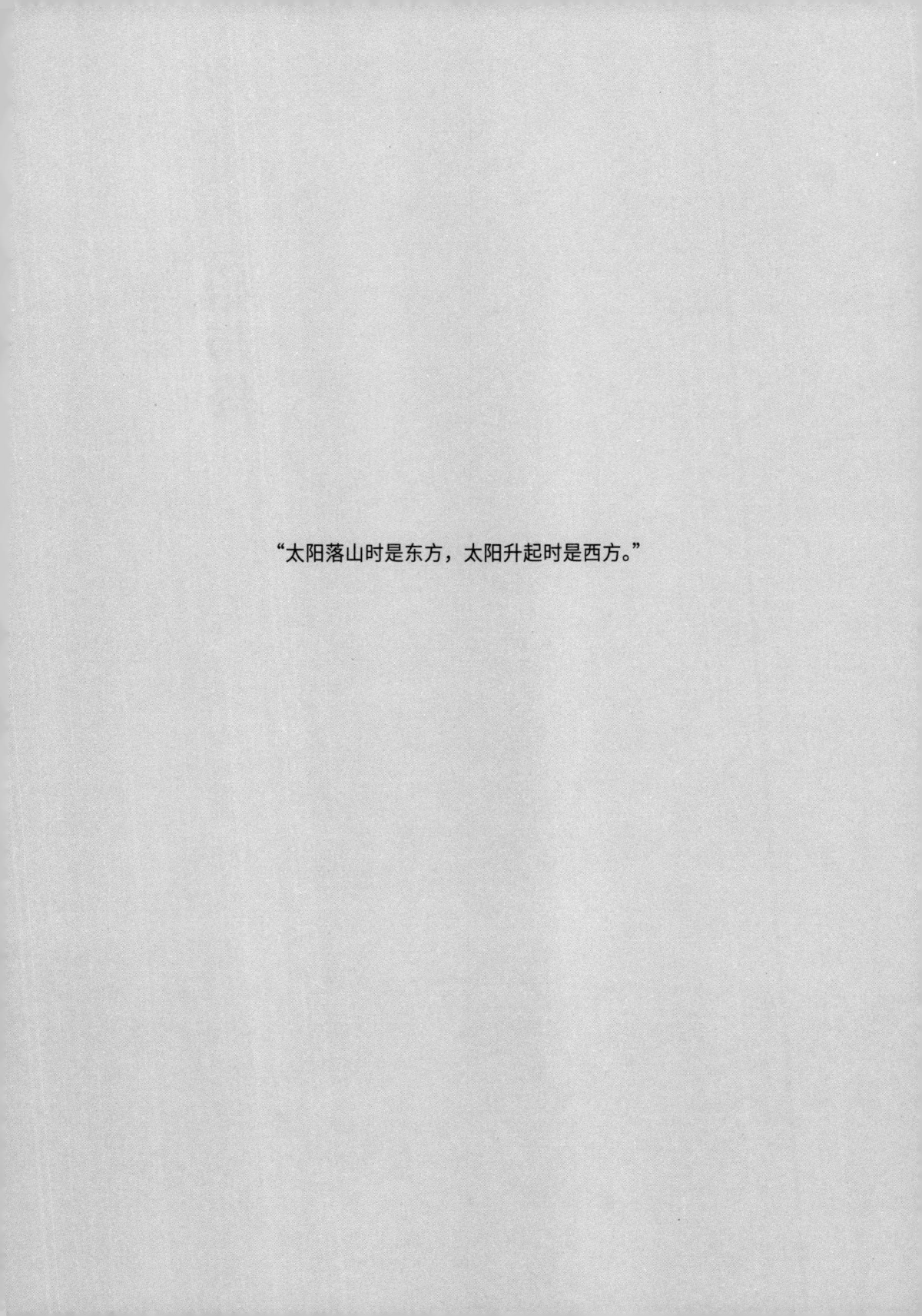

"太阳落山时是东方,太阳升起时是西方。"

1

THE END OF THE MYTH

美利坚合众国是什么样的共和国？它的边界线不只是回应战争或外交活动的偶尔移动，这也是它存在的某种特质吗？在移动的边界另一边到底是什么？当这条线停止移动时，这个国家会有什么事发生？这些问题并没有困扰美国。它们为它注入活力，给这个特殊国家的历史赋予了生机。

鉴别事物独特性质的最好方法是将其与其他事物比较，所以让我们花点时间来看看西属美洲（Spanish America）。到1826年，亦即托马斯·杰斐逊和约翰·亚当斯（John Adams）去世的那年，除古巴和波多黎各外，西班牙在美洲的所有前殖民地都赢得了自由。这些新国家——包括大哥伦比亚（Gran Colombia）、中美洲联邦（United Provinces）、玻利维亚、秘鲁、智利共和国和墨西哥合众国等——在旧殖民边界基础上，立即承认彼此领土完整。

它们必须如此，因为从生存论的角度讲，每个单独的国家在使国家合法化的同时，也在威胁对方。说"合法"，是因为某个国家的独立也确认了其他国家有反抗殖民统治和建立自治共和国的权利；说"威胁"，是因为所有新生共和国成立时，国际法还承认战争、征服和镇压是获得领土和建立主权的有效手段。为了学会如何与他国共处，西班牙裔美洲共和党人拒绝承认发现权的合法性,坚称在西属美洲已经没有"自由土地"可供取得,他们中最为著名的就是西蒙·玻利瓦尔①。为支持这一主张,共和党人从故纸堆中翻出一条古老的罗马法律"保持占有"②原则并加以利用。在英语中,这个短语的意思是"拥有即所得",在西属美洲独立前,多数情况下被理解为一种强权政治的表述,以此说明在征服战争中攫取的土地的合法性:在你手中,就是你的,最强者保有。但该地区的外交官们却不这样运用该原则。

美国南方和北方的共和主义提出了和平理论。美利坚和西属美洲的缔造者都不是和平主义者。他们都曾为实现自己的目标进行殊死的战争,都曾用暴力创造他们满意的新世界,即摆脱了欧洲仇恨的更和谐的世界。为此目的,西属美洲的共和党人认为,接受既定(如截至1810年依殖民行政区划存在的)边界可防止冲突,而且有助于将有界国家组成道德共同体。例如,大哥伦比亚的创建者们于1823年一致同意,要"巩固任何共和国的自由和独立",就必须保证所有共和国的领土"完整"。[1]在你手中,就是你的——但它不是战争的果实,而是作为和平条件。

上述声明以及其他类似论调否认了军事侵略的合法性,于是大胆修订当时的国际法就很有必要了。西属美洲共和党人提出,该修订建议既是为了限制新生共和国之间的冲突,也是为了防止实行君主制的欧洲试图重新征服新大陆。他们说,没有未被发现的国家,没有未被宣布主权的领土,没有未并入任何国家的地区(terra nullius),也没有非社会化的空间。旧欧洲掠夺、扩张、征服和奴役并以他国为藩属,而新世界的共和国将会自我

---

① 西蒙·玻利瓦尔(Simón Bolívar,1783—1830年)是拉丁美洲革命家、军事家、政治家、思想家,曾参与建立大哥伦比亚共和国,并于1819年至1830年担任该国总统。——译者注
② 保持占有(拉丁语: uti possidetis)也称为"占领地保有",主张除非条约另行规定,否则交战国在战争结束后可以保有其在战争期间借由武力所占有的领土和财产。——译者注

约束。

然而现实中，这种不侵犯的原则未免过于理想。冲突和战争爆发会导致边界变动，伤亡很多。大哥伦比亚分裂为委内瑞拉、厄瓜多尔和哥伦比亚。现在的乌拉圭在阿根廷和巴西之间几经易手。19世纪20年代，新生的西属美洲共和国承受同样的压力，美利坚合众国在北边忙得团团转。阿根廷南部、智利和墨西哥北部那片看似无边无际的地区都不在该国政府的有效掌控之内，那里到处住着未被征服的美洲原住民。那片地区正向拓殖者们招手，也亟须建立中央集权。这片大陆周围环绕着数百个有争议的岛屿。200万平方英里茂密而致命的亚马孙森林如无底洞一样坐落在它中央，成为9个国家共享的边界。巴西垂涎秘鲁的橡胶树，于是伸手将其取走。智利想要玻利维亚的硝酸盐田，于是把它收入囊中。

尽管如此，在下一个世纪的整整百年中，各国通过诉诸"保持占有"原则来解决这些违规行为的努力，使得该原则成为约定俗成的惯例。为了更好地与美国情况比较，我们可以将该原则重新命名为"自律"（self-containment）原则，即某国不对其领土作任何改变。"我要再强调一次"，某位厄瓜多尔外交官同秘鲁同行就边界争端谈判时说，"唯一可能作为协议基础的界线是1810年的'保持占有'原则规定的边界"[2]。

20世纪30年代，南美洲爆发了一场规模较大的国家间战争。当时内陆穷国玻利维亚和巴拉圭（也是该地区最贫穷的两个国家）为了争夺被认为地下有石油储藏的某片地狱般的灌木丛林，而发生冲突。标准石油公司（Standard Oil）资助玻利维亚，而荷兰皇家壳牌公司（Royal Dutch Shell）为巴拉圭提供资金。这两个国家的军队绝大多数由贫困的本土应征士兵组成。他们从欧洲商人那里购买一战时使用过的武器和物资，进行第三世界的首次军备竞赛，从而在贫困中陷得更深。[3] 两国很快意识到，那里没有石油。但战争和军备竞赛仍在继续。最终，阿根廷帮助两国在"保持占有"

原则的基础上达成了停火协议，阿根廷外交部长因此获得了诺贝尔和平奖。从那时起，该地区的"自律"原则走出新世界，成为国际通用原则，以及联合国的法律和道德基础，也成为20世纪独立的非殖民地国家的指导原则。例如，1963年在亚的斯亚贝巴举行的非洲统一组织成立会议上，代表们心照不宣地默认了经拉丁美洲改造过的"保持占有"原则。"我们必须接受非洲的现状。"马里总统莫迪博·凯塔（Modibo Keita）说，他的意思是要承认欧洲殖民者强行划定的边界为独立国家的固定边界。[4]

因此，从19世纪20年代开始，西属美洲实际形成了世界最早的国际联盟，也是第一个有合作精神的共和国联盟。这个共同体由众多享有主权、划定了边界、非帝国主义、反殖民主义、形式上平等的独立国家组成，拒绝承认侵略合法，并发誓要通过多边外交解决冲突。[5] 正如某位共和党人所说，生于乱世的西属美洲国家在共同的新世界大家庭中长大，很早就被社会化了。

相比之下，美国是孤独的，并且自认为独一无二。[6] 托马斯·杰斐逊在1809年说，美国是"世界上唯一的共和国、唯一的人权纪念碑和唯一的自由圣火的保存地"①。

---

① 美国并不是世界上唯一的共和国：海地在1804年宣布自己为共和国。——作者注

1787年，即美英《巴黎条约》确定密西西比河中线为美国西部边界线的4年后，各代表在费城召开会议讨论制定新宪法。亚历山大·汉密尔顿（Alexander Hamilton）、詹姆斯·麦迪逊等人开始出版"联邦党人"系列文件阐明立场时，像不久后讲西班牙语的同行一样关心边界问题。例如汉密尔顿认为"领土争端"是"国家间敌意最常见的起因"，由此"导致的使大地满目疮痍的战争的比例可能是最多的"。[7] 与智利和玻利维亚之间的边界争端相似，康涅狄格和宾夕法尼亚、马里兰和弗吉尼亚之间的"分歧和悬而未决的主张"威胁着和平局势。然而这两个地区之间有个关键区别。在中美洲和南美洲，主权国家就共享边界线发生领土冲突时，冲突各方（原则上）公认该大陆已被完全占有，也就是说没有无主土地可以占有并主张权利了。相比之下，在美国，边境冲突更像是处于竞争关系的各帝国在争夺新发现的领土。正如詹姆斯·门罗（James Monroe）在给杰斐逊的信中所写，东部各州与西部土地的关系很像"独立战争前各州常见的殖民政体"[8]。由门罗的类比加以引申，使美国的局势更具潜在爆发危险的是，殖民力量并不止一支，而是有很多。最初独立的13个州都在"西部荒原"争夺控制权。例如纽约和弗吉尼亚对阿巴拉契亚山脉的同一块土地宣布所有权。汉密尔顿担心的是，若没有铁腕当局充当"仲裁员或共同法官"的角色，这些冲突可能会逐渐失控。各州可能会求助于"剑"作为最终"仲裁者"。

开国元勋们解决这一威胁的办法是，以宪法建立中央权威机构，来指导汉密尔顿所说的美国的"日渐光耀的伟大"。各州同意将西部土地的主权割让给中央政府，中央政府会把这些土地作为"领土"来管理。反过来，宪法中的财产条款授权联邦当局，在这些地区准备就绪时，指导它们有系统地转变为与最初的13个州地位相同的州。起初，在宪法通过时，讨论集中在阿勒格尼山脉以西、密西西比河以东的地区（英国王室的《1763年公告》曾试图宣布禁止进入的所有土地）上。然而，宪法关于扩张的程序中，没有外部参数指导。杰斐逊在1803年写道，"我们不可能不展望遥远的时代"，"那时我们的快速增长将超越这些限制"——这里的"限制"是指土著居民，以及英国当时主张西部和加拿大领土的所有权——"而且如若不能掌握南方大陆的话，至少要覆盖整片北方大陆，让所有人都讲同一种语言、接受相似的政体、遵守相似的法律"。[9]

遥远的时代来得很快。仅仅两年后，杰斐逊就想不出美国的扩张会再受到何种限制。仅仅20余年后的1824年，詹姆斯·门罗就在西属美洲赢得独立的那一刻，阐述了"无限"的含义："我们这个民族，没有我们渴望但不能拥有的东西，也没有我们无法企及的东西。"——他一口气说完这句话，甚至不愿加一个停顿。[10]

这些可能性给宾夕法尼亚一位颇有影响力的法官詹姆斯·威尔逊（James Wilson）留下了深刻印象，他也把新的联邦构成看作服务于扩张的机器。威尔逊曾在《独立宣言》上签字、协助起草宪法，随后在新国家的首个最高法院里任职。他在某次鼓动听众承认宪法的演讲中说，宪法"开阔我们的视野，帮我们展望广袤遥远的时空"。威尔逊让思绪飘向未来，设想着某一天，这个国家将由"无数尚未成形的州和无数要在迄今未开化的地区拓殖的人组成"[11]。一想到宪法的力量，威尔逊的心头就狂热起来：要充分把握宪法的潜力，就需要"以地球很大一部分的范围为基础来计算"。"眼前的广阔前景常常使我失神……沉溺于对其浩瀚的思考。"①

西蒙·玻利瓦尔可能也被这浩瀚的世界搞昏了头。他以幻想为双翅，飞到了杰斐逊曾在思想中达到的同样高度，打着这颗行星乃至行星之外的算盘。像展望遥远的时代、看到美国横跨整个大陆的杰斐逊一样，玻利瓦尔幻想自己穿越时间长河，"想象未来数百年的前景，惊叹于该地区的繁荣、辉煌和活力"。在那里，他看到绝对真理（Absolute），将美洲称为"宇宙之心"，将新世界称为"人类大家庭的商场"：

> 它的财富，从金山银山向外辐射至地球的所有区域，世界上任何角落的人皆可见其富有……用神圣的（药用）植物将健康和生命力撒给旧世界的病人。我想象着：圣贤看不到自然对人类的启蒙远远多于其产生的物质财富，而（美洲）与圣贤分享自己的宝贵智慧。我看到美洲坐在自由的宝座上，手持正义的权杖，头顶荣耀的冠冕，向古代世界展示现代世界的威严。[12]

玻利瓦尔是个扩张主义者，至少在思想方面是这样。他希望有一天不仅西属美洲，甚至全世界的国家都能走到一起，"形成横跨宇宙的单一国家——一个联邦"[13]。他甚至预言巴拿马有朝一日会成为这个世界政体的中心。亚

---

① 威尔逊的政治根基在卡莱尔，施通普和艾森豪尔当初就是在这个镇子里被囚禁，后来又被一群白人移民暴徒放走。他有文化，行事彬彬有礼，身份比那些亲自动手杀人的家伙高出一截。但是，宾夕法尼亚的革命正是由像威尔逊这样从事法律工作的"古板绅士"和从事粗鄙工作的"边远地区拓殖者"组成的联盟推动的。威尔逊在西部土地上搞投机买卖，后来破产，为了躲债而逃亡。逃亡途中，他在卡罗来纳去世，去世时仍顶着最高法院法官的头衔。——作者注

洲在一侧，非洲和欧洲在另一侧，他写道，后人会在巴拿马找到"我们公法的起源"。"那么，和巴拿马地峡相比，科林斯地峡又算什么呢？"

玻利瓦尔的幻想不会使人们联想到"克制"、"限制"或"遏制"这些词。他的共和主义没有边界，没有界限，因为他想象某天会一统世界。但与杰斐逊或威尔逊不同的是，玻利瓦尔的夸张膨胀只停留在修辞学上，并没有与实际的领土扩张挂钩。恰恰相反，就在玻利瓦尔飘到令人难以置信的新高度时，他仍坚持认为，保护共和政体之美德并确保其传播的最佳方式是让各共和国服从限制，划定边界，并在边界处止步。①

与之相反的是，美利坚合众国跨过边界，一往无前。

---

① 若以玻利瓦尔构想的那种最终导向世界政府的共和政治而论，它的基础是志同道合，而不是像美国那样以征服手段实现。至于"保持占有"的具体原则，美国要么拒绝承认西属美洲国家所理解的合法，要么坚持以霸权政治来阐释。例如于19世纪40年代入侵墨西哥时，海军部长乔治·班克罗夫特（George Bancroft）敦促美国"以保持占有权为基础"占领加利福尼亚。——作者注

1803年，在托马斯·杰斐逊首个总统任期的中期，美国从法国手里买下了路易斯安那（法国刚刚从西班牙那里获得这块领土）。这块通过转手获得的领土是密西西比河以西的一块宽阔的菱形土地。它崎岖不平，从新奥尔良延伸到北部的落基山脉，面积超过80万平方英里。购买路易斯安那最初是出于国家安全考虑。对这个年轻国家的威胁有很多：拿破仑、雅各宾党（Jacobins）、奴隶、获释奴（freed slave）、美洲原住民、加拿大、西班牙和英国。"阴谋、暴动、谋反、叛乱"，杰斐逊给时任弗吉尼亚州州长的詹姆斯·门罗的信中特别提到了某次镇压奴隶起义的事件，但他也提到自己似乎处于一种在国内外敌人环伺之下幽闭恐惧、"四面楚歌"的感觉。[14] 路易斯安那点燃了美国的炸药桶。

这笔交易正式将美国边界远远移出密西西比河流域，大致落在北美大陆分水岭（Continental Divide）一带。但这一边界远到毫无意义，因为买入的广袤土地尚未被完全勘测，让人感觉广大无边。杰斐逊在回答批评他购买土地的人时说："谁能限制联邦原则有效运作的程度呢？"[15]

反对者说这笔交易是非法的，因为宪法没有赋予联邦政府购买领土的权力。但该收购案的支持者指出，宪法也没有明文禁止此类收购。弗吉尼亚众议员约翰·伦道夫（John Randolph）说，宪法没有"为美国领土扩张设定不能超越的特定边界"。伦道夫认为，共和国缔造者意在"把我们限制在特定范围内，却不阐明这些限制，这点无法理解，也不可接受"。[16]"无论过去现在，都没有这样的限制"，伦道夫主张美国"没有限制"。90年后，伍德罗·威尔逊在回忆往事时写道："美国历史的形成时期就没有地理限制。"[17]

马里兰众议员约瑟夫·尼科尔森（Joseph Nicholson）说，为这笔交易辩护的最常见理由是："对于我们国家的任何侵扰，荒野都是一道几乎无法逾越的障碍。"[18]杰斐逊将路易斯安那覆盖广阔森林的地域比作海洋提供的保护，他在写给自己战争部长（Secretary of War）的信中说，"在我们的西部边界密西西比河上建立的强大前线"保护了"我们免受来自那一边的袭击，就像大西洋上的前线保护我们免受来自东方的侵扰一样"。这种基于国防和国家安全的论点，为其他更理想主义的观点打开了大门。1804年初，杰斐逊的共和党盟友大卫·拉姆齐（David Ramsay）在查尔斯顿圣米迦勒教堂（Charleston's St. Michael's Church）发表演讲时问："在我们把27个、37个或更多个州轻而易举地纳入同一个幸福联邦之前，有什么能阻碍我们基于权利平等的自由主义原则，把国家版图从大西洋扩展到太平洋，从加拿大的湖泊扩展到墨西哥湾呢？"[19]

"唯有伟大的上帝！"就像他之前的威尔逊一样，拉姆齐也几乎无法自控。路易斯安那承诺了一切：保护和自由。他认为这是"有史以来落到人类头上的最大政治幸福"。

参加过独立战争的老兵，同时是威廉和玛丽学院（William and Mary）教授的圣乔治·塔克（St. George Tucker）也支持该交易。塔克是位精力充沛的年轻法学家，支持逐步解放奴隶。他和后来的西属美洲人的观点相同，认为历史上几乎所有的"血腥战争"都是边境战争。但塔克的立场与西属美洲同行相反，他认为避免冲突的最好办法不是确定边界，而是完全废除边界，在这里他指的"边界"至少在代表国界时是这样。他说，路易斯安那的收购（Louisiana Purchase）可以使美国用一个1000英里宽的缓冲区取代西部边界，这是"抵御侵略者的不可逾越的屏障"。和拉姆齐一样，塔克的论点一开始也充斥着枯燥的国防措辞，然而它很快就像拉姆齐的主张一样乐观起来。塔克说，杰斐逊做的这笔买卖是"乌托邦式的"，它将安全和自由等同于天赐之福，"从来没有哪个民族能如此充分地掌握自己的幸福"。[20]

路易斯安那的收购创造了某种与永久和平截然不同的东西。美国摆脱了任何"无法逾越的特定边界"的束缚，就像太阳划过天空一样笃定地在陆地上推进。但有阳光的地方便会有阴影，战争接踵而至：1812年对英国人和克里克人的战争、得克萨斯脱离墨西哥、美墨战争、长期镇压美洲原住民，以及一系列规模较小的冲突、入侵和屠杀。[21] 尽管如此，这些战争已是多年前的旧事。19世纪最初的10年间，路易斯安那就像用来治疗那些折磨新共和国的所有伤痛的一剂良药、一个能解答所有疑问的万能答案，抑或能挡住所有威胁的屏障。

仍有反对派存在，尤以新英格兰的联邦派（New England Federalist）为甚，因为他们担心自己的派系，即以"帝国弗吉尼亚"为首的蓄奴州的力量会被削弱。但大多数政界人士对美国未来的看法截然不同。他们代表不同利益集团和不同党派的奴隶主、自由贸易者、商人和农民，联合起来支持这次收购。就连反对把美国变成由广大农民组成的农民共和国的亚历山大·汉密尔顿，也称该购买将"为我们的商业州打开宝贵的自由市场"。[22] 约翰·昆西·亚当斯（John Quincy Adams）称与法国人达成的协议是条约而非交易，因此符合宪法，以此压制反对意见。向路易斯安那扩张的理由包含了扩张的所有理由。安全保障商业，商业促进繁荣，繁荣就是力量，力量培育美德，美德通向自由，而自由必须扩展才能得到保障，而且必须得到保障才能扩展。

利益与理想之间仅有一步之遥，以至于令人目眩：圣乔治·塔克一想到路易斯安那，就觉得"被狂喜和热情胀破身躯"。

4

对于杰斐逊这样的第一代领导人来说,美国独立战争是一场巨大的意志行为①。他们打败了地球上最强大的帝国之一,将自然法则写入政治宪法,同时派遣外交官跨越大西洋,在欧洲宫廷中为共和国的合法性辩护。但他们也向西部进发,建立了"林中政府"(government in the woods)。开国者引用自然法则,即"自然法则和自然之上帝的法则"(Laws of Nature and of Nature's God)证明美国的主权合法。然而,行使该主权意味着要支配自然。拓殖者"追逐大自然直至她的避难所",同时创造了新的戒律:建立"对这处处天然是荒野的世界的控制权"。"征服自然""前进""征服荒野""占领这片大陆""扩张""变强""繁殖""擦亮""清除"。

历史学家彼得·奥努夫(Peter Onuf)写过很多有关托马斯·杰斐逊的文章。他认为向西部扩张使包括杰斐逊在内的第一代革命者能够将最初的"光荣斗争传播到未来和整片大陆,再现了美国在新的、自治的共和党州繁衍的开端"。"这是永久的革命。"奥努夫说。[23]

奥努夫的观点意味深长。美国以其卓越的历史为傲的一个关键支撑

---

① 意志行为(act of will)是受人的意志支配的行为。——译者注

是，那个时代，环大西洋国家中多次爆发革命（如法国、海地和西属美洲），其中只有美国在革命过程中知道在哪里停止。美国的共和党人不像法国人和海地人那样，把平等的前提推向社会舞台并破坏私有财产权。他们认为国家不该以令人惊讶的方式，试图从个人利益中召唤出集体美德（这可不像西蒙·玻利瓦尔，他曾写道，共和党政府的目的是创造"尽可能多的幸福"）。事实上，他们经常争辩说，类似做法会导致恐怖和专制横行，而这正是法国、海地和西属美洲等其他革命过程中产生的问题。美国独立战争理想地将政治和经济理解为两个独立的领域，它激进到足以在前一领域中实现平等，但不足以在后一领域进行过多干预。行远，但不过远，仅此而已。在财产权问题上加以克制，在领土问题上缺乏克制。这是麦迪逊式理想的核心：扩大范围，你就能保护个人自由。

美国独立战争中见不到雅各宾式的恐怖，也没有砍掉贵族头颅的断头台，更没有奴隶复仇。暴动并没有演变为专制的无政府状态。共和党人发动暴乱，在混乱中创造秩序，然后从大自然中攫取财富。他们一直如此。他们挺进边疆，反复上演奥努夫所说的永久革命。1829 年，《北美评论》（*North American Review*）颇具影响力的编辑爱德华·埃弗雷特（Edward Everett）对一群俄亥俄人说，扩张是"我们体系的原则"。"它是文明的人格化和具体化……就像至高无上的上帝的伟大运作。"[24]

但无休止的革命需要政权和武力。别管想象有多么理想，在实践中，它在政治和经济，以及国家和经济之间几乎没有区别。一个激进的联邦政府不得不动用它所有政治、军事和财政力量来安抚、迁移、转移、安置、保护、惩罚、灌溉、排水、建设并发展财政。杰斐逊本人心知肚明：需要国家的权力同化印第安人，让他们适应定居生活，迫使他们放弃自由的渔猎生活，转而种植庄稼、纺织、编织，从而把狩猎森林向白人拓殖者敞开。他详细说明了如何利用由政府补贴的掠夺性债务来诱导促进同化。"我们将敦促我们的商行（trading house）"——杰斐逊在1803年，即购买路易斯安那的那一年，写信给印第安纳总督，说如果印第安人因负债而被迫出售土地，他会"乐见其成"[25]。杰斐逊说，商行能做到"私商做不到的事"，因为它们由政府经营。所谓"私商做不到的事"，就是它们可以以足够低的价格出售商品来开始债务循环："当个人无力偿还债务时，他们就愿意通过转让土地来抵债。"如果各州精心安排的债务不足以完成这项任务，他们就会动用更直接的力量迫使美洲原住民融入经济生活。杰斐逊说，最好是"培养他们的爱"，但"恐惧"也会起作用。"我们假设我们的力量和弱点"对他们来说一目了然。他们"必须认识到，我们粉碎他们只需要握紧双手"。杰斐逊受启蒙运动影响，尊重美洲原住民，视其为理性的人，认为他们有能力在同化和灭绝之间做出选择。"我们所有慷慨之举都纯粹出于人性。"他说。然而，"无论何时，如果有哪个部落胆敢鲁莽地举起斧头，那么要想讲和，我们唯一的条件就是夺取他们的全部土地，并把他们赶过密西西比河。这样可以给其他部落以警示，促成我们最终的整合。"

大多数土著居民放弃固有生活方式并非出于自愿，但杰斐逊将此归咎于英国。承认美国独立后，英国政府继续在密西西比河谷培养原住民合作伙伴，与他们进行皮毛贸易，也在1812年战争期间与他们结盟。大不列颠持续插手新世界事务，于是杰斐逊认为，它应对某些美洲原住民拒绝融入世界或"重归野蛮状态"负责。杰斐逊在1813年写道："英国的政策出于私心且不道德，它已挫败了我们为拯救这些不幸的人所做的一切努力，还引诱周边大部分部落拿起斧头攻击我们。"[26]

杰斐逊那一代人打破了历史，掀起革命，开启了新的世界。这件大事是政治决心的非凡实践，而路易斯安那的收购使它得以代代传承、一再重新上演。然而，当他谈到对美洲原住民政策的效果，以及各种法律和市场机制无法说服他们放弃土地，于是遭受到重重暴力时，他一再使用被动语态和不情愿的语气。即使在精确地讲解如何用掠夺性债务控制美洲原住民，再威胁要毁灭他们之后，杰斐逊在考虑后果时，仍表现得仿佛在历史面前无能为力，仿佛他和他建立的政府并不是毁灭他们的手段。杰斐逊说，英国的所作所为"迫使我们现在消灭他们，或者把他们驱赶得远远的，直到离开我们的势力范围"[27]。美国"不得不把他们与林中野兽一起驱赶进覆盖着石头的大山"。杰斐逊在这里谈论美国时，就好像"征服""建立""占有""行动"——它们是被超出美国控制范围的力量带走了。

在南美洲情况也一样，西蒙·玻利瓦尔和托马斯·杰斐逊一样，认为新世界的共和主义继承了旧世界殖民主义的"印第安问题"（Indian Problem）。但是，像玻利瓦尔提倡的那样建立强大而有道德的国家，把印第安人变为该国公民是一回事；而像杰斐逊那样，主张大规模屠杀可能是唯一解决办法、只有英国才需要为此负责、欧洲要为未能向新世界的共和党人兑现永久和平的承诺负责，则是完全不同的另一回事。"英国曾在亚洲对与印第安人同为黄皮肤的种族、曾在爱尔兰对与自己肤色相同的同胞，以及任何盎格鲁营利主义的贪婪能取得蝇头小利的地方大开杀戒。对他们来说，灭绝印第安人不过是为史书上加了一章。"

这种消极的措辞一直在持续。美国很快就会部署大批的联邦军队，将美洲原住民连根拔起，把他们驱赶向西部，许多人因此丧生。然而，美国领导人说他们的命运是"自然因素导致的不可避免的操作"的结果。负责执行驱逐印第安人命令的安德鲁·杰克逊的战争部长刘易斯·卡斯（Lewis Cass）说："他们的不幸，是他们和我们都无法控制局面的结果。"[28]

因此，美国向前推进就是违背其意志的"意志行为"。

5

在詹姆斯·麦迪逊的构想中,自由依赖于扩张,自由需要稀释和分裂派系。然而,随着拓殖线向西移动,扩张不仅被视为自由的条件之一,而且被视为自由本身。这种认同的进行方式令人迷惑。彼得·奥努夫写道:"结果会与起因混淆,而不可抗拒的西进移民潮似乎有其自身原因,是自然国家的天命(manifest destiny)",而不是联邦政策精心策划的结果。[29]公众力量有可能使私人拥有权力,但因果间的混淆使其方式变得神秘。这种混淆成倍向外扩散,导致手段和目的、理想主义和现实主义、孤立主义和国际主义,甚至时间和空间之间的混乱。

其他人注意到:新生美国幅员辽阔,无论是领土的广袤,还是填满这片领土的精神,都创造了一种新关系。正如詹姆斯·威尔逊法官所言,那是时间与空间的关系。奥克塔维奥·帕斯在20世纪50年代描述美国是"纯粹的空间"。这听起来像是绝对真理,政治学家路易斯·哈茨(Louis Hartz)也在20世纪50年代写道,与其说美国人是直面绝对原则,不如说他们认为自己就是绝对原则。哈茨说,"美国的绝对原则"表现为强制的、执迷的个人主义和不合时宜的"天真"。[30]"在上帝的国度里,时间被废除了。"历史学家洛伦·巴里兹(Loren Baritz)稍后在谈到美国神话时称:"美国人摆脱了历史的束缚，摆脱了过去的限制，大概比其他任何民族都更有自决权。"巴里兹说，在打败旧世界之后，他们抵制"旧"这个概念，拒绝与限制、衰退和死亡有关的想法。巴里兹写道，广阔而开放的西部促成了这样一种观念，"美国人愈加相信，他们已在看似无限的空间中获得自由，摆脱了'过去'那只死气沉沉的手的阻碍"。[31]

麦迪逊将共和国比作不断膨胀的范围，这是美国的绝对原则（American Absolute，可理解为美国人面对的东西或他们本身）的绝佳象征。若充分考虑并从逻辑上加以扩展，那么共和主义依赖于扩张的主张就不允许区分内外。内部人员的福利需要外部事物的逐渐融合。1822 年，詹姆斯·门罗总统说："扩张越大，优势越大。"[32] 门罗承认通货膨胀可能存在"实际限制"，但同时他又想不出任何限制。

用杰斐逊的话来说，我们必须接受一切，这样我们才能成为一切，同时共和国才能实现"最终整合"。[33] 起点成为一切之终点，正如阿尔法和欧米茄。哥伦布向西航行却到达东方时，第一个念头是把美洲称为"始与终"。①

---

① 据 16 世纪米兰历史学家彼得·马特（Peter Martyr）说，哥伦布首次横渡大西洋时，想把古巴最西端命名为"始与终"（Alpha and Omega），因为他认为"日落时它是东方，日出时它是西方"。随后，清教徒塞缪尔·休厄尔（Samuel Sewall）于 1697 年在《启示录现象》（*Phaenomena quaedam Apocalyptica*）中写道："美洲是东方的起点，也是西方的终点。因此哥伦布把美洲某地叫作'始与终'。"——作者注

第三章 高加索民主政治

THE END OF THE MYTH

"此外皆为荒野。"

"边疆"（frontier）、"边境"（border）、"边界"（boundary），19世纪初，也就是购买路易斯安那时，这几个词基本上可以互换。它们被用来表示国家疆域的界线和范围，"边界地区（marches）是任何疆域的最边缘"。"边疆"在文明或情感上并没有特别意义，后来人们才将其定义为与独特文化关联的最初地带。从本质上讲，"边疆"要么与"边界"同义，指一个国家司法的外部界限，要么更常用来表示国防线。[1] 如果要说有区别的话，那就是在这三个词中，"边境"更多的是用来表达生活在边缘地区的烦恼经历。与其说是边疆人，不如说是边境居民，因为其定义为"居住于边境地区的人"，边境群体的说法过时了，它意味着掠夺边境。[2] 无论是1788年在美国出版的第一本英语词典，还是1798年由美国本土人士编写的第一本词典都没有收录"边疆"这个词。但在整个19世纪，美国一次又一次执行"迁移"行动，迫使美洲原住民向西部迁移，为拓殖者和投机者腾出土地，"边疆"随之被更频繁地用于指代美洲原住民聚居区和白人定居点的分隔线。然而到了19世纪末，除支离破碎的保留区之外，再也没有印第安人聚集区，"边疆"这个词不再意味着界线，而意味着与"自由"同义的一种生活方式。

1

THE END OF THE MYTH

美国的第一代总统组成了所谓的"开国者联盟",他们主要是来自弗吉尼亚"海岸和山区"①的奴隶商人。华盛顿、杰斐逊、麦迪逊和门罗都投资购入阿勒格尼山脉以西的土地。他们都满心盼望,随着美国领土向太平洋扩张,这片土地上的土著民族会消失,或者土著文化被同化,或者土著人作为个体消亡消失。

然而,这些早期的总统还都有所顾忌。杰斐逊曾承诺要使整个行政机构"专注"于收购土著人的土地,并将他们的狩猎场变成私人财产,而他活了足够长的时间,看到了整个土著群体分崩离析。但实际上,联邦政府在军事和财政资源方面都不足以如许多人所希望的那样加速实现他的西部愿景。在阅读了古今有关德治的全部书籍后,那些统治美国建国后的半个世纪的最高统治者们确实想象自己是负责任的管理者。他们不是把腓特烈·施通普这样专门对付印第安人的杀手逼到田纳西的宾夕法尼亚的贵格

---

① "海岸和山区"(Tidewater and Piedmont)指殖民地时期弗吉尼亚英国移民的阶级分野。早期移民能获得土壤相对肥沃、气候相对凉爽的近海土地,能生产更多农作物,交更多税;晚期移民只能得到"挑剩下的"近山地块。那里的土壤中黏土含量更高,不利于作物生长。因此"山区"人比"海岸"人的阶级地位更低。——译者注

会，认为印第安人与自己完全平等，但他们也不是施通普那样的家伙。在国际社会中代表新共和国时，某些领导人感到有必要证明自己是国土和人民的好管家，而这与欧洲的执政观点相左，这意味着尊重乔治·华盛顿所指的土著人主权的"内部边疆"。

摆脱英国获得独立后，美国承继了英国政府与土著人群体签署的浩繁的条约规定的种种义务。随后又签署大量协议承诺提供保护，并承认他们的边界地区和分界线。例如，华盛顿与克里克人谈判达成了一项协议，授权他们"按自己意愿"惩罚侵入者。[3] 华盛顿的战争部长亨利·诺克斯（Henry Knox）将土著部落视为"外邦"。[4] 联邦政府要求盎格鲁旅行者在进入俄亥俄河以南这些部落地盘时携带通行证。在那片区域周围，有20英尺宽的林木被清除，以此标出边界线。[5] 换句话说，新生共和国像是张土著民族的拼图，其中一些部落还拥有广阔的森林狩猎场。在老西北地区①有易洛魁人、奥吉布瓦人（Ojibwa）、渥太华人（Ottawa）、帕塔瓦米人（Potawatomi）和温尼贝戈人（Winnebago）；在阿巴拉契亚山脉南部有切罗基人、佐治亚西部和田纳西的克里克人、密西西比河谷东部的乔克托人和契卡索人，以及佛罗里达的塞米诺尔人；等等。总而言之，土著人名义上的主权地区从阿勒格尼山脉西部、五大湖周围的大片地区一直延伸到俄亥俄西北，囊括佐治亚、亚拉巴马和密西西比大部分地区、田纳西西部的三分之一以及肯塔基西部。

新生的美国也继承了拓殖者对土地的渴望。[6] 这个国家建立在自由权利之上，该权利不光由移民行使，而且起源于移动。在血色子午线这个主题

---

① 老西北地区（Old Northwest Territory）在美国独立战争后形成，包括五大湖、密西西比河和俄亥俄河之间的土地。在1783年的《巴黎条约》中，这块土地被授予美国。——译者注

上,越来越毒化①:独立后,英国拓殖者对英王室的敌意转向由这种敌意塑造的联邦政府。特别是当该政府承诺保护土著人的主权时,这种敌意尤为强烈。

这种分歧是美国得以建立的根本因素。例如,在1783年,即《巴黎条约》承认美国存在并确定密西西比河为美国西部边界的同一年,大陆会议(Continental Congress)重复了乔治三世在20年前做过的事:禁止人们在印第安人居住或声称拥有主权的土地上定居。于是,一些州重复了独立战争中革命者所做的事:他们无视禁令。例如,同样是在1783年,北卡罗来纳通过了后来广为人知的《土地征用法案》(Land Grab Act)的命令,宣布阿勒格尼山脉以西的所有领土(包括即将合并的田纳西)都可接受勘测,也都接受根据法案要求的付款。7个月内,超过400万英亩的土地——其中大部分是切罗基人和契卡索人的土地——被拓殖者和投资者占领。

早在美国独立战争爆发的前几年,乔治·华盛顿本人就反对英国对其购买俄亥俄河谷土地的限制,称《1763年公告》必须"废除"。但几十年后,当他引导美国成立时,他抱怨涌进同一个山谷的"土地贩子、投机者和垄断者",说他们自行其是,不遵章程,对政府的支持毫无回报。[7] 华盛顿写道,他们坚持生活在自己认为绝对自由的地方,这会导致"大量流血事件"。在拓殖者和印第安人的冲突中,华盛顿的战争部长亨利·诺克斯同情印第安人。他说,原住居民"拥有他们所处范围内所有土地的土地权"。但他对联邦政府能否保护上述权利持悲观态度:"边疆地区印第安人和白人之间的愤怒很容易就会被互相伤害事件点燃,而虚弱的政权将无法控制过于暴烈的冲突。"[8] 1807年,联邦政府通过《侵入法案》(Intrusion

---

① 《血色子午线》一书主要讲述美墨战争结束后的1849至1850年,由墨西哥和得克萨斯当局派出的以格兰顿为首的游击队一路屠杀印第安人,以猎取头皮获得赏金为生。——译者注

Act）将未经批准在西部公共土地上定居的行为视为犯罪，并授权行政部门使用武力驱逐擅自占用土地者。然而该法案很难执行。诺克斯说："无法有效阻止各州人民移民到印第安人领土的意向。"尽管他确实希望它能够"受到约束和规范"。

安德鲁·杰克逊在1811年遇到的事情颇具讽刺意味：政府作为拓殖者精神的代理人，拒绝被"约束和规范"，反过来却成了拓殖者敌意的目标。杰克逊像施通普（他在田纳西定居之后在杰克逊麾下担任上尉）一样倡导成立治安委员会，而此时他距离赢得总统宝座并结束"开国者联盟"的统治还有17年。但他在纳什维尔很受拥戴。作为地区公众人物，他被选为田纳西州首位国会和州最高法院的代表，同时也是田纳西民兵组织的负责人。作为私商，杰克逊将军以律师、商人、种马繁育者和种植园主发家致富，从奴隶制度、奴隶贸易和强占印第安人土地的行为中获利巨大。强占印第安人土地这一活动持续吸引拓殖者从坎伯兰岬口进入田纳西和肯塔基。[9]作为律师，杰克逊从处理夺走美洲土著人土地一类案件的索赔中获得可观的报酬。据我们所知，他是唯一曾亲自驱赶运奴队伍的总统，运奴队伍中的奴隶通常会被用绳子拴住脖颈，从某地驱赶到另一地。[10]

1811年冬天，杰克逊正驱赶运奴队经过纳奇兹小径时，被联邦特工塞拉斯·丁斯莫尔（Silas Dinsmore）拦下了。纳奇兹小径，密西西比河沿岸连接纳什维尔和纳奇兹的一条印第安古道。这条小径穿过契卡索人和乔克托人的地盘，名义上受联邦条约保护。在这种地方，会有政府负责处理印第安人事务的特工，比如丁斯莫尔，负责检查旅行者的通行证。他们这样做有几个原因：监控进入土著人地盘的白人拓殖者和商人；监视想溜进印第安人领地的逃跑奴隶；执行日渐增多的联邦法律从而规范奴隶制。3年前，美国国会曾禁止跨大西洋奴隶贸易，因此设立检查站的目的是确保在这条路上运送的奴隶都是真正的奴隶——要么是1808年以前从非洲来到美洲大陆的，要么是在美国出生的。

特工丁斯莫尔索要证件时，杰克逊回答，"好的，先生""我总是随身携带证件"。他指的是美国宪法——"这本通行证足以让我去任何有我生意的地方办事"，更别说通过一条"根据法律所有美国公民均可自由通行"的道路。这个故事的另一个版本是，将军拿出手枪说："这就是杰克逊将军的通行证！"[11]不管到底发生了什么，杰克逊明确表示他"不愿意……因为请求允许自己在某条公共道路上通行而辱没美国人的身份"。对方挥手放行，但杰克逊发起了战斗，将丁斯莫尔免职。在给政府官员的一系列信件中，这位未来的总统警告说，还有其他奴隶贩子抱怨这位特工阻碍自己的自由行动，他将面临私警的审判。杰克逊威胁说要把"塞拉斯·丁斯莫尔烧死在他代表的办公机构里"，并把这位特工"斩草除根"。[12]杰克逊警告说，"公民们说如果政府不动手，他们就会除掉这个讨厌的家伙"。人们"随时准备奋起复仇"。

"天哪，已经到了这种地步吗？"杰克逊问道（原稿中的重点），"我们是自由人还是奴隶？这是真的还是一场梦？"

丁斯莫尔算不上激进分子。他被华盛顿任命为债务代理人，又被杰斐逊再次任命。作为杰斐逊口中的掠夺债务代理人之一，他努力说服乔克托人和其他土著部族将土地割让给联邦政府。但正如丁斯莫尔在为自己辩护时所写，像杰克逊这样的"西部地区绅士们"认为自己凌驾于法律之上。他们实际上产生了自由的幻觉。"这是一场梦吗？"他们还觉得仅仅是应要求出示对奴隶的所有权的证明文件就是受奴役的体现，是"恶行"（杰克逊在某封信中所写），是在侮辱"我们祖先的勇气和鲜血"。杰克逊敦促州立法机关谴责丁斯莫尔，并指示田纳西参众两院的代表施压，成功罢免了他。[13]

在南北战争前半个多世纪，在这条边疆地区的僻静小路上，两种不同的、对主权自由种族化的定义对峙着。第一种定义以杰克逊为代表，认为"生而自由"适用于白种人，而"自由"意味着他们可以随心所欲地行事，包括不受内陆边界限制买卖并运送人口，以及在某条根据条约规定属于土著民族的道路上通行。而被要求出示通行证就像奴隶制本身一样，在真正的奴隶面前被人要求出示通行证意味着"他们的主人根本不是君主"。[14] 以丁斯莫尔特工为代表的第二种定义则授权联邦当局采取行动，为那些被"生而自由的人"征服的受害者提供最低限度的保护。

由于这片土地上有像杰克逊这样的人，一个因领土扩张而权威被"摊薄"的国家的脆弱权力很容易就被击溃。这个国家有足够能力，能像推石碌一样将边疆向西部推进，但还无力改善那些被碾在石碌下面的可怜人的待遇。

2

1812年10月，也就是杰克逊在纳奇兹小径发生纠纷的一年后，田纳西立法机构下令组织"足以消灭克里克族的力量"[15]。负责西田纳西民兵事务的杰克逊照办了。多年来，纳什维尔周围的白人拓殖者与克里克人之间低强度冲突不断。像杰克逊这样的领导者之前一直在抱怨联邦政府不作为，在惩罚袭击白人居住地的克里克人时拖延。杰克逊指示手下——包括施通普和他的儿子们——"全力以赴"，把自己变成"摧毁的引擎"。杰克逊践踏克里克人的村庄，并宣称自己的行为是"正当防卫"。他威胁要继续烧毁房屋、杀害战士、肢解他们的尸体（他命令手下割下印第安人的鼻子，便于统计死者、计算军功），并奴役他们的妻儿，"直到他们向我屈服"。

长期以来，杰克逊一直批评联邦条约对美洲原住民过于谦恭。现在杰克逊强加给战败的克里克人一种新条约，预演他当选总统后将向全国播撒的苦难。根据该条约，克里克人被剥夺了超过2000万英亩土地，"沦为赤贫"，而且失去"谋生手段"。根据杰克逊的条约，出于"人道动机"，美国将免费向他们提供玉米。于是，曾经自给自足的人现在要依赖政府提供的玉米生活，并且迫不得已地接受在自己地盘上建立贸易商行。正如早些时候杰斐逊曾建议采用这种手段增加债务奴役，迫使克里克人放弃更多猎场。后来，杰克逊时代之前最后一批伟大政治家之一的亨利·克莱（Henry Clay）说，纵观人类外交史，即使"征服摧毁罗马"的那段历史，都不会产生比杰克逊与克里克人条约更令人憎恨的文件。它充斥着对"被逼到极致绝望的可怜民族的种种羞辱性要求，为了维持他们的悲惨生活，我们只好主动保留某条款好为他们提供口粮"。条约还要求克里克人交出自己的宗教领袖，因为杰克逊指责他们领导土著人反抗白人拓殖者。克莱对此提出抗议并恳求道："先生，放过他们的先知吧！"[16]

对克里克人的胜利清除了障碍，帮助杰克逊闻名全国。接下来，他会在1812年的新奥尔良战役中击败英国人，在佛罗里达征服塞米诺尔人，在田纳西和亚拉巴马打垮契卡索人。学者们有时将"疯子"理论描述为现代外交手段之一，即策略性地威胁使用非理性暴力从而推动谈判。但杰克逊在19世纪初警告一个又一个土著部落，如果不同意条件，他们将被猎杀至灭绝。"火将吞噬他们的城镇和村庄"，他告诉考虑支持克里克人的印第安人，"他们的土地将被白人瓜分"。杰克逊杀死印第安人并保留他们的头骨作为战利品；他的士兵从受害者身上剥下长条人皮用作缰绳。恐吓，贿赂，继而合法化。杰克逊按此顺序施展上述手段：先是以死亡相胁，再付钱收买部落首领来打破抵抗联盟，然后通过条约将这一安排正式化，他本人借此登上总统宝座。杰克逊在1814年某次特别恐怖的屠杀后告诉军队，"我们看到乌鸦和秃鹫以未收殓的尸体为食"，"我们复仇的胃口已经充分满足了"。[17]

比起历届前任，杰克逊在处理美洲原住民问题上都更残暴。麦迪逊和门罗不信任杰克逊。杰斐逊相当不喜欢杰克逊，说当杰克逊成为总统时他的想法是"非常惊恐"："据我所知，他是最不适合担任这个职位的人之一。他对法律和宪法毫无敬意……他的激情很可怕……他是个危险人物。"然而他们3个人最后都要指望杰克逊。麦迪逊希望英国人离开密西西比河谷，为此他发动了 1812 年战争，而杰克逊将军打赢了这场战争。詹姆斯·门罗想要西属佛罗里达，于是杰克逊将其奉上——1818 年，他对港口城市彭萨科拉（Pensacola）的血腥袭击"说服了"西班牙将该地区割让给华盛顿。至于杰斐逊，他认为美国自由"表面上既没有瑕疵，也没有混合物"的"最终巩固"，要等到讲英语的白人完全占领这片大陆时才能实现。但在大陆实现白色愿景之前，还有三个障碍：美洲原住民、非洲人和非裔美国人（包括黑奴和自由黑人），以及在 1821 年摆脱西班牙赢得独立后拥有多种族公民的墨西哥。将墨西哥列入这份清单，是因为它对北至现今犹他州的大片领土宣布主权，阻断了美国通往太平洋的道路。

　　杰克逊感受到开国元勋们的那种紧绷情绪，想要得到一切，却不想为此押上所有筹码。对他来说，托马斯·杰斐逊是宏愿落空的最典型例子。例如，杰斐逊在命令利用掠夺性贷款破坏土著文化、幻想种族灭绝（"致力于把他们灭绝"）和梦想"性"能解决差异问题之间摇摆不定。他曾对特拉华（Delaware）和莫西干人（Mohegan）的使团说："我们都应是美国人，你们将通过婚姻与我们融为一体，你们的血液将流淌在我们的血管里。"杰斐逊知道，如果联邦政府想建立新的州，就必须"在未来某个时候"取消西佐治亚土著人的所有权。[18]

　　而杰克逊就是那个"未来"[19]。

　　到 19 世纪 20 年代中期，杰克逊派持续壮大，开国联盟瓦解。虽说约翰·昆西·亚当斯（任期为 1825 年至 1829 年，未曾连任）过于年轻，没能亲自参与缔造合众国，但他是代表该联盟的最后一位总统。亚当斯反对奴隶制，也反对剥夺美洲原住民的权利。而且他顶住了新兴的杰克逊派施加的压力，不愿加剧与墨西哥间的紧张关系。不过，亚当斯还是支持扩张。他说，美国"受上帝和自然的安排，注定要同北美大陆一样广阔"。但他也无法解此两难之局，因为他想不出既能让美国领土覆盖美洲大陆，同时又能消灭奴隶制、避免与墨西哥发生战争、保护美洲原住民的办法。亚当斯甚至不能使用行政权阻止南方各州（特别是佐治亚）将被征服的土著居民驱赶向西部。[20]

杰克逊派的解决方案更简单，并且能将理论或愿望与行动结合起来：驱逐印第安人，对墨西哥宣战，保卫并推广奴隶制。

THE END OF THE MYTH

3

  安德鲁·杰克逊于1828年击败约翰·昆西·亚当斯成为美国第七任总统。许多历史学家仍然认为，杰克逊在两届任期（1829—1837年）中实现了独立战争反贵族政治的志向。这是一个狂暴的平等主义时刻，拥有投票权并以此为武器的白种工人汇成一股政治力量。[21] 一位作家后来把杰克逊就职典礼描述为"无产阶级的狂欢"。总统的支持者们"像大群蝗虫一样乘着驿站马车、手推车和四轮马车，或骑马或步行，突然出现在这座城市中"。[22] 他们穿着土布衣服和粗糙的帆布外套，整整一天在白宫里大肆庆祝。庆祝活动结束时，白宫的地毯沾满了泥巴，瓷器也被摔得粉碎。这个巨大而快速变化的时代以城市发展、欧洲移民的到来以及制造业和金融资本的崛起为标志。依赖工资为生的家庭比以往任何时候都多。银行遍布全国，纸币充斥当地市场。个人债务增加，租金上涨。为满足市场需求，大西洋棉花市场蓬勃发展，南方奴隶种植园也不断扩大。

  整个国家都被一种巨变所笼罩，这个共和国正处于与过去彻底决裂的边缘。不少人担心选举民主迅速扩张可能会导致某种社会专制，也担心杰克逊派为回应民众需要（尤其是这个国家越来越多的城市工薪工人的呼声），可能会变成雅各宾党。某位作家把弥漫在辉格党（杰克逊那些富有反对者）圈子里的"恐惧"描述为"独裁主义（Caesarism）的恶魔萦绕在大众想象之中"[23]。

然而，杰克逊带领美国走上了另一个方向。面对日益复杂的日常生活，他承诺恢复"原始的简单和纯净"，从而将政府机构"恢复"到它们最初的极简规划。[24] 杰克逊说，联邦政府应该"只限于一般监督权力"，不可限制"人的自由"，只用于"执行人权"——其中最主要的是"自由企业"①和财产权，也包括把人当作财产的权利。美国政府的责任应该"简单而清晰"，它的"制度结构"应该"简单而经济，几乎感觉不到"。[25] 杰克逊经常用只进行最低限度运作的"简单机器"的意象来描述联邦政府与各州间的恰当而有限的关系，称之为"宪法创造的那台简单机器"。在19世纪30年代工业革命前夕，"机器"的幽灵使人恐惧。但是杰克逊派的机器像水车一样嗡嗡作响，忙个不停。

一些社会要求在联邦或州的级别上得到了满足，于是投票权和公共教育扩大，债务人监狱关闭。然而，对原始简单性的崇拜是为了防止有人，尤其是北方人，提出解放奴隶并摧毁奴隶制度这一特殊要求后招致更多拥护者。对联邦权力的极简主义设想受到奴隶贩子及其捍卫者提出的新法律原理的支持，包括废除奴隶、"国家主权"和州权等。该设想旨在合法地武装南方，对抗日益敌对和主张废奴主义的北方。[26]

在被用于捍卫种族统治制度的同时，有限联邦政府的理想本身也不可避免地被种族化。这是对美国白人至上主义特有怨恨的延伸，这种怨恨至少从"帕克斯顿男孩"开始就一直延续：认为中央政府确实对拓殖者怀有敌意，没能尽力保护拓殖者，拓殖者不得不自己动手解决问题。杰克逊派把自由理解为摆脱不准蓄奴或拓殖的当局限制的自由，这跟安德鲁·杰克

---

① 自由企业（free enterprise）指政府较少管制，允许私有企业自由经营。——译者注

逊本人在纳奇兹小径事件上坚持的一致。

在杰克逊的时代,或者某些学者所称的"杰克逊共识"(Jacksonian consensus),以激进方式赋予白人男性权力,同时也见证了对非裔美国人同样激进的镇压。"白人男性普选权的实行",历史学家小莱罗内·本内特(Lerone Bennett, Jr.)在 1970 年写道,"直接剥夺了自殖民时期以来就有权投票的黑人男子的公民选举权"。随着实行奴隶制的棉花种植园向南方腹地,向亚拉巴马、阿肯色、路易斯安那和得克萨斯蔓延,自由的有色人种(即已通过解放、逃亡或在北方各州废除奴隶制而获得解放的前奴隶或奴隶后代)的权利因许多州通过了有关二等公民资格的新法律而受到极大的限制。"随着杰克逊式的民主达到新高度",本内特说,"美国的种族主义也达到了前所未有的程度"。

"贫穷的白人崛起",而"贫穷的黑人被压制"。但目前为止,贫穷的白人只能在拥挤的城市和肮脏的住所里挣着低工资,付着高房租。许多人打量着自己的悲惨处境,开始组织工人协会和技工协会,并提出了杰克逊在小径上遇到的同样问题:"我们是自由人还是奴隶?"

《印第安人迁移法案》(Indian Removal Act)让杰克逊回答:自由人。杰克逊在 1830 年初,也就是首个任期开始约一年后签署了该法案,授权联邦军队将印第安人驱逐出密西西比河流域,并永远夺走他们的土地所有权。在南部边疆地区,佛罗里达的塞米诺尔人进行反击。他们被屠杀,幸存者逃到佛罗里达南部的大沼泽地(Everglades)。短短几年,大约 5 万人被迫离开密西西比河以东的家园向西迁移,他们被赶过河,赶到今天的俄克拉何马和堪萨斯的部分地区。杰克逊在 1832 年对国会说,把我们的"残余物"迁移到密西西比河以西是"明智且人道的政策",这项工作很快就会"圆满完成"。[27]迁移过程中有成千上万人死亡,还有更多的人患病。

第一次迁移使包括佐治亚和亚拉巴马大片土地在内的约 2500 万英亩

的原印第安人土地空出来服务于市场和奴隶经济。杰克逊的前任约翰·昆西·亚当斯曾试图用出售西部公共土地获得的收益资助他所谓的"国家计划",即不仅修建道路和运河,同时也修建医院、学校和其他社会机构。不过,杰克逊承诺要"永远结束"这种以公共土地换取政府收入的"颠覆性"做法。取而代之的是,他开始分配,或让各州分配,以低成本将土地出售给支持他的奴隶贩子和边疆地区选民,给那些杰克逊口中的"敢于冒险和吃苦的人",给那些"真正的自由之友"。[28] 拓殖者和种植园主拥入这片突然成为"自由之地"的土地,在密西西比河沿岸种植棉花,还延伸到切罗基人、克里克人、乔克托人和契卡索人的地盘,而且他们这么做时不需要携带任何通行证。

4

THE END OF THE MYTH

1837 年，在一场长达 7 年的可怕经济衰退的边缘，美国在多处边疆地区做好了开战准备。"此时此刻"，《纽约商报》（*New York Journal of Commerce*）写道，"无论在内陆还是海上，我们不可对广阔的边疆地区的任何一处放松警惕。我们在南方要对付塞米诺尔人，在西南方向要提防墨西哥，因为我们与它的关系一直不稳定。"[29] 敌人无处不在，折磨着第二代和第三代共和党人的地缘政治想象力。马萨诸塞众议院议员凯莱布·顾盛（Caleb Cushing）警告说："从一片海到另一片海，加拿大的'边疆'就像低沉的风暴云罩在我们头上。"

威胁像风暴云一样在西部聚集，成为公众辩论的焦点。顾盛说它是"由河流、平原和湖泊组成的漫长内陆边疆，完全无法用防御工事或军队来守卫"。[30] 由于印第安人驱逐工作进展顺利，有些人担心遭到报复。1838 年，一位不愿透露姓名的炮兵军官从佛罗里达东部给《查尔斯顿信使报》（*Charleston Courier*）写信，描述自己给顽强反抗的塞米诺尔人带去的恐怖。他和战友把他们赶进"他们故乡的沼泽和污秽之地"，他们在那里"绝望挣扎，想要用最后绝望的努力回到挚爱的家"。他提醒读者，"平衡"既是一个道德概念，也是一个物理概念，而且"玩忽职守必招报应"。那忏悔的士兵继续说："我们已经把不满的印第安部落聚拢在密西西比河和落基山脉之间，就像夏天的南风把积雨云吹到北方。只要有电火花闪现，这些云团就会溃散，把愤怒倾泻在地上。所以只要有外敌或他们中的某个人召唤这些部落来攻击我们，那么印第安人的大军将使我们幸福新国家的大片地区变为荒地。"[31]

其他人则没有那么真挚的自我反省，但仍然明白依据圣经标准，这项驱逐政策很可能会引发某种反应。在法国，当共和党人处决国王、废除贵族统治并开始恐怖统治时，旧贵族煽动所有旧王室（ancien régime）分支，组织起来反对他们，围攻在各自国家中爆发的革命。在北美，共和党人制造的是另一种不同的恐怖——不是阶级恐怖，而是种族恐怖。数十年来针对美洲原住民的可怕暴力行为与其说是激起了仇恨，不如说是制造了敌人。"我们必须记住，"前面引述的《纽约商报》的文章说，"千千万万已经或将要被驱赶着向遥远西部迁移的克里克人、契卡索人、切罗基人、塞米诺尔人和其他印第安人，会对伤害过自己的人怀有潜在的敌意，对那些伤害他们的人，这种敌意随时都可能爆发成公开的战争。印第安人发动了全面战争，他们很快就会集中到我们的西部边疆。""或将要被"这个表述意味着强大的时态转换。它迅速从讨论美国之前行动可能产生的后果转移到预期未来，即它将采取的行动的预期影响。1837年，据印第安人事务局（Bureau of Indian Affairs）估计，北美剩余的印第安人中有66499名潜在的"战士"，如果他们"联合起来"，将形成"可怕的"力量，足以横扫"密西西比河以西的所有白人"。[32]

《印第安人迁移法案》除驱逐美洲原住民外，还要求联邦政府在原住民被迁移后保护他们。美国要"永远保障"被驱逐的民族拥有新土地，并保护他们不受"任何其他人"的"任何干扰"。杰克逊的继任者马丁·范布伦（Martin Van Buren）就被驱逐的美洲原住民的待遇写道："我们作为一个国家,从道德立场而言(foro conscientiae),要对国际大家庭的意见负责。""相对于这个弱小的民族,起先我们也许是理亏的侵略者,但随着时间流逝和局势发展,我们已经成为他们的守护者,并且正如我们所希望的那样,成为他们的恩人。"[33] 如果说美国有保护受害者免受伤害的责任,那也不算太做作。

该法案模糊了外交和内政之间的界限。印第安地区是超出美国管辖范围的其他国家吗?19 世纪 30 年代早期,最高法院的一系列裁决对这个问题给出了折中答案,称切罗基人既不拥有主权,也不是美国的一部分。某项决定说:"也许土著人的政体可被称为'国内属国'(domestic dependent nation)"。美国政府与特定土著民族签署的正式驱逐协议承认个别民族的主权,从这个意义上来说,"印第安国"(Indian Country)是"外国"。但坚持这些文件的字面意思,并将印第安国视为主权国家,将给欧洲竞争对手尤其是英国打开大门,因为英国人仍然常被指责利用原住民的不满来破坏边疆社会的稳定。"他们既不是外国,也不是组成联邦的州,而是与两者不同的东西。"在最高法院对切罗基人做出特别令人困惑的裁决后,一家美国原住民群体的报纸这样说。[34] 一位研究这种情况的历史学家也说:"真是令人费解。"[35]

与同美国关系这一问题比较,"印第安国"的地理位置更使人困惑。19 世纪 30 年代,美国边远地区从东到西的布局如下:首先是密西西比河;再往外不远是盎格鲁殖民地,从苏必利尔湖直到纳奇兹的分界线;接下来从五大湖到路易斯安那的一系列堡垒标绘出陆军的军事防线;然后是"印地安国",通常指俄克拉何马,以及堪萨斯的一部分,但有时也远至达科他。美国国际公认的法律界限穿过"印第安国":从墨西哥湾北上,沿色宾河(Sabine River,今路易斯安那和得克萨斯的分界线)、红河(Red River)和阿肯色河(Arkansas River)延伸。越过边界线是墨西哥疆域,北至犹他和蒙大拿,西至加利福尼亚。

到1836年，参议院的印第安人事务委员会（Senate Committee on Indian Affairs）认为这些分界线或多或少是固定的。但固定并不意味着明确。"印第安国"位于美国国际边界以东，也就是美国境内，但在拓殖线以西。当提到被驱逐的印第安人时，委员会无意间传达了这一切的混乱："他们在我们的国界之外，那个地方永远不会被划归我国之外。"[36] 在这里，委员会所说的"国界"显然是指拓殖线。不管怎样，他们不会在外面待太久。

分界线不断向西移动，被拓殖者们向西越过"印第安国"一路推移。它们移动时，西部全域俄亥俄、密歇根、印第安纳、伊利诺伊、威斯康星、艾奥瓦、明尼苏达等地有更多印第安人随之迁移，形成一个被强大力量不断推进的周期。约翰·昆西·亚当斯知道，这种让印第安人发现自己在国界之内、国界之外，然后再次进入国界内的周期不可能永远持续。大陆广袤，但并非无垠。1828年，是他总统任期的最后一年，他在私人日记中写道："在纽约的印第安人迁到格林湾（Green Bay），以及切罗基人迁到阿肯色域内的案例中，我们还没给他们时间去建好棚屋，我们的人民就又召唤我们把他们再次驱赶出去。"他心里明白，最好的政策是同化，使美洲原住民成为平等公民。但他也知道，"他们所在各州的人民是不会允许的"。

在整个19世纪，一些土著民族确实开始转向定居生活并从事农业。但他们的土地仍被征用，他们本人仍被驱逐。例如，佐治亚的切罗基人甚至通过了一部成文宪法，利用各州和联邦政府之间建立的宪法关系来证明他们存在的正当性。美国历史上最同情美洲原住民困境的总统亚当斯在日记中指出宪法"不可行"。包括五大湖周围老西北地区的美洲原住民在内的某些部落，在成功参与商业毛皮贸易的同时保持了独特的文化身份意识。刘易斯·卡斯在成为杰克逊的战争部长之前曾担任密歇根地区总督，他把这既保持文化和政治自治，又掌握商业市场的难得成就视为落后的证据。他在1830年写道，他们"成功地"抵制了"一切改善他们处境的努力"。[37]

5

在杰克逊颁布迁移法案之后的几十年间,"边疆"一词的含义开始演变。它从确认军事前线或国家边界转变为指代某种生活方式。弗雷德里克·杰克逊·特纳后来以区分文明与野蛮的"浪潮边缘"这一概念来描述它。"浪潮边缘"这一比喻似乎与它自身相悖,因为它将明确清晰的意象"边缘"与不断变化分解的意象"浪潮"结合。但它完美地描述了它的对象。

边疆地区,特别是在迁移之后,必须如边缘一样精确,因为它是衡量文明的尺度。一位早期的边疆观察家写道:"清晰的界线标示遥远西部文明的发轫,此外皆为荒野。"独立战争基于个人自治能力,及其利用能力、美德、力量和理性来控制激情和罪恶的能力,提出了一种政治自治理论。包括在美国境内被奴役的民族和在其边境被剥夺权利的民族在内的有色人种,为明确适当自由(证明自治正当)和无法控制的放纵(证明受统治正当)之间的界限提供了佐证。过着"野性自由"生活,厌恶耕种,渴望漫游、狩猎和采集活动的美洲原住民尤其如此。许多人认为他们创造的与自然间的孩童般的关系,与配得上政治自治的白人的修养和沉着形成鲜明对比。"印第安人都是孩子",《纽约论坛报》(*New-York Tribune*)的编辑霍勒·格里利（Horace Greeley）写道，"在控制食欲、制定和维护公共政策、组织引导一个邦或一个群体方面的水平，与任何一群十到十五岁的小学生相当。"印第安人"是欲望和懒惰的奴隶，要想摆脱某种激情的主宰，必须靠另一种贪婪的渴求……这些人必须灭绝"，"上帝已经把土地赐给了那些将会征服和耕种它的人"。[38]

但边疆也像浪潮一样模糊不清，即使白人拓殖者觉得自己比对面的野人更能自制，边疆也是供他们逃避惯例的好处所。在东部，随着资本主义蔓延，低工资、高基本商品价格，甚至更高的房租给家庭结构带来的压力越来越大，家庭的自我繁衍愈加困难。为了生存，许多家庭迁往西部。如此一来，家庭理想，包括家庭秩序和父权，就不仅能得到救赎，还与边疆的荒蛮形成鲜明对比。用一位观察者的话说，边疆生活是茫茫草原上的一栋小屋，保护人们免受"肆无忌惮"和"不法罪孽"的侵袭。西部冒险故事、诗歌和报纸都对美洲原住民怀着既愤怒又悔恨，既害怕又感伤的强烈认同情绪。早期有人把边疆描述为"露天的生活"，以及"不受约束的自由，旺盛的食欲，通常要得到丰盛饭菜才能满足，使人很难再回到稳定工作和相对体面的单调生活中去"。[39]即使拓殖者披上兽皮，拿起战斧屠杀印第安人，并声称这是自己的权利，他们仍可能会把原住民想象成对这片土地拥有长子继承权的"兄长"。印第安人事务局的一名特工把过着"野性生活"的"红人"（red man）描述为"古怪的复合体、奇特的矛盾者"，说他们"贪婪且坚忍；怒气上头时少见地狂暴，但在生活中常见的兴奋和意外面前又比任何人都泰然自若；喋喋不休却又难以理解"。[40]

根据19世纪30年代末的西部旅行家乔治·卡特林（George Catlin）的描述，边疆必须像浪潮一样移动，必须"瞬息万变"。随着文明的进步，这"移动的屏障"在整片大陆上推进。一位负责印第安人事务的政府官员曾说，西部边疆是"一条不断变化的'之'字线条，或多或少有明确的标记",但"总是缓慢西移",也是持续不断、永无休止的战争的阈值:"一场近乎永不停息的斗争,印第安人要保留,而白人要占有。"[41]

不过,出于战术考虑,美国军方不得不继续认为边疆是固定的,而自己的任务是明确的:"保护……沿着1000英里的线延伸的边境定居点,抵御无数野蛮部落的入侵。"[42] 然而,无论军方认为边疆多么稳定和明确,分隔美洲原住民和白人拓殖者的边界却在不断变化。随着美国向西推进,包括密西西比河、密苏里河、阿肯色河和红河在内的所有主要河流,连同垂直汇入它们的支流都成了防御前沿的一部分。在这个愿景中,边疆看起来更像一把梳子,或者半边鱼骨。

军事战略家们想保卫的是一条明确的线,于是他们一次次勘测,试图绘制出边界的精确坐标。然而战术要求构想出的美国和"印第安国"之间的界线不是一条,而是三条不同的线。某份陆军报告称第一条是包括商人、农民、牧场主、猎人和捕猎者在内的白人定居点界线。第二条是军事化的"内线",其对"定居点的特殊保护"必不可少,包括一系列"必须在我们边界之内"的前哨和堡垒。第三条是定居点界线以西的"外线","远远超出我们国界,深入印第安国之中"。[43] 无论界线"之内"还是"之外"(报告原件在这两个词上做了着重标记),这样的地理位置表述着实令人困惑。

无论它们被怎样定义,无论它们跑到哪里,没有哪条线是稳定的。它们都相互作用,推动整体军事行动发展。杰克逊迁移法案公布的前两年,战争部长办公室向国会抱怨"推进军事前哨",包括密西西比河边的斯内林堡(Fort Snelling)和密苏里河边的莱文沃斯堡(Fort Leavenworth)的政策,"过于深入印第安国内,而且遥遥领先于我们的人口正常推进政策",以至于引发暴力循环:这些前哨站"只会招致狂热却无利可图的冒险者深入印第安国",导致他们"与土著人发生个人冲突";政府不得不"发动军事远征，以维护这些散乱的商人的权利"。美国越界带来的危险，反过来又拖着它横越那片土地。这种动态一再重复。

***

正如某位法律理论家描述杰克逊时代时所说，印第安人的迁移打开了闸门，使"一股不可抗拒的高加索民主浪潮"席卷了这片土地。[44]"棉花大王"① 将其势力扩展到整个南方，创造了无与伦比的财富，同时对被奴役和自由的黑人实行前所未有的种族统治。与此同时，美洲原住民被驱赶到西部，获得土地的白人拓殖者和种植园主同样体验到前所未有的非凡权力和人民主权（popular sovereignty）。历史上从未有这么多白人认为自己如此自由。杰克逊的拓殖者越过边疆，通过压制有色人种赢得更多自由；然后他们继续镇压有色人种，从而继续定义自由。

---

① 棉花大王（King Cotton）是美国内战前几年创造的一个词，表示棉花生产在美国南方经济和政治上的重要性。——译者注

第四章
安全阀

THE END OF THE MYTH

"狂热再无法可控。"

1

THE END OF THE MYTH

　　让我们来谈谈安全阀。在17世纪晚期的法国，有个用来把马蹄和羊骨分解成胶状物的高压锅爆炸了，随后安全阀的雏形问世。接下来的一个世纪中，该装置被焊接到蒸汽机、锅炉、机车和熔炉上。这是非常必要的，虽说往往不可靠，但它是抵御气体和压力持续积聚的最后一道防线。托马斯·杰斐逊曾敦促西班牙同意美国的驳船和龙骨船停泊在密西西比河西岸，如此它们才能逆流而上。然而，很快美国船只就会用自己的方式往返于密西西比河的干流和许多支流，轻松地向上游行驶，并以更快的速度顺流而下：蒸汽彻底改变了泛密西西比河的世界（pan-Mississippi world）。

　　蒸汽船载着越来越多的、包括奴隶贩子和奴隶在内的乘客和货物，沿着俄亥俄河和阿肯色河向西，或沿着密西西比河南下，进入新合并的美国领土。然而，制造蒸汽要比释放蒸汽容易，锅炉炸碎船只的频率高得惊人。1840年，《北美评论》在某篇关于内河船难的长文中写道：蒸汽"甚至对学者来说都是个谜"[1]。

　　这些船上的第一批工程师来自东部的纽约、费城和英格兰，他们的经验纯粹实用。他们对当时的报告所说的"蒸汽理论概念"知之甚少。[2] 他们多少知道加热时锅炉里该维持的水位。他们知道，船加速时可以通过关闭安全阀来积聚压力，但是他们对蒸汽"膨胀力"的理解直观且不准确。工程师们普遍认为，只有干锅炉才会爆炸，只要水槽里有水，就一切都好。事实并非如此，"蒸汽理论家"已经计算出，在充满水的密闭锅炉中，压力会随温度升高而膨胀，但比温度升高的速度更快。温度每增加 50 华氏度，压力就会翻倍。这使现场猜想变得极不稳定。"为什么不称之为巫术呢？"有名医生谈到这一想法时写道，"装满水的锅炉不会爆炸"。

更糟糕的是，锅炉制造技术迅速发展，人们能用更少的水产生更多的蒸汽。这种技术发展超过了安全阀技术和工程师的直觉。19 世纪 30 年代早期，所谓的"安全阀"不过是用绳子、滑轮或杆子控制悬在锅炉直径 3 英寸的小洞上方的重物，可以轻而易举地绕开它的作用来制造更多蒸汽，人们也常常这样做。19 世纪 30 年代后期，费城发明家卡德瓦拉德·埃文斯（Cadwallader Evans）发明的"防止蒸汽机锅炉爆炸的安全防护专利"被采用，于是内河航行变得更加安全。该专利使用一种易熔的合金，温度过热时它就会熔化，释放出积聚的蒸汽。[3] 尽管如此，内河航船上的船员和旅客还是有规律地"被送入永恒"。

蒸汽的问题不仅在于奇思妙想和过快发展的技术。就像工程师们无论通晓什么关于蒸汽的理论却仍"快马加鞭"一样，扩张的"膨胀力"，黎明前启航，日落前到达，跨越美国西部山川河流的能力，会导致鲁莽轻率的行为。《北美评论》在评论仍然不断出险的汽船时说："在人性呈现出的许多奇特的方面中，很少有哪个方面比这种不计风险、无论目标，或根本没有特定目标，一心只要成功的疯狂欲望更难以解释。"

在富有的波士顿或伦敦乘客看来，包括消防队员、加油工和机械师在内的，由贫穷白人或受奴役的非裔美国人组成的发动机舱工人才是问题所在。他们就像过热的锅炉一样反复无常，缺乏管理。爆炸经常被归咎于醉酒的吹牛者，因为他们无法区分实力和鲁莽。某位苏格兰旅行者形容他们缺乏"思想"和"道德尊严"。赫尔曼·梅尔维尔（Herman Melville）在《公鸡喔喔叫》（*Cock-A-Doodle-Doo*）中写道："在俄亥俄河上，我的好朋友和另外 30 位好伙伴被某个分不清烟道和阀门的笨蛋机械师送进了地狱，这是多么可怕的事故啊！"有人抱怨说，工人阶级无法负责任地自我管理，又容易被别人支配，因此无法抵制领航员和乘客对不断加速的要求。在密西西比河的船赛中，奴隶们被迫坐在安全阀上积聚蒸汽。旅客们享受高速带来的快感，而船主们又想把行程缩短几分钟，于是敦促司炉把更多的易燃物扔进火里，导致阀门被堵住。在这种情况下，只有"超负荷工作的船的痛苦颤抖"才能预示危险的到来。

"狂热再也无法可控。"《北美评论》如是写道。

2

THE END OF THE MYTH

安全阀的工作原理是膨胀的气体寻求释放，这是个很有说服力的意象。令人惊讶的是，直到 19 世纪 20 年代，它才常被用作比喻。据历史学家戈登·伍德（Gordon Wood）说，当时一种疯狂已经席卷了年轻的美国。伍德在《美国革命的激进主义》（*The Radicalism of The American Revolution*）一书中写道："一切似乎都在分崩离析，好像所有的限制都已被抛弃。"许多人担心，公众正日益混淆自由与堕落的利己主义。伍德说："新的竞争出现在了这片土地上，人们之间几乎处于战争状态。"[4] 神学家威廉·埃勒里·钱宁（William Ellery Channing）说现在正值"内部和外部革命并行"之际，"灵魂探索一再深入，新的欲望层出不穷，人们渴求某种新的、未知的善"。[5]

决斗和争吵增加，酗酒和谋杀亦然。医生们发现狂躁症，或者说是震颤性谵妄（*mania a potu*）的病例激增。《美国精神病杂志》（*American Journal of Insanity*）直到 19 世纪中叶才开始出版，但公立和私立精神病院的数量都在成倍增长。尽管准确的数字很难统计，但 1808 年到 1812 年间，关在这类机构的公民人数几乎翻了一番。许多患有肺病和癫痫等生理疾病的人被关进精神病院，其他患有精神疾病的人则被关进监狱和贫民院。

"精神疾病"的病因体现了这个时代的竞争压力。除了诸如"酗酒"和家庭"遗传"等传统解释，医生现在会用"生意失意"、"财产损失"或"抱负上的失望"来解释情绪崩溃。到目前为止，"狂躁症"是收容所里人员的主要死因，其他死因包括"愚昧"、"忧郁"或"愤怒及忧郁"。[6]

南方作家威廉·吉尔摩·西姆斯（William Gilmore Simms）稍后写道，美国人的"想象力持续伸展"，他们的野心"随时准备沸腾、泛滥"。他说当时人们因"奇怪教义"而"狂怒"；而所谓的"奇怪教义"包括摩门教①和米勒复临运动②[1824年，纽约州精神病院（New York State Lunatic Asylum）院长称"宗教导致的兴奋或沮丧"是造成"精神错乱"的第三大原因]。年轻人尤其容易被"狂热夸张的情感、令人吃惊的妄想、阴郁凄凉的恐怖、内心深处激发的想象所害"。也许西姆斯希望，这样的"疯狂"可以为"道德安全阀门"服务，并且在他们逃离稳定社会、创建新的宗教团体的过程中，把可能会摧毁联邦的"狂热倾向和愤怒带走"。[7]

一代人之前燃起的共和主义之火，燃烧得恰到好处，但在杰克逊时代以危险的方式熊熊燃烧。既然现在有越来越多的白人文盲无产者获得投票权，那么美国就需要一个安全阀，一个能够把加诸民主机器的无法支撑的压力释放掉的安全阀。那个年代，这个词主要指在程序上遏制公众热情。报社记者、传教士和政客会把任何特定制度制衡——如官员轮换、法律体系纳新、州和联邦当局间的权力分配等——都视为"政治发动机的安全阀"。1822年的独立纪念日，康涅狄格诺威奇（Norwich）市某位演讲者说，新闻自由的价值源头并非道德原则，而是源于它起到"大众沸腾蒸汽

---

① 摩门教（Mormonism）教会总部在美国犹他盐湖城，是美国第四大宗教团体，也是世界上最大的新兴宗教。——译者注

② 米勒复临运动（Millerism）由威廉·米勒创立，预期耶稣基督即将出现（或降临）。基督复临论者也被称为米勒派。——译者注

的安全阀"这一作用。它赋予人们对政客发表意见的权利,让"社会的不良情绪找到容易发泄的出口",是释放"汹汹民意"的"安全阀"。[8]

杰克逊的辉格党反对者认为,新获得选举权的群众是个亟须发泄的"蒸汽团"。杰克逊派反过来提醒自己阵营中那些很快就要履职的官员,说他们的"职位并不是铁打的"。选举代表的权利是"宪法的安全阀",能查出"最雄心勃勃的人的弱点"。[9]改革者把自己的整套施政方案包括废除债务人监狱、结束特许垄断、促进法律体系公平、普及免费教育以及扩大投票权覆盖面,称为"我们制度的主要安全阀"。不管富人的怨气有多大,它们都能消弭对更激进变革的要求,从而挽救他们的特权和地位。一位作家在1833年指出,过去那种直白"牢骚"提醒精英们行事时要多带着社会良知,来维护社会等级制度,因为牢骚起到"释放内心情绪的安全阀"的作用。安全阀发出的"嘶嘶声和噪音"警告当权者"别火上浇油啦"。[10]就奴隶种植园而言,黑人政治家弗雷德里克·道格拉斯(Frederick Douglass)写道,从圣诞节到新年这段狂歌痛饮的日子起到"安全阀的作用,带走人类沦为奴隶时,头脑中那些不可分割的不安定元素"。从1818年出生到1838年逃亡,道格拉斯被奴役了20年。他认为这种每年例行的欢庆活动"压制了反抗精神"。[11]

民主的精神运作在以宣泄的语言进行讨论时也常被比作"释放蒸汽",在这方面,不亚于对宪法机制和保障(例如选举领导人、向法庭申诉、在公共场合发言和集会的能力)的讨论。哲学家和神学家很容易把"安全阀"这个词拴在道德前提下,认为"恶习和弱点必须由美德和优势来制衡"。1831年,署名为"卢斯提库斯"(Rusticus)的作者在《国家公报》(*National Gazette*)上撰文称:"按道理讲,理性或思想本该能控制动物的本能,并抑制可能引起普遍大混乱和暴力的影响,就像蒸汽机的安全阀一样,纠正自然的感官和身体冲动。"基督教神学家担心美国"史无前例"的财富助长物欲、浪费和邪恶。有传教士建议："为过度繁荣提供某种安全阀多么重要啊！"[12]

  在讨论关于动物本能、激情和"狂热"的表象之下潜伏着性暴力。无论阶级、地位和肤色如何，所有妇女都受到这方面的威胁，女奴尤甚。在内战爆发前的几十年里，废奴主义者开始将奴隶制视为某种腐蚀了共和原则的道德罪恶，而奴隶贩子则展开反击，说奴隶制有助于提升共和政体的美德，是"积极的善事"。奴隶是商品，可在市场上买卖。但是，南方骑士说，若拥有大量奴隶，奴隶贩子就可以超越市场的贪婪，培养出更有教养、更有骑士精神的品质。强奸就是改良的工具，奴隶制捍卫者说女奴是"安全阀"，能帮助白人男性把欲望从白人女性身上引开，而且有助于南方人把自己的地区变得更加文雅有礼，不同于其他地区。乔治亚州诺克斯维尔市（Knoxville）的奴隶贩子塞缪尔·卢瑟福（Samuel Rutherford）给纽约《詹姆斯敦日报》（*Jamestown Journal*）写信，抱怨该报刊登的反奴隶制社论（这篇社论描述性恐怖社会制度下的南方女奴）。卢瑟福承认该社论的真实性，但他说，与女奴发生性关系是"我们白人女性美德的安全阀，她们在美德上远远优于你们的北方女性"。[13]

3

THE END OF THE MYTH

　　人们用各种各样的比喻来写作和思考。但就像实际生活中，作为工业装置的安全阀大幅增加人类的力量和速度一样，"安全阀"这个概念在修辞方面同样特别意味深长。这个词起作用了，尤其在指西方扩张，以及调和杰克逊思想影响下的美国产生的不和谐和显著分歧方面更是如此。杰克逊思想影响下的美国建立在空前的自由和无与伦比的不自由之上。

　　伊莱泽·赖特（Elizur Wright）牧师是最早将该意象应用于奴隶制的人之一。作为新英格兰的废奴主义者和美国反奴隶制协会（American Anti-Slavery Society）创始人，赖特强烈抨击殖民主义，认为可以把获释奴迁移到非洲，从而解决奴隶制带来的难题。他在1833年说，这个计划起到"发动机安全阀的作用，否则难以承受那种巨大压力"[14]。像赖特这样的废奴主义者不想为机器排汽。他们想打碎这台机器。[15] 他们指责北方殖民主义支持者为确保奴隶制存续所做的努力。后来另一位评论家说，殖民是"安全阀"，是"通过摆脱累赘"来拯救奴隶制的方式之一。[16] 这里的"累赘"指的是有越来越多的有色人种获得自由。19世纪40年代早期，这些重获自由的人带来了一个奇怪的问题。对于奴隶制捍卫者来说，他们是威胁——既威胁到前者的意识形态（认为有色人种不能自由地生活），也威胁其制度（该制度把他们想象成罪犯、颠覆分子、不事生产的依赖者或就业竞争对手）；对于反对奴隶制的人来说，很大一部分白人对获释奴不可调和的仇恨意味着奴隶制造的孽在其结束后仍将存在，这体现在剥夺非裔美国人权利的新法律、住房、教育及公共服务的种族隔离，以及对"融合"和"通婚"的恐慌中，也意味着废除奴隶制并不能就此消除种族不平等对共和国关于"平等"承诺的影响。

除赖特等持不同政见者外，奴隶制的拥护者和反对者联合起来推动殖民，美国殖民协会（American Colonization Society）宾夕法尼亚分会称，殖民是"解决我们国内奴隶问题的唯一安全阀"。"唯一"这个词是有分量的，既承载着对反对平等的势力的欣赏，也蕴含着对它们权力的迁就。数千名获得自由的非裔美国人确实迁移到非洲、利比里亚、塞拉利昂和其他国家治下的殖民地（马里兰、佐治亚和宾夕法尼亚都在西非建立了殖民地），但他们的人数不足以显著影响公共生活。于是废奴者、改革者和捍卫者都把注意力转向西部。

那些致力于拯救该制度的人把矛头指向阿肯色、亚拉巴马、密西西比河谷下游，以及更远的得克萨斯。如果自由民能被运出，就能消除南部沿海地区社会冲突的根源。如果能把白人拓殖者派过去，最终可能会导致越来越多的蓄奴州加入联邦，南方人在与北方谈判时就会有更多政治筹码。[17]《西方月报》（Western Monthly Review）的编辑、向太平洋推进的公开倡导者蒂莫西·弗林特（Timothy Flint）在 1830 年提出了收购墨西哥领土的建议，说这将成为"黑人在蓄奴州大量聚集带来的危险的合适逃生阀，通过分散减少表面的人口"。[18] 弗林特在理论上反对奴隶制，但他说自己"可以看到问题的两面"。对扩张的承诺给了像弗林特这样的人自由，使他们永不必坚定地站在这一方或那一方。作为杰克逊派、州权和奴隶制的捍卫者，南卡罗来纳参议员乔治·麦克达菲（George McDuffie）认为，尽管得克萨斯当时仍是墨西哥的一部分，但它可以"成为安全阀，释放我们中间过剩的奴隶人口"。[19]能缓解压力的不仅是新土地和新市场。在南方腹地①的边疆地区，极端的生活和工作条件本身就是一个阀门。1840年，有人问弗吉尼亚的某位种植园主是否担心奴隶会危及他的生命，后者说自己根本不担心。艰苦的边疆生活保护了他，"上帝眷顾，南方腹地各州为他们打开了安全阀。这些蓄奴州的奴隶主购买奴隶，并在7年之内使这些奴隶劳累至死"[20]。

---

① 南方腹地（Deep South）指美国最具有南方特点、最保守的一片地区。——译者注

与此同时,"安全阀"的比喻被用于解决阶级问题。这个问题实际上是两个问题。第一个是经济问题:如何将工资保持在足够高的水平,以支撑快速增长的城市劳动力数量?第二个问题与政治有关:文盲无产的男性选民(安德鲁·杰克逊的关键选民)越来越多,如何防范来自他们的威胁?如何阻止他们联合成一个派别——"工党",并投票支持某个侵犯财产权的方案?对许多人来说答案很简单:让他们去西部,给他们土地。

呼吁分配公共土地可能是激进做法。[21]19世纪20年代从英国来到美国的乔治·亨利·埃文斯(George Henry Evans)和弗雷德里克·埃文斯(Frederick Evans)兄弟等自封的社会主义者组织了后来被称为"自由土地"(Free Soil)的运动。早期,该运动设想西部土地不仅能实现独立战争和法国革命对平等主义的承诺,也能实现新教改革:包括弗雷德里克在内的许多自由主义者都是激进的基督教徒,他曾促进若干震颤派①公社建立。[22]一份早期"自由土地"参与者的要求清单揭示了在美国政治中前所未有的

---

① 震颤派(Shaker)是基督教宗派,源于18世纪英格兰的公谊会,宣扬千禧年教义,建立严密社团,从事农业劳动,财物公有,男女平等。——译者注

激进计划:

>投票获得农场;
>
>打倒垄断企业;
>
>公共土地自由;
>
>宅基地不可剥夺;
>
>废除所有债务催收法律;
>
>妇女在各方面的权利与男子平等;
>
>废除奴隶制和雇佣奴隶制。

白人男子在此自称为"雇佣奴隶"并不是要与非洲人和非裔美国人保持距离,而是为团结包括妇女在内的各方力量。后来被称为"埃文斯的安全阀"的方案几乎和机械安全阀一样简单:作为最激进工会组织之一的纽约工会联合会(New York Industrial Congress)说,将西部无主土地以可承受的价格卖给迁移过去的工人,不仅能缓解工资竞争,而且能缓解住房竞争。工资会涨,房租会降,"技工和劳动者"会有"更好的基础来维护他们的权益和利益"。

在实践中,"自由土地"运动在大多数情况下没能发挥这种作用。投机者、铁路公司、农场主和公司都在争夺最大的利益。而大多数贫穷工人家庭很难迁到西部去。19世纪30年代末,通货膨胀使得迁移成本高得令人望而却步(尽管后来铁路的普及减轻了移民负担)。与此同时,东部工厂快速引进节省劳动力的种种技术,抵消了西部土地可能带给它们的加薪压力。尽管如此,如果边疆地区不是该国剩余劳动力的"常备后方",它就可能成为有效的"长期威胁"。[23] 产生劳资纠纷时,工人实际上没必要离开磨坊、车间和工厂去西部。工厂主只需知道自己可以稍微移动劳动力和资本之间的权力"摆轮"就行。[24]

然而,其他人提议以不同方式来分配"自由土地",以此解决社会矛盾,这与安德鲁·杰克逊承诺让联邦政府回到"原始简单"状态时所设想的如出一辙。以马萨诸塞国会议员、某位富有的造船商的儿子凯莱布·顾盛为例,同情南方奴隶的他从全盘角度探讨边疆地区,认为它能解决杰克逊派固有的所有重要问题:奴隶制给共和美德带来的问题;获释奴要求在白人占压倒性多数的社会中享有平等权利的问题;日益严重的享有选举权的白人工人(在以动产奴隶制和欧洲移民为主导的更大的劳动体系中,他们的工资被一再压低)问题。但他这样做不是为了推行社会主义,更不是要推动震颤教派的共产主义,而是致力于保护财产权的最小政府①的实现。[25]

1839年7月4日,顾盛在斯普林菲尔德(Springfield)市发表独立日演说,将西部定义为"全体人民的巨大安全阀",说它能在人口过剩的社会"无力为可信赖的产业和抱负提供应有回报"时,保护我们免受"贫穷、不满及随之而来的混乱"带来的危险。对顾盛来说,这里的危险并不在于贫穷、混乱或不公平的报酬本身。准确地说,危险在于联邦政府可能会为解决上述问题集中权力,从而限制个人和各州的自由。西进运动提供了一条出路,使联邦政府得以集中力量拓展边疆。反过来,不断延伸的边疆能任个人自由发展其能力、追求其利益,从而满足他们的激情,同时也不必用过度压制或过度再分配制度的国家来扼杀公民社会。他建议,政府可以通过引导向西部运作保持简单性,维护对州权的"秉承伟大宪法原则的监护",并确保"公共美德和私人美德"之间适当平衡。顾盛口中的"私人美

---

① 最小政府的概念主张在自由社会里,政府的规模以及所扮演的角色应该最小化,只要有能力保护每个人的自由、防范侵犯自由的行为即可,以此最大化每个人的自由。——译者注

德"指的是保护私人财产。

在南方，颇有影响力的密西西比参议员、种植园主罗伯特·沃克（Robert Walker）也认为西部可以充当"安全阀"，使人们不必诉诸奴隶革命或州与州之间的内战，共和国面临的奴隶制问题就能得以解决。在19世纪40年代初的萧条时期，大家对暴力的恐惧与日俱增。沃克代表南方同胞撰文，称他们感到被北方废奴主义者包围，感到困在经济萎缩中进退不得。扩张将减轻压力。[26] "自由黑人"永远不能被"容忍"到"在南方游荡"的程度，他们可能会在白人拓殖线外"找到地方安顿下来"。像许多奴隶制捍卫者一样，沃克承认该制度必将终结。向西部扩张可以使它终结得无声无息："奴隶制将慢慢退却，最终消失在那片广袤的土地。"而奴隶也可能会"消失"在"联邦界限外"的地平线上。

这位密西西比参议员向北方和南方的读者推销他的提案，以期转移废奴主义者的批评。沃克预见到，种族化的公共政策将侵蚀美国的政治文化（认为非裔美国人应对一系列社会弊病，以及为应对这些弊病所需的政府官僚机构的扩张负责）。沃克预测，解放奴隶会使"大量自由黑人"进入北方城市，犯罪率会上升，"白人劳动者"的工资会下降。"贫民院、监狱，以及收留聋哑人、盲人、严重智障者和精神病患者的精神病院都将被填满。"[27] 政府的权力必须逐渐扩大方可应对这样的悲惨问题。税收将会增加，从而"压低所有不动产的价值"，沃克警告说，"普遍破产"会随之而来。

对顾盛和沃克来说，北方的"阶级问题"和南方的"种族问题"交织在一起，在美国现有边界内无法解决。只有一个可以接受的解决办法：去西部。沃克坚持认为扩张是"黑人唯一可行的出路"，是"整个联盟唯一的安全阀"；顾盛则把西部叫作美国的"避难所"。

5

包括顾盛和沃克在内的许多人提出了共和自由的理想，即摆脱过分干预的联邦政府，从而获得自由。他们假设扩张是这一理想的表达和捍卫者。在从印第安人那里掠夺（以及后来吞并得克萨斯和征服墨西哥）获得的大量公共土地的补贴下，人们很难抗拒这种愿景，而这愿景吸引了狂热崇拜高加索民主的杰克逊派，引出了更多平等主义的理想。

反奴隶制和反黑人之间的界限模糊不清。W. E. B. 杜波依斯（W. E. B. Du Bois）后来说：低工资被归咎于奴隶制，于是"可怜的白人"工人把"对整个奴隶制的满腔厌恶和仇恨"转移到该制度的受害者身上。[28] 自由土地的承诺在其中推波助澜。例如乔治·亨利·埃文斯摆脱了激进的废奴主义，主张一并废除动产奴隶制和雇佣奴隶制。他先是说动产奴隶制压低了工资，后来担心废除动产奴隶制会导致劳动力过剩而缩减工资。他还提议把男女获释奴都转移到密西西比河以西某处。该建议并非美国年轻人实现其平等的最充分表达的伟大潮流，而是独立、分离的另一股潮流，即主张把非裔美国人限制在故乡。埃文斯说有个南方奴隶主对他讲："你们北方人为奴隶寻找土地"，"而我们将解放他们"。埃文斯的杂志《年轻的美国》(*Young America*) 于 1845 年指出："我们已经通过把印第安人迁往西部摆脱了更多印第安人。"他还问："为什么对黑人不能这样做？"那位匿名作者说，奴隶解放势在必行，但他担心，"一下子"释放300万雇佣工人到劳动力市场可能会对社会造成伤害。获释奴将填满这个国家的"监狱、感化所和贫民院"，并压低"白人劳动者"的工资。所以作者提出搬迁的建议："美国在密西西比河西岸拥有大片无人居住的土地，那里的气候适合黑人的体质和习惯。国会可以在那里为黑人设立一个州，永久赠予每户40英亩土地自由保有权，同时提供一年的给养以及畜牧和农耕工具，作为他们的起步资本。"[29]

对于扩张也有反对声音。[30]1848年，佛蒙特众议院代表乔治·珀金斯·马什（George Perkins Marsh）问道："地球能提供给社会人的，还有什么比这更多的呢？"马什认为美国已经足够大了，他反对这一切，所有被人们一再考虑的，关于得克萨斯、墨西哥和加利福尼亚的梦想。停下来，他在1864年出版的《人与自然》（Man and Nature）一书中提出生态学论据，即自然权利的哲学赋予人类的不是征服自然的权利，而是照顾自然、保护自然的义务。在今人看来，马什对扩张的批评很有远见，特别是他警告说，无休止的战争会把共和主义变成专制政治。他在某次众议院演讲中说："为保护边疆而征召来的士兵可能会取代你们的选举人团，并塞给你们一个独裁者。"但是马什主张的小国共和主义在某种程度上证明了詹姆斯·麦迪逊的扩张主义前提。麦迪逊说，有必要以扩张范围来保护现代公民的愿景；将愿景聚合在一起的是利益的多样性，而非血统、种族、文化、宗教或军事美德。相反，马什的传记作者说，马什"赞扬种族、语言和文化的同质性"。[31]佛蒙特人偏爱普鲁士哲学家约翰·戈特弗里德·冯·赫尔德（Johann Gottfried von Herder）于1794年提出的坚定主张："最自然的国家应由一个具有同一民族性的民族组成。"

前进之路只有一条，那就是前进。

***

为缓和阶级对立，削弱、废除并救赎奴隶制，社会思潮的理论家们，包括部长、政治家、改革者、废奴主义者、奴隶贩子、各州右翼人士和自由斗士，他们以各不相同的方式运用这个隐喻，效果却事与愿违。然而，当逐渐理解这个隐喻的力量时，那些不同就无关紧要了。重要的是，启用"安全阀"让个人可以同时回答和回避问题。这一隐喻蕴含了对杰克逊派式民主问题的深刻认知，并承认在现有社会关系和政治权力背景下，问题无法解决。该意象的重点在于呈现当时当地似乎无法解决的社会冲突（奴隶和工资劳动者、废奴主义者和奴隶、各州当权者和联邦整合者、农民和工业家、自由贸易商和关税制定者等群体间的利益），然后想象他们会于彼时彼处得到解决："彼处"在拓殖线之外，而"彼时"指联邦政府吞并得克萨斯，或从墨西哥手中夺走加利福尼亚，或分配公共土地，或打开中国市场后。

在内战前的美国，帝国之星指引着一切。就在几代人之前，在起草宪法的过程中，倡导州权的反联邦主义者担心，不断扩张的帝国的管理会需要一个特别强大的中央政府，而中央政府反过来又会践踏州权。然而在19世纪40年代，扩张被认为是制约联邦政府权力的关键（若不是在驱逐印第安人方面，那么至少在回应涵盖废除奴隶制在内的社会改革方面）。安德鲁·杰克逊的副总统、伟大的奴隶制捍卫者和国家主权理论家、南卡罗来纳人约翰·卡尔霍恩（John Calhoun）将扩张定义为政府职能，说必须如此方可"维护国内制度"。

顾盛在1850年说："帝国是一个先进社会中所有被压抑的激情，以及爆炸性或颠覆性倾向的安全阀。"国家必须继续前进。顾盛甚至创造了一个新词来描述美国人永无休止的脚步，即"扩展性"（expansibility）。他说，美国公民需要一个"能自由行动的范围来体现我们特有的民族品质，即活跃性、扩展性、个人主义和热爱土地"。

顾盛说，如果你坐在安全阀上，拒绝它们在上述范围内自由行动——"检查它，停止它，关闭它，把它强按回去"——你就会付出惨烈代价。

第五章

你们准备好迎接所有战争了吗?

THE END OF THE MYTH

"原因之因。"

1

约翰·昆西·亚当斯在总统任期结束离开白宫后，在晚年开始领悟到这个循环的邪恶之处，即向西部扩张同时加速和遏制了危机，一场战争的影响变成另一场战争的原因。同时，他的思想被两种恐惧交替占据。第一种恐惧是边疆地区永不休止的战争。亚当斯认为这场美国拓殖者的战争以1814年安德鲁·杰克逊毁灭克里克人为起点，随着19世纪30年代的印第安人迁移（Indian Removal）扩大，一场无休止的边境战争把美国像"以法莲王朝和犹大王朝"①一样撕得"四分五裂"。这位前总统说，"暴烈无情"的战争驱动华盛顿管辖权扩大，使共和国两极分化。这个国家正分裂成蓄奴州和自由州两个坚定的阵营，并且最终会互相攻击。亚当斯的第二种恐惧是，边疆上的持久战争不会使国家分裂，而是在罪恶中将它捏合在一起。针对美洲原住民和墨西哥人的种族主义恐怖活动就像黏合剂一样，将形形色色的美国人团结在共同的仇恨下。

---

① 以法莲王朝（Ephraim，前931—前909年）是以色列联合王国分裂后统治以色列王国的第一个奴隶制王朝，共传二世，国祚22年；犹大王朝（Judah，前1010—前841年、前835—前587年）是以色列联合王国的第二个奴隶制王朝，共传21世，国祚417年。——译者注

亚当斯在总统选举中败给安德鲁·杰克逊后，于 1830 年在众议院赢得了一个席位。在那里，他看着那帮拥护杰克逊的对手摧毁了自己的政治遗产，觉得他们把国家送上了毁灭之路，于是他逐渐变成了一个怀疑主义者。随着人们越来越清楚地认识到驱逐印第安人只是全面进攻墨西哥的前奏，亚当斯于 1836 年 5 月 25 日发表了美国历史上最具影响力的反战演讲之一。演讲的主题是刚从墨西哥独立出来的得克萨斯。所有早先为收购路易斯安那而提出的同样的论据现在都被收集起来，用来为新共和国的兼并之举辩护。安德鲁·杰克逊总统说，作为一道"屏障"，得克萨斯将使美国"不可战胜"，同时扩大它的"自由领域"和"自由制度的圈子"。

然而，这片领土根本不自由。"得克萨斯一定得成为奴隶制国家。"于 1835 年领导反墨西哥暴动的斯蒂芬·奥斯汀（Stephen Austin）说。[1] 实际上，得克萨斯是个奴隶贩子的乌托邦，于 19 世纪早期建立。当时西班牙误以为自己可以赢得盎格鲁拓殖者的忠诚，而这些拓殖者反过来又可能成为抵御美国入侵的堡垒。为了保持拓殖者的忠诚，西班牙官员向他们许诺土地（拥有的奴隶越多，获得的土地就越多）和自由（即不插手贸易和奴隶问题）。然而，当墨西哥于 1821 年赢得独立并在不久后废除奴隶制时，这个殖民地实际上还没建立起来。墨西哥城开始拦截他们的奴隶运输船后，墨西哥和西班牙人的混血后裔（Anglo Tejanos）起义了。在这个短暂的独立共和国存续期间，得克萨斯试图确立奴隶制的永久神圣地位，通过法律禁止主人释放奴隶，禁止赋予黑人奴隶之外的任何身份。[后来在美国内战前夕，得克萨斯成为反向运行的地下铁路①的终点：奴隶贩子从别的地方绑架

---

① 从 19 世纪初期直到南北战争，有许多人秘密地去解救南方种植园里的黑奴，将他们从南方各州带到北方自由州。他们北上的路线就是美国历史上大名鼎鼎的"地下铁路"（Underground Railroad）。——译者注

获释奴，并在得克萨斯重新奴役他们。墨西哥试图关闭它，但在得克萨斯实际上重新建立了国际奴隶贸易。港口城市加尔维斯顿（Galveston）在 19 世纪 30 年代末成为新奥尔良西部最大的奴隶市场。][2]

代表马萨诸塞的亚当斯并不反对吞并得克萨斯，因为这会使联邦权力进一步向蓄奴州倾斜，尽管这是令人担忧的问题；亚当斯也反对兼并，因为他开始鄙视杰克逊主义，而得克萨斯是杰克逊主义的极端表现形式。得克萨斯共和国的大多数盎格鲁拓殖者来自包括田纳西在内的美国南部，如土地投机者、奴隶贩子、民兵首领和印第安人杀手在内的许多人身上都有安德鲁·杰克逊的影子。亚当斯担心的是，吞并得克萨斯，会锁定杰克逊所代表的世界观。这个国家已经在与美洲原住民打一场亚当斯认为的永久战争——杰克逊派会利用它在白人中制造种族主义团结，并击退关于建立能够解决社会问题的更强大政府的要求。强行剥夺原住民土地，使这个国家最恶劣、最倒退的分子也可能结成联盟，亚当斯在日记中写道，"南方的奴隶主，用西部土地收买西方国家与他们合作"[3]。现在他警告说，与墨西哥争夺得克萨斯会使这个国家更习惯于种族主义战争，导致种族主义和战争成为赋予共和国意义的唯一事物。

2

THE END OF THE MYTH

亚当斯在众议院的演讲是对今天所谓"反冲"的惊人预言。他用"后坐力"这个词来说明，杰克逊把拓殖者暴力行动奉为国家政策，从而造成了令人上瘾的驱逐—扩张—抑制循环。该循环激发的对得克萨斯的渴望不会因得到得克萨斯而终结。亚当斯说，迁移是"原因之因"，是"造成这种状况的原因"。[4]"靠武力或契约"，联邦政府已经驱逐了：

> 所有的印第安人部落，涉及的地区从他们自己的地盘和住所，到密西西比河、密苏里河和阿肯色河以外的地区，直到与墨西哥接壤的地方。你们欺骗他们，让他们心存希望，觉得能在那里找到永久居所——一个远离你们永无止境的贪婪和迫害的最后安息之所。在那里，你们通过欺诈或武力，通过条约或利剑和步枪，承诺领导心甘情愿的人，逼迫不愿意的人，包括所有幸存的塞米诺尔人、克里克人、切罗基人、乔克托人，以及不胜枚举的其他部落幸存者。在这场残暴无情的行动中，你们遇到了像印第安人那样无助的人们所能做出的一切抵抗。

亚当斯说，这样的暴力行为会遇到天然的抵抗，剥皮只是"上天的报应"，而剥皮的刀是上帝的工具。原住民的报复代表了"一个民族最后的痛苦"。他们对拓殖者的袭击是"绝望中的最后一击"。墨西哥也会抵抗。亚当斯预言，美国吞并得克萨斯的任何企图都会导致战争。最后他补充说，美国将不得不与仍然统治着古巴和波多黎各的西班牙作战。

亚当斯以一系列问题继续表达异议，但他没有给出明确答案。对已被驱赶到"落基山脉脚下"的"印第安野蛮人"的仇恨，能将这个国家多样化的白人以"和谐、和睦、爱国"的状态黏合在一起吗？亚当斯把愤怒倾泻在被他称为"奴隶主主席"的众议院议长詹姆斯·诺克斯·波尔克（James Knox Polk）头上，他问道：

> 你这个盎格鲁-撒克逊人，清除印第安人的蓄奴者，难道你不从灵魂深处憎恨墨西哥-西班牙-印第安人，奴隶的解放者和奴隶制废除者吗？
>
> 你在南部和西南部的边疆还不够广阔吗？……你还不够大，不够难以操控吗？
>
> 难道被你们消灭或驱逐出祖辈家园的印第安人还不够多吗？

亚当斯警告说，战争会导致更多战争，包括与墨西哥的战争。他说，在那场战争中，"墨西哥的旗帜将代表自由；而使我羞于启齿的是，你们的旗帜代表的是奴隶制"。

美国本应是个新生国家，奔向未来对许多人来说这意味着奔向西部。然而亚当斯说，连绵战火将杰克逊派困于持续不断的历史积怨中，把他们想象出来的祖先（包括于1066年入侵大不列颠征服撒克逊自由人的诺曼底人）面对的古代敌人变成了他们现在的对手。亚当斯问波尔克："难道你们南方人和墨西哥人之间的仇恨还不够深吗？难道你们必须上溯 800 或 1000 年，回到另一个半球，才能找到你们之间仇恨的渊源吗？"

亚当斯最终谈到主要观点：他所描述的无休止的边疆战争很快就会扩大并返回到发源地，致使美国中部地区发动反奴隶制战争。战争导致的领土扩张会将美国分裂成两个不可调和的部分，而自由州和蓄奴州会交替加入联邦。（自由州包括俄亥俄、印第安纳、伊利诺伊、缅因和密歇根；蓄奴州包括路易斯安那、密西西比、亚拉巴马、密苏里和阿肯色。）得克萨斯的加入将使实力天平向南方倾斜，于是冲突不可避免。

"你们准备好迎接所有战争了吗？"亚当斯问。

波尔克于 1845 年 3 月就任总统，承诺即将吞并的得克萨斯能确保"边疆"安全，有可能"永久和平"。3 个月后，他主持得克萨斯并入联邦的程序。亚当斯在日记中写道："他们播下了风的种子，将收获'旋风'。"[①] 1846 年初，波尔克向墨西哥宣战。[5]

---

① 需要指出的是，亚当斯并不反对扩张。在此之前，作为国务卿，亚当斯甚至是詹姆斯·门罗政府中支持杰克逊对西班牙人占领的佛罗里达进行暴力袭击的少数成员之一（这使亚当斯得以与西班牙谈判将领土移交给美国）。甚至在更晚的 19 世纪 40 年代，他支持将俄勒冈纳入联邦（以抵消得克萨斯的影响）。他对杰克逊派的反对使他变得激进，杰克逊派被他描述为"奴隶培育者"的政党。1845 年，在得克萨斯被吞并的前夕，他写道："宪法是条月经带，联邦正在向军事君主制倾斜。"——作者注

3

直到最近,美国的大多数历史学家还认为,与墨西哥的战争规模很小、不可避免,或者基本上无关紧要,只是帮助美国在俄勒冈、加拿大和太平洋以南占领整片大陆。然而,学者们现在已回过头来证实了亚当斯的大多数恐惧。历史学家史蒂文·哈恩(Steven Hahn)写道,这场冲突是美国历史上"代价最昂贵""最令人头疼的政治事件"之一,需要"大规模调动军事人力和财政资源",并"对墨西哥人民施加掠夺和暴行,这在很大程度上是由美国军队中激烈的种族主义和反天主教主义驱动的"。[6]双方都伤亡很大,战斗"助长了美国生活中最具侵略性的政治和文化倾向"。哈恩指出,他们团结在"奴隶制的旗帜下"(正如亚当斯所说)。尤里西斯·S.格兰特(Ulysses S. Grant)将军曾在这场战争中赢得胜利,但在生命的最后时刻他称其为"强国对弱国发动的最不义战争之一"。

1846年4月,一支美军分遣队越过得克萨斯南部的努埃西斯河(Nueces River),占领了墨西哥声称拥有主权的领土。墨西哥军队做出回应,攻击了分遣队,这给了波尔克借口来向国会请求宣战。几周之内,参议院以40票赞成、2票反对,众议院以174票赞成、14票反对通过该提案。反对者的领袖是亚当斯,但这位前总统的影响力已被削弱,支持他的不过区区十几票。

多数报道说波尔克派遣军队越过努埃西斯河,要么是为了胁迫墨西哥通过谈判让出领土,要么是想挑起一场短期战争,迅速把墨西哥推到谈判桌前。然而,一旦宣战,战争持续的时间就比美国政府任何人想象的都要长。墨西哥人强烈抵抗,这使美国国内同时产生离心和向心两股力量。通过战争扩张给奴隶制的冲突火上浇油,很快就导致了内战。不过,与此同时,它至少暂时阻止了这种两极化。因为亚当斯口中的白人"乌合之众"走到一起,赢得了种族胜利。

有些人反对战争,尤其是辉格党。但一旦战争开始,举国相从。它在纽约很受欢迎:只有一名纽约众议员[纽约市的伊拉斯塔斯·卡尔弗(Erastus Culver)]投票反对为侵略战争提供资金,而该州的两位参议员都投了赞成票。它在维克斯堡(Vicksburg)和伊利诺伊大受支持(亚伯拉罕·林肯在竞选众议院席位时很大程度上回避了这个问题,只是在当选后才激烈地公开反对这场战争)。它在西部也大受支持。

和亚当斯一样,赫尔曼·梅尔维尔年轻时也热心支持大陆扩张。但他的观点也在变,因为他也开始担心,能促成如此规模扩张的战争会使人们对杀戮产生情感依赖,那是只有战争才能提供的精神鸦片。在给同为杰克逊派的兄弟的信中,梅尔维尔说波尔克的宣战造成了跨阶层的"谵妄":贵族子弟和"学徒"一起"成群结队奔赴战场",梦想着在蒙特苏马(Moctezuma)的大厅里度过一夜。[7]"主啊,白昼即将到来",他写道,那时独立战争的"蒙茅斯战役① 相形之下就是儿戏"。梅尔维尔预言,战争会引发更多战争。"星星之火,可以燎原。"这位未来将会写出《白鲸

---

① 蒙茅斯战役(Battle of Monmouth)是 1778 年美国独立战争中,美英双方发生在新泽西州蒙茅斯的一次不分胜负的战斗。——译者注

记》(Moby Dick)的作者引用了《旧约》中的《箴言》，然后问道："谁知道这一切会导致什么结果呢？"①

国会拨款给志愿者，于是战争为大众创造就业机会。它也是上层社会建功立业的机会。杰斐逊·戴维斯（Jefferson Davis）在首次竞选众议院席位失败后参战，他认为这能帮助他赢得未来的竞选。他想得没错。继波尔克之后，两任民选总统扎卡里·泰勒（Zachary Taylor）和富兰克林·皮尔斯（Franklin Pierce）都是退伍军人；第三位是詹姆斯·布坎南（James Buchanan），波尔克的国务卿。像他之前的杰克逊一样，拥有数十名奴隶的密西西比棉花种植园主泰勒发现，屠杀印第安人是通往白宫的捷径。他与肖尼人（Shawnee）和印第安人酋长"黑鹰"（Black Hawks）作战，还利用从古巴奴隶种植园进口的猎犬追捕佛罗里达的塞米诺尔人，因此逐渐晋升为将军。最能说明这场战争如何同时维持并恶化美国两极分化状态的例子，莫过于它成了后来在内战期间对立战壕里的军校学员和军官的"训练场"。虽说国家不断扩大的疆域将因奴隶制而分裂，但当时格兰特、戴维斯、罗伯特·E. 李（Robert E. Lee）和威廉·T. 谢尔曼（William T. Sherman），以及成千上万名应征入伍的士兵并肩作战，通过扩张疆域而获取经验。[8]

历史学家保罗·富斯（Paul Foos）描述由各州民兵志愿者和正规军组成的美国军队对墨西哥人实施掠夺、杀戮和恐怖袭击，说美国的精英阶层"派出最不安分、最拼命的公民扼住墨西哥人的咽喉"[9]。例如，1847年2月9日，一名阿肯色民兵在墨西哥科阿韦拉（Coahuila）新阿瓜（Agua

---

① 与亚当斯一样，梅尔维尔也会用"反冲"一词来称他预期的西进扩张会带来的反作用："疯狂的西部浪费"确实帮助美国"溢出"其"冗余"——也就是说，避免了社会问题。但不久西部就会充盈。然后，反冲力势必到来。——作者注

Nueva）的兵团营地附近强奸了一名墨西哥妇女，而墨西哥人为了报复杀害了一名美国士兵。之后，100多名阿肯色人把一群战争难民逼进山洞里。据某个目击者称，这些民兵在强奸和屠杀受害者时"像恶魔一样"大叫大喊，妇女儿童"尖叫着求饶"。杀戮结束时，数十名墨西哥人躺在凝结着鲜血的洞穴地上，有的死去，有的奄奄一息。许多死者的头皮都被剥掉了（在战争之前，美国陆军中有不少民兵在边疆地区靠剥阿帕切人的头皮换赏金，以此为生。有个臭名昭著的得克萨斯头皮猎人称之为"理发"）。① 甚至在这场屠杀之前，美国军队指挥官温菲尔德·斯科特（Winfield Scott）将军就曾写信给华盛顿，抱怨在未来总统扎卡里·泰勒组织指挥下，民兵犯下的其他暴行。斯科特说，泰勒手下的罪行是如此令人发指，会"让上天垂泪，让每个美国人都为自己的国家感到羞愧。在整条格兰德河（Rio Grande）流域，他们经常谋杀、抢劫，还把墨西哥男人绑起来，当着他们的面强奸其妻女"。[10]

"那些微笑着欢迎我们军队的村庄现在变成了黑色冒烟的废墟，菜园和橘子园被毁，居民们……躲进山里避难。"一名正规军军官如此形容美军对墨西哥人犯下的暴行，"匈奴王阿提拉的铁蹄都没这么有毁灭性"[11]。这场暴行过后，斯科特宣布对美军占领的墨西哥领土实行戒严，还建立了军事法庭审判战犯。严格来讲，斯科特在阿肯色兵团大屠杀后不久发表的这个声明适用于墨西哥和美国公民。但它列出的包括强奸、亵渎教堂和墓地、打断宗教仪式等罪名，清楚地表明他要管教的是美国士兵，尤其是那些恐

---

① 科马克·麦卡锡的小说《血色子午线》主要基于塞缪尔·张伯伦的回忆录《我的忏悔》。这本书讲述了美墨战争时期一群英国人猎捕印第安人并剥下他们头皮的旧事，张伯伦曾与一个臭名昭著的边境剥皮团伙并肩作战。——作者注

吓墨西哥妇女和掠夺天主教堂的各州民兵志愿者。①

在美国东部,媒体把墨西哥人描绘成堕落的奴性民族,从而激起人们的战争狂热。《纽约先驱报》(*New York Herald*)确信:西班牙人、非洲人和美洲土著人之间"种族融合"产生的"低能堕落的墨西哥人"意味着美军能迅速取得胜利。[12]有些人抨击战争,反对美国接纳数百万深肤色的人。但《纽约先驱报》的编辑詹姆斯·戈登·贝内特(James Gordon Bennett)并不担心。"在这片大陆上,盎格鲁-撒克逊种族一直厌恶种族融合。"他写道。但正如土著的"野蛮"已经"在文明面前退却""低能的"墨西哥人"在盎格鲁-撒克逊人的能量和进取心面前,肯定会如南方太阳下的雪一样融化。"[13]

美国原住民和非裔美国人长期以来一直被视为自由人和被弃人之间的分界线。现在墨西哥人帮助建筑了这条心理边界。印第安纳参议员爱德华·汉纳根(Edward Hannegan)说:"墨西哥和美国由两个本质截然不同的种族组成,在任何合理的时期,我们都不可能融合。"[14]这位主张吞并整个墨西哥的杰克逊派还说:"墨西哥人根本不配受祝福,也不配受理性自由的限制,因为他们无法理解有节制的自由及肆无忌惮的放荡之间的界限。"[15]战争期间新墨西哥临时总督查尔斯·本特(Charles Bent)宣称,"墨西哥人的性格愚蠢、顽固、无知,口是心非又虚荣"[16]。尽管墨西哥人的抵抗可能出人意料地强烈,但他们本质上仍然是迟钝的。一名步兵军官在给妻子的家书中写道:"大多数墨西哥人似乎都在无所事事地混日子。"[17]

战争拖了很久,波尔克总统认为,墨西哥的顽强证实了其野蛮。波尔

---

① 斯科特的命令是美国第一次建立正式的机制在境外执行司法。尽管斯科特主要是为了防止美国对另一个国家的公民犯下暴行,但在"9·11"事件后,小布什政府以此为例,研究出在"全球反恐战争"中审判外国人的方式(见国会研究报告《恐怖主义与战争法:将恐怖分子当作战犯审判》,2001年12月11日,第18页)。——作者注

克向国会抱怨说,墨西哥人"利用一切机会对我军犯下最野蛮的暴行"[18]。

然而,美军最终于1847年9月占领了墨西哥城,在阿兹特克城的塔楼上插上了有"燃烧的星星和不断增多的条纹的旗帜"——正如未来国务卿威廉·西沃德(William Seward)的描述。1848年2月2日,墨西哥官员签署了《瓜达卢佩-伊达尔戈条约》(*Treaty of Guadalupe Hidalgo*)(连同后来的加兹登购地),将包括亚利桑那、新墨西哥、加利福尼亚、内华达、科罗拉多西部、犹他和怀俄明西南部在内的整个墨西哥北部割让给美国。总面积约50万平方英里,有约8万到10万居民。3周之后,约翰·昆西·亚当斯在众议院投票否决一项表彰在对墨战争中服役将领的决议后,倒在办公桌前去世,享年80岁。

战争结束后,美国终于有了永久的南部边界,从得克萨斯的布朗斯维尔(Brownsville)绵延到加利福尼亚的圣迭戈(San Diego),长约2000英里。

4

《瓜达卢佩－伊达尔戈条约》使墨西哥公民突然发现自己身处美国境内。他们的人口结构很复杂，有几代人之前甚至几个世纪前就取得了土地的古老西班牙家族、他们的梅斯蒂索混血儿、黑白混血仆人和牧场工人，以及其他劳工；成千上万在加利福尼亚勘探金矿的移民，还有阿帕切人（Apache）、纳瓦霍人（Navajo）、普韦布洛人（Pueblo）、尤特人（Ute）、雅基人（Yaqui）和托霍诺·奥德姆（Tohono O'odham）人等众多土著民族。根据墨西哥宪法的规定，他们中的大多数人无论肤色如何，都被视为墨西哥公民。不过，现在他们在自己土地上变成了外国人。他们可以选择搬到领土缩小之后的墨西哥去。但当时还不清楚，若他们选择像大多数人一样留下，身份地位将会如何认定。最高法院仍然没有确定居住在美国之前边界内的美洲原住民的法律地位，也没有说明他们是否可被视为"法律意义上的人"[19]。而且当时，各州可自行决定包括选举权在内的与公民身份有关的大多数保护和权利，而各州拒绝给予许多前墨西哥人美国公民身份，有色人种就更是如此。

他们发现自己所处的国家正在逐渐适应自身的残暴，并习惯于一种独特的特权：它有能力围绕无休止的扩张来组织政治。与欧洲进行比较，是比较有启发意义的。1848年约翰·昆西·亚当斯去世的那一天，欧洲工人发动起义，起义从巴黎开始，蔓延到维也纳、布拉格、汉堡、里昂、米兰、巴勒莫、阿姆斯特丹、布达佩斯、慕尼黑、柏林、那不勒斯等地。起义者用鹅卵石筑起路障，挥舞着红旗，将社会一分为二，正如后来阿历克西·德·托克维尔（Alexis de Tocqueville）所说：将一无所有的人联合起来，对抗拥有一切的人。起义者被击败，但起义使欧洲政治开始社会民主化，最终导致了工会发展、劳工党建立，以及包括福利、教育、医疗保健和养老金等未来将被称作社会或经济权利的延伸。

美国也有拥挤的城市和努力使自己的生活屈从于机械日常工作的饥饿工人。但他们没有向上发动针对贵族和工厂主等上层阶级的战争，而是在边疆地区发动对外种族战争。学徒们并没有到街垒去与绅士们作战，而是与绅士们一起到西部去打印第安人和墨西哥人。此后，在1848年11月的总统选举中，他们把选票分别投给了"民主党的印第安人杀手"和"辉格党的印第安人和墨西哥人克星"。① 选择是在刘易斯·卡斯和扎卡里·泰勒之间做出的。前者是密歇根总督，后来成为杰克逊的战争部长，在密西西比河河谷剿灭美洲原住民；后者是密西西比河流域的奴隶贩子，他的军队在墨西哥犯下的暴行"足以让上天垂泪"。他早些时候曾用古巴猎犬追捕塞米诺尔人。[20] 竞选期间流传的一幅政治漫画画着泰勒身穿军装，手持血淋淋的剑，坐在头骨垒起的金字塔上。泰勒赢得了选举，有观察家指出，他的"战争集团发展到和国家本身一样庞大"。[21]

在随后的几年里，杰克逊派近乎完全控制了行政部门。赞同奴隶制

---

① 历史学家丹尼尔·斯卡莱特在其关于第二次塞米诺尔战争的研究报告中写道：到目前为止，大多数国家层面的选举，无论是总统选举还是国会选举，都已成为辉格党人和杰克逊派之间关于"谁能更大张旗鼓地杀死印第安人的问题"的较量。——作者注

的政治家垄断了国家的外交政策制定和战争机器。在这些年中，棉花王国（Cotton Kingdom）并没有从共和国分裂出去，而是指挥它发动进攻，致力于在仍然保有奴隶制的国家（巴西和古巴）捍卫奴隶制，在奴隶制被围困的地方（南部各州）保护奴隶制，并尽可能向西部扩展。[22]

5

THE END OF THE MYTH

杰克逊派达成强有力的共识，通过窃取印第安人的财产释放了市场资本主义，并赞美"最小的国家"提高了边疆向前推进的能力。整个19世纪上半叶直至1860年亚伯拉罕·林肯当选为止，杰克逊的继任者们继续把奴隶主和拓殖者团结在自由的旗帜下。该旗帜被定义为：不受束缚、奴役、剥夺权利和西进限制的自由。与此同时，这个国家的道德感逐渐变得依赖对外行动：良性的公益被定义为扩张，而共同的不幸则被定义为阻碍扩张的任何东西（如那个在纳奇兹小径上拦下安德鲁·杰克逊的联邦特工）。奥克塔维奥·帕斯把这个意思表达为："对美国来说，像印第安人、河流、山脉和其他必须驯化或摧毁的障碍物一样，邪恶在外面，是自然界的一部分。"

然而，正如亚当斯所恐惧的那样，扩张产生了腐蚀性的影响，使国家对战争上瘾。美墨战争（Mexican-American War）有助于克服所谓的塞米诺尔人综合征（Seminole Syndrome）。就在入侵墨西哥的前几年，美国与佛罗里达顽固的塞米诺尔人打了一场令人筋疲力尽的"第二次战争"。战争持续了好多年，包括扎卡里·泰勒部在内的美军简直陷入了沼泽泥潭。随着战斗继续，军官阶层开始产生幻灭感，认为政客们在利用战斗来争取国内政治优势，但却没有给他们赢得胜利所需的资源。公众甚至开始对敌人表示同情，转而反对美军暴行。军队最终从佛罗里达赶走了大部分塞米诺尔人，但仍有一支小队未被击败。[23]美国在1842年宣布胜利，但许多人认为这是一场"不光彩"的胜利，夺去了数千人的生命、空耗了数百万美元。与之相反，战胜墨西哥的过程非常艰辛，但当胜利到来时，它彻底地恢复了对战争的浪漫愿景。这一点在上层军官中表现得特别明显。[24]对战争浪漫憧憬的军事风格与共和国的美德联系在一起，执政阶级越来越多地参与民主治理，泰勒和他的"战团"就是这一切的最好象征。

战争成为更有效的社会阶级流动方式，普通士兵依赖军事民族主义发展个人投资。不仅美墨战争的退伍军人得到"赏金土地"的许诺，由于突然吞并了新领土，参加过之前数次战争的，空有承诺但从未有类似赏金到手的老兵也要求补偿。当包括参加过1812年战争的老兵在内的退伍军人开始组织施压团体，并向华盛顿推进时，共和国的公民生活呈现出军国主义色彩。很少有人对这种新的公众情绪的军事化，或日益流行的"士兵应该受到特别尊重"的观念产生怀疑。1850年至1855年间，美国国会突然成为几乎整个大陆的分配执行者，以压倒性的多数赞同票通过了一系列法律，将土地授予所有自1790年起曾参加任何战争的退伍军人。数十万退伍军人，或其遗孀和继承人得到了超过3400万英亩土地的许可证（如果他们不想要土地，可以用许可证兑取现金）。[25]

同时，一系列战争极大巩固了联邦政府的权力。1847年，一份辉格党杂志抱怨波尔克总统："没有哪位国王、亲王或苏丹能比美国总统更彻底地凌驾于法律之上。"[26]战争壮大了总统在动员人员、花钱、收税、延长合同、任命、分配土地等方面权力的同时，也同时助长了腐败。然而有不少人并没有批评战争导致暴利、贪污和庇护的方式，而是更倾向于将更多战争作为腐败的解毒剂：战争，特别是在整片大陆传播自由的战争，将提供遏制贪婪所需的超然目的。沃尔特·惠特曼（Walt Whitman）为此强烈支持波尔克，也支持美国为此目的占领墨西哥大部分地区。惠特曼在1846年写道："不那么自由"的政府受"贪婪"驱使，但美国发动战争是为了"达到更真实的利益，达到全体人民的利益"。在未来的岁月里，对下一次战争预期能带来的好处，通常被认为可以解决上一场战争产生的恶习。

不断地扩张继续模糊着国内外政治之间的界限，把久经沙场的野蛮主义带回不断扩张的美国。战争结束后，有士兵返回东部，回到新英格兰的制造业城市，或纽约的鲍厄里（Bowery），于是经战争加剧的种族主义在当地政治、劳工协会和"自由土地"运动中蔓延。[27] 其他人则进入新征服的西部土地，进入加利福尼亚，并向北进入俄勒冈。他们装备有联邦政府提供的步枪和充足的子弹，随时可以像对付墨西哥人一样对付印第安人。1851年，加利福尼亚的首位美国盎格鲁总督预言："两个种族间将继续进行灭绝战争，直到印第安人被消灭。"美墨战争，是以一种极为分散的方式进行的，军官几乎无法控制自己的部队。换言之，士兵以自由的形式犯下所有对墨西哥人的暴行。某家报纸将此描述为"包括屠杀、掠夺、抢劫和强奸在内的最令人发指的罪行一再出现"。当士兵为了定居而放弃服役后，他们仍继续推进这项血淋淋的权利的传播。希望摆脱联邦控制的拓殖者们喊出的战斗口号是"人民主权"，这已成为"种族主义暴行和肆意篡夺的同义词"，加剧局部危机，而局部危机很快将导致内战。[28] 从这个意义上说，战争既是阀门，又是节流阀。每一次冲突都会宣泄上一场冲突制造的仇恨，同时为下一场冲突作铺垫。

包括基督教徒、劳工激进分子和作家在内的改革主义者为公共福祉下定义，认为它不只是对"最小政府"和财产权的日益尖锐的辩护。他们想要的是基于某种东西的国家认同，而这认同的基础不能是任"2000万君主"为所欲为。梅尔维尔把建立在激进个人主义基础上的社会称为"思想千头万绪的怪物"。流亡欧洲的知识分子玛格丽特·富勒（Margaret Fuller）著文批评"对利益的无限贪婪"，她认为它要为美国对墨西哥发动的"邪恶战争"负责。早些时候，威廉·埃勒里·钱宁教士写道："人们渴望一种未定义的新的善。"但除了军事民族主义，这种善又能是什么呢？

对许多人来说，废除奴隶制是首要的不容谈判的基本要求。不过除此之外，要让并非天生的排他主义者或至上主义者建立民族认同，没有多少切实可行的选择。激进分子继续盼望废除动产和雇佣奴隶制，有少数人建立更多乌托邦社区，但他们的人数太少。[29] 其他支持解放奴隶的人仍然设想实施某种迁移计划，把获释奴安置到非洲或西部某处。杰斐逊谈到让这片大陆住满同他说一样语言、长相也相似的人，"直至千秋万代"。俄勒冈于 1848 年正式加入美国，成为美国的领土，那里的拓殖者不想要奴隶制。但他们也不想要黑人，于是通过一系列驱逐法案，要求驱逐所有有色人种，禁止有色人种拥有财产或签订法律合同。[30] 他们想让自家的世外桃源成为"纯白色"。

然而，这个国家的现实是：它突然获得了成千上万的前墨西哥公民，即将解放 400 万非裔美国人，已经获得自由的有色人种和包括爱尔兰天主教劳工在内的移民正不断增加，这些人的信仰呈现多样性。所有这些事实意味着千秋万代之后，美国将由撒克逊人以外的其他人居住。

第六章
真正的救济

THE END OF THE MYTH

"一种与健康不相容的生活。"

除同血统种族主义和财产权之外，共和国还是围绕什么构建的呢？早在1748年，孟德斯鸠就给出了一种观点。这位影响了麦迪逊和其他开国者的法国政治理论家提供了一份清单，列出了好政府"有义务"提供给公民的东西："生活有保证、有粮食、有适宜的衣服，还要有卫生的环境。"①[1] 这份清单后来反映了美国某些激进劳工组织的要求。但若想把美国重建为社会共和国，就需要破坏杰克逊派联盟，并驳斥为其辩护的前提。

破坏随着内战到来。与美国内战类似，其他国家也有大批人员伤亡，需要各国政府救治。例如1848年，某位在柏林治疗遭反革命暴力袭击的革命者，一位普鲁士医生，他把人们有"生存权"这一自由主义的首要前提转变为新的权利，即社会化的"健康及卫生保健权"。[2] 在随后的克里米亚、法国和莱茵河流域发生的动乱、战争、流行病和饥荒中，医护人员继续发展社会医学和公共卫生的原则。在19世纪的南美洲，巴西、巴拉圭、阿根廷和乌拉圭之间的战争中，死亡人数高得难以想象，但它为更活跃的

---

① [法] 孟德斯鸠著，张雁深译：《论法的精神》下册，商务印书馆1995年版，第136页。——译者注

社会状态奠定了基础。20世纪初,墨西哥漫长的暴力革命使数百万人死亡,数百万人流离失所。它以产生了世界上第一部社会民主宪法而告终。

战争本身迅速促进了外伤治疗的进步:包括修复枪伤、止血、截肢、固定骨骼,以及研究如何改善公共卫生以控制传染病等。19世纪80年代初,携带天花病毒的秘鲁士兵从战场返回利马时,政府通过干预经济的行为防止流行病的蔓延,如强制清理市场摊位或管制肉类销售等,这些措施被视为爱国主义。[3] 社会学家卡尔·波兰尼(Karl Polanyi)认为,纵观人类史,死亡和衰败是日常生活中最基本的部分。但从18世纪末开始到19世纪末,资本主义的迅速扩张让越来越多的人认识到:也许这不是生活的常态,逃离世俗苦难并非不可能。不过,同样的资本主义带来的技术也大大提高了国家制造伤亡的能力。战场越来越大,死亡人数一再创新高。而因为医学进步,更多人在截肢、感染传染病和受枪伤后仍能幸存,于是带伤返乡的士兵也越来越多。波兰尼在二战结束时写道,工业资本主义会在不断扩大的可能性意识和同样扩大的破坏经验之间制造冲突,而这种冲突导致的"社会认知"——认识到工业增长创造的自由是有限度的,而"放任政策"(laissez-faire)若不加以约束,就可能把它创建的再全数毁掉。[4]

直面尸体和残肢——不得不处理断肢和腐尸、安置流离失所的难民并为其提供食物、照顾痢疾热病患者、安抚患炮弹休克症的老兵——扩大了社会认知。在欧洲大陆,普鲁士在与法国殊死一战后,建立了第一个成熟的福利国家。二战后,国家医疗服务体系(National Health Service)在英国建立。历史学家德鲁·吉尔平·福斯特(Drew Gilpin Faust)在《苦难共和国》(This Republic of Suffering)中写道,美国在内战中,在国家腹地而非更易被忽视的边疆地区,发生的史无前例的流血事件迫使人们思考"联合、公民权、自由和人类尊严",并推动它去解决"那些为服务国家而死去的人的需求"。沃尔特·惠特曼在一首诗中记录了他在营地医院做志愿护士的经历:"我从残缺的手臂上解开结血痂的纱布,除去腐肉,洗掉脓水和血迹。"[5]

福斯特写道,履行这些职责为"联邦权力扩张提供了重要工具,而这种扩张正是战后国家转型的特征。建立国家公墓,出现抚恤死者家属及幸存者的内战养老金制度,这些项目的规模和影响之大,在战前无法想象。死亡通过确保国家存续,以及塑造持久的国家结构和承诺造就了现代美国联盟"[6]。这些经过战火淬炼的承诺为该国现代福利制度奠定了基础。除了提供养老金和墓地外,它还提供赏金土地、医院护理,对寡妇、母亲和老年人的扶助、残疾保险等,同时退伍军人的心理健康也日益受到关注。[7]

2

THE END OF THE MYTH

福斯特没有提到难民、自由民和弃置土地局（Bureau of Refugees, Freedmen, and Abandoned Lands），这有力地说明了战争是如何引导国家满足相关需求的。林肯在1865年遇刺前签署文件，将被解放黑奴事务管理局写进法律，作为陆军部（Department of War）分支机构运转。该局向南方派出数千名特工，设立了数百家办事处，分发包括食品、药品和衣服在内的基本生活必需品。它还建立了数千所学校、大学和医院，重新安置难民（白人和黑人），管理没收的财产，制定和执行特别法律，规范劳动关系和最低工资，同时还要征税。威廉·爱德华·伯格哈特·杜波依斯在20世纪早期把"被解放黑奴事务管理局"称为"美国所尝试过的最非凡、影响最深远的社会提升机构"。[8]

无论从发展前景还是从实际运作而言，这个机构都站在杰克逊主义的对立面，是一种非凡的权力工具。某位历史学家在描述其任务时委婉地说："联邦政府肩负着广大公民福祉的责任，这是与当时宪法思想格格不入的国家权力概念。"那个田园牧歌似的政府形象一去不复返了。那时它是一架"简单的机器"，就像溪水上懒洋洋地转动的磨盘。而现在它正像疾驰的火车头一样嘶嘶尖叫，它的被解放黑奴事务管理局是"军事占领的象征和实质"。该局帮助不同肤色的穷人，正如它的一名特工所说，包括"低贱的白人"和"可敬的黑人"。历史学家南希·伊森伯格（Nancy Isenberg）说，该局将他们视为"有价值的穷人，而不是残酷的对手"。在南方腹地，如亚拉巴马、阿肯色、密苏里和田纳西，"它给予白人的救济是黑人的两倍，有时甚至达到四倍"。

该局承诺全体平等，并提供了实实在在的援助。它的实际运作与杜波依斯这样的社会主义者所期望的有些不同。由于资金和人手不足，它向老种植园主阶层做出了巨大让步，尤其是在恢复棉花经济方面，但是它几乎没有人手保护获释奴免受暴力伤害。然而，若要分析为何有人强烈反对这个机构，我们不仅要考虑它做了什么，还要考虑它代表了什么，以及它的可能性。杜波依斯认为它的发展前景是美国社会主义萌芽期的有机形式，是中央集权政府需要的"大而公正"工具的模型。这个模型能"引导我们从南方的谋杀和北方的抢劫欺骗到转变成一个国家，开发无限资源以造福占全国人民大多数的贫穷劳动者"。

如果曾经有某个时间可以诞生这样的社会共和国，为主张"所有问题的解决办法都是向前逃离"的领土扩张主义画上句号，那这个时间就是现在。南方处于军事占领状态，种植园被查封，而种植园主阶级在征服者的容许下生存。但那个社会共和国并没有实现。

3

300年来,动产奴隶制一直存在,杜波依斯写道:"凝结于法律。"奴隶贩子"掠走数以百万计的人和可爱的、光明的、热爱自由的太阳之子,毫不留情地把他们扔进死板的模具里"。他称奴隶制是一所"残暴和人类受难的学校",其教育方法是"玷污理性"、连续强奸和"精神死亡"。[9] 奴隶制被联邦军队摧毁后,留下数百万幸存者,散布在从波托马可河(Potomac River)到格兰德河、从佛罗里达到密苏里的大片土地上。

1865年4月,亚伯拉罕·林肯遇刺。随后成为美国总统的安德鲁·约翰逊(Andrew Johnson)认为,这些幸存者应该设法自救。

约翰逊说:"奴隶在我们的帮助下得到了自由。"他希望"一旦获得自由,他们就能成为自给自足的群体"。约翰逊是在解释自己为何否决了延长"被解放黑奴事务管理局"服务期限的法案。他说自己这样做是因为,任何基于被解放的奴隶不会很快"达到自谋生活的状态"这一观点的立法行动,都将"伤害"他们的"人格和前途"。[10] 国会推翻了约翰逊的否决,该局又运作了7年。

约翰逊竭尽所能阻止获释奴获得权力,包括赦免他们的旧主(masters-turned-rebels)并归还大部分财产。他对该局的攻击是发自内心的。[11] 他痛恨这个机构的理念。但他的竞选也是战略性的。民主党人约翰逊履职后，很快就与国会里希望延长重建（Reconstruction）[①]时间的共和党人闹翻了。随后，尽管约翰逊向被称为波旁民主党人（Bourbon Democrat）或救赎者（Redeemer）的南方种植园主发出信号，表示将尽己所能维护他们的权力和特权，但该局的妖魔化使他得以利用种族主义在贫穷的白人中建立政治基础。正如今天，只要一提某个话题［比如说"奥巴马医改"（Obamacare）］，就可以不必详述细节而使听众脑海中出现完整的种族化世界观。"被解放黑奴事务管理局"这个词就可充分说明其含义。约翰逊某次演讲的文字记录上写着："现在，我的同胞们，让我提醒你们注意一个事实：被解放黑奴事务管理局。（笑声和嘘声。）"[12]

约翰逊的大多数北方和南方观众都是听着安德鲁·杰克逊宣讲的"原始简单和纯洁"长大的，在心中已经对联邦政府有了种族化的理解。在此背景下，任何公开执行的社会项目都只会被视为"外来腐败影响"的开端。因此，他们对被解放黑奴事务管理局的心照不宣的共同敌意，只需笑声和嘘声就可表达。这使总统能轻而易举地把包括腐败、权力集中、低工资、住房不足等在内的美国内战后所有问题都转嫁给非裔美国人及在国会中支持他们的"吸血者"，以及试图资助该机构的激进共和党人，如撒迪厄斯·史蒂文斯（Thaddeus Stevens）和温德尔·菲利普斯（Wendell Phillips）等人。

1866年，约翰逊在印第安纳波利斯市对听众说："你们，全体人民，必须自己掏腰包来支付这台机器运行的费用。"约翰逊执政期间，腐败横行，

[①] 内战后，美国面临如何重新接纳、建设南方，并重建南方的黑白人种关系，以及将黑人在内战中得到的自由、平等权利落到实处等问题。该历史时期被统称为重建（Reconstruction）时期（1865—1877年）。——译者注

土地投机商和铁路巨头们洗劫公共谷仓。然而,他谴责被解放黑奴事务管理局保守的工作力度本质上是腐败和钱权交易。他说它在"支取日"(draw day)分配玉米的行为创造了依附于政府的新依附阶层,一个由管理供给的官僚和接受分配的人组成的阶层。然后,为防止有听众误解重点,约翰逊问大家是否明白自己否决被解放黑奴事务管理局的用意。人群中传来回答:"这是在压制'黑鬼'。"[13]

在约翰逊等人的描绘中,被解放黑奴事务管理局和其他民事立法机构是反常的,因为它们实行干涉主义,试图利用政治权力影响经济活动,将政治平等延伸到社会领域——或者用密苏里共和党众议院议员詹姆斯·布莱尔(James Blair)的话说,是在"强迫黑人取得社会平等地位"。布莱尔在战争期间站在联邦一边,反对形式上的奴隶制,并表示自己支持"法律面前人人平等"。但他反对立法,试图使用政治平等的理想来迫使酒馆和旅店老板为获释奴和妇女服务,或迫使牧师和医生照顾他们。布莱尔谈到有人努力废除教堂种族隔离制度①时说:"埃塞俄比亚现在正伸出手,要求白人男子都从来不敢要求的权利",即"调整对白人崇拜"的权利。[14]布莱尔认为是奴隶解放模糊了国内外领域间的界限,将外来威胁带到自由王国的中心地带:"埃塞俄比亚有数以百万计的选民支持,正要求将美国自由人最神圣的原则之一",即自由崇拜的权利,"践踏在脚下"。[15]

内战摧毁了杰克逊派的政治联盟,但它的神话仍在。对被解放黑奴事务管理局的强烈抵制改变了它所有的旧理念:关于最小国家的美德、任何提供公众福利的官僚机构的种族化、财产权的神圣性、个人主义,以及

---

① 当时美国在社会生活各领域通过建立各种族的平行机关或有色人种的专门部门实行种族隔离。如禁止有色人种和白色人种同读一个学校,同住一个房间,同上一个教堂,同葬一个墓地等。——译者注

"自由的定义是不受约束的自由并将其投向前方"的定义。约翰逊总统称被解放黑奴事务管理局是给黑人的赠品。当获释奴被杀的人数达到惊人高度后，这位美国总统说，他赞成解放有色人种，也赞成解放白人，抱怨被解放黑奴事务管理局一边把非裔美国人困在新形式的奴隶制中，一边优先给予非裔美国人就业机会。约翰逊重提杰克逊派反对"自由"人与联邦"奴役"作斗争的立场，说该机构"把美国的400万奴隶从原主人转交给新工头"（对此人群欢呼并大声回答："永远不会。"）。被解放黑奴事务管理局是"保持黑人无所事事的机构"，通过"过分慷慨地发放口粮"创造了依赖文化。

约翰逊的种族主义策略，对其政治命运没有什么帮助。1868年，他没有获得党内的连任提名。尤里西斯·辛普森·格兰特将军赢得总统大选，让国会共和党人已经启动的彻底重建得以继续。军方继续占领南方，通过了国家法律和宪法修正案，在原则和事实上允许黑人投票和竞选公职。1867年，没有非裔美国人担任任何职务。但接下来的3年内，他们在地方、州和国家各级占据了15%的选举席位。[16]该局的工作继续进行，尽管资金仍然不足。它的许多职能移交给了陆军的其他机构。[17]

4

1872年,被解放黑奴事务管理局局长奥利弗·奥蒂斯·霍华德(Oliver Otis Howard)将军被美国陆军部调往亚利桑那。这个新委任背后有错综复杂的政治背景,然而这一调任有鲜明的象征意义。它抓住了一个现在已经统一起来、正在进行工业化而且逐渐崛起的国家优先要关注的事项。这个国家正摆脱过去血腥的重建义务并转向未来——去边疆,一个没有义务,全是机会的地方。[18]

霍华德是反对奴隶制的基督徒,一个有真正宗教信仰的人,他把自己管理的被解放黑奴事务管理局称为"真正的救赎"。他一心一意运用该局的权力,让安德鲁·杰克逊的噩梦变成了现实:那个纳奇兹小径上的联邦特工被奉上神龛,现在以联邦政府本身的形式出现。约翰逊早些时候否决被解放黑奴事务管理局运作延长时,将霍华德描述为"专制君主",有"决定人身和财产的权利"。霍华德本人认为自己的工作促进了对"自由"不同的、更社会化的理解,而不像杰克逊、约翰逊等人,以利己主义的方式将其用作镇压有色人种的棍棒。霍华德说,被解放黑奴事务管理局"必定要坚决打击各种形式的奴隶制",努力帮助获释奴从不受监管的劳动力市场和"旧主"手中获得真正的解放。因为若放任"旧主"行事,他们将使用一切手段来创造包括流浪法、债务当劳役偿债和集体合同在内的新奴役形式。霍华德深信人的"个性"、主动性和自我控制的美德。但他知道，要使奴隶制的受害者实现"个体独立"，需要政府力量协调一致，保护被解放的人民免受深夜骑士①袭击，保证他们的选举权，还要为他们提供食物和教育。[19]

换句话说，至少霍华德不是杰克逊的拥护者。但霍华德对该局的管理一直备受争议。自然，被解放黑奴事务管理局仍是南方种植园主和政客们无情抨击的对象，他们指控霍华德腐败、无能、专制。鉴于人手和资金严重不足，尤其是考虑到该机构本来要管理的地理范围，霍华德无法列出高效明确的种种成果来抵消这些批评。被解放黑奴事务管理局任务范围很广且经常自相矛盾，如控制种植园主权利、管理基本福利、建立学校和医院、重振棉花经济等，并由此引发了冲突。它试图创建工资经济，但棉花种植园的工资仍然低到工人难以维持，导致某些人称其为"另一种名字的奴隶制"，还使债务奴役和佃农分成制得以蔓延。

无论如何，霍华德的上级并没有让他在被解放黑奴事务管理局完成工作，而是派他到西部，在那里他只能大肆宣扬自己的"泪水之路"②了。

首先，他被派往亚利桑那与阿帕切人和平谈判，之后又被派往太平洋西北地区（Pacific Northwest）与约瑟夫酋长（Chief Joseph）打交道。联邦政府强迫内兹佩尔塞人（Nez Perce）离开瓦洛瓦（Wallowa）山谷，为白人拓殖者腾出地方，但受到约瑟夫的抵制。霍华德仍因积极运作被解放黑奴事务管理局面临着批评。批评不仅来自南方的种植园主，还来自全美媒体和军队——他的敌人正在调查他在被解放黑奴事务管理局滥用职权的情况。瓦洛瓦的白人拓殖者密切关注内战和重建进程，而且他们了解霍华德

---

① 深夜骑士（night-rider）指夜间蒙面骑马从事恐怖活动的秘密组织成员。——译者注
② 泪水之路（trail of tears）指1830年北美印第安人被驱赶到俄克拉何马所经的路线。——译者注

的声望。尽管已远离南方,他们仍然对联邦权力怀有杰克逊派的敌意,并准备像南方白人那样对待霍华德。至于霍华德,正如他的传记作者所说,他觉得如果自己"拥护并强制执行有利于约瑟夫的政策",或把他在被解放黑奴事务管理局那一套搬到瓦洛瓦来,"试探法律极限,以实现不得人心但公正的目标",他将继续受到嘲讽,甚至可能由此断送军事生涯。[20]

所以霍华德对约瑟夫酋长采取了强硬态度。他向内兹佩尔塞人下了最后通牒,要求他们让出家园,但遭到拒绝。约瑟夫反击,然后撤退,开始了残酷的长达1500英里的跋涉。霍华德翻过落基山脉,跨越蒙大拿的平原,追逐内兹佩尔塞人近4个月,他的军队杀死了几十人,而出发时的800人中只有大约一半幸存下来,死去的士兵被塞进车厢运到俄克拉何马。

同时,由于霍华德在西部,陆军部里的反对者设法关闭了被解放黑奴事务管理局。当时是19世纪70年代中期,白人对非裔美国人的私警制愈演愈烈,尤里西斯·辛普森·格兰特总统考虑吞并多米尼加共和国作为获释奴的家园。1873年复活节,路易斯安那的科尔法克斯(Colfax)发生了一场大屠杀,有62至150名非裔美国人死于一群白人暴徒之手。在此之前格兰特就着手开始了吞并行动。但当他在1876年最后一次国会演讲中解释吞并多米尼加共和国的理由时,他一定想到了这一暴行:"由于过去11年里许多地方都残酷地压迫和虐待他们,整个群体都会去圣多明各(Santo Domingo)寻求庇护。我不认为整个种族会消失,也不觉得他们应该消失。他们现在所处的这块土地渴求劳动力,几乎离不开他们。但是拥有这片土地会让黑人'掌控局面',因为这样黑人就可以在国内要求自己在别处痛苦寻找也实现不了的权利。"[21]

换句话说,格兰特把多米尼加共和国想象成被解放黑奴事务管理局的替代品,认为它能实现本应由政府机构完成的所有工作,特别是保护非裔美国人,确保他们的劳动能得到充分补偿。这项提案没有得到推进。然而，格兰特关于"找个能让获释奴掌控自己处境的地方"的提议既承认该问题（在这个案例中指内战后的种族恐怖，以及工人无法从南方种植园经济获取维持基本生活工资的现实，这两者的结合是致命的）的严重性，也承认在现有政治和经济安排下，这个问题无法解决。

服务于西部扩张的官僚工具，如农业部、《莫雷尔法案》(*Morrill Land-Grant Act*)、《太平洋铁路法》(*Pacific Railroad Act*)和《公地法案》(*Homestead Act*)，甚至在内战结束之前就已经存在。历史学家博伊德·科思伦（Boyd Cothran）和阿里·克尔曼（Ari Kelman）写道，联邦赢得战争的基础其实是权衡。人们可以"入伍为林肯和自由而战，爱国牺牲行为得到的公平回报是高等教育和有铁路连接市场的西部土地。自由和帝国似乎有可能同步前进"。[22]

"自由土地"运动的成果《公地法案》体现了帝国的自由。联邦政府承诺将大量土地分配给任何愿意耕种的拓殖者，并将不到3亿英亩的公有土地分配给大约40万个家庭。但这还不到通过收购土地获得的私人利益的一半。在法案通过后的10年内，大型资本家和投机者已攫取了公共"自由土地"中最肥沃、灌溉最好、通过铁路可以连接的最好的那部分。以腐败和欺诈为标志的、更大规模的约翰逊式管理一直持续到19世纪70年代至80年代。联邦政府有土地可供分配，有资助可供分配，有契约可供签署，还有包括关税和补贴在内的其他好处。[23]历史学家弗农·帕林顿（Vernon Parrington）于1927年描述了内战后对西部的掠夺，最大的一部分土地流向最强大的企业和综合性企业集团。"这是一场盛宴。"每个人都收到了请柬。民主承诺要养活所有人:"人们大肆吃喝,直到只剩下巨大的残骸。然后该清算了。当账单被送交美国人民时,(他们)发现,之前当资本家大口吃那只火鸡时,自己只能吃些鸡杂。"[24]

此时,为这活动提供能量的能源已经自成经济部门,日益增长的电力需求在这片土地上留下了印记。煤炭资本家和石油先驱们蜂拥至阿巴拉契亚的山谷,夺走小农场主的土地,剥夺了丘陵和山谷的土地。世纪之交的某位目击者想象不久的将来会是:"森林被砍伐殆尽,山谷被焦炉和冶炼炉的火焰照亮;山间植被被煤烟和气体烧焦变黑;沿溪流耸立着骷髅般的井架……坑坑洼洼的矿井和成堆闲置的矿坑破坏了一度使人赏心悦目的风景——人们本指望这样的世外桃源能够免于掠夺。但这个种族的需求永不满足、永不停息。他们必须获得供应;大自然在地球上隐蔽之处储存的资源必须接连被开采,以满足这个世界永远饥渴的商业。"[25]

19世纪70年代,严重的经济衰退与激进的罢工浪潮并存,使有些人担心"第二次内战(这次是阶级战争)似乎箭在弦上";同时因联邦政府已不再保护获释奴,转而关注安抚西部的最后一次运动,于是针对获释奴的恐怖活动加剧。10年过后,经济在多年收缩后迅速复苏。伴随这种长时间的经济萧条而来的是令人眼花缭乱的繁荣,而这只会使人们更加信奉扩张的理念。萧条时期,人们提出扩张作为解决方案,而最终到来的繁荣证实了扩张的有效性:一路向前。

随着国外市场开放,大规模的出口导向型农业将猛增的利润再投资于技术和机械化,从而使其更具竞争力,于是那些站在经济领域金字塔尖上的人能够整合更多政治势力。制造业也是如此。1881年,艾奥瓦众议员约翰·卡森(John Kasson)问:生产已过剩而且仍飞速增长,那么对新市场的需求还要被忽视多久?卡森的问题体现出内战后,扩张主义已延伸到海外市场。扩大这一范围,为该国不断增长的农业和制造业出口商品创造新的出口渠道,你就能避免周期性的商业危机以及随之而来的民众骚乱。你就能拥有国内和平。"我们正在迅速利用整片大陆领土。"卡森说,"我们必须把目光转向国外,否则他们很快就会把不满的目光投向国内。"[26]

***

战争制造死亡,也揭示了衰败,而死亡和衰败强烈要求公共政策。但公共政策有可能导致社会主义,或者至少会创造一个更有干预色彩的政府。霍华德将军谈到被解放黑奴事务管理局的工作时说:"插手所有社会生活。"当时还有另一个选择,一个远离内战血腥战场,从而远离死亡和衰败(正是死亡和衰败造就了现代美国联盟)提醒的机会。

伍德罗·威尔逊在1895年写道:"只要能阅读历史,你就不会觉得任务太难。"威尔逊说,重新投身于走向世界的"英勇工作"中去,我们就"将青春焕发,保证时代不受衰退影响"。[27]

大约在同一时期,弗雷德里克·杰克逊·特纳说:边疆"是神奇的不老泉,美国不断沐浴其中,从而恢复活力"[28]。

第七章

外缘

THE END OF THE MYTH

"这片广袤大陆，当时还荒凉而沉寂。"

1

THE END OF THE MYTH

在 19 世纪的最后 10 年，历史学家弗雷德里克·杰克逊·特纳把"边疆"这个概念从表示国家边界或军事前线的平凡世俗的含义中解放出来，让它作为抽象概念自由飘浮。后世的历史学家以僧侣吟诵信条的方式，只一句话就抓住了特纳革命性观点的精髓："一片自由土地的存在，其不断后退的过程，以及美国人殖民活动向西推进的过程，解释了美国的发展。"

1893 年，当特纳在芝加哥世界博览会举行的世界历史学者和历史学生大会上首次介绍"边疆假说"时，他还只是威斯康星大学一位寂寂无名的助理教授，就是在埃里克·拉森的《白城恶魔》里被连环杀手跟踪的那位。当时世博会上有蛮荒西部秀"水牛比尔"（Buffalo Bill），还展示了美洲土著村庄的模型。32 名专业历史作家和有学问的大学学者聚在距喧闹会场有一段距离的芝加哥艺术学院（Chicago's Art Institute）里。当天晚些时候的专题讨论会上，特纳宣读了题为《边疆在美国历史上的重要性》（The Significance of the Frontier in American History）的论文。没人提问，因为寥寥几位听者可能已疲惫不堪。特纳的传记作者写道，他"背负着沉重的失败感"回到寄宿处。[1] 但他的论点很快就声名鹊起。

参加芝加哥会议的不少学者认为，历史写作应该专注于事实、日期和名字。相比之下，包括特纳在内的新一代学者开始提出和修改有关过去的讨论，用特纳的话来说，试图"解释"经济、移民、思想、科学、文化和政治之间的关系。然而在特纳提出他的学说之前，新英格兰新教历史学家中流行一个很有影响力的历史论点，即"生源说"（germ theory），虽然它的名称包含"微生物"（germ），但它与微生物或感染没有任何关系。

生源说认为，美国制度的"优点"和"强大"萌芽于欧洲，在古代撒克逊人和日耳曼人的村庄里，居住着尚未从属于封建领主的"自由民"。该理论适用于德国和英国，讲的就是浪漫主义的衰落，是曾经自由的人们被历史沉淀、官僚制度、教会限制和贵族阶级压垮的过程。"原始雅利安人"代表了"世界曾经拥有，但现在不再拥有的东西"。[2] 在北美，这种关于进化的理论认为撒克逊人的自由首先传播到中世纪的英格兰，然后传播到新英格兰。该理论可简洁陈述为："古老的盎格鲁-撒克逊种族注定要在新世界的荒野中栽种下自由制度的胚芽……蔓延到广阔的大陆。"[3]

生源说是毫不掩饰的种族主义。其最著名的实践者之一赫伯特·巴克斯特·亚当斯（Herbert Baxter Adams）认为它是对"血统基因"或"伟大的日耳曼种族"的颂扬，也承认了英国和北美洲撒克逊血统一脉（如约翰、塞缪尔和约翰·昆西，一直到赫伯特本人等姓亚当斯的人）的久远传承和优越性。如果说研究历史就是研究变化，那么这些美国早期的历史学家无疑是非历史主义的。他们谈到的微生物有点像物理学家所说的创世大爆炸（Big Bang）一样突然而原始。在特纳之前美国最有影响力的历史学家之一乔治·班克罗夫特（George Bancroft）写到清教徒登陆时，"他们的制度已经完善了"。[4] 伍德罗·威尔逊曾在约翰·霍普金斯大学（Johns Hopkins University）学习，同特纳一样师从亚当斯，并于1899年表示早期的基督教拓殖者"什么也没有发明"，后来孕育出的《独立宣言》和宪法的思想在他们到达新世界时已经完全形成。威尔逊说，美国人"只是让他们的种族习惯和本能像在欧洲发展起来时那样自然地发挥作用"。[5]另一位历史学家写道，美国西部独立精神的起源"在德国森林里被发现"，而美国边疆的拓荒者不过是撒克逊、日耳曼和雅利安"独立自由民"的复制品。[6]

与之相反，特纳转移了焦点。他说美国的"优点"是由美国改造边疆荒野的拓殖者在美国创造的："自由的土地"和"向合适人选开放的丰富自然资源造就了美国的民主社会"。特纳认为美国独特的民主个人主义是"美国的新产品"。美国民主"走出美国丛林，每到一处边疆地区，它就会获得力量"。[7]

"边疆"一词的用法随着美国发展而不断演变。然而如前面讨论的，在18世纪晚期，这个术语几乎专指边界、边境或军事前线，到特纳在芝加哥发表演讲时，它的含义已经更为丰富。它到底意味着什么还有待商榷。在它发展的过程中，美国的政治边界也相当稳定地向前推进：从阿勒格尼山脉山顶到密西西比河，再到萨宾河和红河，最后抵达目前墨西哥和太平洋的边界。但它的白人拓殖线，以及用来保护白人拓殖者的军力分布线，则是断断续续地曲折向前，有时在政治边界以东，有时在政治边界以西。向前推进时，盎格鲁社会并没有统一建起对抗美洲原住民的战线，但是更为流动，其前进方式更像渗进印第安各民族和群体间空隙中的液体。与此同时，"边疆"不再表示固定的"边界"线。它越来越模糊，渐趋暗示文化区域或文明间的斗争，或某种生活方式，这一语义变化是伴随拓殖者扩张而来的恐怖和流血事件促成的。

特纳的天才在于接受了这个概念易变的事实，而不是试图把"边疆"固定为任何东西。他写道："这个词非常有弹性，就我们的目的而言，它不需要精确定义。"随后他在1893年发表的论文中，用至少13种不同的方式来定义"边疆"，如"一种社会形态而不是地区"、"对原始状态的回归"、"机会之地"、"浪潮外缘——野蛮与文明的交汇点"、"位于自由土地边缘"的某种东西、欧洲移民（尤其是那些从19世纪80年代开始日渐增加的中欧和南欧移民）"最快速有效的美国化路线"、"人类几乎无法生存的"严酷"环境"以及"逃脱过去束缚的大门"。这里有"商人的边疆""牧场主的边疆""矿工的边疆""农民的边疆"。

边疆所指不同，功能也各不相同。从这个意义上说，特纳的论点或者理论的力量并不在于从科学或逻辑标准上它可以被驳倒或证实，而在于它不能。边疆可以被假定为很多东西，并被推测为多种影响的成因。它培植了"对荒野自由的热爱"，促进了"大杂烩式的美国民族形成"，进而导致了"美国政治制度的演变"、"促进了民主"，将"粗犷强悍"与"敏锐好奇"相结合，创造了美国独有的原型人格。该原型兼顾"实用"和"创造力"，能迅速"找到权宜之计"，展示出"对物质事物的熟练掌握，缺乏艺术性，但能有效达成伟大目的"。

多么错综复杂的功能啊！从此以后，"边疆"在这里将是一种精神状态、一个文化区域、一个社会学比较术语、一种社会类型、一个形容词、一个名词、一个民族神话、一种约束机制、一种抽象概念和一种愿望。然而与此同时，它也可被言简意赅地解释为："一片自由土地的存在，其不断后退的过程，以及美国人殖民活动向西推进的过程，解释了美国的发展。"

在1893年论文发表后的10年中，如果没有特纳，就很难有人去研究美国历史的任何重要主题。到1922年，老阿瑟·施莱辛格（Arthur Schlesinger, Sr.）在他广为大众接受的美国历史研究中说，有太多著作采用了特纳的观点，所以不可能把它们全部列出，而且无论怎样也没必要总结边疆学说，因为它"太出名了"[8]。不仅历史学家、经济学家、社会学家、哲学家、文学教授、精神分析学家、政治家以及小说家，无论是走通俗路线的还是曲高和寡的，都采纳了特纳的观点。特纳的两位西部历史学家同行西奥多·罗斯福（Theodore Roosevelt）和伍德罗·威尔逊都曾当选美国总统。从威斯康星大学历史系转到哈佛大学后,特纳辅导过这个国家的统治阶级、知识分子、政策制定者、商人和职业外交官员。富兰克林·德拉诺·罗斯福(Franklin Delano Roosevelt)就是他的学生之一。

中西部人特纳从婆罗门部长那里抓住了历史的规律，从亚当斯一系和班克罗夫特一系那里破解了撒克逊人的童话魔力，这个童话声称麦迪逊的宪法起源于远古日耳曼迷雾，又由撒克逊微生物传播。相反，特纳强调"前进过程中的微生物"，即物质和意识形态的力量，包括贸易、立法、技术和科学、法律以及有关个人与国家关系的新思想等。这些力量如水下漩涡，被漂浮在水面的各种大事和伟人的泡沫掩盖了。

在1893年的文章以及随后的著作中，特纳的主要论点都直截了当：美国辽阔开放的西部为政治平等理想的空前扩张创造了条件，该理想基于边疆将永远延续的想象——"荒野似乎永无止境"[9]。除却憧憬无限资源，开拓者们将要改造自然，深化独立、个人主动性以及最重要的个人主义等民主价值观。还有属于边疆互惠主义的公平、诚实和信任。生存条件如此艰苦，在国家入场之前，拓殖者必须平衡自力更生与协同合作的关系，同时扩展商业关系和法律规则。当政府出现时，本地市场演变为国民经济，于是上述边疆价值观随之在全国传播，就形成了国家制度。特纳说，边疆个人主义不只存在于边疆，但"由于有边疆存在"，它在全国各地都是如此，在城市、乡村和港口随处可见。这是因为个人主义产生于边疆，也因为边疆抑制了不那么健康的倾向，如对财富再分配的要求等。这多少能解释特纳的论点。但要理解特纳的"革命"，就必须知道哪些观点不属于他的主张。

精英主义者不属于这个范畴。当时其他历史学家可能认为西部开发要归功于弗吉尼亚的海岸"绅士"。他们说，清理这片土地的不是蛮荒居民的决心，而是大量资本（英国某份关于西部拓殖的报告写道，"卑贱之人居于高等人的身影和羽翼"之下）。相反，几十年前特纳就预见到了现代社会能涌现出"自下而上记录历史"的冲动，把猎人、商人和农民家庭奉为真正的推动进步者。从这个意义上说，他依靠的是杰克逊派的冲动，提拔并授权普通人——这里的"人"不是指物质意义上的人，而是土地上的人。

不过，杰克逊派的提拔和授权属于种族主义，而特纳不是，至少不是公开如此。他并不关心视种族纯洁性为历史"反冲式起动机"的论调，也不关心其他人寻找美国伟大起源的撒克逊"微生物"的做法。例如，特纳的导师之一休伯特·豪·班克罗夫特（Hubert Howe Bancroft）称赞"数百年来伟大的雅利安人群英"、"母族"和"盎格鲁－撒克逊血统"弘扬了美国的一切优点。[10] 特纳在芝加哥发表论文后不久，参议员艾伯特·J. 贝弗里奇（Albert J. Beveridge）表示驱使美国走出去并登上世界舞台的力量是"种族"。而这是神圣的：上帝已经"为讲英语和日耳曼语的民族准备了1000年"。他说："他让我们成为世界的组织者，在混沌中建立体系。""这是美国的神圣使命。"[11] 相形之下，特纳从宗教角度没发表过多少看法。他既不把文明的成功归功于新教的活力，也不将其失败归咎于天主教的颓废。

特纳的著作对伴随美洲原住民的迁移或美国入侵墨西哥时那种征服激情的庆祝也保持沉默，也不提他们想象墨西哥人会从地球上消失。特纳的行文从不像西奥多·罗斯福写于1889年的文章那么冷酷无情。西奥多·罗斯福引用文明进步来为灭绝印第安人之举辩护："正义本质上在拓殖者和先驱者这一边：这片广袤大陆不可能一直只是肮脏野蛮人的狩猎场。"[12]特纳不去强调种族灭绝的仇恨来证明美国扩张合理，这与历史学家伯纳德·贝林（Bernard Bailyn）认定的"深刻而普遍的种族主义"是驱动拓殖者采取种种暴行的原因不同。尽管拓殖者和士兵以强奸等暴行震慑土著人，但特纳在对边疆的描述中没有提到过这一点。他也没有提到他们把土著人赶出村庄，没有提到他们在土著人逃离火海时屠杀儿童；没有报复性的杀戮，更没有安德鲁·杰克逊激励部下"心脏因复仇而剧烈搏动"、把自己变成"毁灭的引擎"、屠杀克里克人并分尸。特纳写道："当人们能正确看待美国历史时，就会发现奴隶制问题不过是偶然事件。"他在此否认了强迫劳动对创造美国财富的重要性。

就在特纳芝加哥小组会议的前3年，第七骑兵团在北达科他翁迪德尼①杀害了250多名苏族（Sioux）男子和妇孺。然而在特纳1893年发表的那篇论文中，关于边疆的诸多属性中有一样没提及，那就是军事前线这一事实。特纳确实顺便指出：阿勒格尼山脉的滚落线、密西西比河、密苏里河、第99子午线（湿润大草原与干旱平原的交界线）……每片成功的边疆地区都是由"一系列对印第安人战争赢来的"。但他随后淡化战争中的暴力。西奥多·罗斯福再次证明了这一点。他在19世纪80年代出版的多卷本著作《西部的胜利》（The Winning of the West）中以关于微生物原理的经典陈述开始，把安德鲁·杰克逊对克里克人的胜利看作一场战争中的一次战斗，这场战争始于撒克逊人"征服不列颠"，并以规模更大的征服继续前进，征服"世界荒芜之地"。[13]罗斯福的历史读起来就像是探索教义的史

---

① 1890年的翁迪德尼之战（Wounded Knee Massacre）标志着印第安人武装起义结束。苏族著名首领便死于这次事件中。——译者注

诗，是野兽派①对那些开始关注美洲土著人灭绝的人的回应："让多愁善感者爱说什么就说什么吧，能使用土地的人必然剥夺不善使用土地者的权利，否则世界将停滞不前。"[14] 就像特纳一样，罗斯福认为边疆创造了特殊的政治文化。然而与特纳不同的是，罗斯福认为该创造的第一步是野蛮的恐怖活动和粗暴的正义。

至少从18世纪后期开始直到《西部的胜利》出版后很久，边疆治安委员会才被用来镇压有色人种。罗斯福对这种治安政策大加赞赏。当受到威胁时，"好人"就会"团结起来成为监管者，严厉打击恶人，通过实施私刑，立即射杀或绞死最坏的人"。他承认酷刑经常被使用，但他辩称，一般来说这种粗暴的司法"对社会是有益的"，最终会演变成更理性的治国法理形式。② 在边疆，每个人都是自己的法律，甚至还未和他人联合时都可自行其是，每个人拥有"完美的自由"来制定自己的道德准则。拓殖者是"精神上无法无天的野蛮人"，他们通过征服自然和土著人，最终也征服了自己的暴力倾向并呼唤文明。"因此，边远地区的人就靠从无边森林中砍伐出来的空地为生。这个冷酷、严厉的民族强大而单纯，力量强大到足以追求正义，也足以惩罚邪恶。他们受阵阵暴风雨般的激情支配，对自由的热爱根植于他们的内心深处。"[15]

---

① 野兽主义是1898年至1908年在法国盛行一时的绘画风格。野兽派画家热衷于运用鲜艳、浓重的色彩，往往用直接从颜料管中挤出的颜料，以直率、粗放的笔法，创造强烈的画面效果，充分显示出追求情感表达的表现主义倾向。——译者注

② 后来西奥多·罗斯福在签署世界上首批跨国法律条约时，试图使美国屈从于国际法理学。但在国内，他甚至不能将早些时候称赞过的边疆司法制度置于从属地位。在《西部的胜利》一书中，罗斯福说治安维持制将转变为法律。但它没有。面对他称之为"风行一时"的私刑，罗斯福总统于1906年指责受害者时说"私刑存在的最大原因是犯罪，尤其是黑人男子犯下的可怕强奸罪"。更糟糕的是，白人被迫对罪犯施以私刑后，等于自贬到"与罪犯同等"地位，使混乱进一步扩大。罗斯福说，"不法行为滋长。暴民先是对强奸犯施刑，随后行动范围迅速扩大，对许多其他类型的罪行也实施私刑"。——作者注

特纳身上没有这种戏剧性的东西。这些都不是罗斯福描述的"狂热的半开化的冒险",美国历史认为,文明是在残酷无情的、与自然和美洲原住民的战争,以及与人的本能的战争中产生的。如果说特纳的文明的发展不可避免,那也是一种温和的必然。如果说他的作品是对个人主义的歌颂,那歌颂的也是克制的个人主义,更像詹姆斯·史都华(James Stewart)而不是约翰·韦恩(John Wayne)出演的西部片。有斗争,但不是种族或阶级斗争。在特纳看来,推动边疆向前的是法律、法院和商业。[16] 他眼中的边疆不是罗斯福的狼性的边疆。这位威斯康星历史学家写了篇令人宽心的散文,激动人心处把边疆比作一股"浪潮",但他的分析更像是风平浪静时的水面。特纳轻声歌颂着美国人的活力,但否认英雄主义。他赞美如"猎人"或"农民"等无名的"典型"。"跃过阿勒格尼山脉""跳过大平原和落基山脉"的是边疆,而不是人类。

关于特纳如何使美国人的激情平静下来,有一个有趣的背景故事。他在威斯康星的波蒂奇(Portage)长大,小时候曾在温尼贝戈人和梅诺米尼人(Menominee)居住的一带乘独木舟或徒步旅行,后来他对同事说,那是一段田园式的回忆。"我记得有次从沃索(Wausau)坐印第安人的独木舟沿威斯康星河顺流而下。我们经过当地印第安村庄时,听到船夫和印第安女人之间的二重唱般的对话,那是年轻印第安男子的喉音和印第安女人甜美、清晰的笑声。我记得,长着大角的鹿站在香脂冷杉林边的河湾处饮水,我们的独木舟漂流时没有声音,所以可以离它相当近。"[17] 然而,这些印第安人很快就消失了,他们被联邦军队带走,登上联邦火车,消失了。这些军队是被波蒂奇的领导者邀请去的,其中包括特纳的父亲,他也叫安德鲁·杰克逊。

在他的同代人看来,安德鲁·杰克逊·特纳是个好人,是镇子里正直、负责任的领导人。但他也想摧毁温尼贝戈人和梅诺米尼人的村庄。他在自己编辑出版的报纸《威斯康星纪事》(Wisconsin State Register)上称他们为"毫无价值的野蛮人"。他要求军队把他们赶出那一带，因为他们"被彻底鄙视，令所有人厌恶，而且丑陋的外表让胆小的女人惊恐不安"。军方这样做了。根据特纳的传记作者的说法，"某支小分队在1873年初到达，把红人赶到内布拉斯加的保留地"[18]。他们反抗，但士兵们"整个夏天都在向西推进，他们中的有些人差点被刺刀戳中"。有些人逃到威斯康星的森林里，被联邦军队包围，被驱赶着穿过波蒂奇，然后"被赶上火车运送去西部"。弗雷德里克当时13岁，他所目睹的所有事——无论是他父亲的行为，还是必然与《威斯康星纪事》的社论一样在家庭成员谈话时提起的"厌恶"——都没有出现在他的学术著作中。[19]

3

特纳说,在边疆之地,个人主义如草原野草般从土壤中萌芽,随后政府和大财团才出现。他写道:"错综复杂的社会是由荒野催生的。"伍德罗·威尔逊谈到边疆拓殖者时的描写也大同小异:"他们步伐稳健,几近从容地穿越这片当时还是荒凉沉寂之地的广袤大陆。"[20] 但我们认为,西部自诞生之日起就一直是大规模权力、高度资本化的投机者、商业、铁路、农业和采矿的地盘。西部历史学家理查德·怀特(Richard White)认为:"先与国内外市场连通,后有拓殖,顺序不可颠倒。"这些市场是由联邦行动和联邦炮艇开辟出来的。[21] 西部运动需要强大的国家为后盾,美军驱逐了美洲原住民和墨西哥人。有政府支持的债券为购买路易斯安那提供了资金。联邦测量员早在拓殖边界形成之前就绘出了基线和主要子午线,联邦工程师铺设了道路。许多公共工程项目是由陆军工程兵部队(Corps of Engineers)完成的,他们灌溉西部的干旱土地,排干佛罗里达的沼泽地。战争部长向拓殖者分发步枪和弹药。

特纳在印第安人迁移的动乱中长大。他曾目睹政府军士兵围捕家乡威斯康星一带的美洲原住民,将他们迁移到西部,因此他非常清楚国家的力量。他也知道先有国家,才有边疆。在1887年的一篇文章中,特纳详细描述了边疆社会产生"夸张的"自由感和"不正常的"反政府意识形态的各种方式,他生动地评论:"我们这个时代,西部依赖国家政府,因为政府先于拓殖者入场,给他土地,还为其安排交通、政府等事项。"[22]

然而,在特纳的案例研究以及更全面丰富的概括中,他提出了一个不同的顺序,大略如下:先有自然——要么原始未经开发,要么有印第安人小径穿越其间;然后拓殖者家庭来到,挥洒汗水从森林中开辟出一块空地,于其上耕种或放牧。劳作过程中,个体家庭渐渐聚集起来形成社群和自发组织,包括治安维持会(特纳像罗斯福一样,赞扬这些团体,但形式更温和,还做了一定美化)。分散的群体开始沿着古老的原住民道路或河谷"相互接触",创造了政治学者口中的公民社会。他们发展商业关系,培养包括主动性、乐观主义、信任、合作、个人主义,以及拒绝容忍独裁者在内的边疆价值观。贸易不断深化,地方和全国市场不断扩大,采矿业和制造业"就像被施了魔法一样"迅速涌现。随后国家到来。[23]

特纳的排序是自然、拓殖、劳动、社会、安全、贸易、信任,更多的贸易,带来更多的安全和信任,然后是政府。这很重要,因为它阐明了某些独特的,关于经济、权利和主权之间关系的美国理想:劳动与自然结合创造财产。财产创造美德。基于财产的私德先于国家而存在。国家的唯一合理职能是保护而非创造美德。这是一个巧妙的手法,正如特纳在笔记里写道,它需要"政府先行"。但它过去到现在一直是强有力的举措,它将自由的美德当作独立于国家存在的前提,并限制国家角色,只让其保卫美德。这一前提使美国能继续拒绝承认社会或经济权利的合法性。在自然界中发现的个人固有权利,包括拥有、承受、迁移、聚集、信仰、持有是合法的,就像保护它们的国家合法一样。通过国家干预实现的如卫生保健、教育和社会福利等社会权利是不合法的。[24]

4

THE END OF THE MYTH

特纳在发表边疆论文后少见著述,但时常演讲。他的公开表述大体乐观,但时有隐忧。1890 年,美国普查办公室(U. S. Census Office)宣布不再使用"边疆"作为描述性分类。该办公室说,西部人口太多,"几乎没有边疆界线可言"。特纳知道,比人口密度更重要的事实是,资本的力量,或者用安德鲁·杰克逊的话说是"金钱的力量",正在超越仅存的边疆。他认为西部作为安全阀的效力正在减弱。[25]

"廉价土地、玉米、小麦和廉价牲畜的时代已经一去不复返了。"特纳在 1914 年写道:"自由的土地消失,整片大陆被跨越,所有这些推动和能量都转化为骚动的渠道。"[26]20 世纪初,包括"煤炭大亨、钢铁大王、石油大王、家畜大王、铁路大亨、金融大王、信托君主"在内的"产业主宰者"中,有越来越多的人声称自己是西部理想的真正继承人。他们占领"行动和权力的新的途径"……以拓宽国家活动范围,同时扩张自己王国的领土,把自己塑造成"先驱"[27]。资本家将边疆隐喻用于资本,以此承诺无休止的经济增长,从而平息社会抗议。然而特纳厌弃这种做法,相反,他反复用这个比喻来形容政府行动。他写道,公共政策中有"新的边疆"和"尚未开发的更好的社会领域""取代荒野的古老边疆地区"。[28]

但这问题的规模之大似乎使任何政治解决方案都相形见绌。特纳说，垄断已经开始"统一控制国家的工业生活"。"巨大的私人财富"具有腐蚀性。[29] 听起来特纳像卡尔·马克思一样强烈指责：资本开始在更大的群体中进行整合，于是早期边疆资本主义的开放阶段造就的自我驱动和完全独立的个体只好屈从于"制度和管理"。在工厂，他们屈从于重复动作和流水线；在农田，他们屈从于机械化农业和工业采矿；日常生活中，他们屈从于债务。特纳说，政治民主现在是"一种表象而非现实"。[30]

其他的社会弊病包括："逼仄的公寓房间里"挤满越来越多未被同化的移民；"长时间工作和高死亡率"；伤寒等贫民窟疾病。所有这些罪恶都可能把美国的"工业活力和庞大资本"变成"社会悲剧"。[31] 租赁增加，所有权减少，工资下降。"一切都过去了，都完成了，都结束了！"——另一位边疆作家兼小说家欧文·威斯特（Owen Wister）表达了类似的悲观情绪。早在1902年，威斯特的《弗吉尼亚人》(*The Virginian*)就曾将西部描述为"透明光芒中的世界、一片没有尽头的土地，诺亚和亚当可能是跨越了它才直接从《创世纪》(*Genesis*)中来到尘世"。但仅仅几年之后，威斯特又出版了另一部小说，认为边疆与其说是封闭的，不如说是被工商业巨头和银行家征用占领的。"除了标准石油公司和不满之外，再没什么能把这些州团结在一起了。我们不再是为某个伟大想法活着或死去的渺小民族，而是为钱而生、为钱而死的伟大民族。"特纳在1925年说："这世界从未见过如此巨大的财富完全控制某个民族的经济生活……从未见过如此庞大的资本整合和如此完整的经济过程系统化。"[32]

特纳并不指望用"小"来解决"庞大的资本整合"带来的问题。[33] 他知道，20世纪的社会将大众化、工业化、大型化。但他希望，在19世纪广袤的西部积累起来的经验能教会"美国如何处理规模问题"[34]。特纳很难找到中间立场，介于财阀统治和社会主义之间的中间立场，它可以使西部边疆转型为公共政策的边疆，将美国带到他所说的下一个发展阶段："精神、理想和立法的领域"[35]。

还有另一个选项：把边疆定义为可以跨越的线，而不是使人止步不前的线。像另外两位边疆学说家西奥多·罗斯福和伍德罗·威尔逊常干的那样，把美国国内的渐进式改革与对外战争联系起来。

1898年，美国向海外进军。美国政府吞并了夏威夷并向西班牙宣战，之后占领波多黎各、关岛和马尼拉，把古巴变为受保护国。美国修建了横跨巴拿马的跨洋运河，将其与哥伦比亚分离；入侵并占领尼加拉瓜、海地和多米尼加共和国，同时镇压当地叛乱。与此同时，军队在菲律宾进行旷日持久的平定行动。① 西奥多·罗斯福将1898年在海外部署占领军描述为"正义战争"，说要避免美国在边疆关闭时过于安逸，从而陷入他所联想的那种亚洲式的怠惰之中，这场战争就非常必要。"即使我们扮演中国那样的角色，我们也不能做到满足于在国界内不光彩的安逸中，一寸寸腐烂。"罗斯福称西班牙为"中世纪暴君统治的国家"，与其开战，能使政治领袖坚强面对公司腐败和国内垄断这一现代形式的暴政。伍德罗·威尔逊与罗斯福一样，也以渐进式改革著称。他将1898年后美国在太平洋和加勒比海地区的战争视为在美国永久边疆革命的一部分。他说这是"我们生活中的伟大革命"，一场"新革命……没有哪场战争能像与西班牙的战争一样改变我们"[36]。但美国采取军事行动占领波多黎各、菲律宾和关岛，并使古巴成为非正式殖民地，就不仅仅是改变了。它"完成"了"转变"（转变成什么，威尔逊没有说，但特纳曾经用"帝国共和国"来形容1898年后的美国）。

---

① 菲律宾战争使英语中的"边疆"有了个后继词"穷乡僻壤"，以指代偏远地区。它来自塔加拉语"无人居住的遥远地方"，用于美军士兵与逃逸的敌人进行的暗战。二战中它的使用范围扩大，随后在越南被缩短为"郊区"（boonies）。——作者注

"我们在海外为自己开辟了新的疆域。"威尔逊说。[37] 总统任期内,他两次向墨西哥派遣军队,并于1915年下令从海上占领它。于是在20年的时间里,有1.5万名海地人死亡,更多人遭受折磨。他还延续了吉姆·克劳式的统治,在海地这个"黑人共和国"建立"劳动营",强迫平民劳动。

这一场场纷乱的、后果严重的战争将美国军事和法律上的边疆延伸到7000英里外的太平洋,或者说至少向南延伸到巴拿马。他们把数以千万计的人,其中大多数是会说西班牙语和塔加拉语(Tagalog)的有色人种,置于美国统治之下,而这就引起了棘手的宪法问题。[38] 然而与同时代的罗斯福和威尔逊相比,特纳描述这一时期时措辞尤为冷漠。他于1910年写道:"在拓殖了遥远的西部,掌握了它的内部资源之后,这个国家在19世纪末和20世纪初转向远东,参与太平洋地区的世界政治。由于最近战争的成功,美国得出了合乎逻辑的结论,继续向老西班牙帝国的土地扩张,将夏威夷群岛占为己有,并以强大控制欲介入墨西哥湾,同时成了菲律宾的主宰。"[39]

成为主宰,占为己有。这一切都如梦一般漂浮,就像美国将君权强加于其上。[40]

特纳不愿把关于边疆复兴的论点延伸到帝国扩张的领域。但他还是随波逐流。他首先支持威尔逊不参与一战的最初政策。但当威尔逊改变立场时,特纳亦步亦趋。[41] 最初的原种——日耳曼人变成了邪恶的种子。如果不能改革国内社会状况来保护真实的个人,那么至少个人主义的理想可以在与对立面,即日耳曼军国主义的斗争中得以强化。1918年,特纳在一系列讲座中为威尔逊的战争辩护,以夸张的形式重述所有旧论点。特纳把德国军国主义说成是美国个人主义的绝对对立面,以至于陷入了罕见的极端种族意识:"普鲁士人的纪律是战神托尔式的纪律,对抗白种人基督的纪律。"[42]

5

种族主义狂热驱动了杰克逊派拓殖者的殖民政策,而特纳为冷却这种狂热,扮演了不可或缺的角色。到了1898年,美国站在世界强国的门槛上。境外有形形色色的民族,很明显,美国不能用对待路易斯安那或墨西哥的方式对待整个世界。法律和政治体系需要一段时间才能赶上来并摆脱赤裸裸的撒克逊气质:"我们中的大多数是盎格鲁-撒克逊人。"得克萨斯众议员詹姆斯·斯雷顿(James Slayden)在1909年说,而波多黎各人"构成复杂……大部分是杂种"。[43] 但在20世纪的头几年中,无论是商业、政治还是军事扩张,都不能被证明有正当理由,除非说它们是日耳曼征服的新版本和"血统基因"的最新胜利。特纳谈到欧洲人在边疆变成了美国人时曾说,他们迷失了自我后才找到自我。在某种程度上,所有发生的事都是美国的"天定命运"(manifest destiny,1845年创造的短语,用来描述上苍引导盎格鲁-撒克逊人穿越欧洲大陆,占领得克萨斯和加利福尼亚,并在从大西洋到太平洋的这片大陆上建立统治权这一信仰)。它摆脱种族和宗教的排他主义,从而找到了自己的普世主义。

白人至上主义仍在种族隔离制度、私刑、反种族通婚、排外和"二等公民"法律,以及包括伍德罗·威尔逊总统一再念叨的"有益健康的血液"等统治阶级的种族主义咏叹调中延续。[44] 然而,特纳那舒缓的行进圣歌却成了这个国家走向世界的官方公共颂歌,不是作为征服者,更不是作为住在林间空地上的日耳曼部落,而是以人类的名义。

特纳也在阶级冲突呈上升趋势时提出了自己的美国普世主义版本。工业资本主义在更加戏剧性的繁荣和萧条之间摇摆,于是对财富再分配的要求愈加激进,而来自具有强烈社会主义传统国家的移民推波助澜,罢工次数逐渐增多。事实上,在1893年的世界博览会,亦即特纳第一次提出边疆学说的地方,就像在进行一次大规模劳工行动:当时泥水匠、煤气安装工、木匠、瓦匠和机械工人的工会都利用工作集中的机会要求提高工资、缩短工作时间。[45] 那一年,一场金融危机导致大批工厂倒闭和劳资冲突上升。由社会主义者尤金·德布兹(Eugene Debs)和美国铁路工会(American Railway Union)组织的普尔曼公司(Pullman Company)铁路工人罢工,实际上关闭了通往边疆的通道,使得货运或客运列车往西最远只能行驶到底特律。格罗弗·克利夫兰(Grover Cleveland)总统从西部调遣数万名士兵阻止罢工,让火车重新运行。德布兹的工会被解散,数十名工人丧生。

几年后,崇尚变革的伍德罗·威尔逊利用联邦政府的大量资源镇压激进的工会和左翼政党,堪称美国历史上力度最大的一次镇压,而且这种镇压在美国进入第一次世界大战后加剧。亚当·霍赫希尔德(Adam Hochschild)写道,这场战争及其余波是"空前的审查、大规模监禁和反移民恐怖时期"。[46] 世界产业工人联盟(Industrial Workers of the World)和社会党(Socialist Party)都被摧毁了。威尔逊1917年的《间谍法案》(Espionage Act,特纳支持该法案,认为这是为对抗德国破坏"各地自由"必需的"个人自由的暂时牺牲")针对的是成千上万的激进分子。[47] 菲利普·伦道夫(A. Philip Randolph)和尤金·德布兹因反战入狱。爱国热潮赋予私警权力，可追捕任何被认为要颠覆美国主义的人。艾丽丝·保罗（Alice Paul）及其所在的反战全国妇女党（National Woman's Party）成员在白宫前抗议时，遭一群威尔逊支持者袭击。在阿肯色的伊莱恩（Elaine），白人私警在美军的帮助下，屠杀了237名试图组织工会的佃农，这只是自重建结束以来非洲裔美国人面临的残酷种族恐怖的插曲，其中包括4000多人被私刑处死。[48]

世界产业工人联盟中有很多牛仔激进分子，他们在西部和边境各州得到矿工、伐木工和牧场工人的大力支持。德布兹本人经常试图提出社会主义版本的另一种边疆学说。① 但是，顽强的个人主义神话在反对社会主义者和反战积极分子，以及用于在美国主义和反美国主义之间划出一条明确的界限时更为有效。[49]西奥多·罗斯福将他的达科他农场的工作人手与芝加哥干草市场的劳工无政府主义者进行了对比："我在达科他的人都是勤勉的劳动者，他们工作时间更长，工资却比罢工者还要低；但他们是彻头彻尾的美国人。""对他们来说，没什么比有机会拿步枪射击暴民更高兴的了。"[50]西部小说家欧文·威斯特表示赞同，为"刚从与印第安人的战场上赶来的美国军队"被派去驱散芝加哥的罢工者大唱赞歌。对威斯特来说，用军队对付激进分子——那些"成群结队在我们身上开联欢会的老鼠"，可谓一举两得，在镇压激进分子的同时发泄士兵的精力。现在他们已经找不到印第安人对手，这样可避免他们被国内众多"德布兹"倡导的激进主义所吸引。德布兹使西部铁路服务停摆的能力最能激怒威斯特，因为后者认为大

---

① 德布兹在1902年说："西方有阶级意识的工会主义的兴起不仅仅是偶然或个人设计的结果，而是顺应了崎岖不平、人烟稀少的山地州中高涨的无产阶级革命精神。这些州的人口是由最具冒险精神的开拓者，以及来自美洲大陆所有国家的勇敢且热爱自由的人组成的。" 1924年："这位曾是'自由'美国人先驱者的大胆自信的精神无法在当下财富和权力集中、工资奴役加剧的时代生存下来。间谍系统和黑名单在这些因某家大公司而逐渐形成的城镇中尤其有效。无论这些公司经营的是木材、煤炭、铜、石油还是金钱，都能摧毁一度是美国荣耀的自由精神。"——作者注

陆铁路是人类文明最伟大的成就之一。威斯特写道："为了自由，我们要警惕国外的敌人，也不可忽视国内的敌人。"[51]

边疆的美国精神的力量在于它能够将罗斯福式的种族主义（深深植根于美国拓殖者的现实）和德布兹式的社会民主（同样根源深厚，深埋于美国对平等的承诺中）边缘化，将它们调和为充满活力的进步理想，并使它呈现为自由普世主义的最高表达。特纳设想西部扩张能战胜对部落的忠诚和种族仇恨，迎来真正的人文主义，同时以实际的、进步的和负责任的政策培养思想开放且有能力解决大规模工业社会所产生的问题的公民。特纳还认为，西部各州在资源和贸易方面的合作经验，可以成为伍德罗·威尔逊的国际联盟（League of Nations）的模型。他温和的革新论甚至在流行文化中也有表现，比如深受大众喜爱的西部艺人、牛仔竞技、广播和银幕明星吉恩·奥特里（Gene Autry）提出的"牛仔准则"（Cowboy Code）。一方面，根据奥特里的戒律，牛仔不能"鼓吹或持有褊狭的种族或宗教思想"；另一方面，牛仔也必须是"好工人"和"爱国者"。

特纳的边疆普世主义在不断扩张中诞生，它和它想象出来的对极端主义者的压制只能通过不断扩张来维持。

第八章
1898 年协定

THE END OF THE MYTH

"白人间的和平。"

在巴拉克·奥巴马担任总统期间，公众就"邦联旗帜和邦联雕像应该作为种族主义符号被取下和拆除，还是应该当作传承的纪念品保留下来"的问题爆发了争论，几乎所有的讨论都集中在美国国内的历史上。美国大多数的"败局命定"（Lost Cause）纪念碑都是在被解放黑奴事务管理局被关闭、重建部队从南方撤出后的几十年里建立起来的，当时三K党横行，很多树由于被用于处以私刑而伤痕累累。关于旗帜，大多数评论认为它可追溯至第二次世界大战后对民权运动（Civil Rights Movement）的强烈抵制。例如，专栏作家尤金·罗宾逊（Eugene Robinson）在《与媒体见面》（Meet the Press）节目中说，南卡罗来纳于1961年在州议会大厦上空升起南部邦联的旗帜，属于"大规模抵制种族隔离"的活动的一部分。

说的都没错。然而，就像许多关于美国白人至上主义右翼历史的讨论一样，这些叙述忽略了海外扩张，尤其是美国的多次海外战争在维持邦联象征中发挥的作用。大约从1898年开始，早在成为"红脖子"①抗议标志之前，邦联旗帜在半个世纪里就一直是国家统一的象征，而非两极分化的象征，是一个不断扩张的美国帝国的骄傲的旗帜。内战后，新的战争使国家重新接纳了那些为南方邦联而战的人以及他们的儿女，这是一支和解的军队。但和解不光发生在穿蓝色制服和灰色制服的士兵之间。同样不可阻挡

---

① 红脖子（Redneck）指美国南方保守的露天劳动者。——译者注

地被再次联合的还有官僚准则、指挥和管理层级、工业力量和技术的北方法律,以及南方精神———一种涵盖了英勇、责任和荣誉的"对军事理想和美德的颂扬"[1]。

历史学家博伊德·科思伦和阿里·克尔曼写道，在南北战争之后的几年里，北方人和南方人在获得更多土地的需要上找到了"罕见的共同点"。除"军队应该平定西部土著部落"外，他们几乎没达成过任何共识。南方白人强烈反对重建，因为它不过是对整个战败的南部邦联的强行军事占领，但他们在"天命论"的问题上与北方人站在了一起。[2]

内战后的非军事化为边疆军事化腾出了资源，随着1877年重建结束，美国军队得以重新关注美洲原住民的最终平定问题。成千上万的北方和南方士兵被派往西部，开始了这场争夺美洲大陆的旷日持久战争的最后阶段。从1865年持续到1891年，这场战争包括13场不同的战役和超过1000次的战斗，对手有夏延人（Cheyenne）、拉科塔人（Lakota）、纳瓦霍人、阿拉帕霍人（Arapaho）、苏族人、犹他人、班诺克人（Bannock）、莫多克人（Modoc）等。

对于此时的邦联将军、上校和上尉来说，加入联邦军为时尚早。因此，大部分对土著人的暴行是乔治·阿姆斯特朗·卡斯特（George Armstrong Custer）和菲利普·谢里丹（Philip Sheridan）这样的北方军官指挥军队犯下的。甚至在内战结束之前，林肯就派曾在第二次布尔伦河战役（Second

Battle of Bull Run）中输给罗伯特·E. 李将军的约翰·普波（John Pope）将军去镇压达科他的苏族人，他主持了"美国历史上最大规模的处决：1862年圣诞节的次日，38 名达科他人被绞死"。[3] 另一位也参加过美墨战争的联邦英雄、传奇先驱者基特·卡森（Kit Carson）驱赶 8000 名纳瓦霍人从亚利桑那经 300 英里"长途跋涉"到新墨西哥——在那里他们忍受了多年"屈辱、痛苦、死亡和饥饿"折磨。这不过是内战期间和之后众多"泪水之路"中的一条，因为迁移从未真正结束。[4]

但是，南方退伍军人和他们的下一代把平定西部及其他地区当作复兴的计划。可举卢瑟·黑尔（Luther Hare）的军事生涯为例，他是某邦联上尉之子，也是西点军校重新接纳的第一班南方学生之一。黑尔于 1874 年从西点毕业，之后他所在的分遣队被分配到西部边疆，他在那里参加了卡斯特对苏族人的军事行动。当时悬挂邦联的战斗旗帜还为时过早，因为在重建期间它被视为违禁品。不过，作战时得克萨斯式的口号不在被禁之列。黑尔在小巨角（Little Big Horn）战役前的一场小规模战斗中被困，据说当时黑尔开火的同时发出反抗的呼喊："如果我们必须死，让我们像男人一样死！我是来自得克萨斯的混蛋战斗者！"黑尔在战场幸存下来，继续转战于蒙大拿、得克萨斯、太平洋西北部和亚利桑那，与美洲原住民战斗。他加入奥利弗·奥蒂斯·霍华德的军队一起平定内兹珀斯，与苏族人战斗。用他的话说，他安抚了"最后一个阿帕切叛徒"。随后他被派往菲律宾做上校。[5] 在那里，他率领得克萨斯志愿骑兵（Texas Volunteer Cavalry）对抗西班牙人。

随着重建结束，吉姆·克劳种族隔离制度在南方各州确立。在 1898 年战争中，华盛顿派出数万名士兵从西班牙手中夺取了菲律宾、古巴、波多黎各和关岛，这是邦联重新整合的转折点。早前奴隶制仍然存在时，南方人曾渴望将古巴从西班牙手里分离出来，使其成为蓄奴州（在 19 世纪 20 年代西属美洲其他地区赢得独立后，古巴和波多黎各仍处于西班牙统治之下）。现在，征服这个岛屿的目的已经变了：南方人视之为证明他们的爱国精神，以及与北方和解的一个机会。

几十年间，人们一直预测美国会与西班牙就古巴开战。自1868年以来，在这个岛上断断续续地爆发主要由前奴隶和自由有色人种领导的反西班牙暴动，这造成的混乱很容易就能证明干预的正当。反叛者已经赢得废除奴隶制方面的胜利，现在他们要求独立。于是，西班牙派兵镇压暴动。1896年，格罗弗·克利夫兰总统几乎要进场参战，理由是战争威胁到了美国的贸易。他说美国需要"保护自身和公民的利益，这与人类和文明的利益大体一致"[6]。1898年2月15日，美国军舰缅因号（Maine）在哈瓦那港口爆炸，数百名水兵死亡。克利夫兰的继任者威廉·麦金莱（William McKinley）将爆炸事件归咎于西班牙，并以此为借口发动战争，此时南北双方走到了一起。

爆炸发生两天后，弗吉尼亚林奇堡市（Lynchburg）的《新闻》（News）说：木已成舟，内战不会被遗忘。但"成千上万的南方人现在准备承认那次脱离"，即南方试图在奴隶制问题上脱离联邦，"是个错误"。[7]

2

国家一呼，举国回应。"是的，先生，我曾与'石墙'①并肩作战，也曾听李将军号令冲锋，"《亚特兰大宪政报》（Atlanta Constitution）上的一首诗这样写道，"但如果联邦要燃起战火，请再为我造一支枪。"《明尼阿波利斯日报》（Minneapolis Journal）对此的回应是："造两支枪吧，老朋友，我想再一次同你站在旧日旗帜下。我们的父辈曾携手并肩，把战火烧遍陆地和海洋，使我们建立自由的国家。"[8]佐治亚州州长说，他会亲自带领该州的民兵投入战斗。在纽约的尼克博克剧院（Knickerbocker Theatre），作曲家、军乐指挥家约翰·菲力浦·苏萨（John Philip Sousa）在喜剧轻歌剧《入选新娘》（The Bride-Elect）中加入新的进行曲《放出战争恶魔》（Unchain the Dogs of War），"观众的爱国热情高涨"。一家报纸指出，这首歌随着该剧在全国巡回演出，并被"众口传唱"。

南部港口如新奥尔良、查尔斯顿和坦帕（Tampa）被用作入侵古巴和波多黎各军队的集结地。经过新奥尔良的北方士兵很高兴看到"头发花白

---

① 托马斯·乔纳森·杰克逊（Thomas Jonathan Jackson，1824—1863年）是美国内战期间著名的南方军将领。绰号"石墙"杰克逊。——译者注

的邦联老人"为他们鼓劲儿，向联邦国旗致敬。整个南方的报纸，连同迪克西（美国南部各州的代名词）最大的退伍军人协会"邦联退伍军人联合会"（United Confederate Veterans），都陶醉于罗伯特·E.李的侄子菲茨休·李（Fitzhugh Lee）和亚拉巴马的约瑟夫·惠勒（Joseph Wheeler）等前邦联将军们的功绩。约瑟夫·惠勒曾被麦金莱总统委任军中职务，成为此后"一个国家，一面旗帜的象征"。[9]

惠勒曾在内战期间担任骑兵将军，1877年重建结束后被选为众议院议员。他谈到入侵古巴时说："这一点，而且唯此一点才能使我们国家的旗帜继续高高飘扬，而我们伟大共和国的声望将远及地球上最偏僻的角落。"[10] 向联邦主义的转变并非一帆风顺。在某次对西班牙一个要塞的进攻中，61岁的他指挥一个骑兵师，以南方人的勇气违抗北方长官的命令。据说他在驱散敌军时喊道："冲啊，孩子们！我们又把该死的北方佬打跑了！"[11]

来自全美各地的代表都投票赞成资助战争，其中正在寻找免关税海外市场的南方代表和他们种棉花的选民尤其热情。正如克利夫兰总统所说，美国的利益与人类的利益是一致的。得克萨斯代表里斯·德·格拉芬赖德（Reese De Graffenreid）说："穿蓝色和灰色军装的小伙子们和解了。他们以真正伟大的兄弟情谊和爱团结在一起，肩并肩，心连心，手牵手，为同一个目的、同一个意愿、同一个感叹前进，那就是：灾难，无法挽回的灾难，将降临那个国家、那个民族、那些人民，美洲兄弟的鲜血将在那片土地上召唤我们。"密西西比参议员是位南方邦联的老兵，名叫埃尔南多·德·索托·莫内（Hernando De Soto Money），一个不可思议的名字。他认为这场战争是个机会，可以传承南方人的英勇等有关特质，可以重振已过度成熟的资产阶级文化。他说，任何战争都比"侵蚀这个国家核心和男子气概的腐烂和平"要好，因为战争教会人们奉献、克制和勇气，并迫使国家"超越渺小、格格不入和自私"。而且，一场为"人类自由和人类生命"的战争，会对这个国家产生特别"有益的"，甚至"涤罪般的效应"。他预言，美国"将从战争中走出来，就像凤凰涅槃，浴火重生，焕发光彩"。[12]

1898年6月，就在美国军队登陆古巴几周后，两列满载邦联旗帜的火车抵达亚特兰大，迎接即将到来的南方老兵重聚。南方战旗很快就会飘扬在这座被联邦将军威廉·T.谢尔曼烧毁的城市上。庆祝活动主会场的正中央矗立着一根30英尺高的旗杆，上面飘着邦联旗帜，两侧分立古巴和美国国旗。

一场又一场的演讲，颂扬"崇高的"战争——不仅内战，还有19世纪与墨西哥、美洲原住民以及当时与西班牙的所有战争。一位南方老兵说："你们的儿子在圣地亚哥大屠杀中教导傲慢的西班牙人尊重我国国旗时表现出的英勇和英雄主义，将永远飘荡在'坚不可摧的各州组成的不可分割的联盟'之上。"邦联退伍军人联合会的指挥官约翰·戈登（John Gordon）将军在开幕时说，与西班牙的战争让"我们的小伙子"再次"被裹在美国国旗的褶皱里"。[13]他们的英雄主义"永久彻底地消除了各阶层间的不信任，重建早该建立的美国人民间的兄弟情谊和团结"[14]。一年后，某个军团从马尼拉返回家乡纳什维尔时，当地的"邦联姐妹联盟"（Daughters of the Confederacy）发起南部邦联重聚，士兵们举着"被战火烧得伤痕累累的、星星和条纹交织的叛军旗帜"游行。[15]

1898年的战争是一场炼金术，将邦联维护奴隶制的失败事业转变为人类争取世界自由的事业。伊夫林·斯科特（Evelyn Scott）回忆在田纳西度过的快乐童年时说："西班牙人的枷锁将被打破，而且是被南方人打破！"[16]戈登将军说，南方正在为"把美国文明的光辉，以及共和主义自由的恩惠带到两大洋中受压迫的岛屿做贡献"[17]。惠勒将军启程赴古巴之前在众议院发表演讲，把南方为奴隶制发动的煽动性战争说成是美国为自由而进行的长期战争的一部分。

他说："回头看一眼，认真反思。"美国的历史就是一场漫长的战争：首先是向"野兽和野蛮的印第安人"发动的边疆战争，然后是美国独立战争，接着是1812年战争和对墨西哥战争。当说到"100万勇敢的人"迅速"武装起来"，与其说要彼此争斗，不如说是为了彼此对自由的不同理解而战斗时，惠勒让内战也悄然汇入了这一路向前的河流。[18] 古巴解放将是这个进程的下一个阶段。

在随后的西班牙战争退伍军人联合会（United Spanish War Veterans）召开的会议上，与会者一再提及主题：1898年统一了一个分裂的国家。亚瑟·赛克斯（Arthur Sykes）牧师说："据我所知，最能清楚说明南北双方团结的事件就是，在这场战争中，最先阵亡的两名美国士兵分别是联邦老兵的儿子和南方邦联少校的儿子。"赛克斯说："北方的血液和南方的血液流在一起，美国的北方和南方将永远统一。"[19]

西班牙战败，麦金莱在翻领上别一枚邦联徽章，在南方进行庆祝凯旋之旅，并称赞"过去3年里，南方和北方的男人在古巴、波多黎各和菲律宾表现出的英勇和英雄主义"。北方的工业力量和南方精神再次结合，总统说："若我们并肩，就无人可敌。"大约就在这个时候，国会经过漫长拖延后，批准将内战期间被联邦军队缴获的邦联旗帜归还给邦联退伍军人联合会。

3

没有什么能真正和解,也没有什么已被超越,至少这适用于美国建国时的悖论,即承诺政治自由,现实中却实行种族征服。战争的炼金术没能把骑士精神的糟粕炼为普世人道主义。相反,随着南方人逐渐主导美国对外军事行动,这场战争产生的所有恐惧、怨愤和仇恨"都向南方自身框架内倒灌"——南方作家 W. J. 卡什(W. J. Cash)在他 1941 年出版的经典著作《南方的思想》(*The Mind of the South*)中如是写道。

作为海外的边疆,古巴、多米尼加共和国、菲律宾、尼加拉瓜和海地的战争就像一个棱镜,将国外的种族界限(color line)折射回国内。在每次军事占领和旷日持久的镇压叛乱中,南方人都能一再重奏邦联的不和谐音,他们以自由、英勇、自我牺牲、友爱等最崇高理想的名义战斗,同时镇压有色人种。加勒比和太平洋地区死亡人数很多。美国军队在 1915 年到 1935 年间的战斗中杀死了大约 1.5 万名海地人;在 1916 年到 1924 年间杀死数以万计的多米尼加人;在 1912 年到 1933 年间杀死 5 万名尼加拉瓜人,在 1898 年到 1946 年间杀死成千上万菲律宾人。此外,这些国家还有不计其数的人死于疾病、饥荒和寒冷。

1898 年春天,在与西班牙的第一波战役中,媒体对古巴、波多黎各和菲律宾人民的肤色没有太多评论。只要报道美国正在解放被践踏的人民就足够了。但随后西班牙被打败，军队开始清理战场。突然之间，失去敌人这一关注对象，媒体和士兵开始注意到他们受命去解放的人的肤色。从1898年战役开始，到后来的尼加拉瓜、海地和多米尼加共和国，士兵们的家书都非常相似，他们轻松地向家人和朋友讲述他们如何射杀"黑鬼"，如何对"黑鬼"处以私刑，如何故意把"黑鬼"放到沼泽里任其死去，如何用水刑折磨"黑鬼"以及如何把"黑鬼"当作靶子练习射击。[20]

W. J. 卡什说，所有这些倒灌回去，混在一起。在国境以外，外敌可被称为"黑鬼"，而在国境以内，包括劳工、农民和民权组织者、有色人种及其白人盟友等国内敌人被叫作颠覆者和反美者。三K党是1865年由邦联老兵组织的，但已休眠了几十年。历史学家称为"第二次三K党"的组织出现于1915年，由1898年的老兵领导。新三K党的创始人之一威廉·约瑟夫·西蒙斯（William Joseph Simmons）在向国会作证时反复强调自己的军旅生涯："我是参加过美西战争的老兵。我是美西战争的退伍军人，当时担任指挥官。我曾是美西战争退伍军人协会（Spanish-American War Veterans' Association）全国总部的副官，也曾做过临时师长。我曾是指挥五个团的大校。"[21] 一位国会盟友将西蒙斯描述为"美西战争中的英雄老兵"［虽说历史学家琳达·戈登（Linda Gordon）称西蒙斯是在战争结束后抵达古巴的］。西蒙斯甚至在证词中改述亚伯拉罕·林肯的话："我打了场漂亮的仗，我爱所有人，不怨恨任何人。我要追求正义，就像上帝给我正义的启示一样。"

这种林肯式的借用恰到好处地说明了1898年的战争如何使邦联重新合法化，并允许重新崛起的种族主义者披上现已弥合裂痕的民族史的崇高理想。这都是有爱国心。西蒙斯认为，新的三K党是个卓越的兄弟组织，旨在"纪念"包括南方邦联在内的美国伟大战争英雄，是将要"从人们的内心摧毁梅森-迪克森线①"的献礼，以随后建立"伟大的美国团结和独特的国家意识"取而代之。[22]"看那边，看那边，看那边，自由在呼唤。"1898年，《佛罗里达联合时报》（*Florida Times-Union*）为一首老歌《迪克西》（*Dixie*）填了新词。"我们现在都是扬基人②，扬基·李和扬基·格兰特。"最终，邦联退伍军人联合会和美西战争退伍军人协会几乎合二为一，大家都是兄弟！

但对1898年初报名参加陆军的成千上万非裔美国人来说，情况并非如此。总的来说，非裔美国人对这场战争的态度和他们对美国的态度一样矛盾。许多人认同古巴反叛者，他们绝大多数都是肤色黝黑的田间工人，其中许多人以前是奴隶。还有人把这场战争看作进入美国的入场券，是为他们海外兄弟姐妹赢得解放战争的机会，也是为在国内争取"享有所有公民特权"而战的机会。③麦金莱在向南方示好的同时，也为非裔美国人参军提供了便利。许多人自愿加入了在佛罗里达的非裔美国人正规军［其中许多人来自西部，是被派去与阿帕切人、科曼切人（Comanche）、苏族人和犹他人作战的水牛战士④］。大多数人在坦帕和基韦斯特（Key West）等待入侵古巴和波多黎各的命令。在整个南方，种族隔离政策日渐强化，几十

---

① 梅森-迪克森线（Mason and Dixon line）是马里兰和宾夕法尼亚之间的分界线。在内战前，它和俄亥俄河一样，被认为是南部蓄奴州和北部自由州的分界线。——译者注

② 扬基人（Yankee）有两层意思。用于国外时泛指一切美国人；用于国内时指新英格兰和北部某些州的美国人。——译者注

③ 某些民权和宗教领袖敦促非裔美国人不要打这个赌，也就是说别指望自证忠诚和勇敢后就会被接纳为美国正式公民。亚特兰大非裔卫理圣公会教会（African Methodist Episcopal Church）主教亨利·M.特纳（Henry M. Turner）早些时候曾与被解放黑奴事务管理局合作，他建议不要"为不关心他们权利的国家献祭生命"。特纳说："对美国不忠的'黑鬼'就应该被处以私刑。"——作者注

④ 水牛战士（buffalo soldier）这个绰号源于印第安人战争中印第安部落对黑人骑兵的称呼，最终于1866年成为所有非裔美国军团的代名词。——译者注

年来，非裔美国人被处私刑、没收财产、剥夺公民权，遭受某些自称"步枪俱乐部"的白人恐怖组织任意起诉之苦，有时因犯还会戴着铁链去做苦工。1877年重建计划被取消，种族统治重回公共场所。

换句话说，在坦帕，数千名持枪白人和数千名持枪黑人杂处，并不是一个吉利的时刻。

随之而来的是强烈反应。白人士兵和当地白人居民以暴乱来反对非裔美国士兵在公开场合出现。在某次事件中，喝醉的白人士兵从一个母亲怀里抢走一个两岁的非裔美国婴儿，并用他练习打靶（白人士兵后来在海地重复了类似的"游戏"）。起初，整个旧邦联的报纸在颂扬白人士兵的勇气时都成了色盲，基本上忽略了他们的骑士是站在有色人种一边对抗欧洲人的事实。然而随着战争的进行，他们逐渐意识到，事实上美国的对手是欧洲白人，而他们为之战斗的叛军是黑人。当西班牙俘虏被转移到佛罗里达时，《萨凡纳论坛报》（*Savannah Tribune*）表示"愤慨"，认为"黑人看守白人是对后者的羞辱"。[23]《亚特兰大宪政报》敦促政府别再向古巴派遣非裔美国军队"攻击古巴白人"[24]。该报说，让他们返回西部和印第安人作战，就没那么引人注意了。

即使目睹了那场战争使南北和解，还把邦联战旗和美国国旗合而为一，非裔美国人仍被剥夺了分享荣耀的机会。像西奥多·罗斯福的莽骑兵①一样，白人士兵的英勇受到赞扬。黑人士兵的勇敢只能证明他们"不安分"。非裔美国人继续代表着国内外的威胁。内战之后，有民权反对者担心埃塞俄比亚正在"伸出"他的黑手来破坏美国的自由。在20世纪早期，黑人被认为是企图进行另一种颠覆、用以掩人耳目的人，代表了为反对美国占领古巴、菲律宾、尼加拉瓜、海地和多米尼加共和国提供动力的跨阶级

---

① 莽骑兵（Rough Riders）是西奥多·罗斯福于1898年为美西战争而成立的军团。——译者注

和跨种族的反帝国主义（南方人伍德罗·威尔逊不久将就一战中的非裔美国人向他的医生吐露："从国外回来的美国'黑鬼'将是把布尔什维克主义传到美国的最好的媒介。"）。[25]

弗雷德里克·道格拉斯多年前曾问过："如果说白人间的战争给黑人带来了和平与自由，那么白人间的和平又会带来什么呢？"[26]1898年，《诺福克记录者》（Norfolk Recorder）的黑人编辑给出了一个答案："北方和南方在这场战争中越靠近，（非裔美国人）就越难维持立足之地。"①1898年11月，在西班牙向美国投降后不久，北卡罗来纳威明顿市的数千名白人发动政变，反对民选多种族联盟政府。这一事件也能回答该问题。这些白人暴徒中有许多是刚从古巴战场上返回的老兵，他们杀害了60到300名非裔美国人，洗劫他们的生意，放火烧毁他们的房屋。

战争胜利，南北和解，威明顿的白人摆脱了南方重建的最后残余。

---

① 耶鲁大学的社会学家威廉·格雷厄姆·萨姆纳（William Graham Sumner）是反帝国主义的种族主义者，对非裔美国人不怎么关心，但在1899年的一次演讲中，他一语中的，解答了波多黎各和菲律宾被占领如何让非裔美国人获得民族和解。萨姆纳说："30年来，黑人一直很时髦，他有政治价值，他一直被宠爱着。"但现在，随着对西班牙的战争，北方人和南方人"都团结起来"。黑人的时代结束了。他已经过时了。在战争之前的几十年里，获释奴根本不是"时髦"的东西，但萨姆纳的观点很重要：1898年战争的胜利肯定了吉姆·克劳的种族逻辑。对有种族差异的人的征服，并将他们归类为臣民而不是公民的做法强化了白人至上主义者的论点，他们也想对非裔美国人做同样的事情。北部扩张主义者"小心的理论证明，在过去的30年，南方人都是正确的"：如果以波多黎各人和菲律宾人还没有准备好获得公民身份为由拒绝他们的投票是正确做法，那么对非裔美国人做同样的事情也是正确的。——作者注

4

THE END OF THE MYTH

至少对南方白人来说，战争越多，带来的善意愈多，南方邦联旗帜被骄傲展示在人前时的机会也会愈多。1916年6月，伍德罗·威尔逊开始敦促国会通过一系列法律和举措，使国家军事化，扩充军队和国民警卫队，建造硝酸盐工厂生产军火，资助军事研究和发展，并执行《间谍法案》（*Espionage Act*）。同样在那个月，南部邦联的老兵来到华盛顿特区，表示支持即将到来的欧洲战争。

《布鲁克林鹰报》（*Brooklyn Eagle*）错误地报道称，这是前邦联军人首次获准在美国首都安营扎寨。事实上，格罗弗·克利夫兰早些时候曾允许菲茨休·李及其手下在他的两次就职典礼上担任仪仗队。但这是首次有大批邦联军人抵达，据报道，有数万名南方邦联成员"穿着灰色制服"。又有"数千名身穿蓝色制服的人"加入了他们的行列，沿着宾夕法尼亚大道游行，由威尔逊进行检阅。《布鲁克林鹰报》这样描述当时的情景："队列中有许多正在正规军服役的年轻士兵，他们是为南部邦联和北方联邦而战的人的孙辈。南部邦联的星条旗骄傲地在游行队伍的最前面……当长长的队伍经过检阅台时，穿着灰色衣服的老人提出要为眼下的战争贡献力量。"[27] "我们要到法国去，或者你派我们到哪里去都行！" "爷爷兵"们对威尔逊喊道,"要是小子们做不到,就来叫我们!"

同年晚些时候,威尔逊以"他让我们远离战争"的口号赢得了连任。然而,他随后就可能背叛自己的反战支持者,因为有个正在崛起的政治联盟(部分由希望通过寻求新战争来挽回战争失利的人组成)给他支持。在理查德·尼克松总统把连任押在赢得南方民主党选票上的几十年前,威尔逊就制定过自己的南方战略。即使在把美国推向战争的同时,威尔逊仍在华盛顿恢复种族隔离,将非裔美国人从联邦政府的工作岗位上清除出去,并使三K党合法化(他早些时候称其成员是"寻欢作乐的同志",是厌倦平民生活的老兵)。

正是威尔逊为阿灵顿公墓的邦联战争纪念碑(Arlington Cemetery's Confederate War Memorial)揭幕。1916年,刚刚向海地派遣了数千名士兵(包括许多南方人)的威尔逊把这个纪念仪式变成了战争集会。"美国被唤醒了",威尔逊对聚集在那里的大批南部邦联老兵说,他将他们"失落的事业"纳入一种新的普遍主义,"整整一代人都不曾有的自我意识被唤醒了"。"正是秉承这种精神",他说,"不断去征服,直到蒙上天庇佑,有新的明灯被我们高高擎起,让自由和正义之光远远播撒至每一片海洋,甚至照亮那些现在因于黑暗,拒绝见到光明的土地。"[28] 第二年,在同样的仪式上,威尔逊说,战争(威尔逊在之前两个月参加的战争)提供了机会,可以"证明我们的宣示是正确的",并"向世界表明"美国"生来就是为人类服务的"。[29]

占领海地、多米尼加共和国和尼加拉瓜并镇压当地叛乱,以及持续的菲律宾和平进程等即将到来的边疆战争使南方士绅阶层得以延续1898年协定。他们可以向这个和解的国家证明自己的价值,同时视这些战争为给祖先报仇的机会。弗吉尼亚人,包括那些祖上是"海岸"奴隶贩子的人,在镇压加勒比地区叛乱的战斗中发挥了重要作用。例如,利特尔顿·W. T. 沃勒（Littleton W. T. Waller）上校曾率部赴古巴、多米尼加共和国和菲律宾，在那里赢得"冷酷无情"之名。沃勒是"山区"奴隶主的儿子，其先祖在1831年弗吉尼亚纳特·特纳（Nat Turner）领导的奴隶起义（该起义受海地革命启发）中被杀害。"我了解'黑鬼'，知道该怎么对付他，"沃勒说，"在圣多明各（San Domingo）和在这里都需要同样的才能。"[30] 沃勒的部队里大多数是南方人，他们爱使用酷刑，行为残忍。他们可以在海外杀掉"黑鬼"而不必受到联邦政府和联邦军队的惩罚，相反，他们返乡后会大受赞誉，会有盛大的游行队伍来欢迎他们。

战后，士兵们带回国的不仅有经战争锤炼过的种族主义，还有未经诊断的创伤和未经沉淀的罪恶感。20世纪20年代末，一等兵埃米尔·托马斯（Emil Thomas）从弗吉尼亚匡蒂科镇（Quantico）启程前往尼加拉瓜，他写给未婚妻的信上说期待能杀"几个'黑鬼'"，并带回"'黑鬼'脚趾"和"头皮"作为战利品。[31] 托马斯的家信展示了一种纯粹的仇恨："我想打碎美籍西班牙人的鼻子、脖子、头、腿和所有一切"，作为对"让我来到这里"的报复。在一年的时间里，托马斯估计自己杀了十几个人，他在家信中暗示自己参与了战争犯罪的暴行。他大多以一种轻松愉快的口吻讲述经历，但他的信常常显得忧郁。"我不知道还能不能忘记在尼加拉瓜的所见所为。你觉得我能吗？有时我可以整天躺在这里不去想它，但其他时候我就是没办法把它从脑海里赶走。它使我非常生气、非常痛苦，我甚至无法忍受和自己躺在床上。"

像托马斯这样的士兵做着自己的噩梦，而美国历史正飞快变为无休止的公开战争游行和更多战争。随之而来的地区间的和解意味着"被征服的旗帜"几乎可以在任何地方飘扬，除正面评论外几乎没有其他声音。[32] 1898年以后，每场战争中都会有人举起这面旗帜，"整个师"都会在制服上缝上"邦联的旗，而不是联邦的旗"。第二次世界大战中，经过80多天的战斗后美军攻陷冲绳，在被攻占的日本帝国陆军指挥部上方升起的第一面旗帜就是它——被南卡罗来纳某位海军陆战队上尉带到战场上来的。①

朝鲜战争爆发，全美有色人种协进会（NAACP）的杂志《危机》（*The Crisis*）报道说邦联旗帜销量增长惊人，从1949年的4万面增长到1950年的1600万面，大量的订单来自远驻德国和韩国的海外士兵。《危机》希望这面旗帜越来越受欢迎与正抬头的"反动南方民主主义"没有关系。[33]

"希望那不过是一时流行，就像在小汽车上安条狐狸尾巴一样。"[34]

---

① 领导美国入侵冲绳的是肯塔基陆军中将小西蒙·玻利瓦尔·巴克纳（Simon Bolivar Buckner, Jr.），他的父亲西蒙·玻利瓦尔·巴克纳将军曾参加美墨战争和美国内战。在去冲绳之前，小巴克纳负责阿拉斯加的军事防御，他反对在那里部署非裔美国人军队。他写信给上级说，他担心他们战后会留下来："他们自然会与印第安人和爱斯基摩人杂交，生下令人反感的杂种，这将是一个问题。"至于冲绳上空的南方邦联旗帜，当升起它的人发出反叛者的呐喊时，在场的大多数海军陆战队士兵都欢呼起来。据报道，这面旗帜在小巴克纳的支持下飘扬了好几天："我父亲就是在这面旗帜下作战的。"他说。——作者注

5

正如一位又一位演说家说的，一篇又一篇社论坚持的，一个又一个诗人宣称的那样，1898年的战争是契约。该契约允许南方人为曾煽动叛乱反对国家而赎罪，即使他们把煽动叛乱旗帜插到"世界上最偏僻的角落"。

这场战争，以及随后的许多次战争，更新了杰克逊派对20世纪世界的共识。在这个世界里，非裔美国人名义上是自由公民；没有更多土地可以从美国原住民手中夺取来给白人工人阶级。海外战争起到了统一国家的作用——这一次不是国内部分间的对抗，而是国家间的行为。

军队作为战争工具拓展了海外疆域，但作为一种合理化官僚机构，军队也充当了自己的边疆。随着"自由土地"的承诺逐渐褪色，武装部队的各种分支成为社会流动的主要渠道，使白人和1898年后越来越多的黑人，避开了资本主义市场，同时获得了教育、医疗保健和体面的报酬。就连曾抵制任何将种族和阶级冲突向外转移做法的杜波依斯也觉得，必须给"通过军事化实现融合"这一承诺一个机会，并暂时支持威尔逊的战争。"让我们在这场战争持续期间，"杜波依斯写道，"忘记我们特殊的恩怨，与白人同胞和为民主而战的其他盟国站在一起。"[35]

1898年协定包括两个要素。第一，南方人可以把"败局命定"融到人类大业中,即使他们保留自己的徽章和至上主义的实践。第二,非裔美国人可以通过为国而战在国宴餐桌上占个位子。但只有有色人种不公开质疑自己的从属角色,这项协定才能继续存在。因为一旦他们公开质疑——正如1898年坦帕的那些非裔美国士兵所预演的那样——就等于提醒南方人:南方人事实上已失败的"大业"不再属于国家大业。朝鲜半岛将是这一连串战争的终点,是最后一个南方战旗可作为和解信号旗飘扬的地方。因为随着民权运动发展和黑人权力运动(Black Power Movement)兴起,以及朝鲜退场,越南登场,南部邦联的旗帜将恢复最初意义:愤怒的白人至上主义的旗帜。稍后,迪克西会发现自己已身处越南岘港(Da Nang)。

第九章

边疆的堡垒

THE END OF THE MYTH

"一切都从边界开始,
而如今它仍在那里。"

人们喜欢研究边界：为它们做研究、拍照、唱歌、吟诗、写故事，甚至讲关于它们的笑话，因为它们代表了人类强迫具体顺从抽象，以及接受世界现状并按自己心意塑造它的荒谬努力。奇卡诺①诗人阿尔佛雷德·阿特亚加（Alfred Arteaga）写道："一条线，一半是水，一半是金属。"边界代表控制和开发，墙壁更是如此。但是它们也述说着权力的恐慌，类似于当个体意识到心智并不仅由自己控制，而是在对他人的反应中形成的恐惧。而"权力的恐慌"正是以个体感觉恐惧的方式压倒某种政治状态。"恐惧被抛在焦虑面前，就像边疆的堡垒一样。"西格蒙德·弗洛伊德（Sigmund Freud）写道。当时弗雷德里克·杰克逊·特纳正在发展"边疆学说"。弗洛伊德于此处使用的"边疆的堡垒"是个控制欲很强的意象，暗指被堡垒保卫的社会和个人的自我（ego）一样不稳定，总是处于被摧毁的危险之中，而且它的边境防卫是主要问题的次要问题。弗洛伊德写道，若不解决其潜在原因，是无法治疗外在恐惧的。

在美国与墨西哥的边境上也是如此：严防外忧，暗示有内患存在。

罗伯特·弗罗斯特（Robert Frost）写道："有些人不喜欢墙。"但人们确实以破坏墙，尤其是国与国间的边界墙为乐，即使这种破坏只持续了片刻。以今天亚利桑那的纳科镇和墨西哥索诺拉州（Sonora）的纳科镇（Naco）为

---

① 奇卡诺人（Chicano）是墨西哥裔美国人或在美国讲西班牙语的拉丁美洲人后裔。——译者注

例，镇上居民每年都要利用边境围栏打一场排球赛，或者聚在一起闲聊，或者情侣们隔着板条举办婚礼。如果不是人们不断想出如隧道、坡道、弹射器和自制大炮（向对岸发射成捆的大麻）、无线电遥控飞机等办法来打败边境线，那么美国就不必一直试图想出各种新办法来加固边境。亚利桑那前州长、巴拉克·奥巴马任命的国土安全局局长珍妮特·纳波利塔诺（Janet Napolitano）说："给我看一堵 50 英尺的墙，我会给你展示一个 51 英尺的梯子"，此时她提出的是个历史理论，假设技术和反抗之间存在依赖关系。

　　正如纳波利塔诺的评论暗示的，边界不能阻止历史的改变，但它们确实突出了历史向一个方向而非另一个方向发展的时刻。比如美墨战争结束，让美国的前进戛然而止——至少不再南下；或者在某个大家以为是整体的事物被一分为二时。在 20 世纪，即使边界停住不动，但边疆的概念继续发展。

1

THE END OF THE MYTH

    这条线最早是在美墨战争结束时根据《瓜达卢佩-伊达尔戈条约》认定的。边界延伸出墨西哥湾后，沿着蜿蜒曲折的河流向西伸展。河岸移位，水流改道，为城镇、牧场、矿山和（从20世纪60年代开始）日渐增多的工厂供水。它穿过干旱的沙地、牧豆树丛，最后抵达沿海的灌木丛和太平洋的海滩。随着它一路前行，边界分隔几十个原住民群体，其中包括托赫诺奥哈姆人、雅基人和阿帕切人。它还分开小农场和大牧场，成群的奶牛、沙漠鹿群和灰狼群，考古遗址、鸟类和蝴蝶保护区，城镇、溪流、运河、峡谷、道路、小径、墓地和城市街道。墨西哥的诺加莱斯镇（Nogales）被它一分为二，变成亚利桑那的诺加莱斯和墨西哥的诺加莱斯，而拉雷多（Laredo）分成了拉雷多和新拉雷多（Nuevo Laredo）。

    东起美国的布朗斯维尔，西至墨西哥的蒂华纳（Tijuana），漫长的边境线上，防御工事的细节各不相同，但大体模式很清楚。一开始，边境线上没有围墙，某个由美墨双方共同组成的边境委员会用石头标记出那条线。这项工作于19世纪50年代完成。就像几百年来一直进行的那样，人类、动物、水和货物仍在这条线两侧来往，创造了互相协调的综合生态。大部分地区的条件都很艰难，也不浪漫，但墨西哥人、墨西哥裔美国人和美洲原住民仍凭借坚韧精神顽强存活下来，值得罗斯福、特纳、威尔逊和其他边疆诗人像崇敬盎格鲁拓殖者一样对他们肃然起敬。一般来说，画出那条线的委员们只关注其地理位置，无视当地居民。一位美国勘测员写道："这个国家有很多地方都是不毛之地，除了构成两个邻国之间的屏障或自然分界线之外，根本没有任何存在的意义。"[1] 如果不是委员们被敌对的阿帕切人威胁时，皮马人（Pima）等边境居民庇护了他们，委员们可能会继续对边境居民视而不见。

当这条美墨边界成形时，美国仍在向西进发，而且在加勒比海、中美洲、太平洋和东南亚的战争中将会出现新的边疆。但有些人很难接受南部的这条界线永久不变。在美墨战争期间，得克萨斯共和国（Republic of Texas）前总统山姆·休斯敦（Sam Houston）于1848年2月代表全墨西哥运动（All-Mexico Movement）在纽约市召集集会。据《纽约先驱报》（New York Herald）报道，他说：墨西哥所有的一切，都是盎格鲁 – 撒克逊人"与生俱来的权利"。"接受现实吧"，就像"萨宾处女"一样，墨西哥人将会"学着爱上强奸犯"。[2] 曾任杰克逊战争部长的刘易斯·卡斯曾主持迁移印第安人行动，现在他是密歇根参议员。他写道，试图阻止"美国人民"吞并整个墨西哥，就像试图"阻止尼亚加拉大瀑布滚滚而来"。[3] 得克萨斯的盎格鲁殖民地创始人斯蒂芬·奥斯汀早些时候曾用同样的比喻来描述减缓向西部移民的努力，说那就像"试图用稻草筑坝拦住奔涌的密西西比河"。

但最终，全墨西哥运动根本不足以支撑他说出的这一观点。要占领整个墨西哥，还要统治数百万说西班牙语的人，可预见的负担削弱了这场运动获得国会支持的能力。一些人继续推动这一观点。移民们越界进入墨西哥，在索诺拉省建立农场和矿场，不断呼吁美国政府并吞他们的土地。他们认为，人为划分的边界线将共享的出口导向型经济体切割为两半，而该经济体本应分享共同的道路和港口，统一的财产权和可靠的军事保护，这条边界未免过于武断。[4]1854 年，威廉·沃克①率雇佣军在墨西哥的太平洋海岸登陆，宣布恩塞纳达港（Ensenada）为短命的下加利福尼亚共和国（Republic of Lower California）之首都。其他雇佣军也一直尝试推进边疆，但边界线仍在原地。1857 年，边界线首批测量员中的某位说它是"一条好线路"，因为它最终阻止了早期盎格鲁"机构和人民"看似"不可避免的扩张力量"一路横扫到巴拿马。[5]

盎格鲁资本没有面临这样的限制。

---

① 威廉·沃克（William Walker，1824—1860 年）是美国冒险家。1855 年，他利用尼加拉瓜国内的政治斗争之机，率领冒险者前往尼加拉瓜，推翻了当地政府的统治。1856 年自立为尼加拉瓜总统，1860 年被处决。——译者注

2

墨西哥能在 19 世纪幸存下来真是个奇迹。有些美国人甚至在盎格鲁殖民者抵达特哈诺（Tejano）北部之前就已经将目光投向了这片土地，当时特哈诺还是西班牙的殖民地。阿伦·伯尔（Aaron Burr）在决斗中杀死亚历山大·汉密尔顿后，于 1806 年被指控试图"在阿勒格尼山脉以西建立帝国，以新奥尔良为帝国中心，自立为王，入侵墨西哥并推翻其政府"[6]。伯尔代表的是种植园主的利益。在安德鲁·杰克逊担任总统之前的共和国早期，种植园主认为联邦政府对自己的奴隶和房地产投资支持不够（杰克逊也被怀疑参与了这一方案）。伯尔的阴谋失败了，但墨西哥在 19 世纪 20 年代初脱离西班牙后，遭受了宫廷政变和内战等一场又一场灾难。中美洲独立后在短时间内曾是墨西哥领土，但现在墨西哥失去了它。1836 年，墨西哥失去了得克萨斯，1847 年，墨西哥在玛雅农民发动的大起义中几乎丢掉尤卡坦半岛（Yucatan）。一年后，美国占领了其北部领土，不久之后的 1862 年，法国拿破仑三世以墨西哥无力偿还外债为借口入侵。拿破仑占领墨西哥城后，在墨西哥保守派天主教精英的支持下，册封奥地利大公费迪南德·马克西米利安（Ferdinand Maximilian）及其妻卡洛塔（Carlota）为皇帝和皇后。墨西哥人进行了反击。这次与他们之前败于美国的战争不同，自由派反抗军进行了长达 5 年的游击战争，赶走了法国人，之后处决了马克西米利安。

马克西米利安在墨西哥的短暂统治与美国的奴隶政治和帝国以奇怪、对立的方式交织在一起。一方面，反对法国占领的战争是更广泛的反新世界奴役斗争在南方的战场。反马克西米利安的自由派势力自视为林肯联盟的盟友，共同对抗反动势力；马克西米利安从南方购买棉花，向南方军队运送物资，甚至还征募邦联难民入伍。① 如果不是因为自由派叛乱分子能对政府施加压力，那位信奉天主教的君主可能会更积极地支持邦联。

另一方面，在美国内战后期，当北方明显要获胜时，邦联和联邦的官员分别提议暂时停战，这样南北双方就可以联手入侵墨西哥。1865 年 2 月，邦联副总统亚历山大·斯蒂芬斯（Alexander Stephens）直接向亚伯拉罕·林肯本人提出这个建议，他说随着奴隶制问题解决（那时南方已经接受了即将战败的现实），双方可以联合在"这块大陆"上捍卫"所有民族的自治权"。林肯表示反对。正如斯蒂芬斯的提醒，认为对外战争可能为国内冲突提供"和平与和谐"解决方案的想法还为时过早（直到 1898 年，南北双方才共同发起一场高尚的"征服战争"，将君主制赶出新世界）。[7]

北方确实自行援助了墨西哥的自由主义者。纽约、波士顿和费城的银行给他们贷款购买步枪、大炮和其他所需设备，而新英格兰的武器制造商

---

① 1865 年，在美国内战的最后几个月里，南方邦联士兵和南方奴隶赶在联邦军队之前逃到了墨西哥。他们中的许多人在墨西哥城登陆，以至于华丽的伊图尔比德酒店（Hotel Iturbide）在某种意义上变成了邦联流亡首都。在 1847 年美国占领墨西哥期间，有少数人曾作为征服军到过墨西哥。现在他们是为了躲避重建运动和被解放黑奴事务管理局的统治而来。马克西米利安很同情邦联，他同意在韦拉克鲁斯附近给邦联 50 万英亩土地建立殖民地。虽然奴隶制在墨西哥已被废除，但有些南方人就像多年前的蒂加诺定居者那样，已经把奴隶带到了墨西哥。然而有位南方邦联的人抱怨说："我们一到这里，所有的黑人就都决定离开我们。"马克西米利安被处决后，该殖民地于 1867 年崩溃。——作者注

则通过贷款向反法武装提供枪支。法国战败后，美国的债权人开始要求偿还债务。因频繁战争破产的墨西哥无力支付。在接下来的几年里，美国在内战后经济快速增长，几乎所有行业的企业都对墨西哥政府提出要求：金融机构要收回贷款；军火商要求付货款；边境地区的牧场主抱怨墨西哥政府没能采取足够措施保护自己免受偷窃牲畜者的侵害；商人声称货物于运输途中丢失；航运利益方报告在战争期间受损；房地产和矿业公司坚决要求墨西哥认可马克西米利安皇帝授予的土地。[8] 凯莱布·顾盛本人是下加利福尼亚的房地产投机商，他代表众多类似原告与特别为此成立的美国–墨西哥总索赔委员会（United States-Mexico General Claims Commission）交涉。[9]

墨西哥的自由主义者击败法国后控制了政权，但他们驳回了大部分此类案件，并拒绝承认马克西米利安欠下的债务和给予的让步。但尤里西斯·辛普森·格兰特的国务卿汉密尔顿·菲什（Hamilton Fish）向墨西哥施压。各方呼声强劲，要求赔偿，呼吁美国政府把墨西哥"控制在手中"，把它设立为一个"保护国"，或者占领整个国家，把它带领到"更高的文明水平"。[10]

然而，最终让墨西哥屈服的不是吞并或战争，而是债务杠杆，以及更多关于贷款和投资修建铁路的承诺。墨西哥领导者别无选择，几乎把国民经济拱手交给外国投资者。J. P. 摩根（J. P. Morgan）、约翰·洛克菲勒（John Rockefeller）和标准石油公司、爱德华·哈里曼（Edward Harriman）、阿斯特（Astor）家族、古根海姆（Guggenheim）家族、约瑟夫·黑得利·杜勒斯［Joseph Headley Dulles，约翰·福斯特·杜勒斯（John Foster Dulles）的曾祖父］、威廉·伦道夫·赫斯特（William Randolph Hearst）、菲尔普斯·道奇（Phelps Dodge）、联合太平洋公司（Union Pacific）和嘉吉（Cargill）……这些在美国公司历史上如雷贯耳的名字领导美国资本彻底改变了墨西哥［就像今天的"打破"(disrupt),通过打破旧生产惯例来创造新市场一样,当时"彻底改变"(revolutionize)成了美国新闻界的流行词]。正如 1899 年某份报告指出的,美国的农业公司正在"越过边境进入墨西哥",并且"正在彻底改变并将继续改变这个国家的耕作方式"。[11] 半个世纪之内,美国利益方几近完全控制了墨西哥的石油生产、铁路、公用事业、畜牧业、农业和港口。墨西哥几乎所有的出口商品,如小麦、牛肉、龙舌兰纤维、矿物和石油都销往美国,而美国制成品中,有很大一部分销往墨西哥。从假肢到外科手术用品,从油漆、钢琴、果酱到保险柜、炉灶、下水管道,从重型机械到酸和油,以及生产过程中产生的每一件成品,都向南边出口。[12]

投资大大改变了边境地区。从 1870 年开始,公司和个人剥夺了那里长期居民的大量财产。在边境以北的加利福尼亚、亚利桑那、新墨西哥和得克萨斯,矿主、牧场主和铁路公司利用"诉讼、诈骗、抢劫、违规和威胁"等手段,从原住民群体(1848 年制定《瓜达卢佩-伊达尔戈条约》之前,他们或家人居住在墨西哥境内)和前墨西哥公民手中夺取了数百万英亩的土地。[13] 弗农·帕林顿(Vernon Parrington)把内战后在暗箱内慷慨地分配公共资源的做法称为美国政府的"盛大烤肉宴":国会通过了一系列新"宅地"法案[如 1873 年的《木材文化法案》(Timber Culture Act)和 1877 年的《沙漠土地法案》(Desert Land Act)],便于无土地所有权或仅有集体所有权的墨西哥人和印第安人土地权利转让。被剥夺土地者向美国法院提起上诉。但在几乎所有案件中,法官都做出了不利于他们的裁决。法院援引几十年前支持杰克逊迁移政策的裁决(如支持发现原则的判决)为先例来支持土地征用:"征服给予征服者的所有权,法院无法否认。"[14]

此外,出口农业迅速扩张,又在边境地区占用了数百万英亩土地。在一场残酷程度堪比杰克逊迁移政策的驱逐行动中,成千上万的雅基人被赶出他们在索诺拉省的家园,来到南部的尤卡坦和瓦哈卡州(Oaxaca)。他们被安排在那里的糖、烟草和龙舌兰种植园中工作（尽管墨西哥早就废除了动产奴隶制度，但内战后，出口导向型资本主义的竞争扩张强化了基于奴役和流浪法的各种强迫劳动机制）。另有数万人在袭击中丧生。妇孺被迫沦为奴隶。雅基人在索诺拉的土地被没收后流向赫斯特、菲尔普斯·道奇和嘉吉等大公司，这些公司把窃取来的土地变成出口种植园，使索诺拉省成为美国在墨投资利润第二高的省份［仅次于出产石油的韦拉克鲁斯州（Veracruz）］。[15]

几十年前，杰克逊派用"拓殖者拥有主权"为迁移政策辩护。[16] 然而现在资本统治了这里，前进的拓殖者为数寥寥。

1910年，美国在墨西哥推行了半个多世纪的经济发展模式失控。这个国家"彻底改变"了。然而这次，这个词组与之前美国金融和企业界使用的方式不同，因为农民、学生、中产阶级和民族资本家在多个领域发动了一场暴力的、狂野的、多条战线的叛乱。农场工人成群结队地组织起来反对种植园主；世俗主义者反对天主教徒；工人们反对工厂主。田地被烧毁，工厂被洗劫，矿井被淹，铁路被征用。石油钻机和种植园被收归国有。历史学家约翰·梅森·哈特（John Mason Hart）称，墨西哥革命经历了许多不同的阶段，蓬勃持续了多年，是"第三世界反对美国经济、文化和政治扩张的第一次大暴动"。

在革命前的半个多世纪里，盎格鲁自发组织的治安维持者已经在西南部私刑处死了数量不详的墨西哥人和墨西哥裔美国人，保守估计有数千人。[17] 美国的法院系统补充了暴徒的暴行，西南部法官命执法官和治安官在此期间处决了200多名墨西哥人和墨西哥裔美国人。边境地区的镇压由执法人员和暗夜骑手（night-riding）组织，如"上膛的来复枪"（Mounted Rifles）、"白猫头鹰"（White Owls）和"猎狼人"（Wolf Hunters）。这些镇压力量强制墨西哥裔美国人处于从属地位，不准他们投票、在他们家里恐吓他们、阻挠罢工，还进行了强化，至少分出了白人、墨西哥人和移民三个工资等级的种族隔离劳动力市场。[18]

但革命结束后，暴力事件发生率不降反升。逃离战火的难民一路北上，有的先进入边境城市华雷斯（Juárez），然后越过边境进入埃尔帕索（El Paso），那里已经挤满了多达 4 万的外来难民，几乎是该市盎格鲁人口的两倍。也有传言说，颠覆分子正在组织"种族和民族解放军"以重新征服西南部，建立"社会共和国"。[19] 为此，得克萨斯游骑兵队（Texas Rangers）在 1902 年被改革为州执法部门的官方分支，同他们的副治安官进行"大规模处决"，用私刑处死了几十名墨西哥人和墨西哥裔美国人，还把更多的人赶出家园。最近，学者特立尼达·冈萨雷斯（Trinidad O. Gonzales）、约翰·莫兰·冈萨雷斯（John Moran Gonzalez）、索尼亚·赫尔南德斯（Sonia Hernandez）、本杰明·约翰逊（Benjamin Johnson）和莫尼卡·米诺·马丁内斯（Monica Munoz Martinez）策划了一个给人深刻印象的对抗记忆项目"拒绝遗忘"（Refusing to Forget），记录了当时墨西哥裔美国人遭受的恐怖统治：

> 死者有男有女，有老年人也有年轻人，有长期居民，也有新来的移民。他们被陌生人、邻居、民兵、当地执法人员或得克萨斯游骑兵杀害。一些人做了俘虏后被立即处决，或者被人以试图逃跑为借口枪杀。有些人暴尸户外，还有人被烧死、斩首，或者被硬塞啤酒瓶进嘴之类的手段折磨。[20]

墨西哥人和墨西哥裔美国人的尸体堆积如山，他们是杀戮狂热行为的受害者。该项目注释说：这种杀戮"很受欢迎，甚至受到社会和政府的最高层煽动"。与早些时候有人呼吁支持印第安人迁移类似，得克萨斯人的一份报纸称："人口严重过剩，亟须清除。""拒绝遗忘"的作者们写道，高阶层的政治家"提议将所有墨西哥人后裔都关进'集中营'，再杀掉任何敢于反抗的人。10年来，人们总能在得克萨斯南部的灌木丛中发现骷髅，头骨后有弹孔，说明死者是被处决的"。

一战前的动员使情况更加恶化。在边境地区，伍德罗·威尔逊以国家安全的名义鼓励镇压活动，还派出骑兵前往埃尔帕索等城市。与德国人的战争使许多美国政客和知识分子认为国家面前只有一个敌人，在德国的莱茵兰（Rhineland），也在边境（弗雷德里克·杰克逊·特纳认为，虽说威尔逊派出军队，但没能足够重视德国在墨西哥的影响力造成的威胁）。新墨西哥参议员发出警告，说美国可能会失去具有重要战略意义的煤炭和铜矿，同时担心南方铁路的运营过度依赖移民："从边境出发，返回美国的800英里铁路完全掌握在老墨西哥的墨西哥人手中"，而且"他们中多数做过盗匪"。[21]

现在巡查反战活动的有：由战时精英核心"忠诚游骑兵"（Loyalty Rangers）领导的得克萨斯游骑兵队，以及公民自发组织的私警组织，如埃尔帕索县防御委员会（El Paso's County Council of Defense）和家庭防卫联盟（Home Defense League）等。游骑兵自行定义他们的职责，将"反战活动"定义为从组织工会到试图投票的任何活动。据"拒绝遗忘"记载，1918年，游骑兵以羞辱并解除墨西哥裔美国政治家武装、恐吓他们家人等激进方式，从根本上减少了得克萨斯南部墨西哥裔美国选民的数量，"比之前更残酷的新白人霸权已经来到了边境"。与世界产业工人联盟有关的激进分子提出一个替代这种霸权的方案，于是成为他们的目标。劳资冲突在边境地区很常见，但矿主和牧场主可以靠他们的私警和执法者盟友干预罢工。大批罢工者被围捕并驱逐出境，同时马里科帕县（Maricopa）的治安处

（后来以乔·阿尔帕约①的指挥部闻名）洗劫了位于边境各州的"世界产业工人联盟"（IWW）办公室。

---

① 乔·阿尔帕约（Joe Arpaio）是马里科帕县前治安官，在被判有罪后，被特朗普首份特赦令特赦。——译者注

4

与上述治安维持制不同的是,边境巡查随着时间的推移逐渐发展,但在战争和经济危机下也会有突发事件。19世纪末,美国开始以扩展海关、设立检查站等方式管理边境移民,主要是为了防止中国工人从墨西哥入境。自1882年以来,中国工人一直是一系列排外法案的目标。但直到1907年,这条边境线上的灌木丛才被清除,因为西奥多·罗斯福总统为防止走私,下令必须留出60英尺的狭长空地保持视野开阔。

一战前,边境地区相对自由。历史学家艾明如(Mae Ngai)指出,除明确拒绝中国移民的法律外,战前美国"实际上边界开放"。艾明如说,"你不需要护照""也不需要签证。根本就没有绿卡这回事。在埃利斯岛①,只要你走路没有跛行,口袋里有钱,并且能以母语通过一个非常简单的(智商)测试,就可以入境"。

世界上的很多地方也是如此。然后,就像查尔斯·伊舍伍德(Charles Isherwood)小说中角色所描述的那样,世界大战给欧洲带来了突然的限制,"边疆似乎在逼近",直到"几乎没有呼吸的空间"。美国于1917年4

---

① 埃利斯岛(Ellis Island)位于上纽约湾,是美国主要的移民检查站。——译者注

月参战,就在同一个月,威尔逊签署了一系列全面限制移民的法律,其中包括文化测试、入境税和配额限制。

这项法律主要适用于欧洲人和亚洲人。西南部和西部的农田和矿井需要墨西哥的移民工人,因此他们不受配额限制["西部农户完全依赖墨西哥工人。"历史学家凯利·里特·赫尔南德斯(Kelly Lytle Hernandez)写道]。然而,他们必须通过设立的检查站,接受卫生检查和除虫。① 这制度很奇怪。它是半强制性的,也就是说,一半是水,一半是金属。由于每天都有成千上万的墨西哥人走这个新程序,各边境城镇都成了等候室。[22] 根据移民记录,1920年至1928年间,有近50万墨西哥人合法进入美国。[23] 但可能有许多劳动者每天只是静静地穿过蒂华纳无人看守的灌木丛,或乘船渡过格兰德河,往返于冶炼厂、矿山、田地和家之间。还有人要在埃尔帕索搭乘罗克艾兰(Rock Island)线前往芝加哥,他们待的时间更长。

第一次世界大战后的几年中,我见证美国经历了繁荣和萧条,以及劳动力短缺和过剩。20世纪20年代,白人社会就墨西哥移民问题形成了两种截然不同但又相互依存的观点。如埃尔帕索和拉雷多等边境城市的商界人士、西南部和加利福尼亚的农场主,以及东北部的实业家等政治和经济精英们都希望墨西哥人继续免受入境限制。不过与此同时,"拒绝遗忘"的作者所记载的致命种族主义也在增加。墨西哥人压低了盎格鲁人的工资,于是招来了仇恨,这让工人们无法团结起来为争取更好地待遇而斗争,使得

---

① 1917年1月28日,一群由家庭佣工卡梅利塔·托雷斯(Carmelita Torres)带头的流动临时工拒绝在埃尔帕索过境点脱光衣服,接受能驱除虱子的冰晶粉浴,引发了为期3天的抗议。一年前,埃尔帕索监狱的一个类似的"浴室"引发了一场火灾,导致数十名墨西哥人死亡。历史学家大卫·多拉多·罗默(David Dorado Romo)写道,在20世纪20年代,"圣菲桥(Santa Fe Bridge)的美国官员在被他们称为'毒气室'的房间里,用氢氰酸(Zyklon B,后来在纳粹死亡营中使用)给进入美国的墨西哥人除虱并喷洒他们的衣服"。罗默还引用了1938年德国科学杂志上的一篇文章,文中"赞扬了埃尔帕索用氢氰酸给墨西哥移民熏蒸消毒的方法"。——作者注

工资持续着低迷的状态。

20世纪20年代初，随着三K党的复兴开始影响美国国内关于移民问题的争论，反墨西哥人的恐怖活动激增。到20世纪20年代早期，三K党成员超过了100万，其中20万在得克萨斯。三K党帮助来自阿肯色、加利福尼亚等地的官员选举成功。三K党对民主党的影响如此之大，以至于一家报纸讽刺其1924年的全美代表大会为"三K党聚会"。[24]三K党领导人称他们的组织为"隐形帝国"，与一战后兴起的欧洲法西斯主义相对应，但有美国人独特的敏感性。[25]

三K党是边疆法西斯主义，是30年前弗雷德里克·杰克逊·特纳试图压制的居于拓殖者殖民主义核心的种族主义的回归。埃尔帕索的分会成立于1921年，自称为"边疆三K党100号"（Frontier Klan Number 100）。三K党的帝国巫师（Imperial Wizard）海勒姆·韦斯利·埃文斯（Hiram Wesley Evans）在20世纪20年代说："我们的先驱者都是新教徒"和"北欧人"。[26]佐治亚三K党领导人说："我的追随者都是耕种的人。"特纳把西部理想化了。三K党也是如此。无论来自佐治亚的内陆、美国中西部、纽约北部、美国西南部还是西部，三K党徒往往都是兄弟会，如世界伐木工人协会（Woodmen of the World）、美国林业工作者联盟（Foresters of America）和红人改良社团第十一部落（Eleven Tribes of the Improved Order of Red Men）等伪边疆协会的成员。俄克拉何马一位支持者说，"在西部边疆，'治安维持会'迫于压力，用私刑制止犯罪"，而同样的压力催生了三K党。这位俄克拉何马人说三K党提供了一种手段，让"被征税到极限"的公民能在不增加公共开支的情况下保护自己。他在某种意义上反对税收，这种观点在如今宣扬法治的种族主义者中很常见。[27]

三K党专注于"咆哮的20年代"（Roaring Twenties）出现的众多威胁：爵士乐、伤风败俗的行为、犹太人、高税收和非裔美国人。但它也越来越关注边境问题，骚扰远至俄勒冈的移民。[28] 埃文斯说："成千上万的墨西哥人正在等待机会渡过格兰德河，使西南部的劳动力市场供过于求，其中有不少是共产主义者。"禁酒令推行后，从墨西哥源源不断地运进来的烈酒、大麻和麻醉品把不少边境城镇变成有舞场的低级酒馆。一位浸信会牧师将该市的舞厅、地下酒吧和妓院称为"埃尔帕索的污水坑"，许多新教徒将其归咎于信奉天主教的墨西哥人和墨西哥裔美国人。埃尔帕索的"边疆三K党100号"发誓要"永远捍卫白人至上主义"。[29] 埃尔帕索边境的三K党渗透进兄弟会组织和新教教堂，接管了学校董事会，并迅速在地方警察和国家警卫队中站稳脚跟。他们压制墨西哥裔美国人的得票数，从而巩固人数不占优的少数族裔白种人的统治。[30]

到了 1922 年，边境地区的暴力事件严重到国务院这个通常负责外交政策的部门都觉得不得不插手干预。美国国务卿查尔斯·埃文斯·休斯（Charles Evans Hughes）写信给得克萨斯州州长，言辞之恳切仿佛对方是主权国家领导人，领导着一个进行非法占领的流氓政府。休斯说："我迫切请求立即采取适当措施，全面保护墨西哥公民。"休斯对石油重镇布雷肯里奇（Breckenridge）发生的一起事件表示关切。前一年 11 月，"白猫头鹰"的暴徒私刑处死了一名墨西哥移民，然后他们穿过城镇游行，恐吓所有有色人种。这种白人权力的展示致使墨西哥人、墨西哥裔美国人和非裔美国人"突然外流"。《纽约时报》（*New York Times*）报道："不算夸大地讲，在格兰德河沿岸没有警力的地区，此时正值枪杀墨西哥人的开放季节"（尽管开枪者往往是警察）。墨西哥驻华盛顿特使开始编制一份私刑受害者的名单，仅在 1922 年就有"50 至 60 名墨西哥人"被暴力杀害。

《纽约时报》写道："无缘无故就杀害墨西哥人的现象非常普遍，几乎没人会注意。"[31]

5

两年后，作为 1924 年全面移民法案的一部分，美国边境巡逻队（United States Border Patrol）正式成立，可以说立即成为最政治化的执法部门，甚至 J. 埃德加·胡佛（J. Edgar Hoover）领导的联邦调查局（Federal Bureau of Investigation）都不及它的政治化。该法案通过前曾有激烈辩论；本土主义者警告说，随着边境开放政策的实施，这个国家正在进行"种族自杀"，并面临"种族混杂"的危险。4 万名三 K 党徒在华盛顿游行，要求限制入境。1924 年的法律将有着深厚历史根源的仇外心理写入移民政策。来自亚洲的移民几乎为零，而来自中欧和南欧的移民急剧减少。大多数国家现在都受限于固定的配额制度，西欧国家的配额最高。

不过墨西哥得到了豁免，因为赞成限制墨西哥移民的人输给了商业利益方。"得克萨斯需要这些墨西哥移民"，该州商会说。[32] 还有其他迹象表明，尽管 1924 年法律获得通过，但盎格鲁－撒克逊人正在失去对该国政治和法律机构的控制。最高法院已宣布波多黎各人为美国公民，而国会在 1924 年 6 月投票决定给予在该国出生的美洲原住民以公民身份。威尔逊虽说有种族偏见，但也反对移民限制。尽管他的继任者沃伦·哈定（Warren Harding）和卡尔文·柯立芝（Calvin Coolidge）力主限制，但哈定（据传他既有非裔血统，又是三K党的成员）是20世纪首位专门就公民权利问题发表演讲的总统。1921年，他在亚拉巴马的伯明翰（Birmingham）市发表讲话，呼吁给予非裔美国人"完全公民权"。哈定的呼吁是爆炸性的："不合时宜，考虑不周"——伯明翰警方指责这位20世纪的总统，而密西西比一位参议员说，如果"总统的理论得到贯彻，推理到最后会发现黑人也能努力成为美国总统"。[33]高加索的民主制度开始瓦解。

　　白人至上主义者在限制墨西哥人的问题上输掉了全国辩论，又担心自己会输掉保卫盎格鲁–撒克逊主义的规模更大的斗争，于是控制新成立的美国边境巡逻队，把它变成种族警戒主义的先锋。巡逻队招募的首批新兵是已有一到两代脱离农场生活的白人男子，通常有军事经验，或担任过警察或护林员。他们的政治立场与那些渴求廉价劳动力的边境大农场主和牧场主是对立的。[34]与商会不同，他们不认为得克萨斯或亚利桑那以及新墨西哥和加利福尼亚需要墨西哥移民。早在19世纪中期，美墨战争就在全美国范围内引起了针对墨西哥人的广泛种族主义。这种种族歧视在1924年之后的几年里，浓缩并集中在一条越来越引人关注的路线上。无论国家移民法有何细则，决定谁可以从墨西哥合法入境的都是为边境巡逻队工作的特工及海关检查人员。他们有能力把本是每天例行的程序或季节性的越境事件变成虐待的仪式。卫生检查变得更加普遍，更加有辱人格。移民被剃光头，还要面对包括识字测试和入境费等越来越武断的一系列要求，以及巡逻队的自由裁量权。

　　华雷斯–埃尔帕索大桥变成一个舞台，或者说是一套刑罚。墨西哥人过桥时，要忍受美国政府联邦雇员的口水和种族歧视蔑称。边境巡逻队经常殴打、射杀和吊死移民。起初这支巡逻队的规模并不大，其执法范围与长达2000英里的铁路线相比比较有限。但多年来，随着其特工人数增加，报道出来的暴行也在增加。移民没有任何权利，这使得巡逻队完全不会受惩罚。以前进过得克萨斯游骑兵队的两名巡逻队员被指控曾绑住移民的脚，将他们在河水里拖进拖出，直到他们承认非法进入美国。其他巡逻队员是复兴的三 K 党成员，活跃在从得克萨斯到加利福尼亚的边境城镇中。一名军官回忆说，埃尔帕索国民警卫队的"几乎所有成员"都"在三 K 党"内，而且许多人在边境巡逻队刚成立时就加入了巡逻队。[35]

1929 年，在股市崩盘和大萧条（Great Depression）开始之前，赫伯特·胡佛（Herbert Hoover）总统签署了一项法律。正如历史学家凯利·里特·赫尔南德斯所说的，这是高级的"非正式过境的刑事定罪"。这项法律是由南卡罗来纳参议员科尔曼·布利兹（Coleman Blease），一位白人至上主义者提交国会的。生于南卡罗来纳且时任该州州长的布利兹曾公开提倡对非裔美国男子处私刑，认为这是"必要的好办法"。布利兹正在赫尔南德斯所说的雇主和限制入境主义者之间的妥协方案中斡旋。鉴于墨西哥移民将不受国家配额限制，该新法将在官方入境口岸以外的入境行为定为犯罪。[36]

华尔街崩溃和失业蔓延之后，胡佛于 1932 年试图将反墨西哥的本土主义政治化，以赢得连任，但没有成功。他雇佣更多特工，并启动比此前宽松的移民法条款，以对墨西哥群体施加压力。与此同时，像加利福尼亚和得克萨斯这样的州对移民和墨西哥裔美国人采取了严厉的反对行动，包括一些顶尖知识分子（如某著名动物学教授在主流媒体《北美评论》上称担心"种族取代"）在内的美国人把墨西哥人与危险、疾病和威胁联系起来。[37] 联邦政府鼓励设立机构来削减劳动力，以此应对失业问题。胡佛失业救济机构洛杉矶分会的负责人查尔斯·维塞尔（Charles Visel）向政府发出电报，称在美国有"40 万外国人应被驱逐出境"，而"我们需要他们的岗位"。维塞尔建议，警方和治安官办公室通过"所有可能的宣传和图片"进行高调突袭，这种"心理姿态"，会"吓到成千上万应被驱逐出境的外国人"，迫使他们离开这个国家。白宫同意了。[38] 随着失业人数增加和农产品价格暴跌,许多移民和墨西哥裔美国人要么被驱逐出境,要么因为这些手段而主动离开。估计人数从 30 万到 200 万不等。[39]

1931 年的《新共和》(New Republic)杂志指出:"即使最狂热的三 K 党徒都会为现行政府对外国人实行的普遍政策感到开心。"

***

1924 年的《移民法》(Immigration Act)产生了爆炸性的影响。一方面,它限制欧洲和亚洲移民进入美国,从而凸显了墨西哥作为美国经济扩张的廉价劳动力来源的重要性。另一方面,它创建了一个机构——美国边境巡逻队,将恶毒的本土主义制度化,并将敌意集中在墨西哥移民身上。

要理解这个国家当前的危机,特别是反移民的本土主义已经成为现在所谓的特朗普主义的黏合剂,我们就必须理解,在漫长的历史进程中,边境实际上已经成为对边疆的否定。分隔墨西哥和美国的漫长边境线成了种族主义和种种暴行的温床,而理论界认为,通过向前推进,边疆将会把种族主义和暴行抛向未来。说边疆使极端主义"边缘化"不只是一个比喻或措辞的转变。不夸张地说,盎格鲁-撒克逊主义被推到了边缘,推到了从得克萨斯延伸到加利福尼亚南部的长达 2000 英里的边界线。其他种类的种族极端主义当然在全美各地都有表现,如私刑、吉姆·克劳法和北方的种族隔离制度。[40] 在美国发动的一系列战争中,白人至上主义也一直很尖锐。但是,助长当下本土主义复兴的那股重要潮流来自边境地区。

有个例子可以特别贴切地说明边境野蛮主义的国家化,或者国家政治的边境化。1931 年,边境巡逻人员的儿子哈隆·卡特(Harlon Carter)

在拉雷多枪杀了一名 15 岁的墨西哥裔美国少年雷蒙·卡西亚诺（Ramon Casiano），原因是后者与他顶嘴。卡特随后和父亲一样加入巡逻队，成为最残酷的指挥官之一。卡特在 20 世纪 50 年代主持了"湿背人行动"①，据《洛杉矶时报》称，他将这支巡逻队变成了致力于将成千上万的墨西哥非法劳工扔回墨西哥的"全面战争"。[41] 卡特在杀害卡西亚诺时已经是全国步枪协会（National Rifle Association）成员，在边境巡逻队工作的这些年里，他一直是该组织的高级官员。他于 1977 年从巡逻队退休后，领导了被观察者称为极端主义的行动，反对更温和（相对）的全国步枪协会领导层，将该组织转变为新右派（New Right）的关键机构，一座捍卫个人权利绝对主义（这里指携带武器的权利）的堡垒。同样，特朗普于 2015 年宣布参选总统的几天后，一名边境巡逻队的特工邀请他参观雷拉多的入境口岸。

"一切都从边境开始，而如今它仍然是这样。"——这是 2016 年路过的卡车司机（Drive-By Truckers）乐队的歌曲《雷蒙·卡西亚诺》的前两句歌词。这首歌的结尾是："雷蒙的死还不够。"

---

① 湿背人行动（Operation Wetback）指镇压非法入境的农业劳工（尤指非法进入美国的墨西哥劳工）。——译者注

第十章
心理扭曲

THE END OF THE MYTH

"征服社会的荒野。"

1

THE END OF THE MYTH

 弗雷德里克·杰克逊·特纳最初把"边疆学说"构想为广阔的社会学,用它来解释看似无限的自由土地如何创造出独特而充满活力的政治平等。后来它被政客们修正为关于无限的意识形态,为远在菲律宾的战争辩护。但从20世纪第二个10年开始,批评家们开始将这一理论与自身对立起来。特纳及其追随者把专制主义、军国主义、集体主义、阶级冲突、奴性等美国设法避免的所有坏事都归咎于"边疆"。现在当其他人被问及美国为何不能拥有如社会权利、一个有能力应对社会问题的政府或者一种不自作多情的文化等好东西时,他们开始给出同样的答案:边疆。

 特纳特别重视个人主义,视其为民族美德。但他的反对者现在认为个人主义,至少在其处于极端形态时,是一种恶习,导致了美国的诸多弊病。《新共和国》(*New Republic*)——许多批评都出现在该杂志,其编辑沃尔特·韦尔(Walter Weyl)在1912年写道:

  先驱者的西进扭曲了美国人的心理,阻碍了社会化民主发展。辽阔的大陆使美国人陶醉,使他们自视过高。它使共同精神相形见绌,使美国人拥有自己思想的小主权,不承认忠诚,只有很少的义务。它创造了一种个人主义，自信、目光短视、无法无天，最终注定要击败它自己，因为孕育它的无限机会主义终于受到了限制。[1]

韦尔接受了特纳的假设。"原始粗粝"的边疆民主是强大的，创造了国家的财富。但是它的"邪恶"尚在，表现在本能反应的反政府情绪中，阻碍许多国内问题的解决，诸如富豪统治、种族主义（"我们的1000万'黑鬼'从整体上看是社会中最受剥削的部分"）、阶级统治和腐败等。边疆的浪漫主义者说，边疆的资源是无限的，前景是无限的，韦尔警告要小心"新的先取者"——他用这个短语来形容耗尽国家原材料的经济垄断。"先取者""和先驱者一样，但行动规模要更大，他们浪费、破坏、放火"，他写道，"大片森林被机械以火的速度摧毁"。韦尔说，资本主义创造了"社会剩余"财富，国家应该以教育、医疗和其他形式的经济保障来夺取和分配这些财富。韦尔主张在农村地区采取新的理性保护方式来拯救自然世界。至于城市里的"贫民窟"（韦尔使用这个词的频率和特纳使用"边疆"的频率几乎一样多），他敦促政府采取切实可行的政策，帮助贫民窟居民摆脱贫困和疾病。

韦尔在一战前写下的文字显示他是个乐观主义者，他相信随着陆地边界关闭，"极端个人主义的疯狂行为"已经结束。公民们现在必须开发能解决现代生活危机的工具。他自称社会主义者。但对韦尔来说，社会主义既是心理状态，也是经济状态，是对极限在情感上的承认，是在抑制常常表现为对无限边界怀旧向往的无限本我。特纳说美国人通过在森林中迷失了自我来找到自我。韦尔说，在到达太平洋的尽头时，美国人"依靠"自己和他人发现自我，意识到自己确实是社会性的存在。"我们新民主的灵魂不是不可剥夺的权利，不是消极和个人主义的解释，而是那些如'生命、自由和追求幸福'等同样的权利延伸并给予它们社会解释。"

另一位反对特纳的评论家是刘易斯·芒福德（Lewis Mumford）。芒福德说，森林中没产生善，也没能滋养出美德。1926年，他在一篇名为《黄金时代》（The Golden Day）的长文中写道："拓荒者生活贫乏。他并没有真正面对自然，只是在回避社会。"人类是社会动物，任何个人、文化或国家都无法以健康的方式承受边疆生活的"原始野蛮"、战争、屠杀以及"对原住民的野蛮行为"。先驱者"粗鲁的性爱生活"将性欲升华为暴力的创伤，在无情的"与自然的战争，砍伐森林和屠杀生物等行为"中显现出来，这种"盲目的愤怒"随后被以糖浆般黏稠的忧郁留在记忆中。拓荒者剥去印第安人的头皮，从他口袋里滑出一本被翻毛了页边的朗费罗（Longfellow）的《海华沙之歌》①。芒福德打断了这冒险故事："女人，是拓荒者的主要敌人。"女人提醒男人，世界不仅仅是由他们、自然和印第安人组成的，还有类似社会和责任的东西。[2]

韦尔希望美国人正在发展一种理性的、社会民主的政治文化，这种文化植根于对阶级关系的清晰理解。芒福德不这么认为。"漫长的旅程结束后"，这位先驱者走出森林，他所能做的就是用"隐秘的病态方式"应对社会问题，比如痉挛性的、歇斯底里的恐慌性禁令——禁烟、禁酒，甚至"规定旅馆床的床单长度"等。

韦尔和芒福德表达的是现代主义者对边疆学说的强烈反对，同时告诉我们，该学说在多大程度上为辩论设定了条件：跨越荒野向西扩张创造了一种独特的个人主义形式，塑造了美国特殊的民主制度。大多数人都认为，边疆某种程度上起到安全阀的作用，缓和了激情，化解了阶级冲突；而且在19世纪末的某个时期，当人口密度达到临界值，没有更多自由土地

---

① 《海华沙之歌》（Song of Hiawatha）是美国人写的第一部印第安人史诗。——译者注

可供分割时，边疆就关闭了。不过这一切意味着什么，取决于政治立场。特纳和他的追随者认为边疆个人主义值得颂扬。韦尔这样的社会主义者则不然。

富兰克林·德拉诺·罗斯福的"智囊团"（brain trust）成员之一、经济学家斯图尔特·蔡斯（Stuart Chase）写道："乌托邦40年前就关门大吉了。"他的书名为《新政》（*A New Deal*），是在1929年大萧条之初股市崩盘后撰写的。1932年罗斯福竞选总统时将用这个词来描述自己的改革议程。蔡斯说："我们的未来不是无限的，直到现在我们才意识到这一点。我们无处可逃；我们必须在国内打好经济战。"他接着说："自由主义驾大篷车的技术不错，但在传送带和水泥路上表现就不那么好。广袤的北美大陆让我们的先辈以为未来无限。"但是，"边疆已经崩溃了"，这个国家那台不断前进，以便在心理上逃避矛盾的"永动机"已经"被卸去了齿轮"。[3]

2

富兰克林·德拉诺·罗斯福于1904年在哈佛大学上过弗雷德里克·杰克逊·特纳的课，不过似乎在学期过半时就逃课去加勒比海航行了。但是罗斯福确实读了特纳的随笔集，那是他在"泰德叔叔"图书馆里找到的。[4]罗斯福受到了其他解释美国扩张意义的重要理论系统的影响［包括约翰·昆西·亚当斯的孙子布鲁克斯·亚当斯（Brooks Adams）的《文明与衰亡法则》（*The Law of Civilization and Decay*）和《新帝国》（*The New Empire*）］。但罗斯福和许多其他改革家最常通过"边疆学说"来理解这场危机，并将更为抽象的关于危机原因的学术分析转化为通俗易懂的语言。

1932年9月，罗斯福在旧金山联邦俱乐部（Commonwealth Club）的某次演讲中公开承认特纳对自己的影响。[5]特纳于几个月前去世，而罗斯福的开幕致辞复诵了包括自由土地、个人主义、机会等问题的整个边疆学说，以此传达自己的思想。罗斯福说，当时经济萧条来来去去。但是既然人们只花一部分时间工作来赚取工资，如果工资持续下降，或者完全枯竭，他们总是可以回到自家农场的。这段历史"漫长而辉煌"。饥饿和混乱"实际上是很难处理的"。

在最糟糕的情况下，总是可以跳上大篷车去西部，那里有未开垦的大草原为在东部无立足之地的人提供避风港……从习惯上讲，经济萧条来临时，西部就会有新的一片土地被开垦，甚至暂时降临到人们头上的不幸，最终也要为"天定命运"服务。

但随后工业化出现，通信、运输和农业机械快速发展。结果，资本主义开始超越先驱者，政治和经济力量也组成联合大企业。罗斯福说，这种生产方式暂时会带来巨大好处。前所未有的财富被创造出来。美国崛起，美国人民亦然。他说，"机器时代的优势是如此明显""以至于美国无所畏惧，兴高采烈，而且能做到接受甜中带苦——在我看来这是种正确态度"。但世纪之交，趋势开始转向：美国已经到达了它的"最后一片边疆"。自由土地不再有，政治天平由此向"产业联合"倾斜。"没有西部大草原作安全阀，可以让那些被东部经济机器抛弃的人重新开始。"罗斯福说。

罗斯福没有利用这个论据（即关闭边境安全阀使美国的自由放任主义更易出现危机）来提出连贯的替代经济政策。正如他的传记作者所说，他作为政治家过于天真率直，作为决策者也常常过于即兴发挥。

相反，他用这个论点提出理解个人和政府之间关系的新方式。某位作家说，正如在联邦俱乐部所做的那样，罗斯福经常用"边疆学说"的"简略描述"来"解释为何历史上疏于监管的民主政府不得不让位于监管良好的政府"[6]。例如，1936年在阿肯色的小石城，罗斯福就有过这样的简述。他特意花时间赞颂安德鲁·杰克逊打开通向密西西比河谷的道路，然后又用两句话将其全部否定："今天，那种生活已经不复存在。它的简单性已经消失，不管我们喜欢与否，我们所有人都是越来越复杂的社会文明的一部分，概莫能外。"[7]"我们必须掌握这样一个事实，"罗斯福在别处为社会保障辩护时曾说，"经济规律不是自然形成的。它们是人类制造的。"[8] 罗斯福称其为"我们的人造世界"，这传达了社会团结的新道德标准。[9]

大萧条既是经济危机，也是一场生态危机，而"边疆学说"帮助新政支持者理解两者之间的联系。①1935年，美国农业部副部长雷克斯福德·特格韦尔（Rexford Tugwell）在一篇题为《不再有边疆》（No More Frontiers）的惊人之文中说，几个世纪以来，美国在这片大陆上的轻松扩张导致了"放纵耕作"。[10] 特格韦尔说："这一切都非常浪漫"，仿佛一往直前，处处耕种的"民族史诗"。但它使美国农民习惯使用不能持续的技术，侵蚀了大片土壤。在19世纪，《宅地法》（Homestead Act）将良田分配给伐木大亨等有权有势的人，他们砍掉树木，再把布满石块的边角土地分给穷人。该法案是对土地的"死刑判决书"，农民加速耕作直到土地肥力耗尽，然后换到新的土地上耕作。美国参加一战使局势更加恶化。早些时候，西奥多·罗斯福曾设法保下一些公共土地。但现在，特格韦尔写道，农民们被告知要"种植小麦以赢得战争"。战时需求驱动生产，于是罗斯福制定的许多保护措施都被废除了。

特格韦尔将这场危机归咎于边疆传统，对更可持续的"集约化农业"方法的无知，假设资源无限，美国人与其说在耕作，不如说是开采土地，无视限制，直至撞上"大萧条"这个最终的限制。如拖拉机和脱粒机等引进技术只会造成更大浪费——"砍伐并烧毁大片令人生畏的茂密森林"，正如特纳自己写的那样，南方砍伐森林和破坏大平原的速度越来越快，同时也使得佃农的劳动力变得多余。[11] 到20世纪20年代，沙尘暴将大片的表层土壤吹向东部，遮蔽城市上方的天空，并使"全国其他地方都下起了泥雨……饲料作物枯萎，水道干涸，牲畜饿得奄奄一息"，同时有"数百万经济难民"绝望地行进在这片土地上寻找食物。二战前的那些年里，"新政"

---

① "25年前，我们拥有世界上所有的土地。"——1936年，罗斯福视察科罗拉多的干旱状况时，在火车的车尾平台上发表了即兴讲话，解释说当时政府没有必要干预。他说："今天，过去边疆的无限土地已经一去不复返。"他极力主张合理利用土地来控制洪水。——作者注

雄心勃勃地应对这场生态危机，提出自被解放黑奴事务管理局以来最深远的集体公共利益愿景：政府重新安置家庭，让人们工作、种植树木、恢复土壤、补种、扩大国家公园，将土地归还给美洲原住民作为牧场，治理扬沙。

其他的改革者也利用"边疆学说"来为新的社会伦理进行辩护。[12] 罗斯福总统的秘书弗朗西丝·珀金斯（Frances Perkins）也认为大规模边疆扩张导致了另一种侵蚀——不是对土地的侵蚀，而是对人类价值的侵蚀，即"通货紧缩"和"人类生命的贬值"。剩余人口一直在这片土地上劳作，直到过早死亡，而他们的子女则重复这一过程。她同意边疆造就国家繁荣的说法，然而这不是因为"自由土地"的分配创造了价值。相反，珀金斯在1934年出版的《职场人》（People at Work）一书中，提出了"边疆学说"的性别基础。财富是由家庭生产提供的"免费劳动力"创造的（免费的意思是没有报酬）。妇女和儿童的无偿劳动带来了"国家财富的纯粹收益"。换句话说，边疆居民的"自由"，与其说取决于是否有一扇穿越无边无际的边疆的逃生之门，不如说取决于能否控制其家庭的劳动。[13] 珀金斯赞成新的"觉醒良知"至少要以充分补偿、有尊严的工作条件和限制童工为基础，这正是1938年《公平劳动标准法》（Fair Labor Standards Act）的目标。

"边疆"是一种用常识解释经济理论的好方法，有助于理解这场危机，包括认为经济萧条是由工业生产过剩造成的观点：人们认为，陆地边疆的结束使经济失去同步，导致供给大大超过需求。特格韦尔和珀金斯等人还认为，提及边境可能是利用过去超越过去的一种方式。特格韦尔说，未来需要"夺取过去的职能"，他希望批评者和政治家最终放弃用"边疆"这个词来描述人类的愿望。

然而，"边疆"并不仅仅是修辞手法，对许多新政支持者来说，它还是一种鲜活的记忆。罗斯福的几乎所有顾问和数百万支持者都出生在19世纪 90 年代边疆宣布关闭之前［有些人，比如罗斯福的首席经济学家阿尔文·汉森（Alvin Hansen），就出生在边疆］，他们目睹了边疆和危机之间的关系。[14] 一些"边疆州"直到最近才加入联邦，比如俄克拉何马就是在 1907 年加入联邦的。1933 年，罗斯福的国家复兴管理局（National Recovery Administration）局长休·约翰逊（Hugh Johnson）前往塔尔萨（Tulsa）时，说自己的官僚机构是"伟大美国边疆"的继承者，充当了"抵御萧条的安全阀"。约翰逊于 19 世纪 90 年代在俄克拉何马长大，所以他说俄克拉何马是逃离经济危机的难民的长期避难所时，他的头脑很清醒，知道自己在说什么。约翰逊说："再也没有俄克拉何马，再也没有边疆。"（阿拉斯加是一个例外，联邦公共工程项目在那里修建道路和公园时，它常被罗斯福政府称为"最后的边疆"。）[15]

为使这个国家更社会化，新政支持者把形容词"社会的"或"社会化的"加入旧的特纳主义范畴。支持改革的教育家们创办了名为《社会的边疆》（The Social Frontier）的杂志。一位社会学家撰文称："非社会性的个人主义不利于我们的进步；因此，非社会性应该让位于社会性个人主义。"1934 年，罗斯福的农业部长、后任其副总统的亨利·华莱士（Henry Wallace）说："新边疆正以有意义的冒险向我们招手。""我们必须发明建造新的社会机器并投入使用。"当然还有"社会剩余"由"社会共和国"作为"社会工资"通过"社会保障"等项目来分配。[16] 我们自己也可能会用这个形容词来形容这些批评家，因为他们与其说是反特纳主义者，不如说是"社会特纳主义者"。"不管我们喜欢与否，我们每个人都是社会文明的一部分。"罗斯福对小石城的听众说。

华莱士说："要征服社会荒野，人们需要的不是一片新大陆，而是一种新的心态。"

3

新政对边疆学说的社会化使改革者能够反驳种族主义和白人至上主义。本土主义运动的领袖想象盎格鲁人、撒克逊人和北欧庄稼汉在边疆勇往直前,走向伟大。然而,新政支持者更多将边疆视为病态而非神话,认为它是通过坚持民族独特性表现出来的社会失调。这样的解读为新的宽容和开放让出空间。罗斯福本人出生在哈德逊河谷(Hudson Valley)的荷兰血统的乡绅家里,是这个国家神圣的撒克逊血统传承者中的一员(他曾经对父亲是爱尔兰移民的一位经济顾问说:"这是个新教国家,天主教徒和犹太人在这里只能勉强容身。")。战争期间他下令扣留日裔美国人为让南方民主党人满意,还把非裔美国人排除在许多新政改革之外——这些事令他永远地败坏了名声。

但罗斯福的顾问们首先提出文化多元主义,认为这个国家中人人都该有一席之地。[17]1935年,雷克斯福德·特格韦尔对新墨西哥大学的毕业生们[其中有姓蒙托亚(Montoya)、桑切斯(Sánchez)、查韦斯(Chávez)、科沃斯(Cobos)或雷恩沃特(Rainwater)的学生]说:"你们这一代"将"展现美国人的全部地位",而这个国家会以你们的"扎得很深的根、阳光、空气和水,以及你脚下的土壤来定义你的利益范围","你们是这个国家的一部分；这个国家也是你们的一部分"，特格韦尔承诺联邦政府将"保护他们免受反动破坏力量的伤害"。在谈到联邦政府愿意让土著群体回归集体耕作时，特格韦尔说，美洲原住民可能会"重新以他们自己的方式找回自我"。特格韦尔把旨在贯彻盎格鲁-撒克逊主义的法律描述为"诡辩的迷雾"。在成为劳工部长之前，弗朗西丝·珀金斯就已经批评过边境巡逻队的野蛮暴行。在任期间，她尽己所能，努力限制移民官员滥用权力，限制他们未经授权的拘捕，并允许被拘留的移民打电话（直到1940年被移交司法部管辖前，美国边境巡逻队一直属劳工部管辖）。珀金斯还试图使虐待性的移民劳动合同更加公平。[18]

将边疆学说社会化也意味着将美国历史去例外化或相对化。特纳认为，美国的发展是独特的，其基础是面积恰到好处的"自由土地"，以及个人、资本和政府之间恰到好处的平衡。作为国际主义者，他支持威尔逊的国际联盟。但他认为，只有当其他国家想出如何模仿美国独特的历史时，新的世界秩序才会成为现实。与之相反，新政拥护者强调共性，即共同的国家压迫和政治斗争历史。以鲁珀特·万斯（Rupert Vance）的《另一半人如何居住》（How the Other Half Is House）和亚瑟·雷珀（Arthur Raper）的《农民序言》（Preface to Peasantry）等研究为代表的新农村社会学，不仅为联邦农业政策提供了信息，而且还表明，美国与某个国家——墨西哥，一个经历了种族统治、奴隶制度、肮脏住房供给和种植园主操纵的国家，有一些特别的共同点，这些进程反映了美国大部分地区的历史，特别是南部和西南部。

到罗斯福当选时，墨西哥革命（革命的目的就是终结受压迫的历史）中的各个派系已整合为一个稳定的政府，1917年，该政府制定了世界上第一部社会民主宪法，保障公民接受教育和医疗保健、获得体面工资及组织工会的权利。墨西哥总统拉萨罗·卡德纳斯（Lázaro Cárdenas）在1934年当选后，加快了包括土地改革在内的经济改革计划。到 1940 年他卸任时，卡德纳斯已经向 81 万个家庭分配了近 4500 万英亩的土地（许多是从美国公司手里没收的）。这种重新分配包括将雅基人家园的一大部分土地恢复为单一的原住民合作农场（ejido），以及一块集体持有、运作和管理的共同土地（卡德纳斯的做法相当于罗斯福恢复了切罗基人原来在佐治亚的土地，或将田纳西西部归还克里克人）。墨西哥还将美国持有的大量财产收归国有，其中包括标准石油公司的财产。[19]

早在威尔逊政府时，国务院和商业利益方就联合起来谴责墨西哥宪法是对个人权利，特别是财产权理想的歪曲。[20] 然而，现在罗斯福的内阁成员正前往墨西哥朝圣，认为可尝试在美国推行类似的土地改革，并阅读它的宪法，想知道他们是否能把类似的社会权利植入美国宪法中。[21] 特格韦尔和华莱士，以及其他在新政中更激进的人——比如社会党的南方佃农联盟（Southern Tenant Farmers Union）的领导人——开始访问墨西哥，学习可能适用于美国国内的经验和教训。罗斯福农场安全管理局（Farm Security Administration）的负责人说，美国可以从墨西哥的公社式农场系统中"学到很多东西"。[22] 当时某位试图超越特纳狭隘视野的历史学家写道，墨西哥"社会革命"的目标是"普通人的权利"，他希望这一口号能"让英裔美国人听起来觉得很熟悉"。[23]

双方惺惺相惜。墨西哥革命者指出，他们的土地政策类似于罗斯福将"北美农民"从"劳役偿债制"的"社会毒瘤"中解放出来的做法。卡德纳斯的一位盟友说，两国的改革者都在为"促进人类福祉的共同社会理想"而努力。[24]

4

新政对边疆学说的颠倒,使最有活力和最坚定的官员能够对社会弊病做出相当全面的诊断,从而批判自由放任的个人主义。在这个过程中,他们提出了新的常识性伦理,即在复杂的工业社会中,自由需要政府的干预,以及"贫者无自由"——这句话被罗斯福一再使用。

新政的实际经济政策远没有那么连贯。美国参加二战之前,罗斯福曾用了长达8年的时间反复尝试探索。他的新政踉跄向前,左倾、右倾,再左倾,先预演某个计划(监管银行),然后再预演另一个计划(公共工程),被最高法院告知违宪[例如国家复苏法案(National Recovery Act)],再做其他尝试[社会保障和农场安全管理局(Social Security and the Farm Security Administration)]。这些举措很大程度上减轻了工人和农民的压力,有助于重建可行的农村家庭-农场经济。然而,与此同时,无论是提供即时援助、为工会政治授权,还是对小农户提供技术和财政援助,这些都排在了支持大型出口导向型工业和农业之后。

1941年的珍珠港事件集中了美国全国的力量,因为联邦政府提高税收、定量配给、征兵、管制物价,并征用了底特律和迪尔伯恩(Dearborn)的几乎全部工厂来生产所需的物资。在战争的准备阶段,"边疆"一词逐渐恢复了它最早的一个含义,指防御前线或警戒线。美国开始组织拉美国家签订共同防御条约,于是分析人士开始把美国的"边疆"界定为整个西半球的边界:"整个半球因此被纳入美国理论上的防御边界。"美国军队承诺保护"从加拿大北部的荒地到火地岛(Tierra del Fuego)的整片大陆"。[25] 早些时候,当德国开始对法国采取行动时,一位共和党参议员向媒体透露,罗斯福在和参议院军事事务委员会(Senate Committee on Military Affairs)的一次会议上说:"美国的边疆在莱茵河上。"罗斯福否认了这一说法;公众舆论还没有准备好支持一场欧洲战争。但意大利的防线确实在以前所未有的速度向外推进(意大利对此回应说已将前线移至巴拿马运河)。

罗斯福可能会认为莱茵河是美国的边疆,也可能不会。但是他确实依靠向外推进(经济上,但这意味着向亚洲辐射外交和军事力量,与日本日益增长的影响力抗衡)成功建立了稳定的新政治联盟。新政的持久建立于两大支柱之上。首先,罗斯福政府竭尽所能,打开外国市场,这有助于将高度资本化的产业整合为强大的经济集团。这些产业包括银行、化工、石油、制药、电子和底特律的汽车公司。它们在未来 30 年中将以最大力度支持新政联盟的两个目标:在海外扩张资本主义,在国内允许政治自由主义(包括公民权利)的逐步延伸。[26]

第二根支柱与美国农业部门有关,它要求将劳动力成本维持在低位,同时要求打开国外市场以出口商品。[27] 总的来说,这个由南部棉花和糖种植园主、中西部农民、西南部牧场主和加利福尼亚种植者组成的经济部门——说得婉转些——并不是新政改革的盟友。比如,在那些 19 世纪 70 年代重建军队撤出后重掌权力的南方种植园主眼里,特格韦尔或珀金斯此类人所做的一切往好了说是为整合做掩护,往坏了说,是迈向革命的一步。鉴于有消息称,墨西哥政府没收了大量私人财产,并将其分给美洲原住民和其他群体,加之人们对被解放黑奴事务管理局的记忆犹新,就连最温和的土地改革政策也遭到谴责。美国全国棉花委员会（National Cotton Council）主席奥斯卡·约翰逊（Oscar Johnson）描述帮助佃农购买土地的农场安全管理局（Farm Security Administration）是"可以用来推行国有土地社会主义化哲学的庞大官僚机构"，该局同时辅以其他举措，帮助佃农购买土地。[28]

与被解放黑奴事务管理局一样，引发反对意见的与其说是新政机构的实际举措，还不如说是它们代表了什么。联邦机构的影响范围仍然有限，特别是在南方，因为那里的种植园主控制了民主党。[29] 为取悦南部各州的民主党党员，白宫下放了许多规划的行政管理权，实际上是允许当地的白人至上主义者来接手。这意味着有许多政府福利是非裔美国人享受不到的。新政通过的最重要的一项法案是《国家劳工关系法》（National Labor Relations Act），该法案增加了工人组建工会和集体谈判的权利，但将农村的工人（其中很多是非裔美国人）排除在保护范围之外，这也是为了安抚南方种植园主。

"这真的太糟糕了。"特格韦尔在1937年给罗斯福写信，抱怨联邦政府对农民的援助缩手缩脚。他说，"佃户法案通过时，没有认可任何公共的和合作的活动"，"如果我想看到新政的目标"付诸实践，"我就必须得去墨西哥"。"你看到卡德纳斯是怎么对待那些反对没收自己财产的大农场主了吗？"[30]

罗斯福不打算像卡德纳斯那样对待种植园主，通过征用他们的财产来中断他们的政治权力。无论如何，两国改革运动中最具活力的实验性阶段开始逐步结束。卡德纳斯的继任者相对保守，而罗斯福在20世纪40年代早期把精力集中在战争上，并采取措施确保农场主能持续稳定地以低薪雇到农场工人。

后来广为人知的"布拉塞洛计划"（Bracero Program）于1942年底世界

大战最激烈时实施，当时德国国防军（Wehrmacht）包围了斯大林格勒[①]，美国开始把日军逼回太平洋，而此时距离诺曼底登陆还有一年多的时间。在接下来的20年里，近500万墨西哥工人获得旅行许可证件，合法迁移到美国。稳定的低薪劳动力供给是美国农场主，特别是那些在加利福尼亚、佛罗里达、西南部和太平洋西北部的农场主的梦想。正如其中一位农场主所说，这是"一支看似无穷无尽的廉价而未经组织的工人大军，由政府高效地送到家门口"[31]。在该计划之外，还有数百万无证件的工人进入美国。

从某种意义上说，"布拉塞洛计划"更新了科尔曼·布利兹1929年的边境法，进一步将墨西哥移民分流为截然不同的两股。不属于"布拉塞洛计划"的那股仍然被视为罪犯，会受到监禁和起诉。边境巡逻队在边境沿线建立了更多拘留中心，以及分散的预先行动基地来拦截移民，并更快地将他们驱逐出境。被捕人数飙升，到1952年，每年被驱逐出境的人数接近百万。[32] 另一股是合法短工，但大部分不受劳动法保护。大多数人生活在污秽的环境中，超负荷工作，并被剥夺了许多基本公民权利，遑论新政实施的更有力的工人保护措施。"我们曾经拥有自己的奴隶。"佛罗里达一位甘蔗种植园主在一篇揭露包括"布拉塞洛计划"工人在内的农场工人遭受虐待的文章中说，"但现在我们只能租赁奴隶。"[33]

[①] 斯大林格勒（Stalingrad）即今之伏尔加格勒。——译者注

人们认为美国应该是没有奴隶的。1944年,即将把巨大的权力握于手中的美国马上要赢得一场战争——在很多人眼里,这是一场美国在自由的边疆对抗新型极权主义势力之战。罗斯福在1944年的国情咨文中说,这是"世界上反对人类奴隶制的最伟大战争"。"新政"可能已经摆脱了早期的激进主义,并将代表大规模企业利益的政策付诸实施。但它仍然促进了广泛的社会民主主义公民概念的发展。

许多人认为,反对法西斯主义的斗争必定不能将恢复自由的理想局限为"不受约束的自由"。罗斯福在1944年的讲话中说:"我们已经清楚地认识到,没有经济安全和独立,就不可能有真正的个人自由。""贫者无自由。"他又重复了他最喜欢的这句话。

大多数国家都赞成这一点。1945年4月,流亡加利福尼亚的德国小说家托马斯·曼(Thomas Mann)说,世界需要的是"真正的社会民主",是"社会主义和民主之间的平衡"。[34] 7个月后,《波士顿环球报》(*Boston Globe*)头条刊出题为《德国完蛋了,共产主义受到怀疑,多数人想要社会主义》的文章。根据写文章的现场记者的说法,是"绝大多数"。[35] 旧世界被挽袖上场的法西斯主义和袖手旁观无所作为的自由主义摧毁了。废墟中,"占绝大多数的普通人接管了政治权力。他们还打算利用它来获得经济和社会权力"。英国、法国和斯堪的纳维亚人民投票支持社会民主,《波士顿环球报》说,"荷兰和比利时很快也会投票""意大利也是"。佛朗哥(Franco)下台后的西班牙也将如此。1948年12月,联合国通过了埃莉诺·罗斯福(Eleanor Roosevelt)倡导的《世界人权宣言》(Universal Declaration of Human Rights),该宣言综合了政治权利和社会权利,并呼吁结束一切形式的种族歧视。在拉丁美洲,所有国家都以墨西哥为榜样,批准了包含社会权利的战后宪法。[36]

无论那些将带领美国走向政治和经济权力新高度的人持何种个人观点,他们都明白《世界人权宣言》所呈现的承诺提供了共产主义意识形态的替代品,有助于对抗苏联。因此,同盟国最高指挥官道格拉斯·麦克阿瑟(Douglas MacArthur)在日本"指示"日本首相鼓励工会成立,同时起草委员会将包括工作、成立工会和集体谈判在内的社会权利写入日本新宪法(一位观察家称,这比美国的此类保护"提前20年")。[37]哈里·杜鲁门(Harry Truman)的特使约翰·福斯特·杜勒斯(John Foster Dulles)则在美国政府与日本签订的多国和平条约中加入一项承诺,签约国将"努力实现《世界人权宣言》的目标"。杜勒斯还在条约中承诺,不论"种族、性别、语言或宗教",都尊重联合国允诺的权利。

然而,在美国国内,无论被理解为结束种族隔离的公民权利,还是促进经济民主的社会权利,"人权"都遭到强烈反对。罗斯福在1944年的演讲中提议通过第二部"权利法案"(Bill of Rights),即一部"经济权利宣言",涵盖了自1917年以来墨西哥一直保障其公民拥有的所有权利,如医疗保健、教育、生活工资、体面住房和社会保障等权利。[38]此时,距离罗斯福去世还有一年多,但流感痊愈后,病体已不允许他亲自在国会演讲,于是他通过广播宣读了部分文本。从录像的片段中看起来,总统面色苍白。1944年晚些时候，他赢得第四次连任，但不到一年就病逝。他提出的国家应通过一项社会权利法案的建议不久就夭折了。

第十一章 丰收

THE END OF THE MYTH

"在新的道德层面上重启西部经济边疆。"

到第二次世界大战结束时,"边疆"这个词开始摆脱人们对它的所有负面联想。美国从战争中崛起,拥有了前所未有的经济实力,恢复了信心。就这样,这个词再次有了"一条线"的意义——并非警示人停步于此,而是跨越,同时它也是一种挑战和机遇。

在接下来几十年里,边疆的理念几乎渗透进如经济学、农业科学、政治学、社会学甚至心理学等几乎所有学术性学科中,被用来识别适当自我形成的领域,以及释放自由的本我的领域。作为一种比喻,它大大影响了文学、电影和政治演讲。罗斯福本人在去世前开始使用它,不仅用它来指代烟消云散的过去,还用它指代可能实现的未来。在最后一次竞选连任后不久,他说:"新的思想边疆在我们面前。"[1]1941 年,一位物理学家介绍了一项可对"新的边疆"进行"密集攻击"的研究:原子核即将分裂。4 年后的 1945 年 7 月,即美国向广岛和长崎投下原子弹的一个月前,原子弹制造者中的一位向哈里·杜鲁门呈上报告《科学,无尽的边疆》(*Science, the Endless Frontier*),形容研发是"先驱者面前几未开发的腹地"。

恰如弗雷德里克·杰克逊·特纳在半个世纪前所写的那样:"社会变成了原子。"[2] 但他指的是另一种事物,即边疆允许个人免于屈从复杂性的方式。

1

随着反法西斯战争的胜利,反对共产主义(后被称为冷战)的领导人发现,很容易将边疆观念与新的扩张政治挂钩。1951 年,《生活》(*Life*)杂志的编辑约翰·诺克斯·杰瑟普(John Knox Jessup)在题为《西方人与美国观念》(Western Man and the American Idea)的长文中写道,现在美国的边疆在隔开西欧与东欧的易北河(Elbe)上。杰瑟普是亨利·卢斯(Henry Luce)的重要顾问,而卢斯是颇具影响力的《时代》(*Time*)、《生活》和《财富》(*Fortune*)杂志的出版商,早在 1941 年就创造了"美国的世纪"(American Century)这个词。虽说二战仍在激烈进行,卢斯还是委托学者撰写了一系列报告,描述战后世界的样子。杰瑟普的长篇论文旨在总结该项目背后的首要哲理。

杰瑟普认为,边疆不是防御边界,而是文明区域,它将自由与奴役——与苏联的奴役——分隔开来。该挑战定义了美国的战后使命。他说,二战期间的某个时刻,美国接受了"其父辈的土地的责任,及其父辈本身的责任"[3]。这职责是"毋庸置疑的":"打开历史的大门,抵御邪恶的力量,直到自由在全世界重生,这一可怕的责任几乎只有美国独自承担。"杰瑟普在很大程度上借鉴了特纳的观点,他称美国漫长的拓殖历史造就了新人类,一种能够传播真正国际主义的"兄弟之爱"的"水平人"①。当欧洲的"垂直人"陷入详细阐述教义和背诵信条的泥潭，在巴黎的咖啡馆里争论存在主义时，美国人却没有抽象的负担，徒步穿越平原，攀登高山。他不会"停下来做总结"。特纳早些时候曾写道："美国民主并非诞生于理论家的梦想中。"[4]

事实上，美国的安全边疆很快就会超越易北河。到20世纪50年代末，它自北太平洋起，经阿拉斯加到日本、韩国南部和中国台湾，横跨东南亚（1964年美国中央情报局支持印度尼西亚政变后，该国也成为"边疆"），南至澳大利亚、新西兰、拉丁美洲，以及非洲南部（随着欧洲去殖民化进程的推进，更多的非洲国家将被囊括在内），一直到波斯湾，重点在伊朗和沙特阿拉伯，经土耳其和巴基斯坦，然后穿过易北河到斯堪的纳维亚半岛，再回到加拿大。正如美国政府在罗斯福和杜鲁门签署的各种共同防御条约中承诺的那样，这半径相当大，而且维护安全的成本很高。但这在很大程度上也是对美国资本开放的范围，美国资本在二战后的几十年里一直享受着丰厚的投资回报。

卢斯的一项战后调查借用了杰克逊派常挂在嘴边用来表达美洲大陆无限潜力的说法，呼吁美国政府"扩大人类自由的实际领域"。报告撰写者明确表示：自由是指投资和提取的自由。该调查还称："企业家的视野乃是真正的财富来源，应该大大拓宽。"[5] 早些时候，罗斯福曾说，全世界与纳粹主义做斗争是为了保护四项自由：免于匮乏的自由、免于恐惧的自由、言论自由、信仰自由。现在卢斯的团队建议增加第五项自由——"个人企业"。似乎为了强调把世界当作美国西部的意象，杜鲁门政府命内政部（Department of the Interior），即监督印第安人事务局及管理国内公共

---

① 这里应该是指没有历史负担，与"旧世界"的欧洲人相对。——译者注

土地上资源开采的机构，负责协助美国影响范围内的第三世界国家的政府为世界市场开采矿产和石油。[6]

20 世纪 50 年代初，美国由民主党和共和党组成的多数派联盟执政，他们基本上接受了"新政"指示的国内外议题。这些议题可归纳为以下八方面：

1. 一个强大的联邦政府，其监管以大规模工农业生产为中心的经济；

2. 公共福利，包括接受盟国的社会权利和社会民主；

3. 在国内，致力于（缓慢地）废除种族隔离制度和相关法律机制；

4. 在国外，去殖民化，终结欧洲帝国主义；

5. 遏制苏联，包括在核军备竞赛中保持优势，安抚与苏联结盟（或有结盟可能）的第三世界社会主义和民族主义政府；

6. 在区域和国际条约和组织（包括联合国和北约）的保护伞下进行广泛（且昂贵）的外交；

7. 欧洲和日本恢复战前的工业实力；

8. 向其他较贫穷的国家提供财政、技术和军事援助，以促进其经济发展、确保政治稳定。

这种新的国际秩序后来被称为自由多边主义。[7]

2

像卢斯和杰瑟普这类人认为，在他们所谓的"完全自由贸易"（降低关税、消除美国在盟国投资的障碍）和"新政社团主义"之间没有矛盾。如果能有强大的政府与少数实力雄厚的企业密切合作，同时积极推进国内改革、执行同样积极的外交政策，战后世界将逐步走向富足。他们的愿景是：扩大外事服务机构在世界范围内拓宽边疆，扩大军事机构以遏制苏联，扩大民权机构促进种族公正，扩大监管官僚体制，对企业行动进行合理化改革。

然而与此同时，如劳拉·英格尔斯·怀尔德（Laura Ingalls Wilder）的女儿萝丝·怀尔德·莱恩（Rose Wilder Lanek）等自由主义作家开始用边疆的隐喻来开展反对"不断蔓延的政府官僚主义"的活动。莱恩在1943年的自由主义宣言《自由的发现》[*The Discovery of Freedom*，出版时间比弗里德里希·冯·哈耶克（Friedrich von Hayek）的《通往奴役之路》(*The Road to Serfdom*)早一年]中写道：正是这些"拓荒者"首先"摆脱了限制他们活力的经济'管制'"。他们提供了自我解放的范例，可以激发希望逃离实行新政国家的现代人的灵感。"社会保障就是国家社会主义。"莱恩说。[8] 1943年，伊莎贝尔·帕特森（Isabel Paterson）发表了《机器之神》(*The God of*

The Machine），另一篇自由主义者的战斗宣言。暗示种族恐怖和迷恋最小政府间有依赖关系可能不是该书的本意。尽管如此，这本书还是很好地概括了杰克逊派的世界观："在拓荒者看来，只有死去的印第安人才是好印第安人。但拓荒者并不过分依赖政府。"

后来被称为自由意志主义的原则并不新鲜，实际上可以追溯到杰克逊派时代，追溯到安德鲁·杰克逊把联邦政府的定义缩减为"原始的简单"，或者更早，追溯到麦迪逊视"多样性"为美德和财富之源的信念。[9] 现代自由主义者为这些理念注入新内容。随着杜鲁门整合军队，最高法院裁定在学校实行的种族隔离制为非法，于是有人担心联邦权力的扩张似乎不可阻挡。自由主义者试图利用市场的惩罚性力量来遏制这股潮流。关于边疆的概念再次被证明是有用的。经济学家詹姆斯·M. 布坎南（James M. Buchanan）在 20 世纪 50 年代开始职业生涯，他有关个人选择的理论曾赢得诺贝尔奖。他很欣赏边疆在打破集体认同方面发挥的作用。[10] "为何边疆如此重要？"詹姆斯·M. 布坎南在一篇题为《古典自由主义的灵魂》（The Soul of Classical Liberalism）的文章中发问。他给出的回答是：它提供了"退出选项，该选项的存在极大限制了人际剥削的可能性"。如果允许市场在不受政府干预的情况下运作，它将以"与边疆完全相同的方式"发挥作用，它将为强制关系提供"退出选项"，从而削弱"管理过度的保姆式国家（nanny state）"的力量。边疆是自由灵魂中的灵魂。

在国会和法律界都存在保守的少数派，他们对外交上的国际主义持怀疑态度，对国内改革，尤其是对种族平等和社会民主的双重威胁敌意十足。在南方民主党人和个人权利绝对主义者的引导下，某些国会议员已开始警惕地努力阻止任何可能为废除种族隔离或经济权利铺路的立法或对外条约。这些人尤其担心杜鲁门政府会利用其新签署的所有国际协议和新加入的多边联盟来绕过国会。保守派担心，国际条约会为联邦政府干预国内社会生活提供理由，从而推动种族和经济民主事业。他们说，国际主义为"控制和规范所有教育，包括公立和教会学校"提供理由，使政府可以干预"所有影响公民权利、婚姻、离婚的事务"，以及在经济上规范"劳动和雇佣条件"。[11]

1948年12月，联合国投票通过《世界人权宣言》，承诺各成员国保证其公民的政治、社会和公民权利，保守派也开始动员起来。美国律师协会（American Bar Association）的一位代表说，《世界人权宣言》是"社会主义的蓝图"[12]。这里，在考察战后对"新政"国际主义的强烈反对时，种族和阶级之间的对立（即反对者是出于种族仇恨还是出于捍卫经济等级制度的愿望）并没有经得起考验。那些害怕国际主义会成为争取更大平等的幌子的人，几乎区分不出废除种族隔离的威胁和社会权利的威胁。

俄亥俄参议员约翰·布里克（John Bricker）作为主要发起人，发起修改宪法的活动，以在某种程度上限制总统援引国际法来实现国内改革的能力。该活动由此被称为"布里克修正案"（Bricker Amendment）。美国律师协会是该修正案的坚定支持者。协会一位代表告诉国会，社会权利将"在许多方面摧毁我们自由企业制度的重要部分"[13]。"布里克修正案"的其他支持者则关注种族平等。有人担心"杜鲁门民权委员会"无法在国会推动废除种族隔离制，只能"通过条约，也就是迂回手段"来实现。这就是被解放黑奴事务管理局早期表达过的担忧，当时它认为超级官僚机构将迫使"黑人实现社会平等"。该理念被发扬、扩展,并移植到自由多边主义体系。①

尽管国务院这样的机构由约翰·福斯特·杜勒斯等坚定的反共产主义者管理,但保守派尤其敌视此类机构。例如,"布里克修正案"联盟试图破坏杜鲁门与日本签订的最终和平条约,因为该条约赋予美国相当大的权力继续管制太平洋地区,但也承诺签署国会"努力实现《世界人权宣言》的目标"。由于参议院尚未批准《联合国宣言》(美国只是在联合国投了赞成票),保守派指责说,与日本签署的条约是对宪法的"偷袭",《芝加哥论坛报》(Chicago Tribune)称其为让美国在秉承社会权利、取消种族隔离和其他反种族主义原则法案上签字的"迂回做法"。换言之,《芝加哥论坛报》继续说,"一旦联合国'权利'把一只脚迈进美国大门,宪法和《权利法案》就可以按杜鲁门等政治家的心意改写"[14]。

国会保守派输掉了这场战斗。与日本签订的条约获得国会批准,宣告修宪运动失败。但换个角度看,他们在另一场规模更大的战斗中与敌人打成了平手。在接下来的几年中,美国会断断续续地废除种族隔离制度,同时自由主义者经常利用在自由边疆打一场战争(多半是冷战)来施压,推动国内改革。但社会权利从未被合法化。

---

① "布里克修正案"的支持者尤其关注1919年最高法院的一项裁决,即外国条约——在本法案中是加拿大和美国之间保护候鸟的协议——可能确实会凌驾于州权之上,并将宪法中没有明确规定的权力授予联邦政府。就像有人对宪法的保守解释,"只有各州才拥有管理候鸟的权力",这种说法表面上是荒谬的,因为它揭示了许多"州权"的法律推理似是而非,并为联邦权力的扩张性解释打开了大门。
"候鸟"成为试图创建新的多边机构的新政派和坚持杰克逊式神圣国家主权的保守派之间的导火索。这个意象很恰当,或者说至少很生动。同现代经济学的两个基本要素——移民和资本相似的是,鸟类不仅不受边界控制,而且对于生态相当重要,不能任个别州来监管。20世纪20年代,在是否免除墨西哥移民配额的辩论中,双方经常将墨西哥工人称为"候鸟"。反对配额制的人认为,流动劳工就像鸟儿一样,来来去去不留踪迹。那些想把"贫困"移民拒之门外的人说,"让你的墨西哥人和候鸟离开这个国家"。——作者注

3

波多黎各事件很能说明即使采取迂回的"旁门"方式，社会民主主义仍未能在美国获得合法立足点。当然，占领波多黎各代表着美国在1898年早期扩张时期对西战争事业未竟。到20世纪50年代，波多黎各人已经获得了公民身份，但该岛本身的地位尚不明朗。包括激进民族主义运动成员在内的部分居民希望独立，而其他人希望以准自治联邦，或加入联邦成为州的形式，与美国维持现有关系。

无论支持独立、联邦还是成为联邦中的一个州，所有人，或至少绝大多数人，都希望获得社会民主。1952年，波多黎各选民以压倒性多数通过新宪法，承认"每个人都有获得工作的权利"，以及"在失业、疾病、年老或残疾的情况下得到社会保护的权利"。但由于波多黎各是殖民地，或者说是受保护国，它的宪法必须得到美国国会批准。

看到该宪章草案后，共和党人和南方民主党人（也就是推进"布里克修正案"的同一拨人）犹豫不决。印第安纳众议员查尔斯·哈勒克（Charles Halleck）说："这与我们的《权利法案》完全不同，就像白昼与黑夜完全不同一样。"他担心若允许"被保护国"的宪法如此措辞，美国就可能被自己的承诺束缚住手脚。另一位众议院议员说："这种邪恶的法律最终将使赋予个人的其他保护失效。如果我们通过它，这将是有史以来对人类自由最大的打击之一，这意味着政府将成为公民的监护人。"国会议员在听证会上质询波多黎各宪法的起草者，想知道他们是不是要强行将医疗、就业、教育、食物、衣着等社会权利确定为"美利坚合众国有义务提供的福利"？议员们对"社会权利"观念的强烈反应把起草者弄得措手不及。起草者回答说，该理念旨在创造一系列文化预期，即在一个自由社会中的任何人都不应挨饿、失业或因缺乏医疗保健服务而死亡。但这样的"预期"恰恰是这些国会代表最不想创建的。内华达参议员乔治·马龙（George Malone）抱怨说："所谓的权利不是我们宪法规定的合法权利，而是可能会带来危险的社会和经济目标。"[15]

哈勒克认为波多黎各的宪章是实现合法社会民主的又一条"迂回途径"，他设法在国会中拼凑起包括保守派和自由派在内的多数派，批准了波多黎各的新宪法，同时去掉其中所有提及社会权利之处。愿意援引国际法并利用国际压力在国内废止种族歧视的自由主义者可以与保守派联合起来，避免在法律上认可任何社会权利。[16] 在未来几年，为数百万"最伟大的一代"成员提供教育、住房、医疗和其他福利公共补贴的将会是《退伍军人权利法案》（G.I. Bill of Rights），而不是罗斯福的"第二权利法案"（Second Bill of Rights）。它们只是不会被称为社会权利，但它们将成为退伍军人服役的交换条件，而不是作为公民的权利。

4

THE END OF THE MYTH

还有一些人支持建立一个战后世界体系,帮助美国扩大行动范围,但他们认为不该把它扮作种族平等的普世主义。确实,亨利的妻子克莱尔·布思·卢斯(Clare Boothe Luce)早在 20 世纪 40 年代就给丈夫写过一封长信,阐述了她对"美国世纪"的独特构想。她认为,美国政府应该努力建立一个毫不掩饰地种族分裂的全球秩序,确保盎格鲁 – 撒克逊人控制全球的石油、橡胶、铁、锡、煤、棉花、矿产、糖和其他资源的供应。后来被艾森豪威尔(Eisenhower)任命为驻巴西和意大利大使的卢斯,明确将她的现实主义与关闭边疆联系在一起。她在 1942 年写道,整个地球都被"瓜分"了,并反驳了丈夫"所有人都能和平合作,分享世界的无限恩惠"的盲目乐观看法。她说,这个世界是有限度的,而且已经达到了极限,他们自以为有权要求拥有"它的每一粒尘土、每一英亩土地、每一条溪流、每一座高山",甚至"南极荒原"。她说,只有通过设置"严格的障碍,阻止棕色、黑色和黄色人种移民涌入",才能保持"种族和文化的同质性","美国才能作为一个国家存续"。她还想把"南欧、地中海以东和亚洲的俄罗斯这些渣滓和垃圾排除在外"[17]。卢斯说,盎格鲁 – 撒克逊人需要建立世界秩序,以帮助他们能继续在世界更黑暗地区获得廉价劳动力和资源。

她丈夫在关于"美国世纪"的一篇文章中写道，不能将"白人和平"强加于"只有一半白人"的世界；"白人帝国主义的残余束缚"必须被打破，所有民族和国家应一律平等。[18]克莱尔·布思·卢斯不认同。在"一半白人"的世界里，"白人和平"是唯一可以强行实施的和平。克莱尔输给了亨利主张的"美国世纪"，因为后者至少在理由上提倡种族平等、普世主义，相信可能性的边疆仍然开放。不过，其他人同她有相同的疑虑。外交家乔治·凯南（George Kennan）认为，战后秩序应该建立在更明确的盎格鲁-撒克逊人路线上，尤其是确保世界上较贫困地区继续向美国的井架、推土机、挖掘机和收割机开放。1948年，凯南在政策备忘录中写道："我们的财富占全世界的50%，但人口只占6.3%"，而"在不久的将来，我们真正的任务是规划一种关系模式，使我们不必实际损害国家安全就能维持这种优越地位。要做到这一点，我们就必须避免感情用事，别再白日做梦"。[19]

甚至那些致力于普世的多边主义的人也有担忧。战后的政策制定者们仍被大萧条所困扰，担心资源短缺会重现。生于1867年的亨利·斯廷森（Henry Stimson）是罗斯福政府的战争部长，他经历过多次繁荣和萧条。1947年广泛的乐观主义情绪引起他的注意，他说：美国将通过促进海外繁荣确保国内繁荣。但斯廷森也表达了对于来之不易的成功的担忧："我们所有人都必须避开怠惰、恐惧和无责任感的陷阱。""我们必须"——此处"必须"暗示他内心潜在的焦虑——"达到和平时期新的生产水平"。[20]时任罗斯福助理国务卿的迪安·艾奇逊（Dean Acheson）后来帮助落实了杜鲁门外交政策，他在1944年对国会战后规划委员会说："我们不能再经历20世纪20年代末那样的另一个10年。"除了打开"国外市场"之外，几乎没有什么有吸引力的选择可以防止混乱重现。艾奇逊说："如果你能让美国产品在国内全部消费掉，你或许就可以解决这个问题。"但他在一篇针对美国主义建立前提的尖锐文章中指出，这样的体系需要大量的政府干预，以至于

"将彻底改变我们的宪法、我们与财产的关系、人类自由以及我们的法律构想"。[21] 还有人用不太精确的措辞表达了不安。为确保美国持续获取全球资源而成立的材料政策委员会（Materials Policy Commission）发布的报告称："我们赞同美国人民对增长原则的信念。"[22] 然而该委员会承认，无法给出"这一信念的任何绝对理由"，它只是指出，"在我们西部人看来"，增长"似乎比任何对立面的事物都好，因为它的对立面对我们来说意味着停滞和衰退"。

出生于布达佩斯、在柏林受过培训的精神分析学家弗朗茨·亚历山大（Franz Alexander）勾勒出了这个对立事物的样子。亚历山大于1942年出版的著作《我们的非理性时代》（*Our Age of Unreason*），概述了一门越来越受欢迎的社会学科。它批评过于内在化的现代生活，因为这种生活催生了游离的人格。就像大卫·里斯曼（David Riesman）不久后将在《孤独的人群》（*The Lonely Crowd*）中写道：对那些被纳入大众消费和娱乐文化的个体来说，"处处是家，却又处处不是家"。以前，某些拥护新政者认为，边疆终结可能会催生更健康的社会化形式。但是芝加哥精神分析研究所（Chicago's Institute for Psychoanalysis）的负责人亚历山大说，边疆关闭产生了新的奴隶制。在早期的英雄资本主义时代，个人是自由理想的中心，而现在亚历山大在周围只能看到正在腐烂的心灵漫无目的、孤立、孤独地原地运行着，"他们都想停下来"，却被心中"看不见的奴隶主挥着看不见的鞭子"驱使。"经济领域已接近饱和点，不能再为富有创造力的雄心提供足够出路，因而成为消极竞争的竞技场。"亚历山大写道。他想知道："是否还有新的边疆，配得上一个伟大国家的个人主义和生产力的开放疆域存在？"

曾被罗斯福和杜鲁门任命为驻拉丁美洲首席特使的纳尔逊·洛克菲勒（Nelson Rockefeller）希望能确信有这样的疆域。他在1951年对众议院外交委员会（House Foreign Affairs Committee）说："我们自己的边疆关闭了，但

还可以期待世界上有其他边疆。"[23] 他发现与自己交谈过的人有种"沮丧"情绪,因为他们担心无法实现传统的个人主动性:

> 这些年轻人正在寻找向外走的新机会,好去世界上的其他地方。我们国家是由那些热切地希望寻找新机会的人建立的,而多年来他们在国内一直能找到这样的机会。但现在机会似乎跑到了别的地方……这个国家的年轻人自然认为我们是世界舞台不可分割的一部分,而且他们希望能被这个舞台绝对地认同。我认为,他们希望感觉到:我们不仅是在为国家的有限利益而努力,也是为了我们的利益以及整个世界人民的利益而工作。我认为这是个相当重要的心理因素。我自己也有同样的感觉。

洛克菲勒对国会说,战后国际主义,即美国领导下的全球经济开放,可能成为新的边疆,使下一代有机会雄心勃勃,有机会相信它本身是善的,也有机会将追求自身利益和追求更美好的世界合二为一。

抛开异议、怀疑和挫折不谈,战后技术进步相当惊人,在农业生产方面尤其如此。许多老新政支持者并没有预料到"增长"的承诺可能与他们努力建立社会团结的伦理相悖。罗斯福的副总统亨利·华莱士——后来因民主党战后转向反共产主义而与之决裂,并发动第三方竞选进入白宫,他在 20 世纪 40 年代早期曾与纳尔逊·洛克菲勒合作,在墨西哥启动农业研究项目。该项目极大提高了墨西哥玉米和小麦的产量,然后又扩展为更广泛的绿色革命(Green Revolution),使亚洲的粮食产量增加了两倍。[24] 多年前沃尔特·惠特曼关于美国将"养活世界"的预言似乎已经成为现实,因为进步不是通过对财产关系发动阶级战争,而是通过创新、技术和试错来提高生产取得的。历史学家阿诺德·汤因比(Arnold

Toynbee）在 1964 年说，"我们面临的任务""是在新的道德水平上重启西部的经济疆域"，并利用美国的"先发技术优势"帮助整个世界获得"丰收"。[25]

哈里·杜鲁门在与信奉麦卡锡主义的反对派的战斗中经常援引美国的边疆历史，辩称美国既可以在冷战时期的军备项目上投入巨资，也可以继续资助新政的社会项目。[26] 他说这既要打击国外压迫，又要促进国内进步的双重挑战是边疆传统的一部分。杜鲁门在赢得 1948 年总统选举后不久说，这个国家能够胜任这一任务，"因为现在和以往一样，更多的美国人在展望广阔前景，而不是只回顾落后的时代和地区"。这个国家已经跨过新的子午线，它从这条子午线的经验中学到"我们不能放任庞大复杂经济体的各方面力量自行发展"。只要这一教训没有被遗忘，就有可能创造一个不断进步、"生活水平稳步增长""经济不断壮大"的摆脱了周期性危机的战后世界。持不同观点的保守派评论家都是生活在过去的了。永无止境的创新和增长正在开辟新的道路，而"今天的边疆也需要同样的开创性视野、同样的智慧和勇气，就像一个世纪前挑战我们地理边疆的男男女女们所表现的那样"。

诚然，美国领导下的国际主义在其鼎盛时期是严重扭曲的。亨利·卢斯赢得了政治或者说公共关系方面的辩论。但克莱尔的"种族现实主义"（今天有些人会称之为地缘政治的白人至上主义）其实更接近世界资源的实际分配方式。有分析称，"不到世界人口 5%"的美国人，消耗了"世界三分之一的纸张、四分之一的石油、23% 的煤炭、27% 的铝和 19% 的铜"。[27] 从 1900 年到冷战结束，美国资源消耗"增长了 17 倍"，远远超过了"生活在发展中国家的人"。在东南亚、非洲、中东和拉丁美洲，只有在发生包括连环政变在内的大量暴力活动的情况下，消耗的资源才能达到这些数字，而只要经济增长无休止的承诺仍然可信，这种"普世主义"或"多边主义"

的假象就可以维持。

杜鲁门说:"我们的口号不是'坚守阵地',而是'增长''扩张''进步'……边疆时代仍在。"

＊＊＊

二战结束时,美国拖着身后的尘暴崛起,声称自己要做另一种不同类型的世界强国。在许多人看来,这个国家似乎已经克服了对自由放任的痴迷,接受了现代公民的概念。当然这概念不是社会权利或社会民主,但仍然接近新政改革精神。在国外,战后重建证明,美国愿意流血牺牲,拯救潜在商业对手(英国和法国)的经济,并将其财富用于重建敌国(德国和日本)的经济。马歇尔计划(Marshall Plan)投入数十亿美元恢复欧洲经济,这是一张外交政策的名片——这种外交政策可信地将自私与无私混为一谈,从而为自己辩护。杜鲁门总统在即将卸任时说:"人类有史以来第一次能够把贫穷、无知和人类苦难从地球上抹去。"[28]

亨利·卢斯和哈里·杜鲁门赢得了战后辩论。边疆的概念重新焕发生机,而美国将努力创造一个开放的世界,消除各种障碍。然而在1945年二战结束时,第一道重要的物理屏障在墨西哥边境建立:"4500英尺长的链环式围栏",高10英尺,"用6号铁丝编织而成",位于加利福尼亚加利西哥(Calexico)附近。[29]建造围栏的柱子和铁丝网是从加利福尼亚的水晶城拘留营(Crystal City Internment Camp)回收的,该集中营在二战期间曾被用来关押日裔美国人。

第十二章 恶魔的吸管

THE END OF THE MYTH

"你无法用标准方式推演厄运到来的具体日期。"

接着是越战，支持者和批评者都称其为另一场边疆战争。约翰·F.肯尼迪（John F. Kennedy）多次使用这个比喻来形容积极主动、咄咄逼人的外交政策，特别是在镇压第三世界叛乱时，使用尤其频繁。肯尼迪说，美国必须保护越南，因为中国可怕的隐现，"高耸在边疆之外"。越战逐步升级，战场上的士兵们将空中和地面行动称为"山姆·休斯敦"、"丹尼尔·布恩"①和"疯马"（Crazy Horse），还割下死去的越南人的耳朵作为战利品。有个士兵说，"就像头皮，你知道""就像印第安人的头皮"。[1] 历史学家理查德·德林农（Richard Drinnon）指出，"就像除了'牛仔和印第安人'美国入侵者就不知道别的游戏一样"。[2] 记者迈克尔·赫尔（Michael Herr）在越战报告文学《深入报道》（*Dispatches*）中写道，有位上尉邀请他陪同巡逻时说："来吧，我们带你去玩'牛仔和印第安人'的游戏。"赫尔想知道战争到底是什么时候开始的，他写道："你无法用标准方式推演厄运到来的具体日期。也可以说，泪水之路一路通向越南，它在此停止并折返，圈出一块领域的周界。"

---

① 丹尼尔·布恩（Daniel Boone，1734—1820年）是肯塔基垦荒先驱，也是美国历史上最著名的拓荒者之一。——译者注

THE END OF THE MYTH

1

在美国逐渐深陷越战的多年前,马丁·路德·金就已经开始批评边疆理想,认为这是在强化由来已久的社会病态,是在为军国主义、男性暴力和经济不平等提供神话般的辩护理由。民权运动当时正处于最伟大立法成就的顶峰。然而,马丁·路德·金发现了一个无法通过法律解决的问题。他说,美国被自己的神话困住了。这个神话就是:美国是"崇尚边疆传统的国家,而我们的英雄就是那些通过暴力捍卫正义的人";"以眼还眼,以牙还牙"的报复被视为"美国男子气概的最高标准"。[3]

马丁·路德·金在20世纪60年代初开始使用"边疆"这个比喻,以此回应肯尼迪对该意象的一再援引。[4]那时他已经开始认同自己是社会主义者。马丁·路德·金警告说:"资本主义在美国的现状是有问题的。"他说顽固的个人主义作为国家认同的基础是有缺陷的,因为多年来,它把大家的注意力从政府重新向上分配了财富这一事实上引开。马丁·路德·金说:"这个国家对富人讲社会主义,对穷人宣扬个人主义";同样的财富被当作"补贴"慷慨地给予某类人,却吝于将其作为"福利"发给另一类人。这种个人主义很不稳定,容易被引爆,它使人们幻想,认为生活不过是一场无休止的"牛仔和印第安人"的游戏,并导致了疏远、社会孤立和长期不受约束的攻击性。他说:"有种个人主义会毁掉个人。"[5]

马丁·路德·金的批判集中在资本主义对人们的精神控制上,他利用边疆的概念提出了反价值结构,这是对美国历史和道德的另一种看法。他说,非裔美国人面对的现实"和原生态边疆中的拓荒者面对的一样严酷苛刻"。[6] 这种严酷砥砺品格,清除轻浮;它磨砺了"知识和纪律……勇气和自我牺牲的精神"。于 1962 年被密西西比大学录取的首位非裔美国人詹姆斯·梅雷迪思(James Meredith)就是个典型。梅雷迪思以"崇高的使命感"和"拓荒者生活中特有的痛苦的孤独感"面对嘲笑他的暴民。[7] 对马丁·路德·金来说,非暴力抵抗不仅仅是策略。他说,在"社会边疆"上战斗,在"种族隔离的荒野"中开辟道路,而不让自己陷入合乎情理的愤怒,也不屈服于愤怒,这包含了一个另类社会的雏形。这种方式可以将国家从过去中解放出来,可以克服对边疆暴力的迷信,可以创建受人喜爱的社会群体。[8]

马丁·路德·金在 20 世纪 60 年代早期就已经质疑核军备竞赛的逻辑,他的妻子科丽塔·斯科特·金(Coretta Scott King)与和平运动关系密切〔1948 年,科丽塔还是安提阿学院(Antioch College)的学生时,曾支持亨利·华莱士的第三党反冷战总统选举〕。马丁·路德·金与肯尼迪总统及民主党结盟,仍希望美国政府可以避免战争,甚至直到 1962 年,在肯尼迪派遣数百名"绿色贝雷帽"(Green Berets)特种部队进入东南亚时仍然如此。他知道战争的代价会很高,尤其是对非裔美国人来说。他说:"国际局势缓和对黑人有利。"[9] 马丁·路德·金担心,咄咄逼人的外交政策会引发包括种族主义在内的最恶劣的社会情绪,同时会抽走进步的社会立法的资金。无论热战还是冷战,战争都会加强国会中南方种族隔离主义者的势力,他们知道自己可以威胁停止军事拨款来否决民事权利法案。

1964 年 8 月,在肯尼迪遇刺和北部湾(Gulf of Tonkin)事件(美国政府错误地指控越南民主共和国袭击了一艘美国海军舰艇）之后，国会授权林登·贝恩斯·约翰逊（Lyndon Baines Johnson）升级在越南的军事行动。第二年，就在民权领袖宣布从亚拉巴马的塞尔马（Selma）到蒙哥马利（Montgomery）游行计划之际，约翰逊下令执行"滚雷"（Rolling Thunder）计划，每天轰炸东南亚。1965年3月7日，约翰·刘易斯（John Lewis）和霍齐亚·威廉姆斯（Hosea Williams）带领抗议者走出塞尔马，来到埃德蒙·佩特斯桥（Edmund Pettus Bridge），警长吉姆·克拉克（Jim Clark）指挥警察残酷殴打他们，引发全国公愤，导致1965年《投票权法案》（Voting Rights Act）的签署。第二天，3500名海军陆战队士兵在岘港登陆。当年8月，洛杉矶瓦茨区（Watts）暴动中有34人死亡，马丁·路德·金敦促林登·贝恩斯·约翰逊停止对越南民主共和国的轰炸。此时，马丁·路德·金正在寻找方法，想把结束种族主义的斗争与建立更加经济公正的社会的斗争结合起来。他知道越南是这两者的威胁。[10]

然而，由于与民主党结盟，马丁·路德·金不再那么尖锐地批评外交政策。1966年，学生非暴力协调委员会（Student Nonviolent Coordinating Committee）开始批评越南战争时，受到非裔美国人的报纸《亚特兰大世界日报》（Atlanta Daily World）的指责："黑人必须继续忠于美国，特别是在法律面前即将获得完全平等地位的时候。"[11] 但到1967年年初，马丁·路德·金被美国士兵用武器伤害越南儿童的画面，"撕裂的肉体，碎裂的骨头"，被凝固汽油弹和白磷"烧焦的小脸和尸体"吓坏了，他再也不能保持沉默了。[12]

2

1967年4月4日,马丁·路德·金在挤满数千人的曼哈顿河滨教堂(Riverside Church)发表了演讲"超越越南"(Beyond Vietnam)。[13]他说,现在是时候"打破我这种背叛的沉默了"。马丁·路德·金不仅谴责美国在东南亚的战争,还谴责其漫长的扩张历史,其"种族主义、物质主义和军国主义的巨大三胞胎",以及"认为利润动机和财产权比人更重要"的政治文化。

在某种程度上,马丁·路德·金的演讲是对约翰·昆西·亚当斯于1836年谴责同僚中杰克逊派的回答,是跨越历史的呼吁和回应。谁来为美国的边疆战争买单?亚当斯曾问。"是穷人。"马丁·路德·金回答。亚当斯问,战争能提供社会黏合剂,把美国人口中"三教九流"团结在一起吗?是的,马丁·路德·金回答,只要杀戮不止,就会有"残酷的团结"。"难道仇恨还不够吗?"亚当斯问,"难道你们的印第安人还不够'消灭'吗?"马丁·路德·金说,美国是世界上"最大的暴力提供者……用凝固汽油弹烧死人的行为"是"更深层次疾病的症状",是共和国的核心疾病。

就像亚当斯看着杰克逊派在以无休无止的边疆战争来扭转(正如他在日记中所写)自己"不断进步的内部改良"政策一样,马丁·路德·金眼看越南战争使公义脱轨:"不管黑人还是白人,这项扶贫计划似乎给穷人带来真正的希望。曾有过实验、希望、新的开始。然后越战就爆发了。"他眼看着这个计划"被破坏和重创,在为战争疯狂的社会面前,它就像个无聊的政治玩物"。

他在别的场合说:"这个世界已容纳了我们太多的野蛮行径,我们只能孤单地站在它面前。"

冷战自由主义共识将美国内对民权的支持建立在对国外的反共主义的支持上。马丁·路德·金的异议与其说是在同它决裂,不如说是在驳斥一个更古老、更原始的前提。这个国家是建立在"扩张是实现和保护社会进步的必要条件"这一理念上的。几个世纪以来,这个想法一次又一次通过战争实现。把投票权扩大到白种工人阶级与驱逐印第安人是同时进行的;联邦军队击败南部邦联,不仅结束了奴隶制,而且标志着西部最终和平的开始;被征服的边疆仍是高加索民主的重要基础。数百万英亩土地被分配给退伍军人。1898年战争爆发后,非裔美国人开始大量参军,那时已经没有更多边疆土地可供分配了。但对非裔美国人和普通工人阶级来说,服兵役仍是美国社会流动最有效的机制之一,因为有《退伍军人权利法案》为退伍军人提供教育、医疗和自置居所。

16世纪,马丁·路德发起欧洲宗教改革运动;现在,他的同名者马丁·路德·金的不同意见也标志着美国政治中的分裂。"超越越南"不仅意味着通过要求退出东南亚,从而脱离"新政"联盟,还意味着要打破连杜波依斯都受到诱惑的与魔鬼的交易,即可以通过海外扩张和军国主义换取社会进步的理念。马丁·路德·金很清楚,虽然战争驱动进步,但也威胁进步,因为它唤醒了美国历史中始终存在的反叛者、复仇主义者和种族主义者。1898年战争时,军队招募了更多非裔美国人,为他们在美国找到一席之地提供了一个方法。同年,在北卡罗来纳威尔明顿市,白人士兵回到家乡，屠杀非裔美国人，剥夺他们的公职。尽管战争把改革变成一种交易（例如有参政扩大论者支持伍德罗·威尔逊的战争，以换取他支持他们的投票权），尽管战争起到安全阀的作用（帮助极端主义向国外发泄），它也导致了深受马丁·路德·金诟病的，痴迷于安全和秩序的、咄咄逼人的政治文化。[14]

马丁·路德·金为自己的反对付出了代价。杰基·鲁宾逊（Jackie Robinson）、罗伊·威尔金斯（Roy Wilkins）甚至贝亚德·拉斯廷（Bayard Rustin）等白人盟友（代表支持"海外战争将促进国内进步"这一自由共识）和黑人盟友（把赌注押在这一共识上）都谴责他。全美国各地的报纸几乎异口同声地谴责他。《华盛顿邮报》（*Washington Post*）已经通知马丁·路德·金不再需要他的服务。"他削弱了自己的作用"，该报的编辑说，并将他的言论描述为"纯属毫无根据的幻想"。《洛杉矶时报》在一篇题为《金博士的错误》（Dr. King's Error）的文章中指出，"将这些困难而复杂的问题联系起来，不会产生解决方案，而是会使人更困惑"。①

马丁·路德·金继续批评这场战争，形容越南是"恶魔般的、毁灭性的吸管"，在加剧美国国内两极分化的同时，将资源、承诺和注意力吸到外面。在国外杀害棕色人种的种族主义者变得更加种族主义；反对种族主义的人为应对这种杀戮，态度更加激进。随着1967年城市骚乱的持续，马丁·路德·金反复指出：战争耗费的财富本可以用来减轻国内贫困，本可以用来建设更公正国家的政治，能源却被浪费在另一场"神圣的救世主般的征服"中。黑人和白人士兵结成残忍的联盟杀害外国人，因战争而恶化

---

① 一部很受欢迎的电影《塞尔马》牢记了这一点：最好把国外的战争和国内的社会正义斗争分开，以免混淆。这部电影近距离再现了马丁·路德·金和林登·约翰逊之间关于投票权的谈判，但没有提及甚至没有暗示越战，也没有提及这场战争如何去除了马丁·路德·金计划中的精华。——作者注

的最具破坏性的激情可能会被战争引向国外。但是马丁·路德·金说，美国不得不自算总账的时间快要到了，到时候它也无法再将其种族仇恨中最具破坏性的因素向外转移。他说："我们的国家正试图双线作战，同时打越战和反贫困战争，而且即将双线溃败。"

他在河滨教堂的演讲中说："有件事已为时过晚。"他警告说，美国即使试图调转航向，可能也无法摆脱自我毁灭的命运。"在众多文明的白骨和一地残渣上写着可悲的文字：'太晚了。'"

这一时期，其他人也开始提出类似论点，即战争在助长国内种族主义的同时，也将其大部分恶意向国外扩散。20世纪50年代，有人批评历史学家威廉·阿普尔曼·威廉姆斯对美国外交政策的解释过于唯物主义，认为美国扩张是出于寻找新市场的需要。不过，越战把他变成了疯狂的弗洛伊德追随者。他写道："美国人将暴力投射于他们认为的低等人身上，以此否认并升华其暴力行径。"

3

THE END OF THE MYTH

在马丁·路德·金提出不同意见之前，南方邦联战旗和白人至上的象征，包括三K党和燃烧的十字架等已经在越南露过面了。例如1965年圣诞节，保守派喜剧演员鲍勃·霍普（Bob Hope）在边和空军基地（Bien Hoa Air Base）主持的劳军联合组织演出中，有白人士兵在观众面前举起邦联旗帜，而军官们在旗帜旁摆姿势并拍照。[15] 在马丁·路德·金1967年演讲之后，这面旗子展示得更加明显。"我们为之流血牺牲的战争一开始就不太受欢迎"，33岁的驻越南非裔美国人埃迪·基钦（Eddie Kitchen）中尉，于1968年2月底给芝加哥的母亲写信，抱怨"那些仍在打内战的人"。[16] 自1955年就在军队服役的基钦中尉说，南方邦联的旗帜迅速激增，有的挂在吉普车上，有的在基地上空飘扬。两周后他死了，官方记录为"阵亡"。他母亲认为他因抗议那面旗帜而被白人士兵报复杀害。

基钦不过是众多抱怨者之一。非裔美国人报纸《芝加哥捍卫者》（*Chicago Defender*）报道称，南方白人正在用种族主义"传染"越南人，"南方邦联的旗帜在越南似乎比一些国家的旗帜更受欢迎"，这是根据"西贡街角出售的旗帜"判断的。反抗迪克西主义的黑人士兵遭到白人军官的报复。有些人被投进军事监狱。[17] 一等兵丹尼·弗雷泽（Danny Frazier）向上级抱怨有亚拉巴马士兵在他的军营里挂那"该死的旗帜",于是他们把他降级,命令他做羞辱性的工作。

马丁·路德·金于发表"超越越南"演讲的整整一年后,在田纳西的孟菲斯市(Memphis)被暗杀。抗议和骚乱在美国各个城市蔓延,驻越南的白人士兵升起邦联旗帜以示庆祝。指挥官们任它们飘扬了好几天。在金兰湾美军基地(Cam Ranh Bay Naval Base),一群身穿白色长袍的人举行了三K党集会。在岘港等地,他们焚烧十字架。类似事件发生之后,国防部试图在基地和战区禁止悬挂南方邦联的旗帜。但是南方民主党的政客们反对,而林登·约翰逊总统需要他们投票资助战争。于是五角大楼让步,撤回了禁令。[18]

战旗飘扬,十字架被焚烧,美国在东南亚的战争变了味,成为一场不同类型的种族战争。它不仅针对越南人,也针对军队内部。类似于1898年佛罗里达的那种暴力事件再次发生,但规模更大。据报道在某基地里,一个非裔美国士兵炸掉了军官俱乐部,以此报复每晚喝醉了酒就在那里唱南部邦联歌的人。

出身南方的工人阶级士兵,无论白人还是黑人,在美国战争中服役的人数所占的比例都不合理,因此,上述围绕在南方种族主义身份象征上的不断升级的战斗,实际标志着1898年条约的结束。那份曾促成南北和解的条约基于两个因素。首先,1898年战争以及随后的一系列战争使南方人不必放弃白人至上主义就能重新获得美国的承认。相反,白人至上的象征,即南方邦联的旗帜,在美军不断扩展的战场上频繁出现。许多人甚至设想,它代表的不是种族统治和奴隶制,而是荣誉和勇气,是推动民主进程的战斗精神。其次,从1898年战争开始,非裔美国人可以通过自愿为国而战来获得公民身份,同时军队成了国家阶级和种族流动最有效的场所,以及教育和福利等社会服务的分配者。与其说该条约压制或超越了种族冲突,还不如说把它从一场战争推迟到下一场战争。然而,越南战争失败使这种推迟无可再推。

越南战争对美国国内的影响甚至比马丁·路德·金想象的还要严重,因为反对民权运动的种族主义者与反对将南部邦联旗帜国有化的反战运动的敌意融合在一起。这面旗帜不仅越来越频繁地出现在已成为边缘组织的三K党和极右组织约翰·伯奇协会(John Birch Society)的集会上,而且出现在旧南方(内战前南方)之外地区,如底特律、芝加哥、加利福尼亚、宾夕法尼亚和康涅狄格的"爱国"集会上。1970年6月14日的国旗日,支持战争的示威者举着一面巨大的南部邦联旗帜在匹兹堡的自由大道(Liberty Avenue)上游行,要求"美国政府……到那儿去,赢得胜利"[19]。

对许多人来说,这面战旗仍然象征着种族主义对联邦努力促进平等权利和融合的反映。然而,其含义在美国社会中有更广泛的渗透。种族、军国主义和阶级冲突汇成一场更广泛的"文化战争",使崛起的"新右翼"分子聚集在圣安德鲁十字架(St. Andrew's Cross)周围,为南方,也为越南共和国复仇。南方邦联的旗帜不再作为和解的信号旗飘扬,人们也不再寄希望于它代表的南方军事传统与北方当权派的结合能把美国精神传播到海外。现在它成了那些认为当权派已牺牲了这一传统的人的旗帜,还"在它背后捅了一刀"。这面战旗不再特指某次"败局命定",而代表所有白人至上主义失败的事业。

例如,出身工人阶级的佛罗里达中尉威廉·卡利(William Calley),是唯一因参加1968年3月越南美莱村大屠杀(My Lai Massacre)被定罪的士兵,成为"委屈"标准的代表。他在全美国各地都很受欢迎,尤其是在南方。他的支持者聚集在南方邦联旗帜下,理查德·尼克松在连任竞选时还拥抱了卡利。结果,屠杀500多名越南平民从战争罪行变为文化楔子问题,被用来挑拨并扩散南方的不满情绪,还以战时粗鄙化的感情为武器来获得选举优势。[20] 尼克松谈到卡利在美莱村的行为时说:"大多数人根本不在乎他是不是杀了那么多人。""村民们罪有应得",路易斯安那参议员艾伦·埃伦德(Allen Ellender)表示赞同。[21]

越南战争失利,长期受战争约束的种族和意识形态冲突开始恶化。马丁·路德·金所说的"恶魔的吸管"被打开了开关,现在风向内吹,煽起反作用的火苗。马丁·路德·金说战争是国内问题。1969 年离开白宫后,林登·贝恩斯·约翰逊同意这一观点,他说如果美国失败,越南南部陷落,"国内就会出现严重反弹"[22]。

至于南方邦联的旗帜,它仍会被带到包括波斯湾在内的战场上。但现在,它得同许多其他种族主义符号竞争,其意义已变得模糊。在美国对越南、伊拉克、阿富汗、叙利亚、利比亚等灾难性的军事干预开始相互融合后,它所传达的不过是长期、不受约束的怨恨。怀有这种怨恨的人自以为有权使他人遭受痛苦。[23] 根据阿富汗臭名昭著的巴格拉姆剧院拘留中心(Bagram Theater Internment Facility)报告,在阿富汗,一个被称为"睾丸派素帮"(Testosterone Gang)的排涉嫌虐待被拘留者。这群人是"虔诚的健美运动员",据称是拘留中心最残酷的审讯者。他们的帐篷中就悬挂着那面战旗。[24]

4

THE END OF THE MYTH

众所周知，二战后长期共识一直处于破裂状态：东南亚的失败、10年的种族冲突和城市骚乱、暗杀、水门事件和不断上涨的能源价格。在冷战期间，即使只将自由定义为公司索取、投资和扩大支配范围的能力，美国也没能"扩大自由领域"。在二战结束后的20年里，美国政府在世界各地包括1953年的伊朗、1964年的印度尼西亚和1973年的智利，协助进行数十次反共政变，旨在为美国资本打开第三世界。结果却恰恰相反，它们引发了更大的经济保护主义浪潮——墨西哥革命席卷全球，通过工业国有化和高关税，把美国投资拒之门外。

丹尼尔·贝尔（Daniel Bell）在1975年写道："今天，随着帝国终结，权力削弱，人们对国家未来丧失信心，对'美国例外论'的信仰已消失。"[25] 而在15年前，贝尔出版了颇具影响力的著作《意识形态的终结》（*The End of Ideology*），认为美国已超越了意识形态，还认为二战后，新政激进主义已经让位于对"技术专家治国论"的信心。在自由主义的美国，智慧在民主结构中被制度化。引导逐渐进步的是政策而不是社会冲突，更不是意识形态。不过，现在自由派技术官僚疯狂地把国家推入非理性的战争，贝尔对此做法印象深刻，于是提出某些修改意见。他想知道，一个长期以来自以为卸下历史负担的国家，为何会一直重演历史，尤其是反复揭开"边疆暴力"的伤疤？为什么"牛仔和印第安人"仍然是这个国家唯一会做的游戏？

贝尔试图回答。他说，美国已摆脱历史义务的理念，加之有一种永生不死的感觉，给美国的民族认同带来一种失重感。增长的道路上没有障碍，甚至没有死亡阻挡。基督教的正义使"美国使命"对外神圣化，赋予这个国家"特殊的美国超自然命运"。但在东南亚的失败把它拉回现实。"不再有天定命运或使命。"贝尔写道。这场战争、使其师出有名的谎言，以及点燃战火的谎言证明，"我们未能幸免于权力的腐败。我们不是那个例外……我们的死亡就在眼前"。美国"陷入了历史的泥潭"。

关于无限的神话创造了一种独特的美国困境。一方面，在以上讨论的所有方式中，走向世界的能力确实有助于稳定社会。就连新政也依赖于外国市场开放。新政引用封闭的边界来论证：复杂的社会需要强大的国家监管。这些市场有助于合并高科技、资本密集型的企业部门，支持国内改革议程。另一方面，对无限的盲目信仰破坏了社会稳定，要把美国赶到极限之外（奥克塔维奥·帕斯于1970年形容美国是"沿着越来越细的路线加速行走的巨人"），直到它在越南触碰到极限，这场战争在全社会播撒不信任的种子，加剧了美国国内种族和阶级冲突，导致执政合法性崩溃。[26]

贝尔写道，美国例外论的终结可能促使人们更诚实地反思美国面临的问题，从而创造出一个更自觉的社会国家，提供包括类似欧洲社会民主制度在内的"更广泛"的政策选择。但贝尔认为战争造成的不稳定更有可能持续。所有的"政治问题"，或者种族、战争、犯罪、毒品、性、汽油和取暖油的价格等与文化有关的"楔子议题"①都是由越南带来的。它们将是

---

① 楔子议题（wedge issue）指政党借以离间对手支持者的重大政治难题。——译者注

"孤注一掷煽动民意"的开始。

当然，理查德·尼克松就是贝尔心目中的那种政治家。尼克松的"南方战略"以迎合种族仇恨而闻名。但事实证明，他还有个"边疆战略"要在更远的南方实行。[27] 历史学家帕特里克·蒂蒙斯（Patrick Timmons）写道，1968 年竞选总统时，尼克松承诺要严厉打击来自墨西哥的非法毒品，用他的话说就是"大麻问题"。在入主白宫后不久，尼克松确实实施了"拦截行动"（Operation Intercept），一次短暂、军事化也是戏剧化的边境制裁行动。行动负责人是两位右翼人士 G. 戈登·利迪（G. Gordon Liddy）和乔·阿帕约，凸显了尼克松与煽动行为间的连续性。贝尔很有先见之明地警告说，这种煽动行为将成为美国政治的主要内容。利迪后来负责管理尼克松的"水管工"（Plumber），就是那些闯入水门旅馆（Watergate Hotel）的窃贼，这也导致了尼克松的垮台。亚利桑那马里科帕县的警长阿帕约是个种族主义者，他常常无缘无故就羞辱或残忍对待无力抵抗的拉丁美洲裔囚犯，有时甚至把他们置于死地。他将会成为特朗普的早期支持者。

贝尔认为，这个国家将越来越多地承受尼克松在边境上耍的那种花招的影响。他写道，要想利用"楔子议题"，保守派煽动者所处的位置最有利。但"帝国终结"逼迫他们转向国内，因此保守派将无法以这一优势为基础继续发展。也就是说，他们将无法利用外交政策来实现"关键的重新结盟"。这是一套新的道德理想，即如何组织这个国家，使之在他们的总统任期外得以延续。通过借力两极分化来赢得胜利，保守派只会加剧两极分化，从而导致类似于永久失衡的一种状态。

贝尔只说对了一半。他没有见到罗纳德·里根出场。

第十三章
更多，更多，更多

THE END OF THE MYTH

"没有什么不可能。"

第十三章 更多，更多，更多

有哪位政治家对美国自由和无限权利的描述能比罗纳德·里根更简单、更有常识性？1980 年初，在西贡①沦陷 5 年后，他在俄亥俄河沿岸一个产钢的小城停留，为选举拉票。当时伊朗人挟持美国公民作为人质；尼加拉瓜的革命者向美国在西半球的影响力挑战；就在几个月前，吉米·卡特（Jimmy Carter）敦促公民放弃不必要的假期，以节省汽油："就在几年前，如果哪个美国人被战争或革命困在哪个国家，他只要在翻领上别一面小小的美国国旗，就可以在战火中自由行走，没人敢碰他一根手指头，他会毫发无伤，因为全世界都尊重美国，知道我们会不惜一切代价保护每个公民。"[1]

里根似乎正在把亨利·戴维·梭罗（Henry David Thoreau）1851 年的文章《行走》（*Walking*）改写成一篇冷战寓言，而那篇文章写的是在"绝对自由"状态中毫无目的地漫步于大自然的乐趣。美国逐步扩大越南战争，并促使尼加拉瓜和伊朗社会日渐激进（通过引发动乱的经济政策和压制改革者的安全政策）。然而里根的故事的寓意是，美国不应为其在境外制造的混乱负责，也不应以任何方式受到约束，同时宣称美国有权制造更多混乱。里根口中的漫游者，把国旗别在翻领上，在枪声中平静地漫步。

---

① 西贡（Saigon）即今之越南胡志明市。——译者注

1

THE END OF THE MYTH

罗纳德·里根反对吉米·卡特调低政府办公大楼里恒温器的行政命令，就像它是禁止白人在阿勒格尼山脉西部定居的英国王室公告一样。竞选初期，里根在宾夕法尼亚阿勒格尼县（Allegheny County）的科里奥波利斯（Coraopolis）对一群钢铁工人说，卡特想让我们"苦不堪言"。1981年，里根一上任就取消了卡特关于恒温器调节的命令，说这是"过度的监管负担"，还从白宫屋顶上拆走了卡特的太阳能电池板。里根能源过渡团队的负责人，一位来自休斯敦的石油和天然气从业人士，说接下来要发生的是"更多，更多，更多"[2]。

美国上一个政治联盟"新政"通过讨论极限问题走上国家舞台，而富兰克林·罗斯福利用封闭边境的意象提出新的政治常识。40年后，该联盟因讨论极限问题退出舞台。1979年卡特在戴维营发表著名"萎靡演讲"（malaise speech）时说："我们相信我们国家的资源是无限的。"在某种程度上说，卡特的意思同韦尔、蔡斯、特格韦尔、珀金斯、华莱士甚至富兰克林·罗斯福本人多年前的意思相同。我们惯于认为没有极限，这就造成了一种特定心理倾向（正如卡特所言，这是"错误的自由观念，认为自己比他人有权获得某些优势"）；既然我们已经达到极限，我们需要基于对社会依赖性的认识调整发展新的自由概念。新政拥护者可以从原因（边疆关闭）到影响（大萧条的诸多弊病）再到行动，摸索出一条清晰的路线：政府以各种形式进行干预。如果一种干预措施不起作用，就试试其他的。

相比之下，卡特受到的限制更多，越战失败的后果和飙升的能源成本缩小了他的选择范围。他的戴维营演说代表很多人的想法，即世界已经到了"富足的尽头"，无论是由于人口增长还是对不可再生资源的过度消费，资本主义已经触及了"增长的极限"。[3]但是卡特的讲话杂乱无章。他无法分清国家问题的原因和影响：石油危机、通货膨胀、越南、水门事件、"特殊利益集团"，马丁·路德·金、约翰·肯尼迪和罗伯特·肯尼迪遇刺，"瘫痪、停滞和逐渐恶化"，以及"放纵和消费"的文化。卡特无法向外转移矛盾。在东南亚的失败、尼加拉瓜和伊朗的革命，以及日益高涨的经济民族主义隔绝了第三世界的大部分地区，使美国无法采取包括投资在内的行动。而这些地区在冷战高峰时处于华盛顿的安全范围之内。[4]

尽管分析混乱，但这次坦率的演讲还是受到许多人的欢迎，这与人们记忆中的情况相反。卡特的民调数字上升。[5]但随后他无法像罗斯福几十年前所做的那样，用明确的政策理念，解释为何"承认极限"是建设更好社会的第一步。这就给了里根机会。正如一位共和党民调专家所说，这场演讲建立了"有趣的对比"：更多，更多，更多。[6]

2

THE END OF THE MYTH

在任何一天，里根都可能像之前的尼克松一样，令人厌恶地利用种族仇恨和越南战败引起的强烈抵制来获得选举优势。里根在密西西比农村的尼肖巴县农贸会（Neshoba County Fair）拉开了1980年竞选的序幕，因为16年前那里有3名民权工作者被杀。他宣布支持"州权"，用不那么微妙的信号表示自己同情南方为维持某种事实种族隔离所做的努力。他说，"我信任州权"，包括恢复地方政府对学校的控制。里根抱怨福利制度的"庞大官僚机构"，听起来就像安德鲁·约翰逊在抱怨被解放黑奴事务管理局一样。[7] 他在竞选途中说，"是时候告诉其他国家，我们不在乎他们是否喜欢我们了"，"我们希望得到尊重"。他滔滔不绝地谈起那些"政治问题"，如丹尼尔·贝尔谈到过的右翼民粹主义、反对堕胎、枪支管制、福利、法规和石油开采的环境限制，承诺严厉打击犯罪、阻止家庭解体等。"家庭单位正在退化、削弱。"1980年初，《洛杉矶时报》称里根填补了亚拉巴马的种族主义者乔治·华莱士离开国家政治舞台后留下的"空白"。意思是：里根呼吁白人至上主义。[8]

从这个意义上说，里根的新右翼革命实现了贝尔的预言，即煽动者将能够利用新政秩序的崩溃。但贝尔错误地认为关键的重新结盟不可能出现，认为推动里根上台的"问题政治"的分裂和种族本质只允许消极的政治和不满的动员。的确，新右翼在本质上是消极的，是围绕着反对主义组织起来的，如反对联邦政府控制公共土地、法规、税收、工会权力，反对政府为实现种族、性别和性倾向的平等而采取的行动，反对枪支控制、环境问题强加的极限理念、第三世界民族主义、学校性教育。但是，无限的承诺"更多，更多，更多"将消极性转变为积极形象的描述，转变为意识形态的重新组合，老调重弹，把失重、无限和永生当成美国的美德。里根提出了一种前瞻性的美国主义，正如他曾经说过的那样——既不偏左也不偏右，而是向上——"达到个人自由的最大限度"。

将自由的理想恢复为不受约束的自由，既是有效的煽动性策略（比如里根向密西西比的听众承诺不受联邦监督的自由），也是追求更大的利益的道德诉求，是召唤包容、无限的美国主义方式。而这种主义是围绕着无穷无尽的地平线（也可以叫它边疆）组织起来的。里根说："增长无极限。没有什么不可能。"

在 8 年任期内，里根经常援引先驱者的形象"将我们拉向未来"，推动我们"走向遥远的边疆"，以弥合他的政治联盟中的分歧，并设想国家能在一个特殊历史阶段中团结起来。[9] 对尼加拉瓜、萨尔瓦多和安哥拉等"自由边疆"国家，他的政策可能相当野蛮。但在美国国内观众看来，他扮演的是阳光的警长角色。他这样做时，带着一种布莱希特（Brechtian）式的讽刺，承认在这个范围内"生活并不那么简单"，承认"神话"和"现实"之间是有区别的。一位作家早已指出，"边疆已经开始有了自我意识"[10]，但这并不重要。里根引用自由主义历史学家亨利·斯蒂尔·康马杰（Henry Steele Commager）的话说："美国人对西部的信心，与其说是真实的，不如说是他们认为应该是真实的。"[11]

3

在里根首次当选后的几年里,新右翼带头为市场和道德主义注入勃勃生机,这是在越战之后,对这一使命的重新神圣化,许多人认为这一使命被永久去神圣化了。在外交政策和外交策略方面,新右派重新合法化的努力得以实现;也正是在这个领域,他们可以采取行动在世界上重新建立权威,可以反复演练各种想法来证明行动合理。早前进入行政机构的保守派知识分子努力纠正越战后形成的"美国的权力是不道德的"这一观念。该观念曾被多次证实:美莱村大屠杀、肯特大学(Kent State)惨案、对柬埔寨的非法战争、对各国的秘密行动的调查,调查伊朗、危地马拉和智利的政变,刚果领导人帕特里斯·卢蒙巴(Patrice Lumumba)被杀,以及针对包括马丁·路德·金在内的美国公民的国内监视和心理战等。

怀疑论和愤世嫉俗情绪蔓延,滋生出比有组织的反对更具威胁性的东西:一种极度不信任的文化,时而愤怒,时而冷漠,并倾向于相信美国最坏的一面。这种文化以阴谋论的扩散来解释政治,要么与美国政府实际做过的事情有关(如多年来秘密轰炸柬埔寨、致力于推翻拉丁美洲和其他地区的民选领导人),要么与人们认为它做过的事情有关。

因此,里根的副国务卿威廉·克拉克(William Clark)在1981年一份有影响力的政策备忘录中写道：美国可能需要"对苏联做出军事回应"。但这也需要"意识形态的回应"，"我们的斗争是为了政治自由"，克拉克说。[12] 他认为，卡特在总统任期内开始提倡的那种强调"人权"的政策可能对这一意识形态项目有帮助。但有必要进行一些修改。战后几年中，保守派成功阻止了社会权利在美国国内合法化（以及阻止它通过殖民主义的后门，从波多黎各"迂回"进入美国国内）。但在世界其他大多数国家中，"人权"意味着社会权利。因此，新右翼知识分子促使其重新定义，希望找回更纯粹的"美国式"理解，缩减到与"个人权利"一致。里根的国家安全顾问理查德·艾伦（Richard Allen）同意这点，他说："经济和社会权利的概念是对人权本义的稀释和扭曲。"[13] "生命、自由、财产"，艾伦认为应被适当地视为人权。

然而，最终克拉克认为"人权"这个词无法挽救。他建议国务院"完全放弃"使用它，用"个人权利"、"政治权利"和"公民自由"取而代之。克拉克和其他人想要的是安德鲁·杰克逊对"人权"的理解：在迁移印第安人的过程中，杰克逊支持对政府权力的最低限度定义（"几乎感觉不到"），从而最大限度地维护个人权利，包括占有印第安人迁移时被剥夺的财产的权利。就像"自由"一样，"个人权利"的理念既可以是普遍诉求（代表被暴政践踏的人们①），也可以是种族主义者的狗哨。不可能把"个人权利"（拥有、携带武器，并呼吁国家的力量来保护这些权利）从造就了这些权利的血腥历史中剥离出来，也不可能将其从拓殖者和奴隶贩子在穿过

---

① 作为自由主义牧场主，克拉克敦促里根对苏联采取更加激进的意识形态立场。"我更喜欢谈论个人或个人权利"，克拉克在1981年的一次会议上说。那次会议的目的是讨论如何在避免肯定社会权利原则的同时，使用权利的语言来批评正在革命的伊朗。有与会者担心过于强调"个性"会限制政府为"少数族裔"（如"苏联的犹太人"和"土耳其的亚美尼亚人"）辩护的能力。然而，里根政府的一名官员说，"重要的是努力争取个人权利。这是反对共产主义的有效方法。强调个人是表现强势的最好方式"。——作者注

这片土地时从有色人种那里获得的权利中分离出来。特伦特·洛特（Trent Lott）在1984年承认，"杰斐逊·戴维斯和他的追随者信仰个人权利"[14]。

这种对个人权利理想的重申，与一场由企业、保守派基金会和自由主义捐赠者发起的更广泛的意识形态运动相呼应。这个故事众所周知：经济学家弗里德里希·冯·哈耶克和小说家兼哲学家安·兰德（Ayn Rand）等知识分子和活动家以教育和文化机构、大学和出版社为阵地，培养了一代又一代追随者，以推动他们的反中央集权革命，对抗一切形式的集体主义。[15] 当他们的契机，即20世纪70年代的危机袭来时，他们已经做好了准备，推动去监管化、私有化和减税。这场革命通常被描述为"奥地利学派"（Austrian school）的胜利，因为其中有不少最杰出的经济学家，如哈耶克和路德维希·冯·米塞斯（Ludwig von Mises），都来自维也纳。但现代自由意志主义运动的奠基人，包括前面提到的萝丝·怀尔德·莱恩、伊莎贝尔·帕特森和詹姆斯·布坎南，明白他们的使命是将"边疆理念"应用到公共政策中。[16] 事实证明，自由主义革命取得了巨大的成功（其中包括赋予企业言论自由的法律裁决），改变了经济、法律、教育、劳动关系和哲学领域。

日益政治化的精英开始向知识分子、律师、经济学家或哲学家投入大量资金，只要他们自称新的先驱者，或主张个人是美德的唯一源泉，也是价值的唯一创造者，世界被分为制造者和接受者，市场是唯一有效的解决方案，以及新的经济边疆总是向征服者敞开大门。几十年前，弗雷德里克·杰克逊·特纳指出，类似的"行业大师"宣称自己是先驱者，并借用西部的象征以攫取"新的行动和权力渠道"，从而"扩大他们的统治范围"。现在他们又来了，首席执行官们唱着，"别把我圈在围栏里"①。

然而，为首席执行官们打开围栏，并不是那种可以证明里根大幅增加军费开支和支持第三世界反共叛乱是合理的"意识形态回应"。在如此多新右派分子执意要摧毁公益理念时，提出公益的愿景并非易事。即使有新右翼政策知识分子主张削减福利、攻击公共教育、削弱工会，但富人愈富，穷人愈穷。此时，一位帝王式的总统重新恢复活力，试图在道德基础上重建美国权力，还有一群忠诚的保守派活动人士骨干，十分乐意把"社会"这个词从字典中删除。正是在这样的背景下，里根支持移民改革。

---

① 例如，科赫兄弟在1980年开始参与国家政治，当时大卫·科赫（David Koch）作为自由党候选人竞选副总统，推动一项比里根更极端的放松管制议程，并在所谓的山艾树起义（Sagebrush Rebellion）中召集起支持者。20世纪70年代，为更好地管理西部公共土地，美国国会通过了包括《濒危物种法》（Endangered Species Act）在内的，名为"富足的终结"的立法，山艾树就是为了反对这项立法而出现的。山艾树由大型牧场主、土地开发商、矿工、木材公司和独立石油公司资助，在很大程度上是一场旨在削弱环境法规和联邦政府控制的人为运动。"起义者"把自己打扮成戴着牛仔帽的边疆杰克逊派成员，向联邦专制者宣战。里根也支持山艾树，并在任职期间增加了用于天然气和石油钻探的公共土地面积。多年来，科赫家族一直资助所谓的"明智地使用"活动，资助旨在将联邦土地私有化或将其转让给州政府的政客和组织［以及减少受保护自然保护区和联邦土地纪念碑的规模，就像特朗普政府在犹他对"熊耳朵"（Bears Ears）国家纪念地所做的那样］。——作者注

4

1980年9月,里根在得克萨斯的竞选活动中说:"不能在两个友好国家间的边界上建一道9英尺高的围栏。"他抨击卡特政府计划在交通繁忙的边境地区修建隔离墙,以此争取得克萨斯拉丁裔人口的选票。4年前,卡特获得了87%的拉丁裔人口的选票。里根说:"你给无证工人发放旅行文件,让他们拿着签证来美国",让他们"想待多久就待多久"。[17]

20世纪60年代的政策变化使移民辩论升温。1963年,美国政府结束了持续20年的,允许数百万低技能墨西哥工人在美国农场赚取季节性工资的"布拉塞洛计划"[18]。1965年,国会通过了《移民与国籍法》(Immigration and Nationality Act)。该法案很大程度上是自由化改革,因废除了1924年实施的明确的种族主义配额制度而被本土主义者谴责。然而,新法案也首次限制了从墨西哥入境的移民数量。1968年,国会另设地方法院系统来审判非法入境的移民,于是被起诉、拘留和驱逐出境的人数大幅增加。这些政策修订结合在一起,进一步将墨西哥移民非法化。[19]"合法"移民潮慢慢变为涓涓细流。[20]但对墨西哥劳动力的需求又有所增加,"非法"劳动力因此源源不断涌入。据历史学家安娜·拉克尔·米尼安(Ana Raquel Minian)的说法,在美国因非法入境而被捕的墨西哥人数量从1965年的5.5万上升到

1986 年的 150 万。[21]

从某种意义上说，这些年来，边境几乎是完全开放的，数百名工人聚集在圣迭戈南部，等待夜幕降临。1972 年至 1977 年期间领导移民归化局（Immigration and Naturalization Service）的伦纳德·查普曼（Leonard Chapman）警告说，有支"移民大军"正在领导一场"无声的入侵"。但他也认为移民法"绝对无法执行"。退休四星上将查普曼说："警察国家（通过警察部门控制人民旅行及言论等自由）不是解决办法。没人想看到我们的国家被柏林墙包围。我们也不能让一大群移民官员在街上拦住人，检查他们的公民身份。"[22] 与此同时，越境行为越来越危险，因为墨西哥移民常与有组织的犯罪、人口贩运、毒品和枪支走私有关联。盗贼们在圣迭戈南部的峡谷中跟踪贫穷移民。1978 年，该市警方"钓鱼执法"，让警员装扮成移民来抓捕罪犯。但后来他们不得不放弃这种做法，因为去做诱饵的警察经常遭到其他警察和边境巡逻队开枪射击。

这些年来，移民工作的性质变了。除了在田里、工厂和餐馆找工作，有更多工人聚集在城市街角，希望能被临时雇去做家务，给花园剪草或做一次性的修理工作。越来越多的中产阶级家庭雇用无证妇女做居家佣人，她们的情况类似于以劳役偿债。在整个边境地区，劳动关系变得更加私密，就像奴隶制一样：有妇女被困在雇主家中，受到性和情感上的虐待。[23] 农场工人和奇卡诺人争取权利的积极分子之间日益激烈的斗争（如埃尔帕索的高中生为争取说西班牙语的权利而斗争），遭到白人至上主义者的强烈反对。[24]

加利福尼亚的冲突尤为严重。1967 年至 1975 年间，里根曾任加利福尼亚州州长。当时圣迭戈区杂乱无序地拓展，侵吞农田，针对移民的种族主义攻击也随之增加。私警开着皮卡行驶在泛圣迭戈地区的小路上，向墨西哥人射击。有人在浅浅的坟墓里发现了几十具尸体。[25] 愤怒的越战老兵发起"食豆佬①突袭"行动,破坏移民营地,给反移民的暴力行为火上浇油。狙击手瞄准越境的墨西哥人开枪。[26]在27岁的大卫·杜克(David Duke)领导下,三K党于1977年在加利福尼亚的圣伊西德罗(San Ysidro)入境点建立"边境哨点"(border watch),受到不少边境巡逻队员的支持。[27]其他三K党组织在得克萨斯南部建立了类似的巡逻队,在拉丁裔居民家门口放印有骷髅头和十字骨的传单,警告"外来佬"和联邦政府要对三K党心存畏惧。[28]大约在这个时候,特工们报告说在泥泞的蒂华纳河口沼泽发现陷阱,模仿越战中越南人为美军布下的那种竹尖陷阱。边境私警开始称那一带为"小越南"(Little 'Nam)。

美国刚刚在越南输掉了一场战争,很大程度上是因为事实证明,不可能控制越南共和国和越南民主共和国的分界线。事实上,为了不顾一切地防止越南民主共和国人渗入越南共和国,美国国防部长罗伯特·麦克纳马拉(Robert McNamara)已经花费5亿多美元购买了20万卷带刺铁丝和500万根篱笆桩,打算建造一道从南中国海延伸到老挝的"屏障",后来它被称作"麦克纳马拉线"。[29]但这项工程失败了。《纽约时报》称,首先被推平的6英里长的地带迅速重新被丛林覆盖,而隔离墙的木制瞭望塔"很快就被烧毁了"。[30]

作为总统,里根不得不在两者之间取得微妙的平衡。毕竟,他之所以能入主白宫,在很大程度上是因为越南战争引发的反弹。但现在,保守派的活跃人士开始要求在美国国内设置类似的障碍。[31]他们呼吁在边界上修建一道墙,甚至一条"护城河"。其他人肚里有一大堆牢骚要发,这些牢骚已成为移民辩论的主要议题。他们希望修改宪法,禁止生在美国的移民子女申请公民身份,并要求军队"全副武装地"巡逻边境。[32]成立于20世

---

① 食豆佬(Beaner)是贬低墨西哥人的俗语,因墨西哥人嗜吃豆。——译者注

纪 70 年代末的美国移民改革联合会（Federation for American Immigration Reform）和加利福尼亚人口稳定委员会（Californians for Population Stabilization）等团体反对提供任何"大赦"（为已经在美国的无证移民提供获得公民身份的途径）的立法，并要求美国人口普查局（U.S. Census Bureau）不得将无证居民计算在内。

不过，与此同时，共和党战略家们在 1983 年表示，共和党必须更坚定地站在"包容"一边。他们说："如果里根总统参选，那么拉丁裔选民的投票不仅对他 1984 年的连任机会至关重要，而且对党派的未来也至关重要。"[33]

里根采取折中方式。为了让排外主义者高兴，他的政府启动了"工作行动"（Operation Jobs），派联邦特工进入工作场所，抓捕并驱逐无证工人。被捕的人抱怨残酷的突袭："特工拘留我们，把我们成堆塞进拘留营。"埃韦拉多·莱瓦（Everardo Leyva）向一家墨西哥报纸描述，"他们给我们的食物简直是垃圾，我们除了回家别无选择"。[34]里根还把关键职位委任给强硬派。例如，哈罗德·埃泽尔（Harold Ezell）担任移民归化局驻西部地区专员时，组织"美国人边境巡逻队"（Americans for Border Patrol），要求对移民采取更严厉的行动。[35]埃泽尔在被委任移民归化局职位之前，是快餐连锁店"维也纳炸薯条公司"（Der Wienerschnitzel）的主管。他曾率边境巡逻队强迫 3000 名无证件工人沿圣迭戈县北部的 5 号州际公路排成一长队，以此警告其他移民。"他们应该害怕我们，"他说，"那些非法入境的人可不该喜欢我们。"[36]1984 年，边境巡逻队雇用了数百名新特工，这是"该机构成立 60 年的历史上人手增加最多的一次"。它还在美国西南部的公路和高速公路上设立了 24 小时值守的检查站。

里根可能不考虑卡特修建围栏的计划，但他的政府开始推行边境可以被"封闭"的理念，部署红外望远镜、侦察机、夜视镜等可能会提供有效控制的"高科技"设备。尽管一些地面传感器还是越战遗留的物资,但一名边防巡逻队官员说:"新家伙啊。"[37] 里根本人在竞选连任时采取了比1980年更为悲观的立场,他在一次辩论中说:"我们的边境已经失控。"[38] 里根任命的一位联邦检察官甚至开始调查疑似存在的选民欺诈行为,要求加利福尼亚县级官员报告所有要求双语投票的选民姓名,这将是一场长期持续的、反对有色人种投票权的早期尝试。[39]

然而,里根着眼于更长远的目标,他回避了当时占据共和党阵营的本土主义者。即使在他的政府进行工作场所突击搜查时,批评人士将其与20世纪50年代的"湿背人行动"相提并论,他也仍把该党的命运押在争取拉丁裔选票上。"拉丁裔美国人是共和党人",里根认为他们天生就是保守派,"他们只是不知道而已"。[40] 里根冒着遭到强烈反对的风险,致力于移民改革,包括对该国非法居民的特赦计划。

但越来越多的激进主义退伍军人加入白人至上主义组织的行列,还有"哨兵"和私警徘徊在边境,该拿他们怎么办呢?

5

对尼加拉瓜和阿富汗的秘密行动,以及支持反共叛乱为代表性的事件,为罗纳德·里根的冷战复兴战略提供了解决方案。这些战争使新右派中的有争议的神学保守派、新保守派和旧保守派忙得不可开交,否则他们可能会把火力集中在里根对民主党当权派在诸多国内问题(包括移民问题)做出的妥协上。白宫授权以奥利弗·诺斯(Oliver North)为负责人的跨部门组织管理外交政策,就好像重演"水牛比尔"的荒野西部秀一样。他们自称"牛仔"。涉及"牛仔"的各类丑闻曝光,伊朗门事件(Iran-Contra)既是犯罪,也是冒险史,同时也是一次通过在中美洲和其他地方镇压叛乱重新开放边疆,并将他的竞选活动吸引来的极端分子的注意力转移到境外的尝试——而且一度还成功了。最典型的例子就是托马斯·波西(Thomas Posey)及其"平民物资援助组织"(Civilian Materiel Assistance, CMA),这是一个准军事组织。

波西是典型的强烈反对派,正是林登·贝恩斯·约翰逊警告过的那种复仇主义者。波西已经浸淫于右派伯奇主义和三K党政治,越南战争使他更加激进,并在越战后的撤军中迷失了方向。他说:"和平时期很痛苦,我懒得动弹。"[41] 里根呼吁在第三世界废除共产主义,这给了波西重新行动的机会。他在弗林特城（Flint City）外行动，在当地的杂货店和枪支商店里摆上容量为一加仑①的腌菜罐，请求捐款，以便"阻止共产主义者前进，并把他们送回俄罗斯"。波西曾加入某个由越战老兵和国民警卫队成员组成的松散组织，其中还有不少人是三K党成员、伯奇主义者或兵痞，这些雇佣兵与白宫在非洲或亚洲不断酝酿的某个秘密行动有关联。这个组织的主要目的是想方设法绕过国会禁止向尼加拉瓜叛军提供军事援助的禁令，这些反共产主义分子试图破坏桑地诺政府的稳定。这项禁令是越战后更广泛的紧缩政策的一部分，旨在限制白宫发动不负责任战争的能力。

下一步，波西与三K党徒和越战老兵一起成立了平民物资援助组织，在接下来的几年里，平民物资援助组织与中美洲军队及负责他们事务的中情局管理人员建立了密切关系。平民物资援助组织筹集资金资助里根在中美洲的竞选活动，还向洪都拉斯的反政府武装和萨尔瓦多的右翼敢死队提供武器和其他物资。该组织的成员还训练尼加拉瓜的反政府武装，与他们并肩战斗，还帮助他们在哥斯达黎加建立了第二条战线。到1985年，与奥立弗·诺斯的牛仔们协调工作的平民物资援助组织宣布拥有数千名成员，其中大多数是越战老兵。该组织在南部佐治亚、路易斯安那、亚拉巴马、田纳西、佛罗里达和密西西比设有办事处，在该地区的众多军事和国民警卫队基地以及美国海外退伍军人协会（Veterans of Foreign Wars）的帮助下迅速发展。[42]

然而，平民物资援助组织并不仅仅关注中美洲。20世纪80年代中期，每年都有数十万人因里根在尼加拉瓜、危地马拉和萨尔瓦多发动的战争而逃离中美洲前往美国，这进一步激化了反共产主义的白人至上主义，正是这种状况使平民物资援助等组织活跃起来。在中美洲，三K党徒、伯奇主

---

① 1美制加仑约等于3.7升。——译者注

义者和极端种族主义分子认为共产主义者和无证移民间没有太大区别，因此平民物资援助组织向萨尔瓦多和洪都拉斯运送教官和物资的同时，也开始在亚利桑那组织私警巡逻边境（并不断攻击教会组织里帮助中美洲战争难民的"庇护"活动人士）。[43] 当时国会正要开始实施里根的移民改革，于是边境激进主义引起了全美国注意。1986 年 7 月 4 日，在 J. R. 黑根（J. R. Hagan，一名被描述为"收债人、准军事爱好者"的越南老兵，常吹嘘自己杀死过不少越南人）的指挥下，大约有 20 名平民物资援助组织"边境天使"身穿迷彩服，手持 AK-47 步枪，抓住 16 名越过诺加莱斯（Nogales）以东边境线的移民，用枪指着他们，最后把他们交给了边境巡逻队。[44] 包括《纽约时报》在内的全美媒体都报道了这一事件，引发了对私警的广泛谴责。

波西很可能先与他在里根政府的联系人协调过应对措施，然后才决定叫停平民物资援助组织的边境行动。他在亚拉巴马平民物资援助组织总部宣布停止该行动，解散了"边境天使"，并驱逐了黑根——联邦检察官将指控此人非法持有武器。然而，与此同时，平民物资援助组织在中美洲活动增多，其成员在洪都拉斯首都特古西加尔巴（Tegucigalpa）、危地马拉和圣萨尔瓦多等地的反共中心来回穿梭，忙得不可开交。同月，就在黑根的边境巡逻引发举国愤怒时，平民物资援助组织派出由约 100 名越战退伍军人组成的小分队到洪都拉斯训练反政府武装。[45]

让我们尽可能简单地概括美国国外战争和国内激进主义之间的依赖关系：越战失败使一代退伍军人变得激进，迫使许多人加入白人至上主义的行列。作为崛起的新右派的旗手，罗纳德·里根有效地利用了这种激进主义，从而赢得 1980 年的总统竞选。里根上任后，冷战再度升级，于是他得以遏制这种激进主义，防止其（过多）蔓延到美国国内政治中。在被里根称为"我们南部边疆"的中美洲开展的反共产主义运动，尤其有助于将好战情绪转向外部。[46] 然而，里根发动的中美洲战争（包括支持尼加拉瓜的反政府武装以及萨尔瓦多、危地马拉和洪都拉斯的敢死队）产生了数百万难民，其中许多人，也许是大部分人逃到了美国。他们越过边境时，激怒了那些被里根动员起来发动战争，将他们变为难民的同一批选民。就其本身而言，白宫继续转向，向外发泄复仇主义（回到中美洲和包括阿富汗在内的其他第三世界国家）。退一步说，这是里根和他的"牛仔"们玩的一场极不稳定的游戏。只有边疆保持开放，这游戏才能继续玩下去。

不管怎么说，至少就目前而言，这种强烈的反对情绪被引导到了外交政策上。白宫得以推进《移民改革和控制法》（Immigration Reform and Control Act）。该法案加强了执法力度，包括要求雇主确认其雇员的公民身份，这得到了美国移民改革联合会等保守组织的赞同。但它也为许多无证居民创造了一条为时5年的、一次性入籍途径，其程序包括交费、体检、学习英语、通过公民考试、义务兵役登记、证明无重罪及不超过两次轻罪定罪。

该法案有追溯性，且其中规定大赦仅有一次，许多移民权利倡导者明白这里面存在危险的缺陷。[47] 该法案开创了一个先例，将改革条件设定在通过扩大警力来封锁边境这一不可能实现的承诺上。尽管如此，还是有足够多的共和党人和民主党人顶住本土主义者日益强烈的反对，共同通过了这项法案，于1986年11月6日经里根签署后颁布施行。① 因此约有270万无证居民成为公民。[48]

里根在告别演说中称：美国仍然是"一座灯塔"，也是"一块磁铁，吸引着所有必须拥有自由的人，吸引着所有来自迷失之地的朝圣者穿越黑暗，奔向家园"。[49]

---

① 同一天，黎巴嫩一家报纸爆出了伊朗门事件，引发了一场几乎让里根总统下台的丑闻。里根在签字仪式上回应记者确认该事件的请求时说："无可奉告。"——作者注

***

1989年柏林墙倒塌，1991年苏联解体，美国成为世界上唯一的超级大国。这是一个漫长的过程。托马斯·杰斐逊在1813年写道："美国有自己的半球""地球的一半"。美国国务卿迪安·艾奇逊在冷战初期思考如何"创造半个世界，自由的半个世界"。里根的继任者乔治·H. W. 布什（George H. W. Bush），得到了完整的体系，这意味着内外之间不再有任何分歧，甚至没有一个移动的、稍纵即逝的、隐晦的分歧。"我与外国领导人谈论美国产品的新市场时涉及的是外交政策还是国内政策？"[50] 两者兼而有之，布什自问自答。现在处处皆边疆，但就极限而言，又处处皆不是边疆。布什在1989年6月说："我们看到群星之外还有边疆，那是我们自己心中的边疆。前方的边疆没有边界。"[51]

6个月后的1989年12月，也就是柏林墙倒塌一个月后，布什入侵巴拿马，推翻了曼努埃尔·诺列加（Manuel Noriega）的统治，前盟友由此变成敌人。该事件发生的8个月后，布什派遣数十万军队进入波斯湾，开始解放科威特，他将这场战争定义为自救干预。1991年3月，他对归来的士兵说："要知道，你们不仅帮助科威特获得解放，还帮助这个国家摆脱了旧时的幽灵和疑虑。""全世界再不会有人怀疑我们了，你们所做的，帮助我们恢复了美国过去的希望和梦想。"布什说，战争不仅是"外交政策"。把伊拉克赶出科威特"使美国人重燃自信"。[52]

20世纪70年代遗留的令人沮丧的影响似乎已经结束，新右翼重新使该任务神圣化的计划取得了成功，而"里根革命"（Reagan Revolution）再次将恶魔的吸管转向外面，于是关键的重新结盟得以实现。到20世纪90年代初,"自由"已成为新道德秩序的关键词。回顾过去,这种重新结盟相当脆弱。例如,里根进行了移民改革,但最终它却对共和党不利,无法让大多数拉丁裔选民相信,其去工业化、削减社会服务、推广右翼文化问题的计划与自己的生活息息相关。大多数人继续投票给民主党。事实上,也许是里根的"大赦"使共和党人甚至开始失去"里根国家"(Reagan Country)。1988年的乔治·H. W. 布什是最后一位赢得加利福尼亚支持的共和党总统候选人。

共和党发现自己陷入了困境。持续失去加利福尼亚会很糟糕,而失去人口结构与加利福尼亚相似的得克萨斯和佛罗里达将带来灾难性后果。有共和党人仍然相信可以凭反堕胎和反对同性恋权利赢得拉丁裔选民支持。然而,其他人则开始推行严厉的反拉丁裔政策,包括1994年加利福尼亚的187号提案,该提案拒绝为无证居民提供社会服务。该提案获得通过,并在皮特·威尔逊(Pete Wilson)担任州长期间聚集了该州反移民势力的力量。但它最终也失败了。威尔逊没能将本土主义转变为全国性运动,加利福尼亚随后成为美国最倾向民主党的州之一。与此同时,共和党人继续分裂,领导层认为,共和党的未来取决于至少赢得一部分拉丁裔选民的支持,而普通党员则希望美国对移民充满敌意。当党内活动人士开始在亚利桑那等州实施针对种族的选民压制方案和"出示证件"的法律时,他们特别指出里根的"大赦"是个错误,不能重蹈覆辙。[53]

里根主义是大胆的意识形态重新结盟,承诺要克服极限,但它最终会在移民的文化政治方面达到自己的极限。不过在这之前,里根的继任者们将履行承诺:更多,更多,更多。

第十四章
新的先发者

THE END OF THE MYTH

"争则两分……得则两合。"

在20世纪的大部分时间里，美国与墨西哥的边境线代表着美国边境普适主义的阴暗面，种族极端主义被逼到这片长达2000英里的边缘地带。伍德罗·威尔逊在1895年谈到这个躁动不安的、放眼世界觉得皆为自由牧场的国家时写道："世界从一开始就是他们的边疆。"但在20世纪的最后几十年里，越来越能抓住国民情绪、集中国民想象力的是边境线而非边疆。越来越多的墨西哥人涌入，他们甚至没有得到"布拉塞洛计划"提供的最低限度的保护。成千上万逃离里根发起的战争的中美洲人加入他们的行列。自墨西哥革命以来，政界人士和学者（主要是右派人士）首次将边境列进国家安全问题。里根恢复了边疆的概念。但他也警告说，共产主义者希望"把混乱和无政府状态推向美国边境"。在20世纪90年代早期，移民问题还不完全是党派问题。大众化的民主党组织，如美国劳工联合会（American Federation of Labor）和美国农场工人联合组织（United Farm Workers）担心无身份工人会压低工资。[1] 众议院人口特别委员会（House Select Committee on Population）民主党主席、纽约的詹姆斯·朔伊尔（James Scheuer）说："我们主张坚定强硬地封锁边境。"[2] 但一种有害的本土主义正迅速在共和党内部蔓延。

更多产业走出去，在墨西哥建立组装工厂。评论家们最初称这种越境行为是经济全球化的一部分，然而，实际上它被许多人视为逃离边境的一种方式。乔治·H. W. 布什描述的这场"没有边界的革命"，将建立"从北极圈到麦哲伦海峡"的跨半球范围的自由贸易区，一个共享、开放的"自由、和平与繁荣"的共同体。[3] 特别是，评论人士认为，当今政治的引爆点之一《北美自由贸易协定》会让仇外者和极端主义者屈服。比尔·克林顿（Bill Clinton）说："这种新的全球经济是我们的新边疆。"他认为与墨西哥的贸易自由化将带来城市复兴。"我们国家的命运取决于是否继续把手伸向"世界。[4] 他的一位内阁成员说，《北美自由贸易协定》"道德上相当于19世纪的边疆"[5]。

然而，《北美自由贸易协定》并没有帮助美国超越边界，而是强化了边界，把这条线以及与之相关的所有仇恨和困扰永远固化在国内政治中，成为民族主义不满情绪的长期来源。

1992年,克林顿以43%的大众选票,赢得总统选举,并看似信心满满地运用麦迪逊的理论,把这个四分五裂的国家团结在一起:扩大范围,就会有和平与繁荣。克林顿是里根最伟大的成就。他把平易近人的后现代乐观主义同后工业时代的宿命论(监管是不可能的,紧缩不可避免,预算必须平衡,犯罪是一种文化条件而不是经济政策)结合起来,用欢乐的陈词滥调鼓吹"包容性政治"并认为无休止的增长可能使其实现,从而推进共和党的工作计划。克林顿拒绝控制失控的衍生品,确保华尔街的"蛮荒西部"保持在无防备状态。克林顿还妥善打理乔治·H. W.布什的政治遗产,将国防预算保持在高位,并像布什一样,在波斯尼亚、苏丹、阿富汗和科索沃等地广泛使用武装部队。克林顿增派军队赴波斯湾,定期空袭伊拉克。到2000年,他的政府用于轰炸伊拉克的费用每年超过10亿美元,平均每周轰炸3次。[6]

然而,《北美自由贸易协定》相当于串联起3位总统施政方针的最清晰、最重要的连接线。它由里根在1980年提出,由布什在柏林墙倒塌后斡旋,由克林顿在就职几个月后开始推动,最终被国会通过。这本该是美国自信满满的时刻。美国赢了冷战,苏联不仅失败,而且从地图上消失了。在巴拿马和波斯湾成功发动战争之后，无论在政治、经济，还是在最重要的意识形态领域，美国都没有敌手。然而，该条约通过前的辩论仍笼罩着一丝不安全的气息。比尔·克林顿是一位少数派总统，在反对自由贸易的投票中，第三位候选人罗斯·佩罗（Ross Perot）分走了选票，克林顿因此获胜。与此同时，当时的墨西哥总统卡洛斯·萨利纳斯（Carlos Salinas）直接从拉萨罗·卡德纳斯的儿子夸特莫克·卡德纳斯（Cuauhtémoc Cárdenas）那里窃取了选举结果，后者曾反对经济自由化，并试图让墨西哥回到他父亲的激进主义时代。[7] 因此，推动《北美自由贸易协定》成为克林顿和萨利纳斯利用大型金融公司的支持来抵消政治弱点的方式之一。萨利纳斯让高盛投资公司（Goldman Sachs）的顾问为墨西哥国家经济做好促成《北美自由贸易协定》通过的准备，实际上把这家金融公司变成了墨西哥政府的分支机构。

在克林顿看来，促成《北美自由贸易协定》的运动是在民主党基础上建立主导地位的机会，他以"全力以赴"的激情投入战斗。托马斯·弗里德曼（Thomas Friedman）在谈到总统对该协定的承诺时写道，克林顿似乎总是"在与传统民主党人作战时，他的定义才最清晰"。反对该协定的不仅有美国劳工联合会、美国农场工人联合组织和环保主义者，还有国会黑人议员团（Congressional Black Caucus）。克林顿反击称，自由贸易是文化复兴的机会，正如他的一位顾问所说，这是关于机会、流动性和责任的"美国人心灵深处的潜意识辩论"的一部分。尤其值得一提的是，他把《北美自由贸易协定》与他担任总统后反复提及的种族问题联系在一起。

20世纪90年代初，尤其是在洛杉矶骚乱之后，种族关系令人担忧。犯罪率上升，市中心枪击案增加，共和党12年的统治大大削弱了20世纪60年代至70年代为解决种族主义和贫困问题实施的积极联邦政策。像比尔·克林顿这样的新民主党人（New Democrat）越来越多地援引文化来解释社会问题，尤其关注年轻的非裔美国人的"病态"、破碎的家庭、枪支暴力、贫困和失业问题。例如，在国会就《北美自由贸易协定》投票表决的前几天，克林顿前往田纳西孟菲斯市，在马丁·路德·金最后一次布道的教堂发表了一场现如今已臭名昭著的演讲。克林顿不仅模仿马丁·路德·金的节奏，还模仿他的声音，斥责观众需要为犯罪、枪支和他们的孩子承担个人责任。"我为之奋斗的，不是黑人能不顾后果地杀害其他黑人的权利。"克林顿想象是马丁·路德·金在这样说。在那次巡回活动的其他站，克林顿直截了当地推销《北美自由贸易协定》，以期利用经济扩张，而不是有针对性的联邦干预来摧毁种族主义的结构性基础。他希望通过提供财富，把群体和家庭绑定在一起，同时消灭"贫民窟的病理"（ghetto pathology）。[8]

克林顿在孟菲斯发表的言论并不是为了争取黑人领袖支持《北美自由贸易协定》。一周后，国会黑人议员团的大多数成员投票反对该协议。但是，通过把全球化纳入对黑人的文化批判，克林顿给了共和党人和保守的民主党人又一个投票支持该条约的理由。官方路线是，全球增长将帮助美国克服贫困和种族主义。不过，非官方路线，即"潜意识"传达的信息是明确的：全球竞争将约束下层黑人，并帮助民主党打破对国会黑人议员团等团体的依赖。如果克林顿能在《北美自由贸易协定》上击败对手，那么他就能在废除1935年由罗斯福建立的福利制度、加强警察权力、扩大监狱系统等其他项目上获胜。[9]

工会和民权领袖，以及环保组织和拉尔夫·纳德（Ralph Nader）式的公共利益团体出于稳定发展的原因，反对《北美自由贸易协定》，担心它会导致失业，给工资带来下行压力，并允许行业规避反污染等政府规定。但是，美国支持该协定的政治阶层，无论是民主党人还是共和党人、自由派还是保守派，都乐于让帕特里克·布坎南（Patrick Buchanan）和偶尔发昏的佩罗这样的本土主义者,成为反对自由贸易的公众代言人。

1992年,布坎南在共和党初选中出人意料地向乔治·H.W.布什发起了强有力的挑战,当时他呼吁修建隔离墙,或者沿美墨边境修建沟渠——用他的话说就是"布坎南沟渠"(Buchanan Trench),同时修改宪法,阻止移民在美国生育的子女申请美国公民身份。布坎南欣喜地将里根一直遮遮掩掩的种族主义公开化,打击了里根激起的所有接受福利救济者、第三世界的社会主义者、同性恋权利倡导者和环保主义者的怨恨之情。他提倡的政策将阻止"民族自杀"或"种族自杀",并保护国家的犹太-基督教传统。布坎南的"美国优先"计划失败了,但他确实让共和党第一次将沿着边境建立"建筑物"的承诺纳入政纲。

《北美自由贸易协定》被兜售为能击退邪恶的一种方式。通过自由贸易扩大范围,你不仅能稀释极端分子如佩罗和布坎南的影响,还能赋予共和国意义。《新共和国》杂志称,国家的"道德品质"处于危险之中。[10] 在本世纪早些时候,这本杂志是韦尔那样的知识分子的总部。韦尔把特纳的观点社会化,并表示扩张并不是所有问题的解决办法,以及是时候关注国内问题了,而不是永远把问题引到边疆。20世纪90年代早期,它的编辑们都是彻底的特纳主义者。他们说佩罗和布坎南代表"邪恶的根源",因为他们阻碍了国家扩张。既然冷战已经结束,那么《北美自由贸易协定》将允许美国继续完成不可能的使命,继续将现实主义和理想主义结合起来,并将其雄心定义为美德:"每过10年,国内政策和外交政策之间的界限就会变得更加模糊。"这个贸易协定代表一种结合了"道德自身利益"和"国家利己主义"的"国际主义"。

《北美自由贸易协定》放开了与加拿大和墨西哥的贸易和投资条件,但辩论的焦点集中在了墨西哥身上。亨利·基辛格(Henry Kissinger)等自由贸易倡导者将该条约作为冷战的实际延伸,说它是结束那场未竟战争的方式之一。

墨西哥成为焦点事出有因，它不是随随便便一个第三世界国家。作为 20 世纪首次反对美国资本的社会起义的发源地，它是一切开始的地方，革命民族主义使全球接受了社会权利和保护性经济政策，到 20 世纪 70 年代已能将美国投资拒之门外。里根在第三世界的强硬路线开始扭转这一趋势。《北美自由贸易协定》是个彻底扭转局面的机会。自由贸易将使美国像内战后那样，再次"彻底改变"墨西哥，然后彻底改变美洲其他地区。基辛格在谈到萨利纳斯的经济改革时写道："墨西哥一直是席卷西半球的反对中央集权主义左翼态度的革命先锋。"[11]

克林顿在谈到该协定时说："这只是第一步。"[12]

2

《北美自由贸易协定》起源于美墨政府修改了各自国家关税清单的1965年。此后,只要制成品出口回美国,位于边境的墨西哥装配厂就可以从美国免税进口原材料和部分装配部件;反过来,美国将不对进口产品的总价值征收关税,而只对在国外增加的部分产品的价值征收关税。[13]这些悄然进行的修订开始分解生产过程,将边境地区的墨西哥一侧变成了出口装配厂区。根据新条款,在纽约裁剪的布料可以在墨西哥缝制成衣,再出口回美国,公司只需对在墨西哥完成的工作的价值支付关税。[14]墨西哥工人的工资比美国工人低得多,企业通过转移生产节省的资金将非常可观。

做完这道数学题后,各公司立刻行动。1968年,那片地区有74家工厂,1969年增至147家,1975年增至454家,其中包括飞兆半导体(Fairchild)相机和仪器、雷神(Raytheon)等先进科技公司的制造厂。起初,这些隐蔽的工厂位于"土路尽头没有标记的棚子里",因为公司不想作为"逃亡者"引起注意。[15]但随着外国对墨西哥投资增加,他们也没必要再偷偷摸摸。很快那一带就建起了宗教裁判所一样气势恢宏的工厂。到冷战结束时,这样的工厂共有1925家,有50万缝纫服装、组装电子产品和制造汽车的工人在那里工作。1美元能在墨西哥购买的劳动力,在美国要花

8.29美元才买得到。[16]离《北美自由贸易协定》实行还需要数年时间，但边境已经变成了工业带，数千座低矮阔大的煤渣砖建筑被带刺铁丝网和瞭望塔包围着。大多数工厂聚集在蒂华纳、华雷斯（Ciudad Juárez）、墨西加利（Mexicali）、新拉雷多（Nuevo Laredo）、雷诺萨（Reynosa）和诺加莱斯（Nogales）等城市。[17]如今那里还有超过3000家类似工厂，工人在那里生产从T恤到电视，从药品到越野车等各种产品。

1965年，墨西哥官员并不认为边境工业化是对墨西哥革命遗留问题的逃避。土地改革不仅给农民分配土地，还向他们发放补贴，同时政府对从美国进口的廉价玉米和其他粮食征收关税，以保护农业生产，那些装配厂也没被包装成"对革命标志性的土地改革成果的突破"。[18]准确地说，政策制定者最担心的反而是若"布拉塞洛计划"结束，同时美国对移民设定上限或实施配额制，将会对国内就业产生什么样的影响。

突然间，墨西哥人觉得自己由北方移民提供的"安全阀"被关闭了。因此，为鼓励在边境建立装配厂，墨西哥政府提议放宽投资和关税规定，这样可以通过创造就业机会抵消边境以北地区就业机会的损失。不少政策制定者认为，装配厂还将在整个经济结构中传播生产技术和专门知识，从而驱动更加强劲的工业化，并通过增加出口降低该国持续的贸易逆差。[19]

林登·约翰逊在1965年同意修改美国关税法时，没想到自己正在破坏新政所创造的经济秩序。新政政府长期以来一直致力于压低某些关键行业的工资，这就是约翰逊执政时期白宫推销关税修正案的方式。[20]埃尔帕索的劳工活动家詹姆斯·吉文斯（James Givens）说，"过去我们把墨西哥低价劳工带到国内，现在我们把工作送到他们面前"。[21]

但在1965年，约翰逊升级了越战。很快，美国轰炸机B-52在越南民主共和国、老挝和柬埔寨投放的炸弹数量超过二战。马丁·路德·金说，这些炸弹会在国内爆炸，引发连锁反应，改变北美大陆。

美国在东南亚投放炸弹的成本,以及部署部队和其他物资的花销,持续给美元造成压力,导致以通货膨胀和低增长为特征的经济危机蔓延。1979年,美国联邦储备委员会(Federal Reserve)为此大幅提高利率。以美联储主席保罗·沃尔克(Paul Volcker)的名字命名的"沃尔克冲击"(Volcker Shock)最终阻止了通胀,但也给其他领域造成损失。在美国,紧缩的货币政策使美元被高估,沉重打击了东北部和中西部工业区,提高了出口价格,使现代化所需的信贷成本过高。企业利用低迷时期关闭工厂,将资本向南大迁移:要么移向保障就业权且低税收的西南部,要么越过边境进入墨西哥。1981年至1984年间,美国失去了约200万个工会工资的工业岗位。里根尽可能长时间地保持高利率,并提供其他激励措施,使经济从钢铁和汽车等旧式制造业转向高科技武器、金融和服务业。他实际上支付的是经济转型的费用。[22]

导致工厂倒闭的高利率也让小农户不堪重负。昂贵的资金既提高了他们现有债务的价值,又使新贷款过于昂贵,而这些贷款对于种植未来的作物至关重要。在10年内,美国将失去超过100万户的家庭农场。记者乔尔·戴尔(Joel Dyer)在《愤怒的收获》(Harvest of Rage)一书中写道,所谓"农业危机"的结果是"大规模的贫困和绝望",自杀、疾病、犯罪和政治极端主义增加。[23] 甚至在危机的全面影响到来之前,联邦政府基本上已放弃支持小农户,转而鼓励大规模的农用产业扩张、再扩张。银行家和地区高等学校的农学家对农民们说:"要么做大,要么退出。"[24] 新政计划平衡了家庭农场和企业农场的共存,而现在政府的政策却大力支持大型工业高效经营。"农场变得更大了",农业经济学家约翰·伊克尔德(John Ikerd)写道,"经营者变得更少了"[25]。联邦补贴的作物保险、贷款、减税、政府资助的研究以及向购买美国作物的国家提供的信贷等一系列政策都鼓励规模扩大、标准化和行业整合。随着农场合并,大片大平原上空无一人:绵延数英里的大型机械化农场,其间散布着被废弃的小城镇,城里到处是用木条封起门窗的商店。[26] 例如今天在堪萨斯西部,39个农村县里每平方英里居民不足10人。

高利率启动了美国的去工业化,摧毁了美国的小农场主,但同样的高利率也撬开了墨西哥经济的大门。与美国农民的贷款类似,墨西哥的贷款也以美元计价。由于利率冲击,美元的价值上升,墨西哥的债务也随之上升。在国际货币基金组织(International Monetary Fund)介入之前,该国一度濒临违约。政府同意将国有企业私有化、削减开支、取消对外国投资的控制、削弱劳动法的保护并逐步取消土地改革,以换取新的贷款来偿还债务、支撑货币。这一协议比其他任何协议都更有效地结束了墨西哥革命所确立的民族主义模式,并将这个国家送上了通往《北美自由贸易协定》的道路。

4

THE END OF THE MYTH

  1993年《北美自由贸易协定》签署时，美国的农业危机和去工业化已经持续了10年，因此该协定的效果被认为是正在进行的变革的延续。《北美自由贸易协定》对墨西哥是个打击。直到1994年1月1日协定生效前夕，墨西哥政府还在向小农户提供大量补贴和关税保护。《北美自由贸易协定》将这种支持一扫而光——并非一次性，而是分批进行。很快这个国家的农民们将没有防护地面对像嘉吉、阿彻丹尼尔斯米德兰公司（Archer Daniels Midland）这样的美国巨头，就像独自一人面对众神。

  早些时候，在20世纪60年代，墨西哥官员可能还没有想象到边境工业化对该国农业的冲击。不过到了20世纪90年代，新生的墨西哥技术官僚面对该国近3万个集体农场（其中许多农场是由土著群体经营的），只看到了遗迹，看到一个沉溺于历史泥潭、拖累国家发展的民族。《北美自由贸易协定》是清盘的机会，之后墨西哥可以加入现代国家的行列。墨西哥前外长曾说："我们不是法国，不能仅因为落后的农民看起来很有魅力就为他们提供资金。"为该协定做准备工作时，萨利纳斯政府已修改了墨西哥宪法，取消了最激进的条款。[27]土地改革宣告结束。从此以后，不再会有财产被扣押并重新分配给农民了。合作农场可将土地出售或出租给私人资本，或将其公共土地作为私人财产分配给其成员。这些变化,以将农民转变为小产权所有者或全部转变为雇佣劳工的名义,起到了驱逐通知书的作用:滚出去。①如果农民的土地肥沃,农业资本家就会把它合并成大农场,为美国市场生产草莓和鳄梨等非粮食作物。[28]如果土地贫瘠,得投入大量劳动力才能勉强收获玉米,它就会被抛弃。现在去墨西哥沃尔玛买那些从美国进口的廉价玉米容易得多。

相反,根据《北美自由贸易协定》的条款,美国必须保留其农业补贴。例如,2014年《美国农业法案》(U.S. Farm Bill)在9年的时间里拨款9590亿美元——近1万亿美元,其中相当一部分补贴给了少数得克萨斯农民〔仅墨西哥边境附近的努埃西斯县(Nueces County)在2016年就获得了近2100万美元〕。[29]墨西哥精英很高兴有机会牺牲他们的农民来吸引资本、技术和工业就业机会,取消几乎所有的补贴和关税,并向美国农业开放墨西哥市场。

政府官员承诺,流离失所的农民可以在边境地区迅速扩张的装配工厂区找到工作。但事实并非如此。边境装配工厂最终雇佣了大约100万墨西哥人,但在《北美自由贸易协定》生效的几年内,有470万农户失去土地。机械化的美国农业摧毁了小型玉米农场、奶牛场和养猪场。[30]很快,艾奥瓦的几十万农民就能种植两倍于墨西哥300万农民所能种植的玉米,而且售价只有墨西哥玉米的一半。[31]

然而,廉价的玉米并没能让墨西哥的食品价格更低。一旦当地农业生产被破坏,进口食品的上市价格可能会随着世界市场的需求上涨。墨西哥

---

① 《北美自由贸易协定》对墨西哥宪法的修正可以与美国1887年的《道斯法案》(Dawes Act)相提并论。该法案使美洲土著人的公共土地所有权私有化:由于小农户出售或以其他方式被迫转让所有权,"不到50年的时间里,他们丢失了约1.5亿英亩土地,占1887年印第安人拥有土地的四分之三,而且那通常是最肥沃的土地"。——作者注

的乳制品行业一度充满活力，但《北美自由贸易协定》生效后不久，墨西哥就成了奶粉的第一大进口国。随着免关税的苏打水和垃圾食品涌入墨西哥，营养不良和肥胖问题接踵而至（最近，墨西哥被列为全球肥胖率第二高的国家）。[32] 与此同时，越来越多的墨西哥玉米、糖和非洲棕榈被用于生产生物燃料（而美国政府的补贴增加，又人为地将对生物燃料的需求保持在高位），这使得原本可以生产当地食品的土地被抛荒。

由于无力竞争，大部分《北美自由贸易协定》产生的难民要么搬到墨西哥城试图以非正规经济谋生，要么不知不觉地陷入毒品贸易，要么向北迁移，希望能在美国找到工作。从1994年到2000年，每年前往美国的墨西哥人数增加了79%。

多年来，越来越多的中美洲人加入墨西哥移民的行列。20世纪80年代，里根推动冷战升级时，中美洲国家勉强存活下来。20世纪90年代，中美洲国家在美国政府的推动下向采矿、大规模生物燃料生产和跨国农业公司开放经济。今天，饥饿在这片土地上蔓延。一半以上的危地马拉儿童长期营养不良。他们是"自由贸易"的一代，在成长过程中被严重的认知和身体障碍折磨。世界粮食计划署（World Food Programme）一直将危地马拉列为世界上人口营养状况最差的国家之一。[33]

《北美自由贸易协定》放宽了对投资和商品的限制，允许它们随意跨越边界。但它并没有给予工人同样的自由。协定的文本中甚至没有包括外来工人计划。事实上，促进工人流动将否定该协定的全部意义，因为墨西哥将失去其对投资者的主要吸引力——剩余的廉价劳动力。就从《北美自由贸易协定》生效的那刻起，边境地区快速军事化有悖常情地起到该体系自身"反安全阀"作用，限制了墨西哥工人的流动范围，并保持墨西哥对美国经济的低工资相对优势不变。

　　克林顿政府预见到《北美自由贸易协定》会导致非法移民激增，并做出相应计划。[34]它大幅增加边境巡逻队的预算和人手，提供更先进的设备，如红外夜视仪、热成像设备、运动探测器、地面传感器，以及可以对被捕移民进行生物特征扫描的软件。[35]体育场的照明灯现在照进蒂华纳的深夜。虽然政府不愿承认，但边境线上已有一段建起了实实在在的墙。"我们称之为围栏"，一位政府官员说，因为"'墙'有点负面含义"。这段墙位于太平洋以东15英里，是由越战时的老式钢制直升机着陆垫竖置而成，边缘非常锋利，试图翻越的移民经常会在上面割断手指。[36]

　　尤其重要的是一连串"行动"，如"封锁线"（Blockade）、"看门人"（Gatekeeper）、"稳住前线"（Hold-The-Line）和"格兰德河"（Rio Grand）。它们将埃尔帕索、圣迭戈和拉雷多等城市中相对安全的过境路线军事化。[37] 移民们现在不得不走更危险的路线，要么穿越得克萨斯南部长着灌木的平原，要么跨越亚利桑那沙漠的峡谷和高原。过去仅需几天的旅途现在需要几周，而且人们要在烈日黄沙之间穿行。克林顿任命的移民归化局局长多丽丝·迈斯纳（Doris Meissner）说，"地理条件"是"盟友"，这意味着沙漠中的艰苦跋涉可以威慑移民。[38] 没有人知道自《北美自由贸易协定》生效以来，有多少人因试图进入美国而死。大多数人死于脱水、体温过高或过低；其他人淹死在格兰德河里。自1998年以来，边境巡逻队报告近7000人死亡，总部位于图森（Tucson）的人道主义联盟（Coalicion de Derechos Humanos）至少已找到6000人的遗体。这些当然只是实际死亡人数的一小部分。[39] 一名外来工人说很难得出准确的统计数字，因为"沙漠大得很"。

更多的人铤而走险，他们一直前来，不过现在留在美国的人占比更大。旅途的艰难结束了长期以来的季节性迁徙。工人们一到目的地就留下来。常驻无证居民数量翻了一番又一番，到克林顿卸任时超过了1000万。

克林顿做的不仅仅是加强边境防御。他和共和党一起拉拢本土主义者，引导公众舆论反对移民。在《北美自由贸易协定》投票后的国会中期选举中，许多给协定投赞成票的民主党人出局，这为纽特·金里奇（Newt Gingrich）晋升众议院议长铺平了道路。多数共和党人支持该协定，但开始将非法移民问题政治化，聚焦于移民拒绝同化和拉丁裔人口的犯罪问题上。共和党人讨论的方法包括剥夺"定锚婴儿"① 公民身份；通过只使用英

---

① 定锚婴儿（anchor babies）指被不具备美国合法移民身份的父母生在美国，并利用"属地国籍"政策自动成为美国公民的婴儿。——译者注

语的法律，将无身份证明的儿童从公立学校排除；拒绝移民进入公立医院；等等。与这种极端主义相比，克林顿自己的意见听起来还算温和，他利用这一点推行自己的强硬路线。他在1995年的国情咨文中说："所有美国人对大量非法入境的外国人感到不安是正当的。"

克林顿承诺"加快驱逐因犯罪被捕的非法居留者"，并签署了一系列极为严厉的惩罚犯罪、恐怖主义和移民的法案，使之成为法律，从而建立了今天的驱逐体制。[40]这些法律关闭了移民获得合法身份的各种途径，取消了司法审查，并要求拘留时不得保释。从本质上说，整个移民官僚机构（包括特工、法院和拘留中心）现在都致力于加快驱逐出境的速度，驱逐出境的人数急剧上升。即使是拥有合法居留权的移民，现在也可以因包括轻罪在内的违法行为被驱逐出境，就算违法行为是在几十年前犯下的，或者已经在法庭上解决的也一样。白宫认为这场反移民运动是以克林顿颁布的各项犯罪法案为基础展开的，这些法案削弱了共和党在"法律和秩序"问题上的优势。他的顾问拉姆·伊曼纽尔（Rahm Emanuel）敦促他瞄准"工作场所"的移民，设定使某些行业"摆脱非法移民"的目标，并创"犯罪外国人驱逐出境的纪录"。[41]就连克林顿签署的法案也终止了针对非法移民的福利，禁止他们接受许多社会服务，并禁止地方司法机关为无证居民提供"庇护"。社会学家道格拉斯·梅西（Douglas Massey）和凯伦·普兰（Karen Pren）写道："1996年以前，国内执法活动在移民执法中的作用不大；此后这些活动达到自大萧条时期驱逐出境运动以来的高潮。"[42]

克林顿离开白宫的时候，大企业有了新的边疆。多亏类似《北美自由贸易协定》的条约，它们又像之前一样自由了。不过，墨西哥人的工资并没有比1970年高太多，当时达拉斯联邦储备银行（Federal Reserve Bank of Dallas）估计，一名墨西哥非熟练工人的日均工资为2.84美元。[43]近半个世纪后的今天，在由中国人开设、总部设在美国的利盟（Lexmark）电子公司经营的一家装配厂里，员工大多是女性，每天工作9个半小时，收入约6美元。"靠这些工资生活是不可能的。这不人道。"利盟的一名工人苏珊·普里托·特拉萨斯（Susan Prieto Terrazas）说，"他们创造了一代又一代的奴隶。"[44]墨西哥的工资低迷反过来又给美国工资带来下行压力，美国的工资几十年来一直持平或下降，经济学家劳伦斯·米雪尔（Lawrence Mishell）写道："自20世纪70年代末以来，底层70%工薪者的工资基本停滞不前，2009年至2013年间，工资分配最底层90%的人的实际工资都下降了。"

与此同时，边境巡逻队的规模增加了两倍，成为仅次于联邦调查局的美国第二大执法机构。

***

进步政党的评论家在20世纪早期的著作中称《北美自由贸易协定》是"镀金时代"（Gilded Era）没收土地和资源的延伸，也是另一场"伟大的烧烤宴会"，把北美大陆最好的那部分分配给富人。1912年，沃尔特·韦尔把那些利用法律凌驾于地方控制权之上的精英称为重新构建的"先占者"。大企业特别喜欢类似《北美自由贸易协定》的条约，因为如果某个国家通过了可能影响"预期未来利润"的环境和公共卫生法规，这些条约包含的条款允许他们起诉这个国家。墨西哥政府考虑到当地社区的反对，拒绝向一家总部位于加利福尼亚的有毒垃圾填埋场管理公司发放建筑许可证，并试图将该公司拥有的土地转为生态保护区，于是该公司提起诉讼，并赢得了数百万美元的和解费。[45]截至2015年，外国投资者已从此类诉讼中获得了数十亿美元，还有数十亿美元的索赔悬而未决。[46]

一个多世纪前，韦尔曾写出"争则两分"，大公司仍然"得则两合"。

在边境线两边都有"争"与"得",方式不同但互有联系。双方都出现了空心化(hollowing out)。堪萨斯西部一片空旷,有99%的玉米运往墨西哥,与之相对应的是瓦哈卡州(Oaxaca)和普埃布拉州(Puebla)的农村地区,或者危地马拉高地,那里过去种植大量玉米养活人民,但现在基本上不种了。这些地区的村庄也正变得空空荡荡。在瓦哈卡州的桑塔阿纳泽加奇(Santa Ana Zegach),留守居民多为妇女和老年人,所有劳动年龄男子都去北方找工作了。[47]

美国一切社会"病态"(用克林顿的话来说)——如毒品、犯罪、枪支、抑郁、自杀、营养不良、肥胖——都会被墨西哥和中美洲的类似问题反映出来。这些问题要么是由美国政府政策引起的,要么因美国政府政策恶化。20世纪80年代里根发动战争造成的难民在美国洛杉矶监狱里成立"中美洲"帮派"野蛮萨尔瓦多人"(Mara Salvatrucha,又称MS-13),激怒了美国本土主义者。① 同样,墨西哥的贩毒集团泛滥不仅仅是因为美国对毒品的需求。[48] 这也是华盛顿在哥伦比亚耗资数十亿美元的军事化封锁政策的结果,因为该政策使原本被遏制在安第斯山脉以北,覆盖中美洲和墨西哥的毒品暴力活动扩散。

美国政府对边境以南地区和墨西哥关系的政策是其在更广阔的中东地区造成崩溃的预演,后来中东地区也产生了一波波的难民潮,激化了地区政治。在北美洲,美国经济政策引发的移民潮堪称史上最大的一次,同拓殖者于19世纪横穿阿勒格尼山脉向西部迁移的规模旗鼓相当。一位边防巡逻队员在形容《北美自由贸易协定》造成的第一波难民潮时说,今天

---

① 古巴和尼加拉瓜的移民被认为是"政治难民",他们逃离左翼政府,因此受到良好待遇;萨尔瓦多人和危地马拉人则受到粗暴对待。许多人最后被关进了监狱,他们被当作罪犯对待,成为犯罪分子,进入后来被称为MS-13等的帮派组织。他们被驱逐回祖国后仍是黑帮成员(尼加拉瓜没有受到这些帮派严重影响的原因之一是,它的难民没有经历先入狱再遣返这一程序)。——作者注

的美国移民是"纯粹的人山人海",没有背负着自然法则的力量,也没有"天定命运的阳光照在额前"。他们要去的国家正日渐倾向于以仇恨来定义自我。[49]

第十五章

跨越血色子午线

THE END OF THE MYTH

"斗争转向内部……
战争之后是政治迫害。"

1

THE END OF THE MYTH

《北美自由贸易协定》签署前，边境也不是田园诗。一个多世纪以来，它为本土主义者的幻想提供自由，任各类私警恣意妄为。1990年，一个自称"边境控制联盟"（Alliance for Border Control）的加利福尼亚组织成员开车向南去"点亮边境"，即集体将车头灯光照进墨西哥那边，每次活动参与车数多达500辆。同年，圣迭戈的一群高中生将自己打造成新纳粹准军事组织"金属民兵"（Metal Militia），开始在边境进行"战争演习"，追捕并抢劫移民。这场狂欢之所以引人注目，是因为新的广播网络福克斯（Fox）在一档名为"记者"（The Reporters）的节目中报道了此事。[1]

种族主义和本土主义还没有成为福克斯的主要内容。"记者"的主持人，前《新闻日报》（Newsday）调查记者鲍勃·德鲁里（Bob Drury）在以同情的方式描述移民时，也没忘记追求耸人听闻的效果［这一季题为"狩猎人类"（Human Prey）］。德鲁里采访了一名私警，对方估计在圣迭戈县地区大约有10个为消遣而"搜寻、追踪、盯梢"移民的武装组织。摄制人员随同某个组织拍摄，他们截住了一家人，其中还有婴儿和惊恐的年迈祖母。德鲁里将边境极端主义的高涨与早些时候从越南撤军联系起来：许多私警都是退伍军人。其余的是年轻人，有时还会有青少年。他们模仿越战电影中的设置诱杀装置等战术。德鲁里的节目中最令人不安的部分是他对私警的采访。为了不被认出来，他们不露真容地表达纯粹的仇恨。其中一人说："抓住个孩子，其他人就都不敢动了。"他喜欢用这种方式恐吓移民。

在该节目播出之前的两年中，有100名移民在圣迭戈县被杀。22岁的伊拉里奥·卡斯塔涅达（Hilario Castaneda）和19岁的玛蒂尔德·马塞多（Matilde Macedo）走在县城小路上时，十几岁的肯尼思·科夫泽洛夫（Kenneth Kovzelove）穿着黑衣，从开过他们身边的皮卡车上突然现身。"去死，去死，去死！"科夫泽洛夫喊道，用半自动步枪射杀了卡斯塔涅达和马塞多。两名受害者都是合法居民，都是持有签证的农场工人。"所以你们专门出去找墨西哥人来杀？"审讯者问科夫泽洛夫。他回答："是的，先生。"[2] 科夫泽洛夫被判谋杀罪名成立，但大部分案子都未能破案。被杀害的移民中有三分之一甚至从未被确认身份。

自成立以来，边防巡逻队就是白人至上势力的前线工具，现在仍然如此。巡逻队员经常殴打、谋杀、折磨和强奸移民，甚至强奸年仅12岁的女孩。一些巡逻人员组织内部"非法"私警队。[3] 还有人与三K党等组织有联系。[4] 巡逻人员还利用移民的子女作为诱饵或施压手段逼供。如果遇到一家人，边防巡逻队员通常在他们分散之前先抓住其中最小的家庭成员，他们认为其他成员为了不彼此失散，都会投降。"这听起来可能很残忍。"一名巡逻队员告诉记者，但它经常奏效。[5]

在那几十年里，将移民一家分开并不是政府的官方政策。但是无人能制约边防巡逻队员，这些人经常从父母那里抢走孩子，并威胁说除非有人供认他们是非法入境，否则他们将"永远"被分开。一个特工说，特别是做母亲的，"总是会崩溃"[6]。一旦招供，孩子们就可能会被寄养或留在联邦监狱里受苦。根据公设辩护律师的说法，还有些人会被单独释放回墨西哥，远离他们的家园，只能通过"在垃圾桶里找吃的，住在屋顶上等方式"勉强生存。[7]10岁的西尔维亚·阿尔瓦拉多（Sylvia Alvarado）在进入得克萨斯时与祖母失散，被关在煤渣砖砌成的小牢房里3个多月。在加利福尼亚，有人威胁13岁的朱莉娅·佩雷斯（Julia Perez）说要逮捕她并且不给她饭吃，于是她崩溃了，告诉审讯者自己是墨西哥人——尽管她是美国公民。边境巡逻队将佩雷斯释放到墨西哥，她没有钱，也没有办法联系她在美国的家人。[8]

《纽约时报》的约翰·克鲁德森（John Crewdson）做的一项调查显示，虐待行为并非一次性行为，而属于上级官员鼓励并确定的模式的一部分。[9]暴力行为毫无理由，且成系统性，包括后来在伊拉克战争中进行的"压力"技术。移民被剥光衣服，长时间待在极冷的房间里。其他被遣送回墨西哥的人被铐在汽车上，被迫沿着边境线奔跑。有巡逻队员告诉记者，巡逻人员会把"非法移民推下悬崖"——完毕，"这样看起来像是一场意外"。[10]

巡逻队的上级机构，即移民归化局的官员将在边境抓到的年轻墨西哥女子交给洛杉矶公羊队（Los Angeles Rams）换取季票，并向美国国会议员和法官提供墨西哥妓女，用归化局补偿线人的资金来支付费用。特工们还与得克萨斯的农场主密切合作，将工人送到他们的牧场（包括林登·贝恩斯·约翰逊任总统时拥有的牧场），然后在发薪日前突袭牧场，将工人驱逐出境。克鲁德森写道："如此农场主就能有免费工人收割庄稼，移民局的人就能在牧场上获得捕鱼狩猎的特权，而墨西哥人却一无所获。"

特工提醒俘虏们必须服从自己的意愿："在这个地方，你们没有权利。"[11]边境巡逻队将有罪不罚制度化，几乎不受监督。正如一名军官所言，许多边境地区位置偏远，地形险恶，工作跨越国内外势力的界限，而且许多巡逻队员本身就是对外战争的老兵（或者来自边境地区等种族关系紧张的地区）。这些事实都助长了"堡垒心态"[12]。巡逻队员很容易把孤立的巡逻点想象成位于敌方领土的抗击野蛮人的边防堡垒。[13]他们对绝望的人动用令人惊惧的权力，而受害者几乎没有有效的求助途径。大多数被抓获的移民在遭到殴打或殴打的威胁后，都签署了"自愿离开协议"，并"很快被遣返"。[14]1982年至1990年间，墨西哥城为被边境巡逻队员打伤或杀害的墨西哥人向美国国务院至少提出了24次抗议。[15]

就像士兵们用种族主义的绰号来称呼他们在海外战场上的对手一样，边境巡逻队也有个词来称呼他们的敌人："嗵"（tonk）。在一起虐待案件中，律师要求他们说出这个词的含义，所有队员都声称自己不知道。最后一个目击者承认，"嗵"代表"手电筒击中某人脑袋时发出的声音"。[16]

在到处都是非法居民的社区，巡逻队的行动范围等同占领军。"少管闲事，女士，回家去吧。"一个巡逻队员命令加利福尼亚斯托克顿市（Stockton）的居民，因为对方从阳台上看到他正在"踢一个戴着手铐、脸朝下趴在地上的墨西哥男性"[17]。特工的权力不受宪法限制。没有巡逻队员不能搜查的地方，没有他们不能扣押的移民财产。[18]没有哪个贫穷的墨西哥人是他们不能杀的。1985年至1990年间，联邦特工仅在圣迭戈就向40名移民开枪，其中22人死亡。例如，1986年4月18日，巡逻队员爱德华·科尔（Edward Cole）在边境铁丝网围栏靠近美国这侧殴打14岁的爱德华多·卡里略·埃斯特拉达（Eduardo Carrillo Estrada）时，停下来朝爱德华多的弟弟亨贝托（Humberto）背后开枪。当时亨贝托站在围栏的另一侧，站在墨西哥的土地上。法院裁定，科尔有理由担心自己的生命受到亨贝托的威胁，并使用了正当的武力。因为科尔此前曾穿过围栏向墨西哥人开枪。[19]

不仅联邦边境巡逻队参与这种虐待行为，地方执法部门也一样。1980年，一名隶属于美国农场工人联合组织的得克萨斯律师获得了在过去7年里发生的72次对移民的审讯录像，这些录像由得克萨斯麦卡伦市（McAllen）警察局录制。画面令人不安：警察轮流殴打一名戴着手铐的墨西哥男子，把他的头撞在水泥地上，拳打脚踢，在他乞求宽恕时咒骂他。[20]录这些场景是为了消遣：警官们"一夜夜"聚在一起时，会喝着啤酒，观看审讯过程的"回放"。当事人之一说，这是欢迎新人入职的亲密仪式。[21]

这就是 20 世纪 80 年代和 90 年代的边境地区，一个世纪以来，这里充斥着不法的暴力，罪行不受惩罚。然而在大多数情况下，尽管有着激烈的种族主义和军事化、准军事化的残酷行为，边境地区仍远离美国中心地带。来自边境的消息无论多么血腥，这个国家都意识不到，因为罗纳德·里根在边疆之外重启美国，比尔·克林顿也定了调：没有哪条线能将美国利益与世界利益分开。

2

但是暴力事件在 2000 年左右开始飙升，而关于早就存在但长期被忽视的治安维持制的报道也越来越多，开始引起全美国注意。

目击者开始报告，有穿着迷彩服、驾驶民用车辆的人开枪射杀移民。[22] 一具无名男尸脖子上绕着烧焦的绳子，似乎被私刑处死。民兵抓捕墨西哥人，把他们成批装进棺材交给边境巡逻队。《基督教科学箴言报》(Christian Science Monitor) 登了一篇头条文章《美国牧场主拿起武器》[23]。

很快就有人在西南部的露营地里分发匿名传单，邀请外地人开上房车、带着枪支和卤素聚光灯，加入"邻里牧场守望"（Neighborhood Ranch Watch）组织，享受"阳光下的乐趣"。2001 年初，边境开始吸引更多的白人至上主义者、极端种族主义分子和本土主义者，第一次海湾战争后，这些人遍布中西部和西部地区。

然后，"9·11"事件突然中断了他们的聚会。全美国动员起来，先是在阿富汗，然后在伊拉克发动战争。由于这些行动，治安维持制也随之衰落。对五角大楼和世贸中心的袭击使人们兴奋，许多人认为经过冷战后 10 年的自我放纵，它赋予美国新的使命感。早些时候，许多自由派和保守派都标榜，是《北美自由贸易协定》达到了这一目的，认为它是美国边疆普世主义的延续，是抵制孤立诱惑的一种方式。但该协定一经签署成为法律，通货紧缩就开始了。还有其他条约需要支持，包括创建了世界贸易组织的条约。但自由贸易，或者至少是自由贸易的实施，终究狭隘而功利。一些经济协议的条款，诸如确定关税清单的细节、定义纤维素乙醇和淀粉乙醇的区别等，对国民生活没有意义。10年的自由贸易既没有创造繁荣和平的国际社会，也没有克服美国国内的政治分歧。在2000年有争议的总统选举之后，这个国家比以往任何时候都更加两极分化。

因此，在恐怖袭击发生后的几个月里，曾经认为《北美自由贸易协定》的通过在道德上等同于边疆的同一政治阶层，现在对入侵阿富汗和伊拉克也持同样看法。美国把"9·11"事件后的行动称为"全球反恐战争"，它为美国提供了从边境地区转身，重新审视世界的机会。使命被更正了。布什在2004年的夏天承诺："我们将扩展自由的边界。"

到那时，灾难的严重程度开始显现出来。如果对阿富汗和伊拉克的占领最后没有变得那么糟糕的话，也许布什能够通过将种族主义引入他的中东运动，遏制种族主义在党内的日益增长，就像罗纳德·里根在20世纪80年代将最激进的本土主义私警的注意力集中在中美洲，从而瓦解他们的组织一样。一个多世纪以来，从安德鲁·杰克逊开始，这个国家的政治领导人就享有一种优势：他们能够把那些在"9·11"事件前一年开始在边境集结的躁动不安和愤怒的公民，投入反对墨西哥人、美洲原住民、菲律宾人和尼加拉瓜人以及其他敌人的运动中。

但占领行动出了问题。布什和他的新保守主义顾问发起了美国历史上最大的减税法案，紧随其后的是美国历史上代价最大的战争。他们是在遵循里根开创的先例——里根在20世纪80年代削减税收的同时，增加了军事预算，直到赤字飙升。[24]然而，来自巴格达、费卢杰（Fallujah）、巴士拉（Basra）、安巴尔省（Anbar Province）、巴格拉姆（Bagram）等地的消息表明，布什制造了史诗级别的灾难。政治家和政策知识分子开始讨论酷刑的定义，并坚持认为无论"强化审讯"指什么，美国都有权这么做。阿布格莱布（Abu Ghraib）监狱的照片显示，美国人员兴高采烈地辱骂并折磨伊拉克人。这张照片广为流传，随后又有美军以其他形式虐待囚犯的报道。许多人开始认识到，这场战争不仅在概念上是非法的，理由也具有欺骗性，而且实行手段邪恶，管理腐败。

从里根开始，每一位总统都增加了道德支柱，坚称无论是在贫穷的第三世界国家的残酷战争还是公司贸易条约秉承的"国际主义"，道德都是必需品。但是布什的反恐战争带来的幻灭感，以及人们发现整个行动不过是一场骗局的速度非同寻常。这场战争，特别是为伊拉克带来民主的战争，据说标志着一个国家意志新时代的开始。然而，为了确保公众的支持，一场有组织的欺骗行动，在该国最受尊敬的新闻来源工作的记者配合下展开。副总统迪克·切尼说：推翻萨达姆·侯赛因不过是"小菜一碟"，美军士兵将"作为解放者受到欢迎"。但切尼仍然坚持说，他需要建立一个全球性的秘密刑讯网络，以便赢得反恐斗争。随着数千人死亡，数十亿美元损失，这场战争背后的虚荣心，以及整个冷战后的扩张主义计划——更多，更多，更多——最终走向终结。

边疆关闭后，有人又返回边境。零星的暴力事件（例如 2004 年在尤马县，一名白人至上主义者在"追捕墨西哥人"时杀害了一名移民）让位给有组织的准军事极端主义。[25] 战争复仇主义通常发生在战争结束后，如一战后的三 K 党，或越战后白人至上主义激进化。不过现在战争还没结束，它就已经形成了。边境准军事主义不仅吸引了从这场战争中归来的士兵，也吸引了经历过之前冲突的老兵，他们对移民涌入的恐惧不仅与当前战争有关，而且与所有战争有关。

例如，越战老兵吉姆·吉尔克里斯特（Jim Gilchrist）回忆说，大约在阿布格莱布监狱丑闻爆发前后，他萌生了创建一个志愿组织以确保边境安全的想法。吉尔克里斯特说："多年来一直萦绕在我脑海里的事情终于发生了。这是恐惧积聚的顶点。"他问道："二战、朝鲜战争和越战中牺牲的人到底为什么而死？"不是为了开放边境，放进这么多移民，把美国"变成一个混乱的国家"。[26] 在意识到这一点后不久，2005 年初，吉尔克里斯特参与发起"即召民兵① 计划"。他们在沙漠中巡逻，寻找非法移民。在接下去的 3 年中，虽然这个项目分裂为美利坚边境巡逻队（American Border Patrol）、山地即召民兵（Mountain Minutemen）和加利福尼亚即召民兵（California Minutemen）等团体，但仍然发展迅速。

"猎杀墨西哥人"在美国是一项古老的运动，至少可以追溯到《瓜达卢佩－伊达尔戈条约》签署后的几年，当时墨西哥官员向美国政府投诉"武装人员委员会"在得克萨斯抢劫并杀害墨西哥人时使用了这一表述。[27] 现在，猎杀全美国化了。获得特许权的即召民兵开始骚扰聚集在远离边境的城市的街角，如长岛东区等地的散工。[28] 一支中西部分遣队把待在城市公园的拉丁裔人锁定为攻击目标。"美国之心"即召民兵民防队（"Heart of America" Minuteman Civil Defense Corps）在堪萨斯分会的创始人说："边境不再局限于沙漠，它覆盖全美国。"据统计，到 2006 年底，民兵在 34 个州建立了 140 个即召民兵分支机构。[29] 在其鼎盛时期，仅"即召民兵计划"就有 1.2 万名成员，其中许多是退伍军人、退休边境巡逻队员和其他执法人员。也正是在这个时候，随着阿富汗和伊拉克局势的恶化，马里科帕县的治安官乔·阿帕约从对社会治安采取整体强硬路线，转而明确针对墨西哥裔美国人聚居区和移民工人。在全国范围内，针对拉丁裔人口的暴力事件激增。[30]

---

① 即召民兵（Minuteman）指独立战争时立即应召的民兵。——译者注

3

就像无法控制军事占领一样，布什也无法控制他的政党。减税和战争之后，共和党人正为应付二者的影响而疲于奔命。当时许多人认为，现代保守主义正在衰落，原因有自身意识形态过度、对军事化国家安全和自由主义经济的矛盾承诺、对个人自由的迷恋以及对包括种族仇恨在内的文化战争的煽动。布什在 2004 年赢得连任。但不少政党领导人观察亚利桑那、得克萨斯和佛罗里达等州不断变化的人口统计数据后，从这场胜利中得到如下教训：共和党人要想在全美国范围内继续生存，就必须再次赢得拉丁裔选民的支持。为此，白宫希望复制里根的移民策略。它提出将进一步军事化边境地区的立法建议，但也给那些符合条件的无证居民一次获得公民身份的机会。

拟议中的改革激怒了私警，他们动员起来反对这项立法，而此举反过来又重振了萎靡不振的保守主义运动。本土主义狂热的爆发有助于阻止该运动已经存在的狂热所导致的分裂，为数百万无证居民提供了新的一致性、活力和前进方向，但不包括获得公民身份。历史学家理查德·斯洛特金（Richard Slotkin）写道："斗争转向内部。"他想象有那么一刻，美国将不再能够通过边疆暴力重生，"战争之后是政治迫害"。[31]

以私警为核心,规模更大的反移民联盟形成,其中包括越来越多的州议会和美国国会中的盟友,如亚拉巴马参议员杰夫·塞申斯(Jeff Sessions)、非法移民犯罪受害者的亲属、阵亡士兵家属、退伍军人以及包括边境巡逻特工在内的执法人员。[32]"即召民兵计划"的领导人经常出现在福克斯新闻和电台谈话节目中,要求布什停止推行"大赦",在边境部署国民警卫队,沿整条边境线修建高墙。

布什试图通过进一步加强边境防御来平息普通民众的不满。2006年的《安全围栏法案》(Secure Fence Act)拨款数十亿美元用于购买无人机、"虚拟墙"、浮空飞船、雷达、直升机、瞭望塔、监视气球、剃须刀带、用来阻塞山谷的垃圾填埋场、边界护堤、填补移动沙丘缺位的可调屏障,以及测试围栏原型的实验室[位于得克萨斯农工大学(A&M),与波音公司合作运行]。边防人员的数量翻了一番,边境围栏的长度翻了两番。"流线运作"(Operation Streamline)拘留、起诉并审判大批移民,迅速驱逐他们(主要根据克林顿1996年签署的移民改革法)。移民和海关执法局(Immigration and Customs Enforcement,或称ICE,"9·11"事件后重组的边境巡逻队)的特工从校车上抓走儿童,并在纽约的汉普顿斯(Hamptons)和马萨诸塞的新贝德福德(New Bedford)等自由州腹地追踪无证居民。总而言之,布什执政8年中驱逐了200万人。但这些都无济于事。2007年,该党的本土主义派别否决了他的移民法案。

尼克松和福特任命的移民局局长伦纳德·查普曼将军在30年前曾警告说:"极权国家不是解决办法",如果政策制定者继续追逐完全封锁边境的幻想,将意味着什么。《纽约时报》记者约翰·克鲁德森报道过上文描述的大部分边境虐待事件,他也问:"谁想要一个美国克格勃?"[33]查普曼和克鲁德森用他们自己的方式说,如果专制制度真的降临美国,那也不会是因为左翼和右翼给出通常解释,即就威胁性的工人运动或管理过度的保姆式国家扩张等做出的反应。那将是该国边境异常的结果，是该国无法满足确保该边境安全的结果。该边境之所以受到巡查，不是因为国家安全问题，而是因为"它是极度贫困和巨额财富之间的分界线"[34]。

接下来的几年中，事实证明查普曼和克鲁德森的警告颇有预见性。"我们无意拆散已经待在美国的家庭。"查普曼在1976年说。[35]但几十年来移民政策日渐强硬，家庭破裂和针对儿童的事件越来越频繁。而这对边境的野蛮人来说仍然不够。

在布什总统任期的最后几个月里，聚集在边境的基层民众的愤怒蔓延到全美国，同时美国在阿富汗和伊拉克陷入困境，于是住房和信贷市场开始崩溃。银行倒闭，失去抵押赎回权和被驱逐的人数激增。由于社会服务缩减，不平等和个人债务恶化。尽管如此，无论布什在边境部署了多少巡逻队员，无论他驱逐了多少人，墨西哥人和中美洲人还是不断涌入。历史学家戈登·伍德在谈到杰克逊时期时说，一切似乎都在分崩离析。然而主要的区别在于，杰克逊派放眼于拓殖线之外，眼里只能看到可能性，而自由土地的承诺以及随之而来的一切让这个国家得以重新振作；但现在美国向外看，看到的只有危险。

然后这个国家选出了一位黑人担任总统。

4

巴拉克·奥巴马在任 8 年面对的敌意似乎萦绕着邦联的幽灵，美墨战争、得克萨斯脱离运动（Texas Secession）……直到"帕克斯顿男孩"。许多历史学家指出，讨厌奥巴马的那些人喜欢被不止一位学者称为首位"茶党①总统"的安德鲁·杰克逊。[36] 这可以理解，因为这种强烈的情感有同一个源头：边疆。两位总统都出生于浪潮外缘，即美国最外围辖区边界的内缘：杰克逊的家乡在坎伯兰岬口和西部，而奥巴马来自夏威夷和印度尼西亚（稳稳待在美国冷战势力范围内的国家）。然而不同之处在于，作为文化象征的杰克逊代表推动边疆向前的拓殖者。那些拓殖者通过剥夺和奴役有色人种赢得更大的自由，这种自由的定义当时与被他们剥夺和奴役的人民对立。奥巴马，美国首位非裔美国人总统，使他们想起自己手下的受害者。因此他的反对者咬定他是外国人——就算不是出生在边界之外，也是在边界外长大的。

历史学家丹尼尔·罗杰斯（Daniel Rodgers）说，奥巴马的当选带来

---

① 茶党（Tea Party）不是政党，而是右派民粹主义运动，发端于 1773 年的波士顿，是革命的代名词。——译者注

"情感上的重重一击",但他的政府制定的"政策只是小声呜咽",试图用熟悉的措辞而不是激进方案来解决前任遗留的多重灾难。主要的立法倡议,如那些成为法案付诸实施的《平价医疗法案》(Affordable Care Act)和金融监管,以及只停留在计划阶段的碳排放限额与交易计划等,在过去不久,都被许多共和党人认为尚可接受的范围。[37] 共和党本来可以同意全面实施奥巴马在8次国情咨文中提出的任何一次工作计划,但这并不能改善数百万贫困人口岌岌可危的生活状况。最引人注目的是,奥巴马政府拒绝考虑跳出20世纪90年代模式的自由贸易去思考。经济学家保罗·克鲁格曼(Paul Krugman)等《北美自由贸易协定》的前支持者已经开始怀疑并意识到美国工资的长期停滞。《纽约时报》承认,"全球化的战利品"已"过多落入富人手中"。[38] 然而,奥巴马还是推动了同巴拿马、哥伦比亚和韩国的贸易协定。[39] 他一直在寻找某个已不复存在的中心,似乎认为自己能用华而不实的言语和无限的耐心来重建它。

同时,本土主义右翼继续联合在一起。在布什的领导下,各种私警团体扩展到全国,影响了联邦政策的制定。奥巴马引导他们与其他右翼组织合并,变成后来被称为"茶党"的组织。[40] 随着反移民的共和党人重新把自己标榜为自由主义者,反拉丁裔人口组织围绕财政"责任"动员起来,于是各个层面都出现了交叉融合(Cross-fertilization)现象。边境即召民兵加入邦迪家族民兵组织(Bundy family militia,曾与联邦当局在公共土地上进行两次武装对峙),而民兵成员与即召民兵共同进行边境侦察。像亚利桑那科奇斯县(Cochise County)这样的地方,长期以来一直是右翼农场主治安维持制的保留地,在这里即召民兵和茶党合二为一。[41] 在2010年凤凰城(Phoenix)集会上,一位特邀发言人说要"筑起一堵墙,开始射击",还说:"把他们排成一行,我要亲手收拾他们。"此时,残忍是建立对外国人象征性统治的方式。但它也象征着对政治体制,及其所有领导人和机构的蔑视。

战争仍在继续，预算庞大的军队仍然是国家最有效的社会流动工具，同时也是医疗和教育的提供者。但是，尽管布什把军国主义框定为意识形态的斗争，奥巴马却把它描述为效用和能力的问题。[42] 他的做法使美国失去了向外传播极端主义的能力，而美国在波斯湾造成的混乱局面也越来越多地反映在美国国内，表现在圣战分子屠杀、大规模校园枪击事件，以及白人至上主义者和男权主义者的暴行不断升级上。[43]

5

到 2010 年，美国失去的不仅仅是宣泄极端主义的能力。一个多世纪以来，外交关系一直是个舞台。在这个舞台上，可以规范思想 - 标准理念，国家领导人也可以在此协调个人和社会、美德和野心之间的潜在利益冲突。他们可以指向国界之外，说在边疆之外，我们将超越分歧。[44]当比尔·克林顿开始为《北美自由贸易协定》奔走时，苏联解体后的世界是开放的，这使他坚持认为自由贸易将导致公民复兴的主张听起来是可信的，而协定在"道德上等同于 19 世纪的边疆"这一说法也很难反驳。

奥巴马被困住了。美国道德和军事权威的崩溃，加之自由贸易增长模式破产，意味着他不能用任何外交手段来表达对共同利益的更大愿景，也没有任何国际关系领域可以帮助他克服要撕裂国家的两极分化：不是战争，不是人道主义干预，不是贸易，当然也不是《跨太平洋伙伴关系协定》（Trans-Pacific Partnership，TPP）———一项被评论家称为"打了激素的《北美自由贸易协定》的大型贸易协定"。[45]奥巴马开始推动《跨太平洋伙伴关系协定》时，他的继任者的竞选活动正在进行。这让左派和右派的批评人士确认，除了老调重弹，中间派已经拿不出什么新东西了。

由于这个国家未能想象将来会向外面发展，围绕试图向内发展者的斗争就更加激烈。在这个问题上,奥巴马也试图向对手做出让步。他签署名为"童年入境暂缓遣返"(Deferred Action for Childhood Arrivals,DACA)的行政命令,保护进入美国时还是未成年人的非法居民。但他也向国家各个边境、海关和移民机构增拨资金、增派人手。白宫和布什打下同样的赌注,陷入了几十年前设定的"执法优先"陷阱,即在改革措施通过之前,必须"封闭"边界——这提议是不可能实现的。奥巴马希望加强边境安全能为妥协开辟空间,但他没能控制住局面。从2009年到2014年,每年有数万名中美洲儿童"大潮"涌入边境,其中大部分来自萨尔瓦多、洪都拉斯和危地马拉这些已经在里根的中美洲战争中遭受重创,现在又再次遭受美国政府贸易、禁毒和安全政策打击的国家。[46]孩子们独自前来的一个原因是,边境军事化切断了相对安全的过境路线,一家人一起走太危险了。

作为回应,白宫调拨更多资源,试图确保边境安全,并加大驱逐力度。[47]到2016年,美国在边境和移民执法方面的支出已超过了所有其他联邦执法机构支出的总和。不过,正如布什执政时期一样,移民改革失败了。

随着美国移民及海关执法局和边境巡逻队的力量不断壮大,逃脱法律制裁的现象有增无减。自2003年以来,巡逻队员已造成至少97人死亡,其中包括6名儿童。很少有特工被起诉。[48]根据美国公民自由联盟(ACLU)报告,年轻女孩受到身体虐待和强奸的威胁,而被边境巡逻队逮捕的孤身儿童则苦于"身体和心理虐待、不卫生和不人道的生活条件、与家庭成员隔离、长期拘留,以及无法得到合法医疗服务"[49]。约翰·克鲁德森在30多年前曾记录过的同样折磨,如移民被长期安置在极冷的房间,仍在继续。[50]一名7岁的萨尔瓦多女孩试图去长岛与父母团聚。经过10天的跋涉后,她于2014年在得克萨斯被抓获。她被关在"冷藏室"里15天。她作证说"里面很冷,非常冷""灯一直亮着,地板很硬。我睡不着。我一直很饿"。[51]

一连串滥用职权虐待移民的事难以处理。这些恐怖交织在一起，仿佛边疆关闭带来了时间感的崩溃。暴力事件曾经与对外扩张联系在一起，给人留下了一种把问题抛在身后的错觉，现在它们却层出不穷。"我们打破他们的瓶子，把水倒在干燥的土地上。"一名边防巡逻队员如此描述他和同事发现移民藏起来的补给品。"我们扔掉他们的背包，把他们的食物和衣服堆起来，把它们踩碎、在上面撒尿，然后把这些垃圾扔到沙漠，纵火焚烧。"[52]

与此同时，随着奥巴马的第二个任期即将结束，右翼的不满情绪继续往复循环：从移民到医疗保健，从税收、战争、枪支到邦联旗帜、"伊斯兰国"（ISIS）、墨西哥卡特尔和环境法规，从伊斯兰教法、能源政策和性别代词到中美洲帮派和"黑人的命也是命"（Black Lives Matter），最后回到移民，回到"童年入境暂缓遣返"计划的受助者和中美洲儿童。几十年来，对灾难性政策的抨击越积越多，直到有人开始反对这些抨击。

乔治·布什执政期间在边境聚集起来的本土主义，以及8年来对巴拉克·奥巴马近乎精神错乱的仇恨，最终具体化为某些人所说的"种族现实主义"：拒绝自由多边秩序的合法前提，尤其反感"所有人都可以围坐桌边享受世界的富足""全球经济应该围绕尽可能开放的路线发展"，以及"政治共同体的基础应是多样性，而非盎格鲁-撒克逊主义"等理念。① 正如半个世纪前克莱尔·布思·卢斯所称：边疆已关闭了，资源是有限的，而政治制度应该建立在接受上述事实的基础上。

这种世界观通常被表达为本能，而不是一种经过实践的哲学，并在美国以对执法机构的反射性同情和种族仇恨等方式表现出来。但在过去几十

---

① 据《华盛顿邮报》2018年3月20日报道，社交媒体数据收集公司剑桥分析在2014年中期选举前进行的焦点小组调查中，与"种族现实主义"有关的主题，包括一项修建"堵墙阻止非法移民进入"的提议，在被疏远的"有保守倾向的美国白人"中得到了很好的检验。——作者注

年里，边境持续为这些情绪提供了凝聚力。例如，2014年7月，圣迭戈以北的加利福尼亚默里埃塔（Murrieta）的居民连续几天走上街头，挥舞着美国国旗和加兹登（Gadsden）旗帜，以种族主义者的方式大声谩骂，试图阻止载有中美洲儿童的巴士前往附近的联邦设施。一名抗议者说，"如果我们连自己都照顾不好，我们就照顾不了别人"。他的说法是对不久后要出现的特朗普主义的概括。大巴被挡了回去，孩子们只能被分流到其他联邦拘留中心。两年后，绝大多数默里埃塔居民把票投给了唐纳德·特朗普。

* * *

美国例外论诞生于被认为无止境的边疆。现在唯一无止境的就是历史的无尽回归——老兵们会前往边境地区，演练如何赢得已经失败的战争。"即召民兵计划"的创始人之一吉姆·吉尔克里斯特于1968年从战场返回家乡。他说从那以后，他"没有一天"不"想越南"。[53]另一名私警说："我们两人一组出去，像40年前在越南那样袭击他们。"[54]在边境巡逻的其他退伍军人曾在伊拉克、第一次或第二次海湾战争，或阿富汗作战，又或在自2015年以来美国一直在进行军事行动的其他74个国家中的任何一个作战。

弗雷德里克·特纳认为，大草原与干旱平原交会的99°子午线，是最有象征意义的边疆界线。在这条线之外，顽强而又富有创造力的人们想办法灌溉旱地，并开始把历史视为进步，同时朝着更加充裕的未来前进。正是在这里，美国有了自由主义者和国际主义者，学会了如何"喂养世界"[55]。小说家科马克·麦卡锡称这条线为"血色子午线"，认为它标志着另一种类型的边界。迈过这条边界，进步的幻想就让位给地狱般的永恒，让位给"充斥着战争孤儿"的土地。在那里,士兵和拓殖者原地兜着圈子,陷入苦行僧般的漩涡。那个地方就在那边,在边疆之外。但美国越过这条线的次数如此频繁,以至于抹掉了这条界线。

现在,血色子午线无处不在,在边境地区尤其多。在这里,历史上所有的战争其实都是一场战争。私警经常形容自己是1846年至1848年美墨战争的后卫军。他们站在敌人面前,认为对方意图夺回在那场冲突结束时失去的土地。[56]即召民兵的创始人之一说:"墨西哥移民正在试图重新占领",不是通过武力,而是通过移民。[57]"重新占领"这个词能引起共鸣,常被私警援引。西班牙人最初用这个词来指他们722年至1492年进行的"收复失地运动"(如果有的话,这是场长期战争),从阿拉伯和柏柏尔(Berber)穆斯林手中夺回伊比利亚半岛。今天,边境的即召民兵想象着那些穆斯林的后代正在北上。他们说经常会发现"留胡子的中东人",在沙漠里还能找到阿拉伯语-英语词典。[58]一名即召民兵告诉研究人员:"这是我们的加沙。"[59]

在奥巴马总统任期的最后几年,随着伊拉克战争的余波恶化和中美洲儿童的到来,治安维持运动以一种更具侵略性的形式重新抬头。这次的成员比之前的更年轻、更愤怒。他们配置了军事装备,穿着沙漠迷彩服,打算阻止"该死的食豆佬"。他们同样受"伊斯兰国"、中美洲黑帮、墨西哥卡特尔和"黑人的命也是命"的困扰。[60]大多数人曾多次在阿富汗和伊拉克服役。"和老兵朋友们待在这里对我是一种治疗。"一名老兵说,他在伊拉克服役四次后患上了脑损伤和应激障碍。

沙漠平息了他的噩梦。他告诉一名记者,守卫边境有助于制造"新的记忆"[61]。

结 语

那堵墙在美国历史上的意义

THE END OF THE MYTH

结　语　那堵墙在美国历史上的意义

问题的关键不是要真的建"墙",而是要不断宣布建"墙"。唐纳德·特朗普在推特上说:"我们开始筑墙。我为此感到骄傲。我们开始了。""多美的事物啊。"除了自哈里·杜鲁门担任总统以来一直稳步增加的防御工事之外,没有在建的墙。特朗普口中那堵墙的 8 堵"样板墙"确实在圣迭戈以东的沙漠中拔地而起,就在边境的奥泰梅萨(Otay Mesa)地区。据说,其中某个设计将被选中,作为这堵墙的方案并依此施工,特朗普曾表示,他将亲自挑出优胜方案。但美国国土安全部最近宣布,奥泰梅萨的任何"样板墙"都不会成为建筑蓝本。更确切地说,这些每个造价 50 万美元的实物模型,是为了给未来实物模型提供灵感的。"这 8 个不同的样板在一定程度上预示了未来边境墙的设计标准。"[1] 尽管如此,对于本土主义政客来说,当他们想攻击国会不修边境墙,或通过强调移民犯下的罪行来妖魔化移民时,这些仍是有用的"背景墙"。圣迭戈共和党众议院议员邓肯·亨特(Duncan Hunter)在"样板墙"前召开的反移民集会上说:"也门人,伊拉克人,巴基斯坦人,中国人——也就是昔日的苏联卫星国,他们都是通过墨西哥进来的。"这些庞然大物确实暗示着永恒,意味着无论特朗普主义的政治未来如何,它们都会矗立在那里。

无论如何,考虑到现在所谓的"边境"就像过去的"边疆"一样几乎无处不在,建立边境墙的想法可能已经过时。移民和国防部官员很快就表示,美国真正边界不在亚利桑那和得克萨斯,而在墨西哥与危地马拉的南部边界。[2] 在那里，由美国政府资助的墨西哥特工负责巡查中美洲移民北上的第一道防线。事实上，根据一位美国国防分析家的说法，整个南美洲都是我们的"第三边界"。五角大楼说，加勒比海也是如此。

同美国铁路公司（Amtrak）和灰狗（Greyhound）运输工具上，以及美国境内机场里执行的所有随机检查一样，在世界各地机场激增的移民检查站现在也被视为美国边境的一部分。联邦特工在所谓的"边境地区"拥有"宪法外的权力"，其边境地区的定义是国际边界之内 100 英里，它覆盖了多达 2 亿公民——约占美国人口的 65%，约占拉丁裔居民的 75%。[3]

整个密歇根都是"边境地带"，夏威夷和佛罗里达也是。正如一位政策分析人士所说，"这里是没有宪法的地区"。边境巡逻队可以在这些地区的任何地方扣押车辆进行检查，并要求查看证件。[4] 美国公民自由联盟发言人称，在距离实际国际边界数英里远的腹地设立的检查站就是"边境本身"，这意味着这些检查站是为分隔家庭和群体故意设立的。2008 年，一个由得克萨斯部分资助的互联网项目把 200 多个边境摄像头的实况转播放到网上，使任何人在任何地方都能担任边境巡逻队员。数十万人登录该网站，不仅是为了报告可疑活动，而且是要建立由虚拟私警组成的社交媒体群体。[5] 美国企业研究所（American Enterprise Institute）的一位分析师问道："美国'国土'的边界到底在哪里？""全美国都是。"堪萨斯边境哨点的创始人说。

无论边境地区在哪里，一度被边疆神话誉为"骄傲之地"的它们都不再特别。每个国家都有边境和国界，而且现在许多国家都筑起了墙。[6] 自从柏林墙倒塌后，到处都在建墙。在里约，它们保护富人；在约旦河西岸，它们遏制巴勒斯坦人；它们分开印度和孟加拉国、希腊和土耳其，分开贝尔法斯特（Belfast）的天主教徒和新教徒。得克萨斯平原严酷的边疆环境刺激技术进步——沃克柯尔特（Walker Colt）左轮手枪的发明使拓殖者"不必下马就能与科曼切人和墨西哥人作战"；正如历史学家沃尔特·普雷斯科特·韦布（Walter Prescott Webb）指出的那样，蓬勃发展的全球"边境墙"产业引发了高科技安全创新。亚利桑那在2010年通过了美国最严格的反移民法案《参议院1070号法案》（SB 1070），现在它已经成了"安全墙"商品的集市，主办国际展览会的是新时代的边境巴比特式人员：由公共资金资助研究的工程师，向陷入困境的各州推销产品的销售人员，以及背后的技术支持人员。记者托德·米勒（Todd Miller）在参加完一场满是此类设备的会议后写道："在凤凰城那个巨大的、灯火辉煌的科幻大教堂里，最让我吃惊的不是枪支、无人机、机器人，或者固定的监视塔和军事化人体模型。"[7] 相反，"大会空气中弥漫着惊人的能量和热情"，给米勒留下了深刻的印象。离开会议中心时，他意识到自己刚刚目睹了"一个价值数十亿美元的新兴产业，它不仅想把边界变成我们自己的领土，而且想把整个世界都变成我们自己的"。

不久前，历史学家和经济学家还将美国式民主的传播称为"伟大的世界边疆"。今天，我们在世界各地都建起了"围墙"。

***

一个多世纪以来，边疆一直是美国普世主义的有力象征。它不仅传达国家前进的理念，而且承诺：前进过程涉及的暴行将会转变为高尚的东西。边疆扩张将打破一切悖论，调和理想与利益、美德与野心之间的一切矛盾。扩大范围，你就能确保和平，保护个人自由，弥合派系分歧；你将创造一个好奇的、活泼的、足智多谋的民族，他们不受任何教条的束缚，超越地区主义，传播繁荣，超越种族主义。随着视野开阔，我们对世界人民的爱也会越来越深。随着边界的扩大，我们会更加包容，我们会意识到，人类就是我们的国家。扩张造成的任何问题都可以通过进一步扩张来解决。战争造成的创伤可能会在下一次战争中痊愈，而增长将减轻贫困。

但今天边疆关闭了，安全阀也关闭了。不管用什么比喻，这个国家已经走过了神话的尽头。在边疆象征着永恒重生，象征文化萌芽的地方，奥泰梅萨的8堵"样板墙"如墓碑般赫然耸立。在经过几个世纪穿越血色子午线向前逃离后，所有在扩张中应该保存的东西都被破坏了，所有在扩张中应该破坏的东西都被保存下来。没有和平，只有无尽的战争。取代批判、坚韧、进步的公民的是拒绝理性、害怕变化的阴谋虚无主义。党派主义凝固并赢得了全国大选。

少数公司仍有机会进入某些看起来像边疆的领域，因为以《北美自由贸易协定》为代表的条约和协定给它们无尽的视野。最近，世界银行（World Bank）评估了全球财富极度集中、新技术出现减少对人力的需求，以及投资随意跨境流动等现象，并向世界上较贫穷的国家提出如下建议：你需要废除"繁重"的规则取悦雇主。"最低工资较高，不适当的雇佣和解雇限制，严格的合同表格等都使工人价格相对于技术更昂贵"，还降低了企业投资的可能性。[8]边疆的民主效用，即利用开放领域为数量空前的普通民众提供空间自由，帮他们摆脱"体制和控制"的束缚，已完全颠倒了。如今，企业已将特纳的"逃脱之门"写入国际法，借此来削减各国政府的监管目标。

超级富豪们的狂想不亚于他们的资本，而且有自由的空间。他们想象自己是海上定居者，着手建造政府管控之外的漂浮村庄；或者资助延长寿命的研究，希望躲开死神；或者把自己的意识上传到云端。有人说，火星将很快成为人类的"新边疆"。某位支持特朗普的对冲基金亿万富翁相信"人类除了赚钱外没有任何固有价值"，而接受公共援助的人"价值是负的"。此人很孤僻，甚至从不直视别人的眼睛，当别人试图与他交谈时，他会吹口哨。他在新墨西哥某个古老的矿业小镇做志愿治安官,因此有权在50个州都携带枪支。[9] 从来没有哪个统治阶级像我们的统治阶级这样,能自由到完全摆脱它统治的人民。

对大多数人来说,自由的领域已经缩小了。20 世纪 80 年代出生的整整一代人可能永远无法从 2007 年至 2008 年经济危机后的大萧条中恢复。[10] 自那次经济危机以来,失业率下降,股市繁荣,但贫困已经根深蒂固。根据美国慈善机构"联合之路"(United Way)最近的一份报告,近 5100 万美国家庭的收入不足以"在现代经济中生存",他们每月的预算无法满足住房、食品和医疗等基本需求。与其他高收入国家相比,美国的民众预期寿命最低,婴儿死亡率最高。罗纳德·里根说过,没有什么不可能。但对许多人来说,可能性却越来越少,包括体面教育和体面退休,或任何形式的退休。[11]

世界上大多数其他工业国家都奉行"自由贸易"政策,类似于美国自农业危机以来颁布的政策,涉及外包、私有化和金融自由化。但是,没有哪个富裕国家经历过这种疏远、不平等、公共卫生危机和暴力,而这些问题在美国已成为家常便饭。[12] 这是因为,作为越战后重建的一部分,美国不仅进行了重组,还攻击社会机构,尤其是公共服务和工会,这些机构本可能会缓和重组的影响。里根对正在尽量消除新政束缚的新右派前线积极分子说:"你们就是军队。你们就在自由的边疆。"

除伊拉克战争和金融危机造成的动荡外,人们还认识到,世界是脆弱的,我们被困在一个远不能持续或保持合理的经济体系中。野火烧过西部大片地区;数百万棵树木死于全球变暖引起的枯萎病;休斯敦和波多黎各洪水泛滥;海洋酸化;蝙蝠、青蛙和飞虫大量消失……科马克·麦卡锡的《路》(The Road)中的任何一句话都能被摘录并用作报纸上的标题。《纽约时报》报道加利福尼亚野火时用的标题是《大好风景付之一炬,烟尘遮天蔽日》。

战争可能无休止，但任何形式的使命都不再神圣。

***

人们很容易认为，特朗普的边境墙代表着更准确地评估世界的运转方式，尤其是与边疆神话相比时更是如此。从根本上说，边疆是海市蜃楼，是现已枯竭的普世主义的意识形态遗迹。也许出于天真，也许是不诚实，普世主义承诺，世界无限意味着国家不必按统治界限组织。所有人都能受益，都能发展并分享地球的财富。与此相反，这堵墙是幻想破灭的纪念碑，是残酷的地缘政治现实主义的纪念碑。它说明种族主义从未被超越、没有足够的资源分享、全球经济中有赢家也会有输家、不是所有人都能坐到桌前，政府应该接受上述事实并在此基础上制定政策。

承认经济增长实际上是有限度的，以及基于"社会冲突可以通过不断前进来解决"的理念的旧政治模式不再可行，这可能会导致各种政治反应。在美国，新政通过承认边疆已经关闭，建立了新的、人道的社会公民伦理。虽然在某种程度上新右翼使这愿景黯然失色，但这个国家目前尚存的体面很大程度上要归功于它。

美国是建立在物种免疫的神话信仰基础上的国家，这信仰与其说是豁免主义论，不如说是坚信国家不受自然、社会、历史，甚至死亡的影响的例外主义，而作为这个国家的国民，他们意识到例外不会永远持续，必然会造成创伤。这种无限自由的理想只有通过对非裔美国人、墨西哥裔美国人、墨西哥人和美洲原住民的统治才能实现，因为奴隶和廉价劳动力把偷来的土地转为资本，切断了束缚，使美国经济一飞冲天。现在，当我们落回荒芜的土地上时，有色人种的存在本身就成了不必要的死亡警告，提醒我们有极限，同时历史加重了负担、生活束缚了社会义务。

因此，这堵墙提供了它自己的幻觉，一种既承认限制又拒绝限制的故弄玄虚。一方面，特朗普主义激起了人们对美国过于慷慨的不满，正如那位抗议中美洲儿童到来的默里埃塔居民所说，在资源匮乏的世界里，"如果我们连自己都照顾不好，我们就照顾不了别人"。另一方面，特朗普主义鼓励任性的享乐主义，这种享乐主义不禁止也不限制任何东西，持有枪支的权利不受限制，当然也不限制"滚煤"（roll coal）的权利，即改装卡车引擎，使燃烧的柴油产生大量黑烟的做法。据爱好者说，这些卡车排放出的黑烟是在"厚颜无耻地展示美国自由"，而且自2016年以来，这也是对唐纳德·特朗普的支持。[13] 退出《巴黎气候协定》（the Paris Climate Accord）对提高企业利润没什么作用，但它是在暗示美国不会屈服于极限。在我们这样脆弱的世界里，这种自由的展示变得越来越残忍，直到残忍行为本身成为"厚颜无耻地展示美国自由"——比如取消对捕杀冬眠熊的限制，或者赦免乔·阿帕约，或者赞美酷刑。

特朗普的残忍行为表现形式多样，但目标一向是墨西哥人和中美洲移民。[14] 我们可以把他的边境墙连同这个国家自己崇拜殉道者的狂热仪式，视为把这个国家重塑成被围困的中世纪堡垒。作为候选人，特朗普与无证居民犯罪的受害者（或受害者家属）一起竞选，利用他们的悲伤来煽动仇恨。成为总统后，他最初的行动之一就是建立政府办公室，负责向"可驱逐的外国人① 所犯罪行的受害者"提供支持服务。

没有哪项签证计划的目的是帮助那些遭受苦难的人，以至于特朗普不必大张旗鼓地取消它。一个帮助几千名尼加拉瓜人的项目被取消，同样被

---

① 可驱逐的外国人（removable alien）指合法享有庇护的难民，但在外交上地位尴尬。——译者注

取消的还有针对洪都拉斯人的类似项目。特朗普的公民及移民服务局局长宣布，他的办公室将"开始剥夺国籍"，即在程序中寻找错误，也就是说，找出申请过程中让移民成为公民的错误，然后利用这些错误剥夺公民身份，尽管他承认这样的错误极为罕见。在边境沿线，护照申请遭到拒绝的人比以往任何时候都多，因为政府怀疑他们实际出生于墨西哥，伪造了出生文件。据《华盛顿邮报》报道，在特朗普执政期间，"持有美国官方出生证明的护照申请人被关押在移民拘留中心，并进入驱逐程序"[15]。特朗普觉得这还不够：他承诺签署终止出生公民权的行政命令，这将彻底缩小宪法第十四条修正案的范围。

然后，在2018年夏天，随着中期选举的临近，特朗普算了一笔账，觉得可以把虐待移民儿童现象变为能为自己加分的政治问题。他的司法部长杰夫·塞申斯宣布，抵达边境的家庭将被分开，孩子将被带走，父母将被关进监狱，并作为儿童走私犯受到起诉。突然间，难以忍受的故事、照片、视频和音频一连串地显示，似乎所有几十年来一直被忽视的边境暴行都爆发了：关在笼中的婴儿哭喊着要父母，有人给孩子注射麻醉药迫使他们入睡，废弃的沃尔玛超市被改造成拘留中心。民众的愤怒迫使特朗普放弃最糟糕的家庭分离政策。但他仍然利用公众的关注坚持"零容忍"，还利用对其政策的抗议在移民和海关执法局以及边境巡逻人员中培养不满情绪。他说，这是一个"好问题"，还引用了一项不存在的关于公众对他政策支持度的民意调查。[16] 截至2018年年中，美国在边境拘留中心关押了近1.3万名移民儿童，其中大部分来自墨西哥和中美洲，比前一年增加了近十倍。[17]

特朗普之所以能获胜，是因为他与战后秩序的整个传统背道而驰，如在边境以南的国家和中东国家造成了数不清的难民（以及预料之中的罪犯）的政策：无休止的战争、紧缩、"自由贸易"、不受约束的公司权力和极端不平等。他就任的两年间，战争扩大，轰炸升级，五角大楼的预算增加。税收被削减，放松管制的速度加快，行政部门里挤满了想要进一步放松管制的理论家。

公共土地和资源正在私有化；减税延续了针对穷人的阶级战争；司法和行政机构的任命将增加垄断统治。除了以极快的速度推动现有事项之外，特朗普主义无法提供另一种选择，因此尽管修建边境墙的承诺建立在"世界有极限"的基础上，特朗普主义仍培养了愤怒的拒绝限制的态度。特朗普自己经常指出，对许多人来说，他的吸引力在于他可以不受惩罚。

不管这堵墙建还是不建，它都是美国的新象征。它代表的国家仍然认为"自由"指的是不受约束的自由，但在这个有极限的世界里，它不再假装人人皆可自由，并通过暴行、统治和种族主义来强化这一现实。

也许特朗普离开后，人们所理解的政治"中心"可以重新建立。但这似乎值得怀疑。政治看起来在向两个相反的方向发展。一方面，本土主义在召唤，而唐纳德·特朗普目前是它的旗手。另一方面，社会主义向年轻的选民招手，他们背上担负着债务，面前是惨淡的劳动力市场，接受社会权利的人数比以往都要多。未来几代人将面临严峻的选择，这个选择长期以来被边疆普世主义的情感力量所推迟，但在最近发生的事件中得到了生动揭示：在野蛮状态和社会主义，或者社会民主之间至少选择一个。

引文出处和其他说明
A NOTE ON SOURCES
AND OTHER MATTERS

种族现实主义与墙

豪尔赫·路易斯·博尔赫斯（Jorge Luis Borges）在 1950 年出版的短篇小说《长城与书》中讲述了秦始皇下令修建长城，焚毁王国内所有书籍的故事。对于"创造和毁灭"这两种看似矛盾的欲望，博尔赫斯给出的每一个理由后面都跟着另一个解释抵消前者。博尔赫斯最终认定：修长城和焚书都是由秦始皇追求"长生不死"的欲望驱动的。至少在博尔赫斯看来，秦始皇生活在对死亡的恐惧中，禁止别人在他面前说出"死亡"这个词，还拼命寻找长生不老药。博尔赫斯猜测，也许秦始皇下令建造长城是为了江山永固，焚书是为了压制"没有永恒"的观念。因为如果说我们能从史书中读到什么教训的话，那就是，我们不过是世间过客。显然，秦始皇会判处任何试图保存图书的人终生在城墙上服苦役。博尔赫斯写道："也许这堵墙是个隐喻"，因为它的建造"迫使那些崇拜过去的人背负着和过去本身一样庞大、愚蠢而无用的任务"。

至于美国，加利福尼亚大学圣芭芭拉分校的终身教授、生物学家加勒特·哈丁（Garrett Hardin）是最先呼吁在墨西哥边境建墙的人之一。哈丁 1977 年发表在《生态学家》（The Ecologist）杂志上的一篇题为《人口与移民：同情还是责任？》(Population and Immigration: Compassion or Responsibility?)的文章中写道："我们可以建一堵墙，真的。"哈丁是今天所谓的"种族现实主义"的早期倡导者。该理念呼吁资源有限、白人出生率不断下降的世界须要强化边界。哈丁于1971年在《科学》(Science)杂志上发表的题为《民族和文明的生存》(The Survival of Nations and Civilizations)的社论中提出如下观点：

> 一个由男性组成的政府能说服女人像兔子一样大生特生就是她们的爱国义务吗？还是要强迫她们相信？如果我们不去征服，也不拼命生儿育女，那么我们能否在竞争的世界中生存就取决于这是个什么样的世界：一个世界(One World)，还是被各国瓜分的世界。如果天下为公，所有的食物可平等分享，那么我们就会被淘汰。那些繁殖快的民族会取代其他民族……在一个不太完美的世界里，如果要避免种族进行破坏性繁殖，就必须捍卫基于领土的权利分配。文明和尊严不可能处处皆有；但有总比没有好。

两个世纪前，本杰明·富兰克林和托马斯·杰斐逊满怀憧憬地想象着新世界的富足，认为包括人口快速增长在内的发展将很快使"人口数量，当然还有生存下来的人口数量和幸福人口的数量"翻一番。像哈丁这样自封的"现实主义者"清楚地表达了杰斐逊和富兰克林的言下之意：这种快乐只应留给盎格鲁人。哈丁将自己的立场描述为"救生艇伦理"。他认为船桨不仅是桨，还应该被当作武器，用来赶走试图爬上船的人。他后来提倡"贝尔曲线"①的"种族科学"。

---

① 贝尔曲线(the Bell Curve)是描述正态分布的曲线。——译者注

在过去的几十年里，反移民的本土主义者使保守主义运动重新振兴，同时右翼人士撰写了大量后续评论文章。有些早期出版物在后越战时期"富足的终结"（end of plenty）的文学浪潮中脱颖而出，揭示了环保主义者、人口控制者、英语捍卫者和反移民的本土主义者共同关注的事项。哈丁就是这种共同关注的例子。此外，约翰·坦顿（John Tanton）在1970年代写了一篇文章，主张优生学，并参与建立本土主义者的"美国移民改革联盟"（Federation for American Immigration Reform）。埃琳娜·R.古铁雷斯（Elena R. Gutiérrez）的《生育问题：墨西哥裔妇女生育的政治》（*Fertile Matters: The Politics of Mexican-Origin Women's Reproduction*，2009）讨论了像坦顿这样的移民限制主义者对墨西哥生育率日益痴迷的现象。关于这个话题的讨论还可参见劳拉·布里格斯（Laura Briggs）的《所有政治问题如何变成生育政治》（*How All Politics Became Reproductive Politics*，2017）。

小说家兼环保主义者爱德华·艾比（Edward Abbey）的《有意破坏帮》（*The Monkey Wrench Gang*）表达了对人口增长、有色人种出生率上升以及美国"拉丁化"（Latinization）的担忧。1981年，他呼吁建立"实体屏障"，还主张将边境巡逻队扩大到2万人（这个数字在当时被认为很激进，但时至今日只有边境巡逻队与移民和海关执法局工作人员总数的一半左右）。"这些都是严酷甚至残忍的提案。"艾比说。但他在给《纽约书评》（*New York Review of Books*, December 17, 1981）的信中呼应了哈丁的观点。他写道："美国这艘船就算没超载也已经挤满了人。如果再有大规模移民，我们将负担不起。尽管我们的领导人倾向于忽视这一事实，但美国公众已经意识到了这一点。他们不会承认的那些事，其实我们都已经知道了。"仇外情绪成为保守右派的核心元素，主流和激进的环保主义者都不再将他们的社会批评与移民问题联系在一起。默里·布克金（Murray Bookchin）

在 1988 年称艾比是种族主义者。参见路易斯·阿尔贝托·乌雷亚（Luis Alberto Urrea）的评论文章《与爱德华·艾比在高速公路上》（Down the Highway with Edward Abbey）。该文载于《无名小卒的儿子：美国人生活日记》（Nobody's Son: Notes from an American Life，1998）。

帕特里克·布坎南在 1992 年挑战乔治·H. W. 布什的提名时，为普及在南部边境设置隔离墙的想法做了最大努力。如今，安·库尔特（Ann Coulter）等大多数保守派人士都至少发表过一次反对移民的号召。早期对移民题材的贡献包括：帕尔默·斯泰西（Palmer Stacy）和韦恩·卢顿（Wayne Lutton）的《移民定时炸弹》（The Immigration Time Bomb，1985）；韦恩·卢顿（Wayne Lutton）的《开放边界的神话》（The Myth of Open Borders，1988）；劳伦斯·奥斯特（Lawrence Auster）的《国家自取灭亡之路》（The Path to National Suicide，1990）；罗伊·霍华德·贝克（Roy Howard Beck）的《反移民案》（The Case Against Immigration，1996）；彼得·布里梅洛（Peter Brimelow）的《异国》（Alien Nation，1996）；约翰·坦顿（John Tanton）和约瑟夫·史密斯（Joseph Smith）的《移民与社会契约》（Immigration and the Social Contract，1996）；塞缪尔·弗朗西斯（Samuel Francis）的《美国消失》（America Extinguished，2001）；布坎南（Buchanan）的《西部之死》（The Death of the West，2002）和维克多·戴维斯·汉森（Victor Davis Hanson）的《墨西哥化的美国》（Mexifornia，2003）。同样值得一提的是哈佛大学政治学家萨缪尔·亨廷顿（Samuel Huntington）备受称颂的著作《我们是谁？美国国家认同面临的挑战》（Who Are We? The Challenges to America's National Identity，2004）；丹尼尔·戴维尔（Daniel Denvir）即将出版的《美国本土主义》（All-American Nativism）是对反移民极端主义兴起的重要概述。

共和党决定集中力量压制拉丁裔和其他有色人种的选票，是基于世俗计算：如果选民登记、投票率和偏好趋势像以前那样持续下去，那么共和党就有可能失去得克萨斯、亚利桑那和佛罗里达，以及它作为国家级政治组织的地位。对于选民压制，以及针对拉丁裔美洲人的内容，参见格雷戈里·当斯（Gregory Downs）的《今天的选民压制策略有150年的历史》（Today's Voter Suppression Tactics Have a 150 Year History），该文载于《谈话要点备忘录》（Talking Points Memo，July 26, 2018）。还可见阿里·伯曼（Ari Berman）的《痴迷于选民欺诈的特朗普背后之人》（The Man Behind Trump's Voter-Fraud Obsession），该文载于《纽约时报》（New York Time，June 13, 2017）。里克·波斯坦因（Rick Perlstein）和利维亚·格申（Livia Gershon）记录了共和党自1961年起为压制少数族裔选票所做的努力，如在亚利桑那现如今已臭名昭著的马里科帕县，未来的最高法院首席大法官威廉·伦奎斯特（William Rehnquist）实施"鹰眼行动"（Operation Eagle Eye），强迫"每个黑人或墨西哥选民"参加文化水平测试，并朗读一段宪法文本。在巴里·戈德华特（Barry Goldwater）1966年竞选总统期间，全州几乎所有警长都协助推行该举措。波因斯坦（Perlstein）和格申（Gershon）的《欺诈选举、投票的狗和其他共和党选民欺诈神话的奇妙寓言》（Stolen Elections, Voting Dogs and Other Fantastic Fables from the GOP Voter Fraud Mythology）中记载了这些事，该文载于《谈话要点备忘录》（Talking Points Memo，August 16, 2018）。

但过度仇恨所针对的人，很大程度上代表了本土主义者珍视的理想。在美国各地，拉丁裔人口一直在为社区和市中心重新注入活力。他们开设商店，向已站稳脚跟的小企业注入资金。如果不是墨西哥人和中美洲人把空荡荡的商店变成了墨西哥酒馆、烤肉店和其他企业，美国的商业街甚至会更加萧条。这就好像是，右翼想通过迫使拉丁裔人口进入阴暗处，来结束多年前随着企业全球化的崛起而开始的"空心化"。我认为，这种仇恨还根植于博尔赫斯口中的秦始皇对死亡的恐惧。简而言之，美国对有色人种劳动的依赖，确立了其社会存在的基础，从而确立了社会权利的合法性。在认为个人权利神圣不可侵犯的政治文化中，社会权利是比异端邪说更邪恶的东西。它们意味着有极限，而极限违反了美国独有的"一切都将永远持续下去"的前提。

拉丁美洲有许多沃尔玛都成立了工会，仅这一事实就该终结罗纳德·里根最喜欢的陈词滥调之一——拉美人不知道自己天生是共和党人。巴拉克·奥巴马于2012年连任后，许多保守派人士开始意识到，无论是对文化"楔子议题"的呼吁，还是对移民改革的承诺，在拉丁裔选民问题上都未必能帮助共和党。《国家评论》（National Review）的希瑟·麦克唐纳（Heather MacDonald）写道，拉丁裔选民之所以忠于民主党，并不是因为移民改革的承诺，而是因为他们看重"更为慷慨的安全保障、政府对经济的有力干预和累进税收"。查尔斯·莫里（Charles Murray）也认为拉丁裔人口并非天生保守。莫里指出，他们并不比其他群体更虔诚，也不会更仇视同性恋，只比一般人对堕胎更反感（尽管莫里确实说过，他家雇佣的拉丁裔劳工似乎"勤劳能干"，他认为这是保守派的同义词）。

这些认识有助于打破共和党内部的权力平衡，使之向现在被称为特朗普主义的力量倾斜。在乔治·H. W. 布什灾难性的总统任期结束后，保守派运动人士被自己过度的意识形态束缚住手脚，意识到自己正在输掉一场更广泛的文化战争。他们抓住妖魔化移民（以及归化的墨西哥和中美洲公民）的机会来解释挫折，而非诉诸评分审核制。右翼活动人士、思想家和政治家认为，里根1986年的移民改革为大约300万无证居民提供获得公民身份的途径，这不仅促成民主党接收加利福尼亚，也帮助奥巴马当选并连任总统。根据这一思路，里根的大赦给投票名单增加了1500万新公民（因为归化公民可以担保其他家庭成员获得公民身份）。共和党众议员、众议院主要的本土主义理论家史蒂夫·金（Steve King）说，这种所谓的增长"使巴拉克·奥巴马当选"。在2016年大选之前，大多数共和党人认为数百万"非法移民"曾在2008年和2012年投票，并计划于2016年继续投票。没有任何证据支持这些说法，但这些论点为压制有色人种投票的持续努力提供了理由。最近，福克斯的塔克·卡尔森（Tucker Carlson）利用这样的论点淡化俄罗斯对美国国内政治的干预，指责墨西哥"通过拉拢选民来干涉我们的选举"。

边　疆

关于美国边疆的文献，以及关于边疆学说的学术研究可谓不计其数。除全书引用的著作外，以下著作虽立论角度不同，但内容相当有启发性：帕特里西亚·利默里克（Patricia Limerick）的《征服的遗产》（The Legacy of Conquest，1987）、詹姆斯·格罗斯曼（James Grossman）编辑的《美国文化的边疆》（The Frontier in American Culture，1994）、理查德·怀特（Richard White）和帕特里西亚·利默里克的随笔。在这些著作中，理查德·斯洛金（Richard Slotkin）研究边境暴力在塑造和重塑美国文化中作用的多卷本著作 Regeneration Through Violence（1973）也不可或缺。关于该理念演变的材料有：约翰·朱里克（John Juricek）的《从殖民时代到弗雷德里克·杰克逊·特纳的美国人对"边疆"一词的使用》（American Usage of the Word 'Frontier' from Colonial Times to Frederick Jackson Turner），载于《美国哲学学会学报》（Proceedings of the American Philosophical Society，1966）。相关的材料还有：沃伦·苏斯曼（Warren Susman）的《作为历史的文化》

(Culture as History, 1984);萨拉·多伊奇(Sarah Deutsch)的《没有单独的避难所:1880—1940年美国西南部盎格鲁-西班牙边境的文化、阶级和性别》(No Separate Refuge: Culture, Class, and Gender on the Anglo-Hispanic Frontier in the American Southwest, 1880–1940, 1987);理查德·怀特(Richard White)的《这是你的不幸,不是我自己的:美国西部新历史》(It's Your Misfortune and None of My Own: A New History of the American West, 1991);乔治·罗杰斯·泰勒(George Rogers Taylor)主编的《特纳论文:关于边疆在美国历史中的作用》(The Turner Thesis: Concerning the Role of the Frontier in American History, 1972);艾米·格林伯格(Amy Greenberg)的《男子气概与战前的美国帝国》(Manifest Manhood and the Antebellum American Empire, 2005);克尔温·李·克莱因(Kerwin Lee Klein)的《历史想象的前沿》(Frontiers of Historical Imagination, 1997);亚当·罗斯曼(Adam Rothman)的《奴隶国家:美国的扩张和南方腹地的起源》(Slave Country: American Expansion and the Origins of the Deep South, 2007);沃尔特·约翰逊(Walter Johnson)的《黑暗梦之河:棉花王国的奴隶制与帝国》(River of Dark Dreams: Slavery and Empire in the Cotton Kingdom, 2013);沃尔特·普雷斯科特·韦伯(Walter Prescott Webb)的《伟大的边疆》(The Great Frontier, 1952)和亨利·纳什·史密斯(Henry Nash Smith)的《处女地》(Virgin Land, 1950)。帕特里夏·利默里克(Patricia Limerick)的《特纳学派:在一个可理解的世界中创造有益历史的梦想》(Turnerians All: The Dream of a Helpful History in an Intelligible World),载于《美国历史评论》(American Historical Review, 1995年第100卷,第3期,第697—716页)指出:特纳的论题本身就包含着她所称的"边疆对立面",而每一次超越特纳的努力都会被"特纳已做过这方面努力"的事实绊住脚。

边 境

在美墨边境、更广阔的边境地区、《北美自由贸易协定》以及移民政策的军事化方面，学术界的研究也比以往任何时候都更为重要。在这里，我不想列举文中引用的具体书籍或文章，而是想感谢对这项工作特别有影响的学者：莉兹·奥格尔斯比（Liz Oglesby）、梅·恩盖（Mae Ngai）、达拉·林德（Dara Lind）、凯莉·小赫尔南德斯（Kelly Lytle Hernández）、约翰·克鲁斯（John Crewdson）、安娜·拉奎尔·米南（Ana Raquel Minan）、安娜贝尔·埃尔南德斯（Anabel Hernández）、道格拉斯·梅西（Douglas Massey）、卡尔·雅各比（Karl Jacoby）、罗宾·雷内克（Robin Reineke）、雷切尔·圣约翰（Rachel St. John）、奥斯卡·马丁内斯（Oscar Martínez）、亚当·古德曼（Adam Goodman）、纳塔莉亚·莫利纳（Natalia Molina）、塞缪尔·特鲁特（Samuel Truett）、埃利奥特·杨（Elliot Young）、大卫·培根（David Bacon）、保罗·克肖（Paul Kershaw）、托德·米勒（Todd Miller）、丽贝卡·施赖伯（Rebecca Schreiber）、保罗·奥尔蒂斯（Paul Ortiz）、艾丽西亚·施密特·卡马乔（Alicia Schmidt Camacho）、约瑟夫·内文斯（Joseph Nevins）、帕特里克·蒂蒙斯（Patrick Timmons）、蒂莫西·邓恩（Timothy Dunn），以及主持"拒绝忘却"记忆项目的学者：本·约翰逊（Ben Johnson）、特立尼达·冈萨雷斯（Trinidad Gonzales）、莫妮卡·穆尼奥斯·马丁内斯（Monica Muñoz Martinez）、索尼娅·埃尔南德斯（Sonia Hernández）和约翰·莫兰·冈萨雷斯（John Morán González）。本书成稿后出版的著作，即莫妮卡·穆尼奥斯·马丁内斯的《不公正永远与你同在：得克萨斯州的反墨西哥暴力》(*The Injustice Never Leaves You : Anti-Mexican Violence in Texas*)，对吹捧得克萨斯游骑兵队的传记提出严峻挑战。作者称，该组织成立后大部分时间的运转方式与其他国家所谓的"行刑队"相似。

安全阀

从19世纪初开始，关于自由资本主义民主需要扩张才能生存的观点就有很多版本。19世纪初，英国保守派曾表示，美国之所以能够将投票权扩大到覆盖白人工人，是因为美国拥有开阔的西部作为"安全阀"，这将削弱他们利用投票权投票支持社会主义造成的威胁。几个世纪以来，其他作家强调了不同类型的扩张（土地扩张、经济扩张、意识形态扩张、政治扩张和军事扩张）以及扩张将解决的不同社会弊病（生产过剩和/或消费不足、人口压力、阶级冲突、威胁财产权问题的激进主义、资本主义的异化、现代主义的倦怠、公民衰化等）。

许多历史学家已经证明：弗雷德里克·杰克逊·特纳受到格奥尔格·威廉·弗里德里希·黑格尔（Georg Wilhelm Friedrich Hegel）的影响。黑格尔在《独立宣言》签署前6年出生于斯图加特，他既是关于依赖性的哲学家（当人们逐渐认识到自己对周围人的依赖时，会向更高的意识层次迈进），又是逃避的哲学家。黑格尔说，对于"过度财富"和"过度乌合之众"的问题，没有内在解决办法。因此，这位曾经把锁在精神冲突中的主人和奴隶比作通向真正自由之路的寓言的哲学家，现在敦促现代经济人屈服于他的"内在辩证法"，向前飞奔，逃避冲突。特纳的公民社会/国家划分也可能来自黑格尔，黑格尔认为美国是世界上唯一将扩张纳入其基本前提的共和国。黑格尔在19世纪20年代早期写道，由于"没有邻国"，美国"有不断地广泛开放的殖民出口，大量人口持续涌入密西西比河的平原"，确保了分歧的源头被分散。黑格尔为特纳作铺垫，他将密西西比河流域描述为公民社会的理想，作为巨大的贸易和信任的综合网络，美德在国家到来之前就存在了。

黑格尔提出了主人和奴隶的譬喻，马克思则将资本主义理论化为一部社会异化的历史，使个人和家庭无法控制生存手段，从而依赖工资并必须支付租金。与黑格尔和特纳一样，曾考虑移民到南北战争前的得克萨斯的马克思，也意识到了美国在资本主义历史上的重要性。他在1867年出版的《资本论》（*Capital*）中写道："爱尔兰地租的攀升与迁移到美国的爱尔兰人口成比例增长。"他们不可能都待在波士顿。马克思曾短暂地怀有这样的想法，边疆可能会帮助大众预先防止无产阶级化，他引用一位法国作家的话说，在加利福尼亚，工人们可以拒绝像甲壳类动物一样依附于任何东西："因为采矿业报酬不高，我离开了它，搬到了镇上，在那里我先后当上了印刷工、石板瓦工、水管工等。因为我发现我可以胜任任何工作，所以我觉得我更像人，而不是软体动物。"

在黑格尔和马克思之后，又出现了其他强调扩张的"内在辩证法"的人，包括罗莎·卢森堡（Rosa Luxemburg）、列宁和汉娜·阿伦特（Hannah Arendt）。也可见保罗·巴兰（Paul Baran）的《从增长看政治经济学》（*The Political Economy of Growth*，1957）；巴兰和保罗·斯威齐（Paul Sweezy）的《垄断资本》（*Monopoly Capital*，1966）；加布里埃尔·科尔克（Gabriel Kolko）的《美国外交政策的根源》（*The Roots of American Foreign Policy*，1969）和哈利·麦格多夫（Harry Magdoff）的《帝国主义时代》（*The Age of Imperialism*，1969）。在越南战争前后的几年里，威廉·阿普尔曼·威廉

姆斯在阐述自由资本主义扩张是由自身内部矛盾驱动这一论点方面的贡献无人能及。威廉经常被当作外交历史学家，但更该说他是意识形态批评家和自由主义理论家。他最重要的贡献是确定了在对外关系领域里，如何以最佳方式组织社会的规范观念得到解决。这使得他的作品具有持久的创造力，但同时也经常被误解。威廉认为，在美国漫长的历史进程中，自由主义的主要矛盾，即共有与私有财产、个人主义与社会、美德与自我利益之间的紧张关系，能通过不断扩张（首先是领土扩张，然后是经济扩张）得以调和。他在 1976 年写道：帝国"是尊重贪婪和道德的唯一途径，也是成为富有且善良的人的唯一途径"。

同样，保罗·罗金（Paul Rogin）的《父亲与子女：安德鲁·杰克逊与征服美洲印第安人》(*Fathers and Children：Andrew Jackson and the Subjugation of the American Indian*，1976）是精神分析和社会历史（在某种程度上，是弗洛伊德和特纳）的杰出综合。他论证了西方扩张和本土剥夺在资本积累和自我形成中的中心地位，以及两者是如何依赖于不断扩张的。罗金创造了一个短语"美国的 1848"，用来对比在边疆扩张和种族主义战争中形成的杰克逊派的共识，以及 1848 年革命后出现的欧洲日益社会化的政治文化。自 20 世纪 70 年代起，在城市熟练工人和非熟练工人的对立文化和组织中，在劳动共和主义者的激进主义和废奴主义者的战斗状态中，除了个别的"杰克逊派"，比如杰克逊和威廉·亨利·哈里森（William Henry Harrison），或者那些虽被划分为辉格党，但认同白人民族主义、扩张主义和军国主义杰克逊思潮的政客，社会历史学家已经找到了该共识的替代品。但罗金建议不要用"精心策划的政治反对"来"混淆"这些反主流文化。因为可能会基于阶级地位、城市生活，或出生地产生对立身份。无休止的边疆战争可能不是城市工人认同这个国家的主要方式。但是罗金指出："在战前的工人阶级环境中，也没有出现得到广泛支持、持久的政治替代方案。"杰克逊派共识并非无懈可击，但它确实站得住脚。但它也有站不住的时候。不同观点见丹尼尔·沃克·豪（Daniel Walker Howe）的"美帝国主义并不代表美国人的共识；它在国家政治中激起了强烈的异议"——《上帝创造了什么：美国的转变》（*What Hath God Wrought：The Transformation of America, 1815-1848*，第705页，2007）。另见弗雷德里克·默克（Frederick Merk）的《美国历史的天定命运与使命：重新诠释》（*Manifest Destiny and Mission in American History：A Reinterpretation*，第216页，1995），可知在缺乏共识的情况下，扩张是如何统一民族主义的。当代作家中，苏珊·法露迪（Susan Faludi）的《失信》（*Stiffed*，1999）和《恐怖之梦》（*The Terror Dream*，2007）继承了新左派的批判精神，将男子气概的转变与包括资本主义政治经济变化和无休止军国主义兴起在内的更广泛的历史转变联系起来。

"你好，卡尔"①，"你好，艾尔"：为什么美国没有社会主义

为什么美国如此抵制社会权利，尤其抵制社会主义？多年来，许多人的回答是："边疆。"他们认为，无论是土地还是意识形态的边疆，都在努力转移或利用阶级冲突，并创造了对个人自由观念的坚定承诺。但利昂·萨姆森（Leon Samson）在1933年的著作中，利用边疆学说对这个问题进行了惊人的反常解读。萨姆森认为，首先，这个问题的前提就是错

---

① 译者认为"卡尔"指马克思。——译者注

误的。美国人并不厌恶社会主义，他们是社会主义者。在边疆地区产生的那种美国主义，实质上兑现了社会主义的所有承诺：社会主义者坚信未来的劳动不会被异化，那时个人可以成为完全的人，而美国人"坚持他已经是'人'了，一个充分发展、自由、不可改变的个人"。社会主义者说，在公平的经济关系下，国家将会"消亡"，而美国人每天"全靠自己"，以边疆制造的非正式仪式来履行这种消亡："'你好，卡尔'－'你好，艾尔'"，美国人通过与政治家握手来废除国家。在社会主义中，没有哪个概念（需要克服过去的死亡之手；劳动是价值的源泉；对资产阶级道德的怀疑；甚至阶级冲突和意识）不能在边疆锻造的美国主义中找到"实质性的反概念"。

作为反战活动家和知识分子，萨姆森在 1917 年因反对美国参加一战而被爱国暴民赶出哥伦比亚大学，也被赶出了大家的记忆。他于 1933 年出版了《走向联合阵线》（*Towards a United Front*），之后几乎再无关于他生平的信息。甚至连保罗·布勒（Paul Buhle）都不知道！无论如何，萨姆森试图解释为什么美国工人阶级似乎不受社会主义诱惑的更重要的一点是，边疆否定了意识形态，然后把这种否定转化为一种意识形态。由于边疆的存在，美国不断地向资本主义既靠拢又远离，同时也既逃避又被"资本主义的力量和形式"所征服。"这种双重运动，"他写道，"是美国历史的主要动力。"这导致了一种心理失调，萨姆森称之为"社会神经过敏"。迈克尔·丹宁（Michael Denning）在《文化战线》（*The Cultural Front*，第 431 页，1998）讨论了萨姆森的观点。

美国总统中的边疆学说家

西奥多·罗斯福、伍德罗·威尔逊和罗纳德·里根对边疆学说的贡献众所周知。书中评论较少的有以下几位总统:

林登·贝恩斯·约翰逊:1969年,林登·约翰逊结束了饱受折磨的总统任期。他曾承诺扩大新政,但最终只是释放了破坏新政的力量。他卸任后经常躲到墨西哥奇瓦瓦(Chihuahua)的巨大牧场拉斯潘帕斯(Las Pampas)。牧场长75英里,宽45英里,散布着得克萨斯的牛群。资本积累和帝国战争的密集循环往往带来同样强烈的怀旧情绪,而墨西哥的约翰逊摆脱了越战的负担,可以幻想重新致力于社会改革。他享受着"这个完全与世隔绝,地势崎岖不平,但风光秀丽的地方。他被某些牧场工人的贫穷触动,他们几乎都有一大家子人"。通过翻译,约翰逊向这些家庭讲授节育知识。他说,"如果我成为世界的独裁者""我会给地球上所有的穷人一间小屋和避孕药,如果他们不吃,就得不到小屋"。然而那些工人有不同的想法。他们声称,按法律,约翰逊无权拥有拉斯潘帕斯,约翰逊的朋友、墨西哥前总统米格尔·阿莱曼(Miguel Alemán)才是真正的主人。《北美自由贸易协定》实施前,墨西哥法律禁止外国人拥有如此大的牧场,因此根据土地改革条款,农民要求没收这些牧场,并将其变成合作农场(关于拉斯潘帕斯见里奥·亚诺什(Leo Janos)的《总统最后的任期时光:约翰逊总统退休》(Last Days of the President: LBJ in Retirement),该文载于《大西洋》(*The Atlantic*, July 1973);理查德·塞韦罗(Richard Severo)的《墨西哥农民称约翰逊非法经营牧场》(Mexican Farmers Say Johnson

Holds a Ranch There Illegally），该文载于《纽约时报》(*New York Times*, December 31, 1972）。作为得克萨斯人和数任墨西哥总统的朋友，约翰逊长期以来把边境地区当作综合经济区。约翰·克鲁德森在《失去光泽的门》(*The Tarnished Door*，第 154 页，1983）中称，即使在"布拉塞洛计划"结束后，林登·约翰逊仍"安排将非法墨西哥农工定期运送到林登·约翰逊牧场，而牧场主住在白宫"。

乔治·H. W. 布什：在出力促使苏联解体、入侵巴拿马、把伊拉克赶出科威特，并开始倡导一项覆盖整个美洲的自由贸易条约之后，布什认为他执掌的时代"需要一个引人注目的名字"。"这个名字就不错"，他承认自己窃取了尼加拉瓜桑地诺（Sandinista）支持者的说法，"没有边界的革命"（La revolución sin fronteras）。早些时候，罗纳德·里根曾引用这句话（更恰当地翻译为"无国界革命"）来证明桑地诺支持者本质上是扩张主义者，从而为美国继续资助反政府武装辩护。胜利的霸主借用刚刚被击败的对手的语言、思想和风格，这不罕见。但布什的借用是丑恶的，尤其在想到尼加拉瓜相对于美国的规模和实力，以及那些支持里根反共产主义运动的中美洲国家的持续贫困时更是如此。

比尔·克林顿：克林顿利用推动签署《北美自由贸易协定》的运动作为公民复兴运动的驱动力，同时将自由贸易当作"边疆的道德对等物"。正如本书中所讨论的，广泛开放的世界成为克林顿以种族迫害进行贸易并不受种族迫害影响的方式之一。许多观察家都注意到，克林顿发展了典型的民粹主义风格，经常模仿非裔美国人的节奏，挑战新政支持者，特别是工会和民权领袖，以此推动经济自由化，终止福利，通过惩罚性的法律和秩序立法。

关于该风格的起源有个故事：在里根深入密西西比并为"州权"发声的 12 年后的 1992 年，克林顿在佐治亚民主党初选前夕，前往该州的斯通芒廷（Stone Mountain）监狱朝圣。该监狱笼罩在一座比拉什莫尔山（Mount Rushmore）还要大的南部邦联纪念碑的阴影中，离现代三K党的诞生地不远。大家都知道这种做法是在公然呼吁白人至上。在那里，克林顿站在40名囚犯排成的秩序井然的方阵前，发表了"严厉打击犯罪"的演讲，白人新同盟政治家分列他左右，而那些囚犯大多数是非裔美国人。同样竞选总统的杰里·布朗（Jerry Brown）说克林顿传达的信息很明确："我们控制住了他们，不用担心。"接下来发生的事，知道的人则不太多。如克林顿竞选顾问迪·迪·迈尔斯（DeeDeeMyers）说离开监狱时，克林顿停下来与一位非裔老妇人交谈。迈尔斯写道，在竞选的这个时候，克林顿已无法大步前行，在政治上也很难有发言权。显然，这个"令人难以置信的小老太太"（如迈尔斯所言）正用黑人方言解释："我不在乎他们怎么说你。我正看着你，我知道你为我而来。"她显然是告诉这位意识到自己可以在民粹主义上获胜的候选人，要与党内受过教育的"精英"竞争。"在那之后，"迈尔斯写道，"克林顿就像一名喷气式战斗机飞行员……他锁定了自己的目标。"斯通芒廷的情况也一样，山体上凿出的罗伯特·E.李将军的雕像低头看着克林顿，克林顿在这里想出了如何结合白人种族主义和非裔美国人的民粹主义，然后利用它们来推动如《北美自由贸易协定》等条约、终止福利以及扩大监狱系统。迈尔斯的故事见《幸存者克林顿》（Clinton the Survivor），该文载于《新闻周刊》（Newsweek，July 19，1992）；克林顿在斯通芒廷的事，见内森·罗宾逊（Nathan Robinson）的《比尔·克林顿在斯通芒廷》（Bill Clinton's Stone Mountain Moment），该文载于《雅各宾派》（Jacobin，September 16, 2016）；杰里·布朗的语录见科菲·布埃诺·哈杰尔（Kofi Bueno Hadjor）的《另一个美国》（Another America，1995）。

早在1992年，斯通芒廷就成了文化战争的战场。《时代》杂志（"Nixing Dixie"，August 2, 1993）在克林顿访问后几个月报道了在公共场所取消邦联标志的强烈反应："某些白人担心，很快所有的邦联纪念碑、墓地，甚至有巨大的花岗岩纪念碑纪念邦联英雄的佐治亚石山，都会消失。""我们的文化正在被连根拔起。"查尔斯·伦斯福德（Charles Lunsford）说，他当时是南部联盟士兵遗孤组织（Sons of Confederate Veterans）的发言人。

唐纳德·特朗普：唐纳德·特朗普的德裔祖父弗雷德里克（Frederick）的一生就是边疆学说的例证。1885 年，他因生计逃离巴拉丁领地（Palatinate）来到纽约，又跟随繁荣的矿业向西来到西雅图，然后向北去阿拉斯加，然后回到东部，在皇后区伍德黑文（Woodhaven）的牙买加大道（Jamaica Avenue）买了一处房产，为家族财富奠定了基础。在竞选期间，特朗普打破了共和党的正统观念，宣称他不"喜欢"美国例外论（American exceptionalism）这个词，这个观点是他所谓的"现实主义"的一部分，是在抵制那些据说出卖了美国利益的多边全球主义者。唐纳德·特朗普出生在皇后区，在布鲁克林起家，在曼哈顿攀到事业顶峰，他或许是最不可能继承边疆传统的人（尽管有弗雷德里克的遗产）。但作为总统，他更新了边疆学说，确认统治不是由国际主义，而是由怨恨驱动。在 2018 年美国海军学院（Naval Academy）的毕业典礼演讲中，他说："我们的祖先打败了一个帝国，征服了一个大洲，战胜了历史上最邪恶的势力。每一代人中都有愤世嫉俗者和批评家试图颠覆美国。但是近年来，这个问题变得更严重了。越来越多的人利用他们的平台诋毁美国非凡的传统，挑战美国的主权……我们被世界利用了。这种情况不会再发生了。"前几任总统支持太空计划的方式是援引"开放的边疆"（里根：宇航员正在"将我们拉向未来"，将我们"推向遥远的边疆"；乔治·H. W. 布什："我们看到群星之外的边疆，也看到我们自己内心深处的边疆。"）这一说法。特朗普呼吁建立一支属于自己的太空部队，作为美国武装部队的分支，他把宇宙描绘成某种类似于最后边界的东西："我们在地球之外的命运不仅是国家身份问题，而且是国家安全问题……当涉及保卫美国时，美国仅仅进入太空是不够的。我们必须让美国在太空占据主导权。"

当其他"边疆学家"总统歌颂广阔的天空和开放的疆域时，特朗普却在歌颂美国西部的另一个象征。从19世纪70年代开始，一项新的发明开始在北美草原和平原上传播，使牧场主能以较少雇工饲养更多牲畜——这就是铁丝网。特朗普部署在边境的现役士兵利用这种发明来阻止中美洲的寻求庇护者进入美国。他谈到此事时说："带刺的铁丝网会是一道美丽的风景。"

注 释
NOTES

引言 逃离，一路向前

[1] Turner's essay, "The Significance of the Frontier in American History," which is easily found on the internet, has been reproduced widely, including in a volume edited by John Mack Faragher, *Rereading Frederick Jackson Turner* (1994). All subsequent uncited Turner quotations are from this volume.

[2] Frank Norris, "The Frontier Gone at Last," *The Responsibilities of the Novelist: And Other Essays* (1903), p. 83.

[3] Woodrow Wilson, *The Course of American History* (1895), pp. 11, 15.

[4] Over the years, the Turner thesis and other conceptualizations of the "frontier" have been applied to many countries that incorporated frontier experience into their national mythologies. The United States, however, is distinct both in its long history of expansion and in taking its frontier myth as an exemplary metaphor of capitalism. For applying Turner-like arguments to Russia: Mark Bassin, "Turner, Solov'ev, and the 'Frontier Hypothesis': The Nationalist Signification of Open Spaces," *Journal of Modern History* 65.3 (1993), pp. 473–511. For comparative settler societies: Lynette Russell, ed., *Colonial Frontiers: Indigenous–European Encounters in Settler Societies* (2001); Paul Maylam, in *South Africa's Racial Past* (2017), p. 52, points out that attempts to apply Turner's Frontier Thesis to South Africa render its racism explicit. For Brazil: Mary Lombardi, "The Frontier in Brazilian History," *Pacific Historical Review* (November 1975), vol. 44, no. 4, pp. 437–57; For comparative South America: Gilbert J. Butland, "Frontiers of Settlement in South America," *Revista Geográfica* (December 1966), vol. 66, pp. 93–108; and David Weber and Jane Rausch, eds., *Where Cultures Meet; Frontiers in Latin American History* (1994).

[5] For Hobbes's connection to the Virginia Company: Patricia Springborg, "Hobbes, Donne and the Virginia Company: Terra Nullius and 'the Bulimia of Dominium,'" *History of Political Thought* (2015), vol. 36, no. 1, pp. 113–64; and Andrew Fitzmaurice, "The Civic Solution to the Crisis of English Colonization, 1609–1625," *Historical Journal* (1999), vol. 42, pp. 25–51, as well as Fitzmaurice, *Sovereignty, Property and Empire, 1500–2000* (2014), p. 104.

[6] "A Summary View of the Rights of British America," 1774, available at: http://press-pubs.uchicago.edu/founders/print_documents/v1ch14s10.html.

[7] Loren Baritz, "The Idea of the West," *American Historical Review* (April 1961), vol. 66, no. 3, pp. 618–40.

[8] Paul Horgan, *Great River* (1954), vol. 2, p. 638.

[9] Walter Prescott Webb, *The Great Frontier* (1951), p. 126.

[10] "General Jackson's Letter," dated February 12, 1843, and published in *Niles' National Register* (March 30, 1844), p. 70.

[11] Flame throwers: Rick Perlstein, *Nixonland* (2010), p. 243; Bombs: "The Casualties of the War in Vietnam" (February 25, 1967), http://www.aavw.org/special_features/speeches_speech_king02.html.

[12] Eliot Janeway, *The Economics of Crisis: War, Politics, and the Dollar* (1968), p. 114; Walter LaFeber, *The New Empire* (1961).

[13] Frances FitzGerald, *Fire in the Lake* (1972), p. 371. Richard Slotkin's trilogy on the myth of the frontier in America is the fullest elaboration of such arguments.

[14] William Appleman Williams, *The Great Evasion* (1966), p. 13.

[15] Rukmini Callimachi, Helene Cooper, Eric Schmitt, Alan Blinder, and Thomas Gibbons-Neff, "'An Endless War': Why 4 U.S. Soldiers Died in a Remote African Desert," *New York Times* (February 20, 2018).

[16] Wesley Morgan and Bryan Bender, "America's Shadow War in Africa," *Politico* (October 12, 2017), https://www.politico.com/story/2017/10/12/niger-shadow-war-africa-243695.

[17] According to one report, spending on operations in Iraq and Afghanistan alone—not including the costs of wars in Pakistan, Yemen, Syria, Libya, and sub-Saharan Africa—will top six trillion dollars. "The largest portion of that bill is yet to be paid," the authors of the report write, referring to interest on deficit spending to finance the operations, as well as the long-term medical care and disability compensation for veterans and their families. Linda Bilmes, "The Financial Legacy of Iraq and Afghanistan: How Wartime Spending Decisions Will Constrain Future National Security Budgets," HKS Faculty Research Working Paper Series RWP13-006 (March 2013). Neta Crawford's "U.S. Budgetary Costs of Wars Through 2016," Watson Institute, Brown University (September 2016), does include spending in Syria, Pakistan, and on Homeland Security: http://watson.brown.edu/costsofwar/files /cow/imce/papers/2016/Costs%20 of%20War%20through%202016%20 FINAL%20final%20v2.pdf.

[18] J. W. Mason, "What Recovery?" Roosevelt Institute (July 25, 2017), http:// rooseveltinstitute.org/wp-content/uploads/2017/07/Monetary-Policy-Report -070617-2.pdf; Larry Summers,

"The Age of Secular Stagnation," *Foreign Affairs* (March–April 2017); Nelson Schwartz, "The Recovery Threw the Middle-Class Dream Under a Benz," *New York Times* (September 12, 2018), https://www.nytimes.com/2018/09/12/business/middle-class-financial-crisis .html; David Lazarus, "The Economy May Be Booming, but Nearly Half of Americans Can't Make Ends Meet, *Los Angeles Times* (August 31, 2018), http://www.latimes.com/business/lazarus/la-fi-lazarus-economy-stagnant -wages-20180831-story.html.

[19] "Remarks Announcing Candidacy for the Republican Presidential Nomination" (November 13, 1979), http://www.presidency.ucsb.edu/ws/?pid=76116; "Second Inaugural Address" (January 21, 1985), http://avalon.law.yale.edu /20th_century/reagan2.asp.

[20] Rudiger Dornbusch, *Keys to Prosperity* (2002), p. 66.

[21] Though in real life they did: Mark Lause, *The Great Cowboy Strike: Bullets, Ballots, and Class Conflicts in the American West* (2018).

[22] Sam Tanenhaus, *The Death of Conservatism* (2010), p. 99.

[23] Andy Kroll,"How Trump Learned to Love the Koch Brothers," *Mother Jones* (December 1, 2017), describes the degree to which Trump, despite running against the Kochs, has fulfilled their deregulation agenda. As of this writing, though, Trump's proposal to impose tariffs on imports has strained his relationship with free-trade Republicans.

第一章　普天之下，皆为吾土

[1] Jonathan Hart, *Representing the New World* (2001), p. 149.

[2] Alexander Young, *Chronicles of the Pilgrim Fathers* (2005), p. 36; Thaddeus Piotrowski, *The Indian Heritage of New Hampshire and Northern New England* (2008), p. 14.

[3] Bernard Bailyn, *The Barbarous Years* (2012), p. 438.

[4] James Kirby Martin, *Interpreting Colonial America* (1978), p. 29.

[5] Frederick Jackson Turner often cited this document, though the English translation he used was slightly off, using "Indian tribes" for "*naciones indias*" and "region" for "*el vasto continente.*"An original Spanish version of the letter from Baron de Carondelet, dated December 1, 1794, is found in the Wisconsin Historical Society, Draper Collection, mss 39 J 16–69. Thanks to Lee Grady, an archivist at the society, for making it available.

[6] Octavio Paz, *El Arco y la Lira* (1956), p. 279.

[7] David Weber, *The Mexican Frontier* (1982), p. 175.

[8] John Fanning Watson, *Historic Tales of Olden Time* (1833), p. 229.

[9] Watson, *Historic Tales of Olden Time*, p. 229.

[10] Available at: https://founders.archives.gov/documents/Franklin/01-04-02-0080.

[11] Fred Anderson, *The War That Made America: A Short History of the French and Indian War* (2006), and Colin Calloway, *The Scratch of a Pen: 1763 and the Transformation of North America* (2007).

[12] Robert Kirkwood, *Through So Many Dangers: The Memoirs and Adventures of Robert Kirk, Late of the Royal Highland Regiment* (2004), p. 66.

[13] Norman O. Brown, *Love's Body* (1968), p. 30.

[14] Jared Sparks, *The Works of Benjamin Franklin* (1840), vol. 7, p. 355.

[15] Most historians date the Ohio Company to 1749, though the University of Pittsburgh's archives and special collections indicate its papers were drawn up a year earlier.

[16] "Royal Proclamation Day" is marked in Canada both by the government and by native peoples, who use it as a basis to make claims on the state. Recently, Idle No More, a Canadian indigenous-rights grassroots organization that fights against the extension of fracking and mining, called for an international day of action to mark the proclamation's 250th anniversary. In the United States, a country that came into existence as the negation of the proclamation, no such influence or memorialization exists.

[17] Kevin Kenny's *Peaceable Kingdom Lost: The Paxton Boys and the Destruction of William Penn's Holy Experiment* identifies the Paxton terror spree as the beginning of the end of Quaker authority in Philadelphia. For the prominence of "Ulster-Scots" in U.S. settler colonialism: Roxanne Dunbar-Ortiz, *An Indigenous Peoples' History of the United States* (2015), p. 51.

[18] That Hans Nicholas Eisenhauer is the great-great-great-grandfather of Dwight.D. Eisenhower is confirmed by ancestry records: Hans, with his first wife, had a son, Peter Eisenhauer. With Anna Dissinger, Peter had a son named Frederick Eisenhower (it is with him that the spelling of the name changes). Frederick, with Barbara Miller, had a son named Jacob F. Eisenhower, who was Dwight Eisenhower's grandfather. Thanks to Brendan Jordan for pinning this down.

[19] Ezra Grumbine, "Frederick Stump: The Founder of Fredericksburg, Pa.," *Lebanon County Historical Society* (June 26, 1914), chapters 1–9.

[20] Samuel Williams, "Tennessee's First Military Expedition (1803)," *Tennessee Historical Magazine* (1924), vol. 8, no. 3, pp. 171–90. For the Stump family in Tennessee and Stump's alignment with the up-and-coming Jacksonians: Harriette Simpson Arnow, *Flowering of the Cumberland* (2013).

[21] Washington lobbied London on behalf of veterans of the Seven Years' War, who were promised, but didn't receive, "bounty land" west of the Alleghenies in Ohio as compensation for their

military service. In exchange for his advocacy on behalf of "his old soldiers," Washington received a percentage of their land. Washington himself was granted 20,000 Ohio acres for his wartime service against the French. Thomas Perkins Abernethy, *Western Lands and the American Revolution* (1937), and "Washington as Land Speculator," George Washington Papers, Library of Congress, https://www.loc.gov/collec tions/george-washington-papers/articles-and-essays/george-washington-survey-and-mapmaker/washington-as-land-speculator/. Also, see Archibald Henderson, *The Star of Empire: Phases of the Westward Movement in the Old Southwest* (1919), p. 47: "George Washington, acquiring vast tracts of western land by secret purchase, indirectly stimulated the powerful army that was carrying the broad-axe westward."

[22] Caroline Winterer, *American Enlightenments: Pursuing Happiness in the Age of Reason* (2016), for New World bountifulness as a counter to Malthusian pessimism. Also: Antonello Gerbi, *The Dispute of the New World: The History of a Polemic, 1750–1900* (1973); and Lee Alan Dugatkin, *Mr. Jefferson and the Giant Moose: Natural History in Early America* (2009).

[23] For the Jefferson quotations: *Memoirs* (1929), vol. 1, p. 437.

[24] *The Writings of James Madison* (1807), vol. 7, p. 16.

[25] See Carondelet's original Spanish version of the letter, found in the Wisconsin Historical Society.

[26] For complaints by Spanish colonial officials in the Mississippi River valley that Anglos were impossible to "contain": Sylvia L. Hilton, "Movilidad y expansión en la construcción política de los Estados Unidos: 'Estos errantes colonos' en las fronteras españolas del Misisipí (1776–1803)," *Revista Complutense de Historia de América* (2002), vol. 28, pp. 63–96.

[27] http://reevesmaps.com/maps/map380.jpg.

[28] Jennifer Nedelsky, *Private Property and the Limits of Constitutionalism* (1994), p. 80.

[29] Montesquieu, *Political Writings* (1990), p. 106. Noah Webster thought that the problem might be solved by editing the "great Montesquieu." Webster suggested inserting the word "property" wherever the French republican had used the word "virtue." By "property," Webster didn't mean the abstract right to possess. He meant actual land. "A general and tolerably equal distribution of landed property is the whole basis of national freedom," Webster wrote, in *An Examination into the Leading Principles of the Federal Consti-tution* (1787), p. 47.

[30] Many scholars have emphasized the importance of Madison's Federalist No. 10 in revising republican thought to accommodate and justify expansion, including Charles Beard, *An Economic Interpretation of the Constitution of the United States* (1913). William Appleman Williams's "A Note on Charles Austin Beard's Search for a General Theory of Causation," *American Historical Review* (October 1956), vol. 62, no. 1, pp. 55–80, reviews Beard's interpretation of Madison. The quotes by Madison and Montesquieu used here draw from these

works. Also see Andrew Hacker, *The Study of Politics* (1963), p. 81.

第二章　始与终

[1] Arístides Silva Otero, *La diplomacia hispanoamericanista de la Gran Colombia* (1967), p. 15.Also: Germán A. de la Reza,"The Formative Platform of the Congress of Panama (1810–1826): The Pan-American Conjecture Revisited," *Revista brasileira de política internacional* (2013), vol. 56, n. 1, pp. 5–21, http://www.scielo.br/scielo.php?script=sci_arttext&pid=S0034-73292013000100001&lng=en&nrm=iso.

[2] For more on *uti possidetis* and how it relates to modern ideals of sovereignty and the repudiation of the doctrine of discovery, including the sources of many the quotations here: Greg Grandin, "The Liberal Traditions in the Americas: Rights, Sovereignty, and the Origins of Liberal Multilateralism," *American Historical Review* (2012), vol. 117, pp. 68–91; also Alejandro Alvarez, *The Monroe Doctrine* (1924); Alejandro Alvarez, "The Monroe Doctrine from the Latin-American Point of View," *St. Louis Law Review* (1917), vol. 2 no. 3; and Juan Pablo Scarfi, *The Hidden History of International Law in the Americas* (2017). For more on Colombian republicanism, see Lina del Castillo, *Crafting a Republic for the World* (2018).

[3] Leslie Rout, *Politics of the Chaco Peace Conference, 1935–1939* (1970).

[4] Marcus Kornprobst,"The Management of Border Disputes in African Regional Subsystems," *Journal of Modern African Studies* (2002), vol. 40, no. 3, p. 375; Boutros Boutros-Ghali, *Les conflits de frontières en Afrique* (1972).

[5] Graham H. Stuart, "Simón Bolívar's Project for a League of Nations," *Southwestern Political and Social Science Quarterly* (1926), vol. 7, no. 3, pp. 238–52.

[6] Haitians, having led the first overthrow of New World slavery, felt depths of loneliness U.S. republicans couldn't come close to imagining. They were under constant economic siege by France, surrounded for decades by the Spanish empire, and unrecognized by Haiti's "sister republic," the United States. "We have dared to be free," the 1804 Haitian Declaration of Independence announced. "Let us be thus by ourselves and for ourselves." William Appleman Williams identifies an existential "isolation in time" as an element of the exceptionalism felt by U.S. republicans, a "deep sense of aloneness—of isolation." This was driven by a desire to distance themselves from other property-destroying revolutions—especially ones led by former slaves—but also by a sense that their efforts to achieve self-government in an ever-extending sphere were precedent-setting, that they were "challenging the wisdom of the gods" (*America Confronts a Revolutionary World* [1976], pp. 38–39). Caitlin Fitz, in *Our Sister Republics* (2016), points out that the sense of existential exceptionalism on the part of U.S. republicans, of the kind expressed by Jefferson in 1808, fully took shape a bit later, after Spanish-American independence movements got under way, when it became clear that the United States would be

sharing the New World with other, perhaps many, republics.

[7] The Federalist Papers can be accessed at the Yale School of Law Avalon Project. For this quote in Hamilton, No. 7: http://avalon.law.yale.edu/18th_century/fed07.asp.

[8] George Bancroft, *History of the Formation of the Constitution of the United States* (1882), p. 503.

[9] Peter Onuf, *Jefferson's Empire* (2000), p. 181.

[10] The landed frontier was still open, but Monroe here already made the jump to thinking about limitlessness in terms of global trade: "Our experience," Monroe said, "ought to satisfy us that our progress under the most correct and provident policy will not be exempt from danger. Our institutions form an important epoch in the history of the civilized world. On their preservation and in their utmost purity everything will depend. Extending as our interests do to every part of the inhabited globe and to every sea to which our citizens are carried by their industry and enterprise, to which they are invited by the wants of others, and have a right to go, we must either protect them in the enjoyment of their rights or abandon them in certain events to waste and desolation." *Addresses and Messages of the Presidents* (1849), vol. 1, p. 478. For the quotation in the text, see *The Writings of James Monroe* (1903), vol. 7, p. 48.

[11] As did James Madison, Wilson identified economic "interests" as being as much subjective as objective. "An apparent interest," he said, "produces the same attachment as a real one and is often pursued with no less perseverance and vigor." The United States comprised, Wilson wrote, a plurality of individual interests that "added together, will form precisely the aggregate interest of the whole." If the greater good can be no greater than the precise sum of individual interests, and if individual interests are forever mutable, how to form a stable government able to protect such subjective interests that wasn't tyrannical? If no such transcendent virtue could be established, higher than the aggregate of individual interests, then what, asked the revolutionary Wilson, positing *the* revolutionary question, "is to be done?" Ratify the Constitution, he answered, and use largeness to protect liberty. James Wilson and Bird Wilson, eds., *The Works of the Honourable James Wilson* (1804), pp. 274-77. For the revolutionary alliance between "gentlemen" and "backcountry settlers" in Pennsylvania mentioned in this chapter's footnote: David Freeman Hawke, *In the Midst of a Revolution* (1961). Theodore Roosevelt also makes this argument in his chapter "In the Current of the Revolution: The Southern Backwoodsmen Overwhelm the Cherokees, 1776," of *The Winning of the West* (1889), vol. 1: "Each section had its own work to do; the East won independence while the West began to conquer the continent."

[12] José Gaos, ed., *El pensamiento hispanoamericano* (1993), vol. 5, p. 168. For Bolívar's imagining of Panama as the center of a universal republic: Alvarez, *The Monroe Doctrine*, cited above. See also Jay Sexton, *The Monroe Doctrine* (2011), p. 80, on how the Jacksonians used Bolívar's invitation to the Panama Conference to solidify a racial nationalism.

[13] Joseph Byrne Lockey, *Pan-Americanism: Its Beginnings* (1920), p. 388.

[14] *The Writings of Thomas Jefferson* (1859), vol. 4, p. 419.

[15] Onuf, *Jefferson's Empire*, p. 1.

[16] Everett Somerville Brown, ed., *The Constitutional History of the Louisiana Purchase* (2000), p. 63.

[17] Arthur Stanley Link, ed., *The Papers of Woodrow Wilson* (1970), vol. 8, p. 354.

[18] Peter Onuf, *The Mind of Thomas Jefferson* (2007), p. 106.

[19] David Ramsay, *An Oration on the Cession of Louisiana, to the United States* (1804), p. 21.

[20] James McClellan, *Reflections on the Cession of Louisiana to the United States* (1803), p. 14.

[21] As a political theorist, James Madison identified war as the most "dreaded" enemy of "public liberty" because it spread the "germ of every other" enemy: high taxes, debt, standing armies,"inequality of fortunes" through profiteering and fraud, and the corruption of manners and morals. As president (1809–17), faced with a choice between either a self-containing peace or a war to extend the sphere, Madison chose war. According to the historian Garry Wills, Madison "welcomed" the War of 1812 against the British: "He schemed to bring it on." The ultimate objective was to obtain Canada, and in that sense the war "seemed to gain nothing," according to Wills, *James Madison* (2015). But in a way it began everything, habituating northern manufacturers to the stimulus derived from militarism and launching Andrew Jackson, the avenger of the frontier and destroyer of the Creeks, into national politics.

[22] Susan Dunn, *Jefferson's Second Revolution* (2004), p. 241.

[23] Onuf, *The Mind of Thomas Jefferson*, p. 107.

[24] Edward Everett, *Orations and Speeches* (1836), vol. 1, p. 197.

[25] The quotations are from a letter Jefferson wrote to Indiana territorial governor William Henry Harrison, on February 27, 1803: *The Writings of Thomas Jefferson* (1859), pp. 472–73. The letter is available here: http:// www.digitalhistory.uh.edu/active_learning/explorations/indian_ removal /jefferson_to_harrison.cfm. Note that some transcriptions have "trading uses," not "trading houses." Harrison would become a national hero for defeating the Shawnee, who opposed U.S. expansion, at the 1811 Battle of Tippecanoe, an event that would precipitate the War of 1812 against the British. Based on his Indian-killing reputation, Harrison would be elected president in 1840, dying shortly after taking office.

[26] Jefferson to Alexander von Humboldt, December 6, 1813, https://founders.archives.gov/documents/Jefferson/03-07-02-0011.

[27] Jefferson to Alexander von Humboldt, December 6, 1813 (link above). Jefferson here was

specifically referring to British support for Tecumseh's Rebellion, which was the definitive war for control of the Great Lakes region. The rebellion was ultimately put down by William Henry Harrison, the territorial governor of Indiana, to whom Jefferson issued his predatory-debt instructions. David Curtis Skaggs and Larry L. Nelson, eds., *The Sixty Years' War for the Great Lakes, 1754–1814* (2001); Kerry Trask, *Black Hawk: The Battle for the Heart of America* (2006); Richard White, *The Middle Ground: Indians, Empires, and Republics in the Great Lakes Region, 1650–1815* (1991).

[28] Lewis Cass, "Removal of the Indians," *North American Review* (1830), p. 107.

[29] Onuf, *The Mind of Thomas Jefferson*, p. 107.

[30] Louis Hartz, *The Liberal Tradition in America* (1955), p. 7.

[31] Loren Baritz, *City on a Hill* (1964), p. 99.

[32] *The Writings of James Monroe* (1903), vol. 6, p. 274.

[33] Ralph Louis Ketcham, *James Madison: A Biography* (1990), p. 145.

第三章　高加索民主政治

[1] Indispensable: John Juricek, "American Usage of the Word 'Frontier' from Colonial Times to Frederick Jackson Turner," *Proceedings of the American Philosophical Society* (1966), vol. 110, no. 1, pp. 10–34.

[2] *The Royal Standard English Dictionary* (1788).

[3] J. M. Opal, *Avenging the People: Andrew Jackson, the Rule of Law, and the American Nation* (2017), p. 70.

[4] Knox, according to Leonard Sadosky, *Revolutionary Negotiations: Indians, Empires, and Diplomats in the Founding of America* (2010), p. 158, was trying to define indigenous–federal relations by the "Westphalian states system"— that is, by recognizing indigenous sovereignty as a way of ending border, or boundary, conflicts. Others, such as Jefferson, thought that international law "must be adapted to the circumstance of our unsettled country," by which he meant the fact that as U.S. "sovereignty" increased, indigenous sovereignty would naturally decrease: "As fast as we extended our rights by purchase from them, so fast we extended the limits of our society, & as soon as a new portion became encircled within our line, it became a fixt limit of our society."

[5] Lawrence Kinnaird, *Spain in the Mississippi Valley, 1765–1794* (1945).

[6] R. Douglas Hurt, *The Indian Frontier, 1763–1846* (2002), p. 101, for North Carolina's 1783 "land grab" law, mentioned in the footnote.

[7] Allan Kulikoff, *The Agrarian Origins of American Capitalism* (1992), p. 75.

[8] William Reynolds, Jr., *The Cherokee Struggle to Maintain Identity in the 17th and 18th Centuries* (2015), p. 271.

[9] Frederick Stump to Andrew Jackson, March 3, 1807, Library of Congress, Andrew Jackson papers, 1775–1874, available at: https://www.loc.gov /resource/maj.01007_0300_0301/?sp=1&q =%22frederick+stump%22. Steve Inskeep, *Jacksonland* (2015), discusses how Jackson's policies of dispossession, both as a private citizen and public citizen, enriched him and his associates.

[10] Ned Sublette and Constance Sublette, *American Slave Coast: A History of the Slave-Breeding Industry* (2016), p. 396, for Jackson and slave trading, as well as for the larger history of the post-1808 internal slave trade. Jackson's clash with Dinsmore along with the quotations cited here is recounted in nearly every Jackson biography. *Letter from the Secretary of War, Transmitting the Information, in Part, Required by a Resolution of the House of Representatives, of 21st Inst. in Relation to the Breaking an Individual, and Depriving Him of His Authority Among the Creeks* . . . (1828), pp. 10–19. For other quotations: "James A. McLaughlin Jan. 30, 1843. Genl. Jacksons trip to Natchez, 1811," available at https://www.loc. gov/resource/maj.06165_0138 _0141/?st=text.

[11] Opal, *Avenging the People*, p. 138.

[12] Sublette and Sublette, *American Slave Coast*, p. 396; Josh Foreman and Ryan Starrett, *Hidden History of Jackson* (2018), p. 28.

[13] *Journal of the Senate at the Second Session of the Ninth General Assembly of the State of Tennessee* (1812), p. 72, https://hdl.handle.net/2027/uiug .30112108189405.

[14] Opal, *Avenging the People*, p. 138.

[15] Robert Breckinridge McAfee, *History of the Late War in the Western Country* (2009), p. 492. For Jackson's assault on the Creeks, and the quotations used here, see Sean Michael O'Brien, *In Bitterness and in Tears: Andrew Jackson's Destruction of the Creeks and Seminoles* (2003); and Alfred Cave, *Sharp Knife: Andrew Jackson and the American Indians* (2017), p. 45.

[16] *Speeches of the Hon. Henry Clay* (1842), p. 90.

[17] Cave, *Sharp Knife*, p. 45.

[18] The quotation is Sadosky's, in *Revolutionary Negotiations*, p. 194. By 1802, Jefferson "had committed the federal government to, at some point in the future, extinguishing all the Indian title within the boundaries of the State of Georgia, in exchange for Georgia's cession of its claims to the land that would become the states of Alabama and Mississippi."

[19] Sadosky, *Revolutionary Negotiations*, p. 193, on removal originating in poicies promoted by Jackson's ally, Willie Blount, while he was governor of Tennessee: "Blount's imagining of the

removal of eastern American Indian populations to the western side of the Mississippi was only a more extreme version of a policy of dispossession and land acquisition that had been underway for most of the Jefferson administration."

[20] For how race-based marginalization and exploitation continued in Spanish America despite formal constitutional equality, see Marixa Lasso, "Race War and Nation in Caribbean Gran Colombia, Cartagena, 1810–1832," *American Historical Review* (April 1, 2006), vol. 111, issue 2, pp. 336–61.

[21] Arthur Schlesinger, Jr., *The Age of Jackson* (1945); Sean Wilentz, *Andrew Jackson* (2005). See Michael Rogin, *Fathers and Children* (1991), pp. xvii–xviii, for how Jacksonian hagiography corresponds to the cycles of American politics.

[22] Wilbur Larremore, "The Consent of the Governed," *American Law Review* (March–April 1906), p. 166; Charles Maurice Wiltse, *John C. Calhoun, Nationalist, 1782–1828* (1968), p. 11.

[23] Larremore, "The Consent of the Governed," p. 166.

[24] Andrew Jackson to Tilghman Ashurst Howard, August 20, 1833, https:// www.loc.gov/resource/ maj.01084_0354_0357/?st=text.

[25] *The Addresses and Messages of the Presidents of the United States* (1839), p. 423.

[26] For the ways in which the elaboration of an ideal of states' rights and minimal government was used in defense of slavery: Manisha Sinha, *The Counterrevolution of Slavery: Politics and Ideology in Antebellum South Carolina* (2000); David Waldstreicher, *Slavery's Constitution* (2009); and Richard Ellis, *The Union at Risk: Jacksonian Democracy, States' Rights and the Nullification Crisis* (1989).

[27] Cherokees wouldn't be removed until May 1838, when General Winfield Scott (who later would command U.S. troops against Mexico) forced them out of their traditional homeland in southern Appalachia and drove them— an estimated 15,000 to 16,000 people—west on their Trail of Tears. Upward of 4,000 died along the way from illness, hunger, and exposure.

[28] Francis Newton Thorpe, ed., *The Statesmanship of Andrew Jackson* (1909), pp. 190–92.

[29] Cited in *Army and Navy Chronicle* (February 1, 1838), p. 69.

[30] Caleb Cushing, *An Oration, on the Material Growth and Progress of the United States* (1839), p. 29.

[31] In *Army and Navy Chronicle* (January 25, 1838), p. 55.

[32] In *A Diary in America: With Remarks on Its Institutions* (1839), part 2, vol. 3, p. 205. Significantly, the 51,000 or so indigenous people just west of the Mississippi listed in this tally as *inside* the frontier were, just a year earlier, according to the Senate's Indian Affairs committee, said to be "outside of us, and in a place which will ever remain on the outside." The

forts listed in this 1837 report—running in a zigzag pattern from Fort Brady in the north, at the near tip of Lake Superior, to Fort Adams, below Natchez, at Baton Rouge—provide a rough approximation of where the U.S. Army imagined the frontier, or "exterior line of defense," to be that year. The back-and-forth line stretched well east of the United States' political boundary at the time (as well as east of what was generally considered "Indian Country," created by removal, in Oklahoma). Western Indians within "striking distance" of the frontier line, according to the list of nations in the report, sprawled all the way to the first range of the Rocky Mountains, which faced the great Plains, and included groups such as the Apache, who lived in Texas (which had by now broken from Mexico but had not yet been annexed by the United States). Not included in this list of latent warriors were those tribes who lived in the Rockies proper, or west of them, including the Utes, Paiutes, Shoshone, and Salish.

[33] Rogin, *Fathers and Children*, p. 4.

[34] *Niles' Weekly Register*, April 2, 1831, p. 83.

[35] Juricek, "American Usage."

[36] Thomas Frazier, *The Underside of American History* (1982), p. 71.

[37] Frederick Hoxie, ed., *The Oxford Handbook of American Indian History* (2016), p. 605.

[38] Rogin, *Fathers and Children*, p. 117.

[39] *Winston Leader* (August 24, 1880).

[40] "The Indian Question," *North American Review* (April 1873), p. 336.

[41] "Report of the Commissioner of Indian Affairs," Department of the Interior (October 30, 1876), http://public.csusm.edu/nadp/r876001.htm.

[42] In *A Diary in America*, p. 217.

[43] *Army and Navy Chronicle* (February 1, 1838), p. 65.

[44] Larremore, "The Consent of the Governed," p. 165.

第四章　安全阀

[1] "Steamboat Disasters," *North American Review* (January 1840), p. 40.

[2] Emerson Gould, *Fifty Years on the Mississippi* (1889), p. 168.

[3] *Hazard's Register of Pennsylvania* (June 27, 1835), p. 416.

[4] Gordon Wood, *Radicalism of the American Revolution* (1991), p. 307.

[5] Ronald Reagan later quoted this line from Channing, praising Joe Coors and the Heritage

Foundation for leading the "New Right Revolution"; he hailed Angolan mercenaries as "freedom fighters" and toasted the Contras and Khmer Rouge, along with conservative cadres in the United States, as pushing a "forward strategy for freedom." *Public Papers of the Presidents of the United States: Ronald Reagan* (1988), p. 499.

[6] T. Romeyn Beck, "Statistical Notices of Some of the Lunatic Asylums in the United States," *Transactions of the Albany Institute* (1830), vol. 1.

[7] *Views and Reviews in American Literature* (1845), p. 39.

[8] Charles Perkins, *An Oration, Pronounced at the Request of the Citizens of Norwich, Conn.* (1822), p. 19.

[9] *Hampshire Gazette* (November 9, 1831), p. 3.

[10] *Portland Daily Advertiser* (November 28, 1835), p. 2.

[11] *The Life and Times of Frederick Douglass* (1993), p. 129.

[12] John Codman, *The Duty of American Christians to Send the Gospel to the Heathen* (1836), p. 16.

[13] *Jamestown Journal*, New York (August 8, 1845).

[14] "To the Citizens of Portland," *Portland Weekly Advertiser*, Maine (July 9, 1833).

[15] Manisha Sinha, *The Slave's Cause: A History of Abolition* (2016).

[16] "Mr. Torrey's Case," *Emancipator and Free American* (February.11, 1842); *North American and Daily Advertiser* (November 12, 1840); "What Have the Abolitionists Done?" *The Emancipator* (June 28, 1838).

[17] Debates over slavery advanced comparative sociology, as its defenders and critics looked to Europe to imagine the institution's future. Here's an example arguing why western expansion was necessary in order to keep chattel slavery viable: "When slavery in this country, therefore, shall have attained to that degree of density which exists in the semi-barbarous regions of Russia, Turkey, and China, it will fall without a struggle," which is why the "safety valve" provided by expansion into the "SouthWestern States" is needed in order to avoid such an outcome; "Extension of Slave Territory," *National Era* (March 11, 1847).

[18] *Western Monthly Review* (January 1839), p. 359.

[19] *Niles' National Register* (July 6, 1844), p. 303.

[20] As reported in the "Proceedings of the London Convention," *The Emancipator* (September 10, 1840).

[21] For the Free Soil movement: Eric Foner, Free Soil, *Free Labor, Free Men: The Ideology of the Republican Party Before the Civil War* (1995).

[22] Frederick Evans, *Autobiography of a Shaker* (1869), p. 37.

[23] Leon Samson, "Substitutive Socialism," *Toward a United Front* (1933), p. 7; John Commons, "Labor Organization and Labor Politics, 1827–1837," *Quarterly Journal of Economics* (February 1907), vol. 21, no. 2, pp. 324–25; Anna Rochester, in *Rulers of America* (1936), thought the open West depressed labor organizing.

[24] In the 1920s, the agricultural economist Benjamin Horace Hibbard wrote that it was impossible to say what effect "the possibility of leaving the city for the frontier" had on labor disputes or in impeding the establishment of a labor party. He offered this cautious summation: "Without doubt the public lands served as a political and economic balance wheel; but, just as a well-adjusted machine gives no outward evidence of needing a balance wheel, so the functioning of the public domain in this capacity was imperceptible. Discontented groups of people were continually moving to the West. . . . It is not to be inferred that these people would have, in all cases, made trouble had they remained in the older settled parts of the country. They would, however, most assuredly have made a different country." In Hibbard's *A History of Public Land Policies* (1924), pp. 556–57.

[25] Cushing, *An Oration*.

[26] Robert J. Walker, *Letter of Mr. Walker, of Mississippi, Relative to the Reannexation of Texas: in Reply to the Call of the People of Carroll County, Kentucky, to Communicate His Views on that Subject* (1844). Walker served as secretary of the treasury during the annexation of Texas and the Mexican–American War and as governor of "bleeding Kansas" in the run-up to the Civil War, where he supervised the drafting of the territory's pro-slavery constitution.

[27] Walker here cited completely fabricated 1840 census figures, which tallied an extremely high proportion of mental illness within the African American population, especially in the north. For the 1840 census: Dea Boster, *African American Slavery and Disability* (2013), p. 23, and Lynn Gamwell and Nancy Tomes, *Madness in America* (1995), p. 103.

[28] W. E. B. Du Bois, *Black Reconstruction* (1935), p. 9.

[29] The essay "Slavery in the United States" first appeared in the *Alphadelphia Tocsin*, the journal of a Fourierist utopian commune in Michigan, and was then reprinted in Evans's *Young America* on June 7, 1845: "Here, then, is our objection against *immediate* emancipation. It would place the blacks in a tenfold worse situation. It would fill our jails, penitentiaries, and poorhouses, and inflict a dreadful curse upon the white laborers in the north by reducing their wages, also by increasing the competition for labor. But shall we therefore perpetuate slavery? No! It cannot continue always. The increase of slaves is proportionally much greater than that of the whites, and if they be not released voluntarily they will emancipate themselves in coming time with the sword." But given their own territory, freed slaves "will then have a home of their own free from sharpers and shavers, with the means of becoming happy and independent by

their own industry. Their rapid increase would be checked, for they would then have to provide for their own offspring. This, in our estimation, is the only way in which the negro's rights can be restored and justice done them. They have been violently deprived of their native home, and the least we can, or ought to do for them, is to give them another where they can dwell in peace. It is an indisputable but melancholy fact, that every government that has ever existed has reduced its laborers, who had not home of their own, to a state of slavery and destitu-tion, tenfold more aggravated and abject than negro slavery now is; and that this condition has been rapidly developing itself among our northern white laborers. . . . Shall we then increase this class of our population three million at one fell stroke? No, God forbid! It would be madness to do it. . . . Why should we heap upon him a dreadful curse under the disguise of blessing him forever with freedom?"

[30] "Ought we not be satisfied with the Mississippi?" James Monroe once asked Thomas Jefferson, expressing a short-lived worry that rapid expansion might create unforeseen dangers to the union.

[31] David Lowenthal, *George Perkins Marsh: Prophet of Conservation* (2003), p. 102.

第五章　你们准备好迎接所有战争了吗？

[1] Randolph Campbell, *An Empire for Slavery: The Peculiar Institution in Texas, 1821–1865* (1991), p. 10.

[2] Sublette and Sublette, *American Slave Coast*, p. 29; Randolph Campbell, *The Laws of Slavery in Texas: Historical Documents and Essays* (2010). See Karl Jacoby, *The Strange Career of William Ellis* (2016), for Mexico as a refuge for enslaved Texans.

[3] Josiah Quincy, *Memoir of the Life of John Quincy Adams* (1859), p. 242.

[4] John Quincy Adams, *Speech . . . on the Joint Resolution for distributing rations to the distressed fugitives from Indian hostilities in the States of Alabama and Georgia* (1836), for this and subsequent quotations.

[5] Joseph Wheelan, *Mr. Adams's Last Crusade* (2008), p. 240. Adams's diaries are available here: http://www.masshist.org/jqadiaries/php/.

[6] Steven Hahn, *A Nation Without Borders: The United States and Its World in an Age of Civil Wars, 1830–1910* (2016), p. 132.

[7] Hershel Parker, *Herman Melville* (2005), vol. 1, p. 421. See Michael Rogin, *Subversive Genealogy* (1983), for a discussion of Melville's critique.

[8] Martin Dugard, *The Training Ground: Grant, Lee, Sherman, and Davis in the Mexican War, 1846–1848* (2008).

[9] Gene Brack, *The Diplomacy of Racism: Manifest Destiny and Mexico, 1821–1848* (1974). For Mexican perspectives on the menace, see Gene Brack, *Mexico Views Manifest Destiny, 1821–1846* (1975).

[10] Peter Guardino, *The Dead March: A History of the Mexican–American War* (2017), p. 107.

[11] Paul Foos, *A Short, Offhand, Killing Affair: Soldiers and Social Conflict During the Mexican–American War* (2002), p. 120.

[12] William Earl Weeks, *Building the Continental Empire: American Expansion from the Revolution to the Civil War* (1997), p. 115.

[13] Thomas Hietala, *Manifest Design: Anxious Aggrandizement in Late Jacksonian America* (1985), p. 155.

[14] Weeks, *Building the Continental Empire*, p. 127.

[15] *Congressional Globe*, February 26, 1847, p. 516.

[16] David Weber, *Myth and the History of the Hispanic Southwest* (1988), p. 154.

[17] Hietala, *Manifest Design*, p. xi.

[18] *Message from the President of the United States* (1847), p. 17.

[19] See the entry for "Standing Bear v. Crook," in Spencer Tucker, James Arnold, and Roberta Wiener, eds., *The Encyclopedia of North American Indian Wars, 1607–1890* (2011), p. 759.

[20] Michael Rogin, "Herman Melville: State, Civil Society, and the American 1848," *Yale Review* (1979), vol. 69, no. 1, p. 72, for "the American 1848."

[21] William Estabrook Chancellor, *Our Presidents and Their Office* (1912), p. 61.

[22] Matthew Karp, *This Vast Southern Empire: Slaveholders at the Helm of American Foreign Policy* (2016).

[23] Daniel Scallet, "This Inglorious War: The Second Seminole War, the Ad Hoc Origins of American Imperialism, and the Silence of Slavery," PhD dissertation, Washington University (2011), https://openscholarship.wustl.edu/cgi /viewcontent.cgi?article=1637&context=etd.

[24] Erik France, "The Regiment of Voltigeurs, U.S.A.: A Case Study of the Mexican-American War," in Harriett Denise Joseph, Anthony Knopp, and Douglas A. Murphy, eds., *Papers of the Second Palo Alto Conference* (1997), p. 76.

[25] James Oberley, "Gray-Haired Lobbyists: War of 1812 Veterans and the Politics of Bounty Land Grants," *Journal of the Early Republic* (Spring 1985), vol. 5, no. 1 pp. 33–58.

[26] "The President and the Army," *American Review* (September 1847), p. 22.

[27] Foos, *A Short, Offhand, Killing Affair*, p. 57.

[28] Foos, *A Short, Offhand, Killing Affair*, p. 175.

[29] Alex Gourevitch, *From Slavery to the Cooperative Commonwealth: Labor and Republican Liberty in the Nineteenth Century* (2014).

[30] For Oregon's exclusion laws: Kenneth Coleman, *Dangerous Subjects: James D. Saules and the Rise of Black Exclusion in Oregon* (2017). Despite these laws, and even after the United States imposed its conqueror's peace on Mexico, some still hoped that western movement would carry liberty forward, and that Oregon might serve to counterbalance Jacksonian Texas. Oregon, argued Vermont senator Samuel Phelps in 1848, would be a "safety valve" for the east's "pent up" population of African Americans, who "should be thrown off," but "thrown off upon the rest of the world as freemen . . . to aid in the extension of civilization over our immense territorial domain." "Extract from a Speech Delivered in the Senate of the United States, June 2, 1848, by Honorable Samuel Phelps," *Vermont Historical Gazetteer* (1867), p. 61.

第六章　真正的救济

[1] Montesquieu, *The Spirit of the Laws* (1949), vol. 2, p. 25.

[2] Adam Gaffney, *To Heal Humankind: The Right to Health in History* (2017).

[3] Christopher Abel, *Health, Hygiene and Sanitation in Latin America, c. 1870 to c. 1950* (1996), pp. 7–8.

[4] Karl Polanyi, *The Great Transformation* (2001), p. 267.

[5] In David S. Reynolds, "Fine Specimens," *New York Review of Books*, March 22, 2018.

[6] Drew Gilpin Faust, *This Republic of Suffering* (2008), p. xiv.

[7] Theda Skocpol, *Protection Soldiers and Mothers: The Political Origins of Social Policy in the United States* (1992).

[8] Du Bois, *Black Reconstruction*, p. 179.

[9] W. E. B. Du Bois, *John Brown* (1909), p. 28.

[10] Veto message (February 19, 1866), http://www.presidency.ucsb.edu/ws/?pid =71977.

[11] Du Bois, in his history of Reconstruction, shows Johnson more sympathy than he merits, describing his "transubstantiation" from "a poor white," who fought against economic privilege, into a postbellum white supremacist: Johnson was the "tragedy of American prejudice made flesh; so that the man born to narrow circumstances, a rebel against economic privilege, died with the conventional ambition of a poor white to be the associate and benefactor of monopolists, planters and slave drivers."

[12] *Trial of Andrew Johnson* (1868), vol. 1, p. 342.

[13] Jack Beatty, *Age of Betrayal* (2008), p. 131.

[14] Blair was "willing to concede the black man every legal right" he possessed but refused to "grant him dominion over my conscience, or my society."

[15] *Congressional Globe,* March 16, 1872, p. 144.

[16] James McPherson, *Abraham Lincoln and the Second American Revolution* (1992).

[17] John Cox and LaWanda Cox, "General O. O. Howard and the 'Misrepresented Bureau,'" *Journal of Southern History* (November 1953), vol. 19, no. 4, pp. 427–56; James Oakes, "A Failure of Vision: The Collapse of the Freedmen's Bureau Courts," *Civil War History* (March 1979), vol. 25, no. 1, pp. 66–76.

[18] Howard's dispatch west, along with the closing of the bureau, is a complicated story, told in Eric Foner, *Reconstruction* (1988), and Oakes, "A Failure of Vision."

[19] Oliver Otis Howard, *Autobiography of Oliver Otis Howard, Major General* (1908).

[20] Daniel Sharfstein, *Thunder in the Mountain: Chief Joseph, Oliver Otis Howard and the Nez Perce War* (2017).

[21] *The Papers of Ulysses S. Grant* (2005), p. 69.

[22] Boyd Cothran and Ari Kelman, "How the Civil War Became the Indian Wars," *New York Times* (May 25, 2015).

[23] Noam Maggor, *Brahmin Capitalism: Frontiers of Wealth and Populism in America's First Gilded Age* (2017).

[24] Vernon Parrington, *Main Currents in American Thought* (1927), p. 24; Maggor, *Brahmin Capitalism.*

[25] John E. Stealey, *The Rending of Virginia* (1902), p. 616. Also Steven Stoll, *Ramp Hollow: The Ordeal of Appalachia* (2017).

[26] *North American Review* (1881), p. 533.

[27] Link, ed., *The Papers of Woodrow Wilson*, vol. 9, pp. 273–74.

[28] Fulmer Mood and Frederick Jackson Turner, "Frederick Jackson Turner's Address on Education in a United States without Free Lands," *Agricultural History* (1949), vol. 23, no. 4, pp. 254–59.

第七章　外　缘

[1] Ray Allen Billington, *The Genesis of the Frontier Thesis* (1971), p. 170.

[2] Charles McLean Andrews, *The Old English Manor: A Study in English Economic History* (1892), p. 3.

[3] W. H. Stowell and D. Wilson, *History of the Puritans in England and the Pilgrim Fathers* (1849), p. 2,341.

[4] George Bancroft, *The History of the United States*, (1846), vol 1, p. 40.

[5] Woodrow Wilson, *The State* (1898), p. 509.

[6] Andrews, *The Old English Manor*, p. 4.

[7] Frederick Jackson Turner, "The West and American Ideals," in John Mack Faragher, *Rereading Frederick Jackson Turner* (1999), p. 142.

[8] Arthur M. Schlesinger, Sr., *New Viewpoints in American History* (1922), p. 70.

[9] Frederick Jackson Turner, "Middle Western Pioneer Democracy," *The Frontier in American History* (1921), p. 343.

[10] *The Works of Hubert Howe Bancroft* (1890), pp. 184–85, 650.

[11] Daniel Schirmer, *The Philippines Reader* (1987), p. 26.

[12] Theodore Roosevelt, *The Winning of the West*, vol. 1 (1889), p. 90.

[13] Roosevelt, *The Winning of the West*, vol. 1, pp. 1, 30.

[14] Roosevelt, *The Winning of the West*, vol. 2 (1889), p. 107.

[15] Roosevelt, *The Winning of the West*, vol. 1, p. 133.

[16] Richard Slotkin, *Gunfighter Nation* (1992), p. 55.

[17] Ray Allen Billington, "Young Fred Turner," in Martin Ridge, ed., *Frederick Jackson Turner* (2016), p. 17.

[18] Billington, *The Genesis of the Frontier Thesis*, p. 12.

[19] The very first historical question Turner asked in print, in 1889, came at the beginning of a short book based on his Johns Hopkins dissertation that focused on the fur trade: "The exploitation of the Indian is generally dismissed with the convenient explanatory phrase, 'The onward march of civilization.' But how did it march?" Later, Turner's argument about the frontier would downplay the violence that would be part of any honest answer. Here, though, just sixteen years out from having lived through the final removal of Native Americans from Wisconsin, Turner admitted that colonial relations, from the French to the English, were founded on coercive dispossession. But, despite his own experience, he held up Wisconsin as a kind of exception to that history, whereby peaceful commerce, not conquest, was the primary mode of settler–indigenous relations. Turner's conclusion even posits a kind of Wisconsin exceptionalism, which allowed the territory to serve as a refuge for victims of wars elsewhere, resulting in

an increase of the Native American population. More and more native groups, including the Mascoutin, Pottawattamie, Sauk, Winnebago, Fox, and Chippewa, moved to Wisconsin, attracted by the lure of peaceful trade and coexistence."They caused," Turner wrote, a "re-adjustment in the Indian map of Wisconsin." The study ends in the early 1800s, before Turner's father's namesake took the presidency and before removal destroyed what Turner, bypassing his own firsthand memories of government-orchestrated dispossession, imagined to be Wisconsin's multicultural commercial utopia. Turner, "The Character and Influence of the Indian Trade in Wisconsin: A Study of the Trading Post as an Institution," *Wisconsin Historical Society* (1889), p. 53.

[20] This quotation is a composite of two Wilson citations. The first ("Steadily, almost calmly, they extended") comes from Wilson's "The Course of American History," a lecture given in 1895 and published in *Mere Literature, and Other Essays* (1896), p. 226. The second ("this great continent, then wild and silent") is from a review essay, "Mr. Goldwin Smith's 'Views' on Our Political History," published in *The Forum* (December 1893), p. 495.

[21] "Born Modern: An Overview of the West," http://wwww.gilderlehrman.org/history-by-era/development-west/essays/born-modern-overview-west.

[22] Quoted in Billington, *Frederick Jackson Turner* (1973), p. 123, and cited to Huntington Library, Manuscripts Division: HEH TU File Drawer E, Folder. Another influence on Turner was an 1865 essay by E. L. Godkin, *The Nation's* founding editor, which described western settlement as producing a knownothing smugness, an indifference to art and literature, a disrespect of learning and abstract thought, and a fetish for material success, such that the "prosperous management of a dry-goods store will be taken as strong indi-cation of ability to fill the post of Secretary of the Treasury." Turner kept some of this criticism. But, just a few short sentences after noting the "anti-social" nature of frontier life and its "antipathy to control," Turner transmutes this antipathetic individualism into something like Hegel's Absolute Spirit: "From the conditions of frontier life came intellectual traits of profound importance. The result is that to the frontier the American intellect owes its striking characteristics."

[23] Turner fully elaborates his ideal of a pre-state civil society, based on a just-so balance of individualism and cooperation, in a 1918 lecture, "Middle Western Pioneer Democracy," cited above. As a crystallization of a number of premises that undergird Americanism, it is worth quoting at length: "From the first, it became evident that these [pioneers] had means of supplementing their individual activity by informal combinations. One of the things that impressed all early travelers in the United States was the capacity for extra-legal, voluntary association. . . . This power of the newly arrived pioneers to join together for a common end without the intervention of governmental institutions was one of their marked characteristics. The log rolling, the house-raising, the husking bee, the apple paring, and the squatters' associations whereby they protected themselves against the speculators in securing title to their clearings on the public domain, the camp meeting, the mining camp, the vigilantes, the

cattle-raisers' associations, the 'gentlemen's agreements,' are a few of the indications of this attitude. . . . America does through informal association and understandings on the part of the people many of the things which in the Old World are and can be done only by governmental intervention and compulsion. These associations were in America not due to immemorial custom of tribe or village community. They were extemporized by voluntary action. The actions of these associations had an authority akin to that of law. . . . If we add to these aspects of early backwoods democracy, its spiritual qualities, we shall more easily understand them. These men were emotional. As they wrested their clearing from the woods and from the savages who surrounded them, as they expanded that clearing and saw the beginnings of commonwealths, where only little communities had been, and as they saw these commonwealths touch hands with each other along the great course of the Mississippi River, they became enthusiastically optimistic and confident of the continued expansion of this democracy. They had faith in themselves and their destiny. And that optimistic faith was responsible both for their confidence in their own ability to rule and for the passion for expansion. They looked to the future. . . . Just because, perhaps, of the usual isolation of their lives, when they came together in associations whether of the camp meeting or of the political gathering, they felt the influence of a common emotion and enthusiasm. Whether Scotch-Irish Presbyterian, Baptist, or Methodist, these people saturated their religion and their politics with feeling. Both the stump and the pulpit were centers of energy, electric cells capable of starting widespreading fires. They *felt* both their religion and their democracy, and were ready to fight for it. This democracy was one that involved a real feeling of social comradeship among its widespread members."

[24] John O'Sullivan, in his 1845 essay that coined the phrase "manifest destiny," said that how the United States came into the possession of the continent, including the taking of much of Mexico, happened "without agency of our government . . . in the natural flow of events, the spontaneous working of principles, and the adaptation of the tendencies and wants of the human race to the elemental circumstances in the midst of which they find themselves placed." John O'Sullivan, "Annexation," *United States Magazine and Democratic Review*, (July–August 1845), vol. 17, no.1, pp. 5–10.

[25] Turner, "Middle Western Pioneer Democracy," p. 303.

[26] Turner, "The West and American Ideals," p. 298.

[27] Frederick Jackson Turner, "Social Forces in American History" (1921), p. 319.

[28] Turner, "The West and American Ideals," p. 300.

[29] Turner, "Social Forces in American History," p. 318.

[30] Turner, "The West and American Ideals," p. 305.

[31] Turner, "The West and American Ideals," p. 299.

[32] Quoted in Limerick, "Turnerians All: The Dream of a Helpful History in an Intelligible World,"

p. 706.

[33] Turner, "Social Forces in American History," p. 318.

[34] "Contributions of the West," in Faragher, *Rereading Frederick Jackson Turner*, p. 92.

[35] "Contributions to American Democracy," in Turner, "Middle Western Pio-neer Democracy," p. 261.

[36] "The Ideals of America," *Atlantic Monthly*, vol. 90 (December 1902): 721–34.

[37] "The Ideals of America," p. 726.

[38] The seizure of the Philippines, Guam, and Puerto Rico undercut efforts, such as Turner's, to purge Anglo-Saxon supremacy from Americanism. The Supreme Court ruled in 1901 that the rights found in the Constitution didn't cover the new possessions, since they were based on "certain principles of natural justice inherent in Anglo-Saxon character." "Foreign in a domestic sense" was how the court defined Puerto Rico, echoing its earlier 1831 ruling that the Cherokees were "domestic dependent nations." At the same time, with millions of central and southern European workers arriving in the United States, immigration debates likewise identified Anglo-Saxons as possessing unique racial "mental and moral qualities," as Senator Henry Cabot Lodge, Sr., said in 1896, which allowed for self-government.

[39] Turner, "Social Forces in American History," p. 315.

[40] Christina Duffy Burnett and Burke Marshall, eds., *Foreign in a Domestic Sense: Puerto Rico, American Expansion, and the Constitution* (2001), especially Mark Weiner's essay, "Teutonic Constitutionalism," pp. 48–81, for the "constitutional questions" raised by conquest discussed in the footnote. For the phrase "foreign in a domestic sense," see *Supreme Court Reporter*, vol. 21, October 1900 Term (1901), p. 967.

[41] After the war, in a long 1919 letter summing up his relationship to Woodrow Wilson, Turner says he was even more eager to enter the European conflict than Wilson was but deferred to the president until public opinion in the country could catch up. He even suggests that he wanted a more aggressive, interventionist policy toward Mexico than the one followed by Wilson, who dispatched troops twice into that country. "I hadn't his patience with Mexico, and believed that his course there encouraged German arrogance to us," Turner wrote. Wendell Stephenson, "The Influence of Woodrow Wilson on Frederick Jackson Turner," *Agricultural History* (October 1945), vol. 19, no. 4, pp. 249–53.

[42] Turner, "Middle Western Pioneer Democracy," p. 357.

[43] Ronald Fernandez, *The Disenchanted Island: Puerto Rico and the United States in the Twentieth Century* (1996), p. 56.

[44] Link, ed., *The Papers of Woodrow Wilson*, vol. 32, p. 187.

[45] United States, *Report of the Industrial Commission* (1901), p. 198.

[46] Adam Hochschild, "When Dissent Became Treason," *New York Review of Books* (September 28, 2017).

[47] Turner, "Middle Western Pioneer Democracy," p. 359.

[48] The Equal Justice Initiative puts the number of lynchings since Reconstruction (after 1877) at over 4,400 (https://eji.org/national-lynching-memorial).

[49] Turner had a great influence on socialists such as Scott Nearing. Nearing, also prosecuted for opposing Wilson's war, included a lengthy historical analysis of wealth concentration in the United States in his address to the jury. "Two generations ago," Nearing wrote, "the country's adjustment to life included a *safety valve* in the form of a frontier. The frontier meant cheap grazing land, free agricultural land, free timber and free minerals. Today each first-class piece of land in the United States has its price." *The Coal Question* (1918), p. 11. Also *The Trial of Scott Nearing* (1919), p. 188.

[50] Edmund Morris, *The Rise of Theodore Roosevelt* (2010), p. 824.

[51] Marcus Klein, *Easterns, Westerns, and Private Eyes: American Matters, 1870–1900* (1994), p. 110; Owen Wister, "The National Guard of Pennsylvania," *Harper's Weekly* (September 1, 1894), pp. 824–26.

第八章　1898年协定

[1] Ron Andrew, *Long Gray Lines: The Southern Military School Tradition, 1839–1915* (2001), p. 2.

[2] Cothran and Kelman, "How the Civil War Became the Indian Wars."

[3] Cothran and Kelman, "How the Civil War Became the Indian Wars."

[4] Richard White, *It's Your Misfortune and None of My Own: A New History of the American West* (2015), p. 100.

[5] Matthew Westfall, The Devil's Causeway: *The True Story of America's First Prisoners of War in the Philippines* (2012), p. 138.

[6] Quotation from Cleveland's first draft of his comments, cited in Walter LaFeber's doctoral dissertation,"The Latin American Policy of the Second Cleveland Administration," University of Wisconsin, Madison (1959), p. 224.

[7] Richard Wood, "The South and Reunion, 1898," *The Historian* (May 1969), vol. 31, pp. 415–30.

[8] Wood, "The South and Reunion, 1898," p. 421.

[9] United Spanish War Veterans, *Proceedings of the Stated Convention of the . . . National*

Encampment (1931), vol. 33, p. 73.

[10] Kristin Hoganson, *Fighting for American Manhood: How Gender Politics Provoked the Spanish–American and Philippine–American Wars* (1998), p. 74.

[11] United Spanish War Veterans, *Proceedings of the Stated Convention of the . . . National Encampment*, p. 69.

[12] Quotations are in Hoganson, *Fighting for American Manhood*, p. 73. See also Joseph Fry, *The American South and the Vietnam War: Belligerence, Protest, and Agony in Dixie* (2015).

[13] Robert Bonner, *Colors and Blood: Flag Passions of the Confederate South* (2004), p. 165. See particularly Bonner's chapter "Conquered Banners."

[14] Gaines M. Forster, *Ghosts of the Confederacy: Defeat, the Lost Cause, and the Emergence of the New South* (1987); Ralph Lowell Eckert, *John Brown Gordon: Soldier, Southerner, American* (1993), p. 329; and *Minutes of the . . . Annual Meeting and Reunion of the United Confederate Veterans* (1899), p. 27.

[15] Edward Ayers, *The Promise of the New South* (2007), p. 332.

[16] Ayers, *The Promise of the New South*, p. 329.

[17] *Minutes of the . . . Annual Meeting and Reunion of the United Confederate Veterans*, p. 27.

[18] *Minutes of the . . . Annual Meeting and Reunion of the United Confederate Veterans*, p. 111.

[19] United Spanish War Veterans, *Proceedings of the Stated Convention of the . . . National Encampment*, p. 73.

[20] For the Philippines: Paul Kramer, *The Blood of Government: Race, Empire, the United States, and the Philippines* (2006), pp. 102–44; for Haiti: Mary Renda, *Taking Haiti: Military Occupation and the Culture of U.S. Imperialism, 1915–1940* (2004), pp. 155–56; for the Dominican Republic: Bruce Calder, "Some Aspects of the United States Occupation of the Dominican Republic, 1916–1924," PhD thesis, University of Texas, Austin (1974), pp. 153–55.

[21] "Statement of Mr. William Joseph Simmons," *The Ku-Klux Klan: Hearings Before the Committee on Rules*, House of Representatives, Sixty-Seventh Congress, First Session (1921), pp. 66–73.

[22] House of Representatives, *The Ku-Klux Klan: Hearings Before the Committee on Rules*, p. 68.

[23] Jack Foner, *Blacks and the Military in American History: A New Perspective* (1974), p. 76.

[24] Willard Gatewood, *Black Americans and the White Man's Burden, 1898–1903* (1975), p. 54.

[25] Barbara Foley, *Spectres of 1919* (2003), p. 133.

[26] David Blight, *Race and Reunion* (2009), p. 352.

[27]　"Our Patriotic Rebels," *Brooklyn Daily Eagle*, August 26, 1917.

[28]　Link, ed., *The Papers of Woodrow Wilson*, vol. 37, p. 128.

[29]　James Scott Brown, *President Wilson's Foreign Policy* (1918), p. 301.

[30]　Laurent Dubois, *Haiti: The Aftershocks of History* (2012), p. 226; Hans Schmidt, *Maverick Marine* (2014), p. 84.

[31]　Thomas's letters to his fiancée, Beatrice, are perhaps the largest intact collection of such documents, providing rare insight. The collection is available thanks to the work of the historian Michael Schroeder and can be found here: http://www.sandinorebellion.com/USMC-Docs/Images-ThomasLetters /EmilThomasCollectionTranscripts-REV.pdf. Also: Schroeder's "Bandits and Blanket Thieves, Communists and Terrorists: The Politics of Naming Sandinistas in Nicaragua, 1927–36 and 1979–90," *Third World Quarterly* (2008), vol. 26, no. 1.

[32]　For the information about Okinawa in the footnote, see William Griggs, *The World War II Black Regiment That Built the Alaska Military Highway* (2002), p. 9, and Irving Werstein, *Okinawa* (1968), p. 162.

[33]　*The Crisis*, April 1952, p. 242.

[34]　John Coski, *The Confederate Battle Flag* (2009), p. 112.

[35]　As editor of the NAACP's *The Crisis*, Du Bois supported Woodrow Wilson, first in 1912 for the presidency and then later as he went to war. Du Bois had no illusions about Wilson. But with lynchings on the rise in the early twentieth century and the Klan regrouping, he had modest hope that the educated president "will not advance the cause of an oligarchy in the South." Wilson, though, didn't just fail to suppress racists but activated them. Later, in 1920, Du Bois published an essay, "The Souls of White Folk," a withering condemnation of war. All those Anglo supremacists Du Bois had to endure, including Wilson and Theodore Roosevelt—these "super-men and world-mastering demi-gods"—had joined with Europe to bring about an unparalleled devastation. "From beating, slandering, and murdering us the white world turned temporarily aside to kill each other," Du Bois wrote, and "we of the Darker Peoples looked on in mild amaze." Brandeis historian Chad Williams is writing a book on an 800-page manuscript Du Bois, who died in 1963, left unpublished, titled "The Black Man and the Wounded World." Du Bois had worked on the study, based on extensive interviews with African American veterans, for decades.

第九章　边疆的堡垒

[1]　Rachel St. John, *Line in the Sand: A History of the Western U.S.–Mexico Border* (2011), p. 3.

[2]　Michael Pearlman, *Warmaking and American Democracy* (1999), p. 101.

[3] Karp, *This Vast Southern Empire*, p. 120.

[4] St. John, in *Line in the Sand*, p. 41, writes: "Mimicking earlier arguments about U.S. manifest destiny . . . expansionists naturalized their calls for annexation. They argued that Arizona and Sonora were part of a shared landscape that the border artificially divided."

[5] Kris Fresonke, *West of Emerson: The Design of Manifest Destiny* (2003), p. 80.

[6] "United States v. Erick Bollman and Samuel Swartwout," *Reports of Cases, Civil and Criminal in the United States Circuit Court of the District of Columbia* (1852), p. 385.

[7] Joseph Rice, *The Hampton Roads Conference* (1903), pp. 10–11, 18–19, https://babel.hathitrust.org/cgi/pt?id=loc.ark:/13960/t3zs34s29;view =1up;seq=1. For the quotation in the footnote: Ted Worley, ed., "A Letter Written by General Thomas C. Hindman in Mexico," *Arkansas Historical Quarterly* (1956), vol. 15, no. 4, pp. 365–68, which provided details about the short-lived Confederate colony in Mexico. See also Andrew Rolle, *The Lost Cause: The Confederate Exodus to Mexico* (1965).

[8] John Mason Hart, *Empire and Revolution: The Americans in Mexico Since the Civil War* (2006), especially chapter 1, "Arms and Capital," is invaluable in describing this history of claims and investment.

[9] For Cushing's role on the Claims Commission, see Allison Powers, "Settlement Colonialism: Law, Arbitration, and Compensation in United States Expansion, 1868–1941," doctoral dissertation, Columbia University (2017). Cushing, one of the first theoreticians of social steam, put theory to practice, helping to execute his advocacy for expansion through policy and diplomacy. As President John Tyler's ambassador, he negotiated the United States' first treaty with China, opening that country's markets to U.S. exports. After his service in the Mexican War, he was appointed U.S. attorney general, where he used the office to push through the infamous Kansas-Nebraska Act, which escalated the fight between slavers and abolitionists. The act, which enraged abolitionists and worsened relations between free and slave states, was based on the Jacksonian doctrine of "popular sovereignty," which gave white settlers the right to decide for themselves if their territory was to be free or slave—in other words, explicitly defining freedom as the freedom of white men to decide if they were going to enslave black men, women, and children. As attorney general, in an effort to appease southern states, he made sure that for enslaved people there was no escape valve, vigorously enforcing fugitive slave laws that mandated that fleeing slaves be returned to their southern masters, even interpreting the law to hold that it extended over Indian territory. Later, after the Civil War, Cushing speculated in real estate in Baja California and helped U.S. claimants make financial demands on Mexico. In 1868, he traveled to Colombia on one of his last diplomatic initiatives, negotiating a "right-of-way" for a proposed canal through Panama (then still a province of the South American nation).

[10] Hart, *Empire and Revolution*, p. 41.

[11] *Monthly Bulletin of the International Bureau of the American Republics*, July–December 1899, p. 475.

[12] *Monthly Bulletin of the International Bureau of the American Republics*, p. 473.

[13] Richard Griswold del Castillo, *The Treaty of Guadalupe Hidalgo: A Legacy of Conflict* (1992), p. 83.

[14] Stuart Banner, *How the Indians Lost Their Land: Law and Power on the Frontier* (2005), p. 185.

[15] Philip Russell, *The History of Mexico* (2011), p. 277.

[16] Yaqui removal had started as early as the 1860s, after the defeat of Napoleon III's occupation (the Yaqui had fought on the side of the French). But a 1903 report by the Mexican War Department urged an acceleration of the dispossession. The report laid out three options that the state could take to break Yaqui resistance: extermination, deportation, or colonialization of their homeland. The government effectively implemented all three recommendations. Francisco Troncoso, *Las guerras con las tribus yaqui y mayo* (1905). Also: Evelyn Hu-DeHart, "Peasant Rebellion in the Northwest: The Yaqui Indians of Sonora," *Riot, Rebellion, and Revolution*, Friedrich Katz, ed. (1988), pp. 168–69.

[17] William Carrigan and Clive Webb, *Forgotten Dead: Mob Violence Against Mexicans in the United States* (2013).

[18] Katherine Benton-Cohen, *Borderline Americans* (2009), pp. 83–84.

[19] Benjamin Johnson, *Revolution in Texas: How a Forgotten Rebellion and Its Bloody Suppression Turned Mexicans into Americans* (2003), for the Plan de San Diego conspiracy and for how the Texas Rangers facilitated property dispossession.

[20] The webpage for the memory project is found here: https://www.refusing toforget.org/the-history.

[21] Shawn Lay, *War, Revolution, and the Ku Klux Klan* (1985), p. 35.

[22] For the information in the footnote: David Dorado Romo, *Ringside Seat to a Revolution: An Underground Cultural History of El Paso and Juárez, 1893–1923* (2005), p. 223.

[23] St. John, *Line in the Sand*, p. 183.

[24] Linda Gordon, *The Second Coming of the KKK* (2017); Shawn Lay, "Revolution, War, and the Ku Klux Klan in El Paso," University of Texas, El Paso, PhD thesis (1984), p. 101.

[25] See Nancy MacLean, *Behind the Mask of Chivalry: The Making of the Second Ku Klux Klan* (1994), for the comparison of the Klan with European fascism.

[26] Hiram Wesley Evans, "The Klan's Fight for Americanism," *North American Review* (March–

May 1926), pp. 33–63.

[27] House of Representatives, *The Ku-Klux Klan: Hearings Before the Commit-tee on Rules*, p. 6.

[28] Shawn Lay, "Imperial Outpost on the Border: El Paso's Frontier Klan No. 100," in *Invisible Empire in the West* (2004): see also Lay's "War, Revolution, and the Ku Klux Klan in El Paso," from which much of the discussion here on El Paso draws.

[29] Lay, "War, Revolution, and the Ku Klux Klan in El Paso," p. 69.

[30] Mae Ngai, *Impossible Subjects: Illegal Aliens and the Making of Modern America* (2003), discusses the Klan in the early U.S. Border Patrol. See also Miguel Antonio Levario, *Militarizing the Border* (2012), p. 167; F. Arturo Rosales, *Chicano!* (1996), p. 26; David Bradley and Shelley Fisher Fishkin, *Encyclopaedia of Civil Rights in America* (1997), p. 125; and George Sánchez, *Becoming Mexican American: Ethnicity, Culture, and Identity in Chicano Los Angeles* (1993), p. 59.

[31] "Protect Mexicans, Hughes Tells Neff," *New York Times* (November 17, 1922); Mark Reisler, "Passing Through Our Egypt: Mexican Labor in the United States, 1900–1940," PhD thesis, Cornell University (1973), p. 243; "Protecting Mexicans in the United States," *New York Times* (November 18, 1922); "Mexicans and Negroes Flee," *New York Times* (November 16, 1922); "Mexico Protests Texas Mob Threat," *New York Times* (Novem-ber 16, 1922).

[32] "Texans Will Fight Quota on Mexicans," *New York Times* (December 4, 1927).

[33] Greg Bailey, "This Presidential Speech on Race Shocked the Nation," *History News Network* (October 26, 2016), https://historynewsnetwork.org /article/164410. For this period in general: Kelly Lytle Hernández, *City of Inmates* (2017); Hans Vought, *The Bully Pulpit and the Melting Pot* (2004); Natalia Molina, *Fit to Be Citizens? Public Health and Race in Los Angeles, 1879–1939* (2006); and S. Deborah Kang, *The INS on the Line: Making Immigration Law on the US-Mexico Border, 1917–1954* (2017).

[34] Kelly Lytle Hernández, *Migra!* (2010), pp. 56–57, details the social status of the U.S. Border Patrol's first recruits and makes the argument of the border patrol institutionalizing racism. She also convincingly argues that the patrol allowed its agents to use "selective immigration enforcement" to establish some leverage with large ranchers. They might focus on liquor smuggling and other "morality" issues, while occasionally letting the landowners know that continued access to cheap labor depended on their goodwill. Also: Hernández's "Entangling Bodies and Borders: Racial Profiling and the United States Border Patrol, 1924–1955," PhD dissertation, UCLA (2002).

[35] Lay, "War, Revolution, and the Ku Klux Klan in El Paso," p. 75.

[36] Kelly Lytle Hernández, "How Crossing the U.S.-Mexico Border Became a Crime," *The Conversation* (May 1, 2017), based on her *City of Inmates*, https://theconversation.com/how-

crossing-the-us-mexico-border-became-a-crime-74604.

[37] "The Perils of the Mexican Invasion," *North American Review* (May 1929).

[38] Abraham Hoffman, *Unwanted Mexican Americans in the Great Depression: Repatriation Pressures, 1929–1939* (1974), p. 43; Robert McKay, "The Federal Deportation Campaign in Texas: Mexican Deportation from the Lower Rio Grande Valley During the Great Depression," *Borderlands Journal* (Fall 1981), vol. 5.

[39] Sánchez, *Becoming Mexican American*, p. 211.

[40] As the scholars David Bateman, Ira Katznelson, and John Lapinski point out, the first decades of the twentieth century witnessed the return to power of what they call the "Southern Nation," founded on an even sharper commitment to white identity. Bateman, Katznelson, and Lapinski, eds., *Southern Nation: Congress and White Supremacy After Reconstruction* (2018).

[41] Quoted in Joseph Nevins, *Operation Gatekeeper and Beyond* (2010), p. 242. Roxanne Dunbar-Ortiz, *Loaded: A Disarming History of the Second Amendment* (2018), p. 125, recounts the story of Harlon Carter, as does Mark Ames, "From 'Operation Wetback' to Newtown" (December 17, 2012): https://www.nsfwcorp.com/dispatch/newtown/.

第十章　心理扭曲

[1] Walter Weyl, *The New Democracy* (1912), p. 35. Subsequent quotations from Weyl are drawn from this edition and can be found here: https://archive.org/stream/newdemocracy00weyl/newdemocracy00weyl_djvu.txt.

[2] Lewis Mumford, *The Golden Day* (1926), passim. Another pre–Great Depression essay critical of the influence of the frontier on American life and intellectual thought is John Dewey's "The American Intellectual Frontier," *New Republic* (May 10, 1922); it's a good example of the modernist backlash against the Frontier Thesis but also of the degree to which that thesis set the range of debate. See also "Exit Frontier Morality," *New Republic* (January 2, 1924).

[3] Stuart Chase, *A New Deal* (1932), full text available via Hathi Trust, at: https://hdl.handle.net/2027/mdp.39015063999323.

[4] Rexford Tugwell, *The Democratic Roosevelt* (1957), p. 56.

[5] Earlier in 1931, the governor of Wisconsin, Philip La Follette, began his first inaugural address also with a lengthy summary of the Frontier Thesis, using the Wisconsinite Turner to reclaim the legacy of the state's stalled progressive movement: "Today we cannot seek a new freedom and a new opportunity in some new territory. We must find our freedom and make our opportunity through wise and courageous readjustments of the political and economic order to the changed needs and conditions of our times." Roosevelt's text is here: http://teachingamericanhistory.org/

library/document/common wealth-club-address/.

[6] David Siemers, *Presidents and Political Thought* (2010), p. 145.

[7] *Public Papers of the Presidents of the United States: F. D. Roosevelt, 1936* (1938), vol. 5, p. 195.

[8] Cass Sunstein, *The Second Bill of Rights* (2009), p. 18.

[9] *Public Papers of the Presidents of the United States: F. D. Roosevelt, 1935* (1938), vol. 4, p. 47.

[10] "No More Frontiers," *Today* (June 26, 1935).

[11] Turner, "The West and American Ideals," p. 293.

[12] Steven Kesselman, "The Frontier Thesis and the Great Depression," *Journal of the History of Ideas* (April–June 1968), vol. 29, no. 2, pp. 253–268.

[13] Frances Perkins, *People at Work* (1934), pp. 11, 26–27.

[14] Hansen, born and raised on the Dakota plains and often described as the "American Keynes," was one of FDR's most important advisors; he argued that extensive expansion based on settlement and colonialism continued outward on the "world frontier" even after the closing of the United States' western frontier. The exhaustion, though, of that global frontier led to an era of "secular stagnation." Hansen was making the case for guided capital expansion regulated by a progressive government: "We do not have a choice between 'plan and no plan,'" he wrote in 1941, "we have a choice only between democratic planning and totalitarian regimentation." As an advisor to FDR, he helped design Social Security and drafted the Employment Act of 1946, which was to be the "Full Employment Act" until Republicans and conservative Democrats trimmed its ambitions.

[15] "NRA Held New Frontier," *Los Angeles Times* (November 11, 1933).

[16] *The Social Frontier* was the title of a journal promoting progressive education that began publishing in the 1930s; the phrase was used to mean: "The age of individualism and laissez-faire in economy and government is closing and a new age of collectivism is emerging."

[17] For the origins of the New Deal's cultural pluralism applied to New Mexico: Suzanne Forrest, *The Preservation of the Village: New Mexico's Hispanics and the New Deal* (1998), pp. 76, 222. Tugwell's commencement address, discussed in the footnote, is found in "Your Future and Your Nation," *New Mexico Quarterly* (1935), vol. 5, no. 3.

[18] Mae Ngai, *Impossible Subjects: Illegal Aliens and the Making of Modern America* (2004), pp. 83–86. Also: Kang, *The INS on the Line*, p. 71. As discussed later in the chapter, agricultural workers were mostly left out of the New Deal's protection of labor rights. But Perkins did what she could to support farm unions, including those organized by Mexican migrants. In 1936, when California growers accused striking Mexican migrants of being manipulated by Mexican diplomats, Perkins intervened on behalf of the workers.

[19] Later, the New Deal's petro-corporatism in Saudi Arabia, which focused the interests of the major oil companies toward the Middle East, allowed FDR some leeway in recognizing the legitimacy of Mexico's nationalization program. For Saudi Arabia, see Robert Vitalis, *America's Kingdom: Mythmaking on the Saudi Oil Frontier* (2009).

[20] Under Wilson, U.S. diplomats began to work actively on behalf of the U.S. petroleum industry, protesting what the industry called a radical extension of the doctrine of "eminent domain." The United States had long recognized a similar doctrine, applied over the years to confiscate land, often from indigenous peoples, to build projects considered vital to the national interest, especially railroads. But Mexico extended that doctrine to "subsurface" property (that is, oil and minerals) to allow the confiscation of private property, including that held by foreigners. Through the 1920s, Washington, in response, had turned Mexico into a pariah state. Christy Thornton's forthcoming *Revolution in Development: Mexico and the Governance of the Global Economy* will focus on these contested notions of property rights. Also: Grandin, "The Liberal Traditions in the Americas."

[21] However, Gene Autry's 1939 movie *South of the Border* paints an unflattering vision of Cárdenas's Mexico, of nationalized oil derricks left idle and revolutionaries drunk on ideology, threatening the possibility of creating a Pan-American anti-Nazi alliance and leaving Mexicans with nothing but "misery and want."

[22] For Mexico's influence on the New Deal, and for the information in this paragraph: Tore Olsson, *Agrarian Crossings: Reformers and the Remaking of the U.S. and Mexican Countryside* (2017). The discussion that follows draws mostly from this excellent work.

[23] John Francis Bannon, *Bolton and the Spanish Borderlands* (1974), p. 328.

[24] Olsson, *Agrarian Crossings*, pp. 77–78.

[25] Joseph Harsch, "America's Foreign Policy Restated," *Christian Science Monitor* (January 18, 1939).

[26] Thomas Ferguson and Joel Rogers, *Right Turn: The Decline of the Democrats and the Future of American Politics* (1986). See also Steve Fraser and Gary Gerstle, eds., *The Rise and Fall of the New Deal Order* (1989), especially the essay by Thomas Ferguson, "Industrial Conflict and the Coming of the New Deal: The Triumph of Multinational Liberalism in America."

[27] The New Deal, the historian David Kennedy writes, could have better spent its resources on developing city-based capital-intensive industries. Instead, the framework offered by the Frontier Thesis didn't just produce the kind of sharp analysis of someone like Tugwell but a sentimentalism that would be harnessed to corporatism. "Nostalgia," Kennedy writes, "intellectual inertia, and political pressure beckoned the New Dealers backward, to the cornfields and hay-meadows and pastoral idylls of national mythology—and into the welcoming arms of a lean and hungry agricultural lobby." David Kennedy, *Freedom from Fear:*

The American People in Depression and War, 1929–1945 (1990).

[28] "FSA, Farmers' Union Attacked by Cotton Head," *Atlantic Constitution* (November 24, 1942).

[29] Jack Temple Kirby, *Rural Worlds Lost* (1987), pp. 57–58. Donald Holley, *Uncle Sam's Farmers: The New Deal Communities in the Lower Mississippi Valley* (1975), p. 196.

[30] Olsson, *Agrarian Crossings*, p. 56.

[31] Jefferson Cowie, *Capital Moves: RCA's Seventy-Five-Year Quest for Cheap Labor* (2001) p. 106.

[32] Shortly after Bracero went into effect, the Mexican government, fearing its own labor shortage, said it would pull out of the program if Washington didn't do more to stem the flow of undocumented workers, as historian Kelly Lytle Hernández documents. The Roosevelt administration complied. The federal government launched what the chief supervisor of the border patrol described as an "intensive drive on Mexican aliens." Agents were pulled off the Canadian border and amassed on the southern line. Washington dramatically increased the budget and staff of the border patrol and worked out protocols with the Mexican government to create a unified trans-border deportation system. "Special Mexican Deportation Parties"—rapid-response units—targeted, caught, and deported undocumented workers, Hernández writes, along the border but also as far north as Minnesota, Chicago, and North Dakota, handing them off to Mexican authorities who then "train-lifted" them into Mexico's interior to prevent them from slipping back into the United States. Kelly Lytle Hernández, "The Crimes and Consequences of Illegal Immigration: A Cross-Border Examination of Operation Wetback, 1943 to 1954," *Western Historical Quarterly* (2006), vol. 37, no. 4, pp. 421-44.

[33] Truman Moore, *The Slaves We Rent* (1965); Dale Wright, *They Harvest Despair* (1965). The quotation comes from a 1960 CBS special report broadcast between Thanksgiving and Christmas, called *Harvest of Shame* and anchored by Edward R. Murrow, which also focused on farmworkers who were U.S. citizens.

[34] "World Needs 'True Social Democracy,'" *Washington Post* (April 15, 1945).

[35] William Shirer, *Boston Globe* (November 4, 1945).

[36] Grandin, "The Liberal Traditions in the Americas: Rights, Sovereignty, and the Origins of Liberal Multilateralism."

[37] "Women, Workers, Farmers" were doing well in Japan, *The Tennessean* reported on May Day 1951, which included the quoted comparison with the United States. For the drafting of the Japanese constitution, including its inclusion of social rights: John Dower, *Embracing Defeat: Japan in the Wake of World War II* (1999).

[38] Henry Wallace, in his 1934 book *New Frontiers*, believed an interpretation of the Constitution as it was written could serve as a basis of social rights, recommending that the United States simply

redefine the meaning of "property . . . in a way that will fairly meet the realities of today."

第十一章 丰 收

[1] "Roosevelt Urges Peace Science Plan," *New York Times* (November 21, 1944).

[2] Frederick Jackson Turner, "The Problem of the West" (1921), p. 212.

[3] John Knox Jessup, "Western Man and the American Idea," *Life* (November 5, 1951).

[4] Turner, "The West and American Ideals," p. 293.

[5] "Fortune Magazine Proposes Four-Point Post-War Program," *Bankers' Magazine* (May 1942); Raymond Leslie Buell, *The United States in a New World: A Series of Reports on Potential Courses for Democratic Action* (1942).

[6] Megan Black, "Interior's Exterior: The State, Mining Companies, and Resource Ideologies in the Point Four Program," *Diplomatic History* (2016), vol. 40, no. 1.

[7] Selecting Google Ngram (https://books.google.com/ngrams) for "liberal multilateralism," "liberal universalism," and "liberal internationalism" returns the comparative popularity over time of each descriptor.

[8] Caroline Fraser, *Prairie Fires: The American Dreams of Laura Ingalls Wilder* (2018), p. 450. For the Paterson quote: *The God of the Machine* (1943), p. 65.

[9] Milton Friedman strikes a Turnerian note when he celebrates frontier civil society mutualism, which kept the state at bay between 1800 and 1929, in *Free to Choose* (1981), p. 28.

[10] "James M. Buchanan, Economic Scholar and Nobel Laureate, Dies at 93," *New York Times* (January 9, 2013); Nancy MacLean, *Democracy in Chains* (2017); James M. Buchanan, "The Soul of Classical Liberalism," *Independent Review* (2000), vol. 5, no. 1.

[11] Frank Holman, *Story of the "Bricker" Amendment* (1954), p. 38.

[12] Holman, *Story of the "Bricker" Amendment*, p. 151.

[13] *Treaties and Executive Agreements: Hearings Before a Subcommittee of the Committee on the Judiciary, United States Senate, Eighty-Third Congress* (1953), p. 584. For the 1919 migratory birds case, see Edwin Borchard, "Treaties and Executive Agreements: A Reply," *Yale Law Journal* (1945), vol. 54, no. 3, pp. 616–64; for the quote in the footnote: House of Representatives, *Hearings Before the Committee on Immigration and Naturalization . . . Relating to the Temporary Admission of Illiterate Mexican Laborers* (1920), p. 174.

[14] See "Sneak Attack on the Constitution," *Chicago Daily Tribune* (December 9, 1951). For how this mobilization, which apparently began with an idea put forth by the American Bar

Association, was sparked by the signing of the U.N. Universal Declaration of Human Rights: "Curb on President's Treaty Role Voted, 8–4, by Senate Committee," *New York Times* (June 5, 1953); for the testimony of the ABA president: *Treaties and Executive Agreements: Hearings Before a Subcommittee of the Committee on the Judiciary, United States Senate, Eighty-Third Congress* (1953), p. 584.

[15] "Vote on Constitution of Puerto Rico Bogs," *New York Times* (May 14, 1952); "Puerto Rican Code Approved by House," *New York Times* (May 29, 1952); "Hit Red Tinge in Puerto Rico Constitution," *Chicago Daily Tribune* (May 15, 1952). The politics surrounding Puerto Rico's 1952 constitution concerned not just "social rights" but fundamental issues related to questions of sovereignty, which played out in complicated ways within Puerto Rico. José Trías Monge, who was the chief justice of Puerto Rico's Supreme Court, describes some of the larger context here: *Historia constitucional de Puerto Rico*, vol. 4 (1983) and *Puerto Rico: The Trials of the Oldest Colony in the World* (1999).

[16] Rick Halpern and Jonathan Morris, eds., *American Exceptionalism?* (1997), p. 92. The legal theorist Cass Sunstein points out that the time to have included social rights in the U.S. Constitution would have been either the 1930s or the 1960s, with Lyndon Baines Johnson's Great Society program. But in neither period did the country see any "serious debate about constitutional amendments. There was no significant discussion of adding social and economic rights to the American Constitution." After World War II, Washington did sign on to the U.N. Universal Declaration of Human Rights, which obligated states to guarantee both social and individual rights. Since then, the United States has retreated, refusing, for instance, to sign any treaty that might in any way promise health care. To do so, wrote the Heritage Foundation in 1993, would be "foolish" since "abundant health care, housing, and food are byproducts of wealth created by private individuals pursuing a profit," not products of a state intervening to redistribute private profit.

[17] "A Luce Forecast for a Luce Century," in the Clare Boothe Luce Papers at the Library of Congress (January 1, 1942). Thanks to Nikhil Singh for passing this on.

[18] *Bankers' Magazine*, "Fortune Magazine Proposes Four-Point Post-War Program."

[19] Department of State, "Report by the Policy Planning Staff" (February 24, 1948), https://history.state.gov/historicaldocuments/frus1948v01p2/d4.

[20] Henry L. Stimson, *On Active Service in Peace and War* (1947), p. 654.

[21] The quotation is found in the U.S. Congress's *Post-War Economic Policy and Planning* (1944), p. 1082, but it was first cited by William Appleman Williams, in his chapter "The Nightmare of Depression and the Vision of Omnipotence," in *The Tragedy of American Diplomacy* (1962), p. 236.

[22] *Resources for Freedom: A Report to the President* (1952), p. 3.

[23] *Preliminary Hearings Before the Committee on Foreign Affairs, House of Representatives* (1951), p. 376.

[24] Leon Hesser, *The Man Who Fed the World* (2006), p. 66. Rockefeller's Mexico program was led by plant pathologist Norman Borlaug, who would later win the Nobel Prize and be associated with the anti-Malthusian idea that human innovation could always stay a step ahead of the environment's carrying capacity; Paul Sabin, *The Bet: Paul Ehrlich, Julian Simon, and Our Gamble over Earth's Future* (2013).

[25] Preface to Webb, *The Great Frontier*.

[26] Address in Cheyenne, Wyoming (May 9, 1950), http://www.presidency.ucsb.edu/ws/index.php?pid=13477; Truman, *The American Frontier: Address by Harry S. Truman, President of the United States, July 28, 1951* (1951).

[27] Betsy Taylor and David Tilford, "Why Consumption Matters," in Juliet Schor and Douglas Holt, eds., *The Consumer Society Reader* (2000), p. 472.

[28] Address Before the National Conference on International Economic and Social Development (April 8, 1952), http://www.presidency.ucsb.edu/ws /index.php?pid=14453.

[29] Hernández, *Migra!*, p. 130. The point then, as it is now, was to force undocumented workers to take more deadly routes, as did five Mexicans who skirted this fence in 1952 and died of dehydration in California's Imperial Valley, near Superstition Mountain. Wayne Cornelius, "Death at the Border: Efficacy and Unintended Consequences of U.S. Immigration Control Policy," *Population and Development Review 27* (December 2001), pp. 661–85.

第十二章　恶魔的吸管

[1] Quotations, including JFK's "high beyond," from Richard Drinnon, *Facing West: The Metaphysics of Indian-Hating and Empire-Building* (1980).

[2] See also Milton Bates, *The Wars We Took to Vietnam* (1996).

[3] Martin Luther King, Jr., *Why We Can't Wait* (2011), p. 34.

[4] Martin Luther King, Jr., "The Church on the Frontier of Racial Tension" (April 19, 1961), digital.library.sbts.edu/bitstream/handle/10392/2751/King -ChurchOnFrontier.pdf; King, "Fumbling on the New Frontier," *The Nation* (March 3, 1962).

[5] *The Papers of Martin Luther King, Jr.* (1992), vol. 6, p. 291.

[6] *The Papers of Martin Luther King, Jr.*, vol. 7, p. 273.

[7] In *The Radical Reader* (2003), edited by Timothy McCarthy and John Campbell McMillian,

p. 376.

[8] Tommie Shelby and Brandon Terry, *To Shape a New World: Essays on the Political Philosophy of Martin Luther King, Jr.* (2018).

[9] *The Papers of Martin Luther King, Jr.*, vol. 7, p. 414.

[10] David Garrow, *MLK: An American Legacy* (2016).

[11] Daniel Lucks, *Selma to Saigon: The Civil Rights Movement and the Vietnam War* (2014), p. 4.

[12] The quotations are from William Pepper's illustrated essay, "The Children of Vietnam," *Ramparts* (January 1967). Apparently the photographs and text in this essay moved King to speak out.

[13] David Garrow, "When Martin Luther King Came Out Against Vietnam," *New York Times* (April 4, 2017).

[14] An example of what by the early 2000s had become an entirely transactional relationship between war abroad and social services (through federal spending) at home: after 9/11, New York senator Hillary Clinton traded her vote in favor of George W. Bush's 2002 war authorization for domestic funding: "I'm sitting there in the Oval Office, and Bush says to me, 'What do you need?' And I said, 'I need twenty billion dollars to rebuild, you know, New York,' and he said, 'You got it.' And he was good to his word." And so was she, voting for Bush's war.

[15] James E. Westheider, *Fighting on Two Fronts: African Americans and the Vietnam War* (1999).

[16] Thomas Borstelmann, *The Cold War and the Color Line* (2001), p. 215; *Jet* (April 4, 1968), p. 9.

[17] *Jet* (May 16, 1968).

[18] For the Confederate flag in Vietnam after King's murder: James Westheider, *The Vietnam War* (2007), p. 182; Jason Sokol, *The Heavens Might Crack: The Death and Legacy of Martin Luther King Jr.* (2018); John Jordan, *Vietnam, PTSD, USMC, Black-Americans and Me* (2016), p. 26; Coski, *The Confederate Battle Flag.*

[19] *Democrat and Chronicle* (June 14, 1970), p. 39.

[20] The Floridian Calley was extremely popular in the South, as Joseph Fry points out in his recent book, *The American South and the Vietnam War: Belligerence, Protest, and Agony in Dixie* (2015); Joan Hoff, *Nixon Reconsidered* (1995), p. 222.

[21] The campaign to depict Calley as an honorable warrior scapegoated by elites could point to history for support. Calley did nothing worse than did the Texan Joseph Duncan, who, in March 1906 as head of the 6th U.S. Infantry, led the slaughter of between eight hundred and one thousand Filipinos, the majority of them women and children. Duncan received a personal telegram from President Roosevelt: "I congratulate you and the officers and men of your

command upon the brilliant feat of arms wherein you and they so well upheld the honor of the American Flag." The Texan was eventually promoted to the rank of brigadier general, buried with honor at Arlington. Calley had the bad fortune of committing his atrocity just as the pact of 1898 was unraveling. "Roosevelt Congratulates Troops," *Mindanao Herald* (March 17, 1906), p. 1; "Medals for Valor," *Mindanao Herald* (June 2, 1906), p. 3; "Medal for Dajo Jero," *Mindanao Herald* (July 14, 1906), p. 2.

[22] Leo Janos, "The Last Days of the President," *The Atlantic* (July 1973).

[23] Greg Grandin, "Secrecy and Spectacle: Why Only Americans Are Worthy of Being Called 'Torturable,'" *The Nation* (December 17, 2014).

[24] Tim Golden, "In U.S. Report, Brutal Details of 2 Afghan Inmates' Deaths," *New York Times* (May 20, 2005).

[25] Daniel Bell, *The Public Interest* (Fall 1975).

[26] Paz, *Claude Lévi-Strauss: An Introduction* (1970), p. 97.

[27] Patrick Timmons, "Trump's Wall at Nixon's Border: How Richard Nixon's Operation Intercept Laid the Foundation for Decades of U.S.–Mexico Border Policy, Including Donald Trump's Wall," *NACLA Report on the Americas* (2017), vol. 49.

第十三章　更多，更多，更多

[1] William Endicott, "Reagan Selling a Return to the 'Good Old Days,'" *Los Angeles Times* (May 6, 1980).

[2] Ronnie Dugger, *On Reagan* (1983), p. 86.

[3] Here's Secretary of State Henry Kissinger in 1974, a year after the end of the Vietnam War: "The U.S. economy will require large and increasing amounts of minerals from abroad, especially from less developed countries. That fact gives the U.S. enhanced interest in the political, economic, and social stability of the supplying countries. Wherever a lessening of population pressures through reduced birth rates can increase the prospects for such stability, population policy becomes relevant to resource supplies and to the economic interests of the United States."

[4] See Paul Ehrlich, *The Population Bomb* (1968), for an example of an argument that stressed the need to create a reformed, environmentally sustainable economic model. Many establishment economists reacted with incredulity to the kind of arguments put forth by the Club of Rome's 1972 *The Limits to Growth*, which held that capitalism was careening to catastrophe. "The very hint," as a recent survey put it, "of an overall global limitation as suggested in the report *The Limits to Growth* has generally been met with disbelief and rejection by businesses and economists" (Fereidoon P. Sioshansi, ed., *Energy, Sustainability and the Environment* [2011],

p. 93). But high-level U.S. policy makers, such as Henry Kissinger, used the idea of impending scarcity and overpopulation to justify a hostile stance to developing nations, a stance that would culminate in Reagan's counterinsurgent drive into the third world. Electing Reagan, Kissinger said in his 1980 Republican National Convention speech, would "guarantee our access to vital minerals and raw materials at a fair price." Such neo-Malthusianism also was reflected in increased vigilantism on the U.S.-Mexico border.

[5] Kevin Mattson, "A Politics of National Sacrifice," *American Prospect* (March 23, 2009).

[6] David Nyhan, "The Can-Do President," *Boston Globe* (August 26, 1981).

[7] Here's Reagan at the Neshoba County Fair: "They have created a vast bureaucracy, or a bureaucratic structure—bureaus and departments and agencies—to try and solve all the problems and eliminate all the things of human misery that they can. They have forgotten that when you create a government bureaucracy, no matter how well intentioned it is, almost instantly its top priority becomes preservation of the bureaucracy. . . . Bureaucracy has [welfare recipients] so economically trapped that there is no way they can get away. And they're trapped because that bureaucracy needs them as a clientele to preserve the jobs of the bureaucrats themselves." The transcript, and a recording of his remarks, are reproduced at the *Neshoba Democrat*, November 15, 2007, available here: http://neshobademocrat.com/Content/NEWS/News/Article/Transcript-of-Ronald-Reagan-s-1980-Neshoba-County-Fair-speech/2/297/15599. Reagan supporters strongly deny that these remarks—including his pledge to return schools to local control—were signaling white supremacy. But see Joseph Crespino, *In Search of Another Country: Mississippi and the Conservative Counterrevolution* (2007). According to Crespino, members of Reagan's campaign couldn't remember him using the phrase "states' rights" before Neshoba. During the campaign, Reagan even dared to float tentative criticism of the 1964 Civil Rights Act, saying that it "might be setting a precedent for infringing upon everybody's individual freedom." In "Reagan Goes After Carter, Woos Chicanos," *Boston Globe* (September 17, 1980).

[8] Endicott, "Reagan Selling a Return to the 'Good Old Days.'"

[9] From Reagan's remarks on the Challenger explosion; in *Public Papers of the Presidents of the United States: Ronald Reagan* (1990), p. 1199.

[10] Norris, "The Frontier Gone at Last," p. 73.

[11] *Public Papers*, vol. 1 (1984), p. 45.

[12] William Clark is identified as the official author of this memo, though Aryeh Neier, *Taking Liberties* (2005), p. 185, tags Elliott Abrams, who also pushed human rights to be identified as individual rights, as its "actual author."

[13] Jerry Wayne Sanders, *Empire at Bay: Containment Strategies and American Politics at the Crossroads* (1983), p. 22.

[14] Euan Hague, Heidi Beirich, and Edward H. Sebesta, eds., *Neo-Confederacy: A Critical Introduction* (2008), p. 28.

[15] Daniel Stedman Jones, *Masters of the Universe: Hayek, Friedman, and the Birth of Neoliberal Politics* (2012); Quinn Slobodian, *Globalists: The End of Empire and the Birth of Neoliberalism* (2018); Daniel Rodgers, *Age of Fracture* (2003); David Harvey, *A Brief History of Neoliberalism* (2005); Nancy MacLean, *Democracy in Chains* (2017); Wendy Brown, *Undoing the Demos* (2015); M. Olssen and M. A. Peters, "Neoliberalism, Higher Education and the Knowledge Economy: From the Free Market to Knowledge Capitalism," *Journal of Education Policy* (2005), vol. 20, no. 3, pp. 313–45; Keith Sturges, *Neoliberalizing Educational Reform* (2015); LaDawn Haglund, *Limiting Resources: Market-Led Reform and the Transformation of Public Goods* (2011); Philip Mirowski, *Never Let a Serious Crisis Go to Waste: How Neoliberalism Survived the Financial Meltdown* (2013); Jamie Peck, *Constructions of Neoliberal Reason* (2010).

[16] "Idea of the frontier" is how Stuart Butler, a Heritage Foundation analyst who spearheaded much of Reagan's deregulatory agenda, described the libertarian agenda. In Jones, *Masters of the Universe*, p. 320. For the Koch brothers and Sagebrush: "Libertarian Candidate Backs Drive to Regain Land," *New York Times* (July 15, 1980); "Third Party Challengers," *Newsweek* (October 15, 1980). Such Koch-funded groups, including Americans for Prosperity Nevada, were allied with the Bundy family militia, which staged armed standoffs in Nevada and Oregon, including the forty-one-day siege at Oregon's Malheur National Wildlife Refuge. See Jack Healy and Kirk Johnson, "The Larger, but Quieter Than Bundy, Push to Take Over Federal Land," *New York Times* (January 10, 2016); William deBuys, "Who Egged On the Bundy Brothers?" *The Nation* (May 18, 2016). Charles Wilkinson, *Crossing the Next Meridian: Land, Water, and the Future of the American West*, published in 1992, describes the work of environmentalists who fought to take back the West from what he calls the "lords of yesterday." Many of these activists, including Wilkinson, had hoped Bill Clinton's 1992 election would help create a "new American land ethic." Within a year, Wilkinson subsequently wrote, the Clinton administration gave up the fight. "The Lords of Yesterday Are Back and They Want America's Public Land," ran a recent headline in *Mountain Journal*.

[17] "Reagan Breaks GOP Tradition, Woos Chicanos," *Chicago Tribune* (September 17, 1980).

[18] The Kennedy administration had begun to wind down Bracero largely in response to a series of damning exposés, including Edward Murrow's CBS broadcast *Harvest of Shame* and Truman Moore's book *The Slaves We Rent*, which revealed the dismal conditions under which farm laborers (denied the protection offered by the New Deal's National Labor Relations Act) worked. These reports focused on *both* Mexican migrants and U.S. citizens, including many African Americans. "This scene is not taking place in the Congo. It has nothing to do with Johannesburg or Cape Town. It is not Nyasaland or Nigeria. This is Florida. These are citizens of the United States, 1960," began *Harvest of Shame*. By shutting down Bracero—which

covered only Mexican migrants—the White House appeared to be doing something to address the issue.

[19] The 1965 Hart-Celler Act, which went into effect in 1968, imposed a total quota of 120,000 on the entire "Western Hemisphere." That number was further reduced in 1976. Ben Mathis-Lilley,"The Law That Villainized Mexican Immigrants," *Slate* (August 10, 2015), provides a good overview. http:// www.slate.com/articles/news_and_politics/politics/2015/08/mexican _ illegals_how_the_hart_celler_act_and_its_conservative_supporters.html. At this point, before the post-Vietnam sort-out, nativists were found equally in the Republican and Democratic parties.

[20] A decade earlier, in 1952, in addition to affirming the racist quotas of the 1924 immigration law, the McCarran-Walker Act, passed by a Democratic Congress over Truman's veto, made it easier to try migrants for unlawful entry by removing their right to grand jury oversight and a jury trial.

[21] Ana Raquel Minian, *Undocumented Lives: The Untold Story of Mexican Migration* (2018). The numbers come from "Stanford Scholar Examines the Spike in Unauthorized Mexican Migration in the 1970s," press release, Stanford University (May 14, 2018), https://news.stanford.edu/ press-releases /2018/05/14/analyzing-undocumented-mexican-migration-u-s-1970s/.

[22] L. H. Whittemore, "Can We Stop the Invasion of Illegal Aliens?" *Boston Globe* (February 29, 1976).

[23] John Crewdson, "Abuse Is Frequent for Female Illegal Aliens," *New York Times* (October 23, 1980).

[24] Justin Akers Chacón and Mike Davis, *No One Is Illegal* (2006) provides an excellent overview of the intersection of anti-immigration laws and white vigilantism on the border. Also Crewdson's two reports: "Farmhands Seeking a Union Walk 400 Miles to See Texas Governor," *New York Times* (April 5, 1977), and "The New Migrant Militancy," *New York Times* (April 16, 1978).

[25] Jonathan Freedman, "In an Area Growing Too Fast, Anger Is Taken Out on the Weak," *Los Angeles Times* (February 19, 1990).

[26] California Legislature, "International Migration and Border Region Violence" (June 22, 1990), https://digitalcommons.law.ggu.edu/cgi/viewcontent.cgi?referer=https://www.google.com/&htt psredir=1&article=1086&context =caldocs_joint_committees.

[27] Regarding the KKK's presence on the California border in the 1970s, Carter's INS director, Leonel Castillo, said that it was mostly a stunt, that the organization never had more than twelve people at the border at one time. But its members would hold a press conference, and protesters from the Chicano movement would show up and "completely outnumber them." And then newspapers would send reporters to cover the confrontation and they "outnumbered

everybody" and the Klan got its profile raised. Castillo here is describing mass-media contretemps. Institutionally, though, the KKK had more than a few sympathizers within the border patrol, who welcomed the Klan's arrival on the border. One agent told a reporter that when the Klan showed up at the border with their "White Power" T-shirts, they were given the "red-carpet treatment" and encouraged to capture migrants. Three years later, one of the Klan border watch organizers, Tom Metzger, won the Democratic nomination for southern Los Angeles's House seat, to unsuccessfully challenge the Republican incumbent. John Crewdson, *The Tarnished Door: The New Immigrants and the Transformation of America* (1983), p. 196; Institute of Oral History, University of Texas at El Paso, interview #532, Leonel Castillo, https://digitalcommons.utep.edu/cgi/viewcontent.cgi?article =1565&context=interviews. See also Kathleen Belew, *Bring the War Home: The White Power Movement and Paramilitary America* (2018), p. 37.

[28] "Klan There but Where?" *Austin American Statesman* (November 1, 1977).

[29] Peter Brush, "The Story Behind the McNamara Line," *Vietnam* (February 1996), https://msuweb.montclair.edu/~furrg/pbmcnamara.html; Terry Lukanic, comp., *U.S. Navy Seabees-The Vietnam Years* (2017), p. 43.

[30] "U.S. Will Construct Barrier Across DMZ," *New York Times* (September 7, 1967).

[31] "The Illegales: Americans Talk of Fences," *Los Angeles Times* (October 9, 1977); "In Defense of an El Paso 'Wall,' " letter to the editor, *New York Times* (November 22, 1978).

[32] "Wild Schemes for Slowing Illegal Aliens," *San Diego Tribune* (March 31, 1986).

[33] Phil Gailey, "Courting Hispanic Voters Now a Reagan Priority," *New York Times* (May 19, 1983). According to Kathleen Belew, in *Bring the War Home*, it was around 1983 when white-supremacist groups underwent a transformation, largely driven by the fallout from Vietnam. In the past, organizations such as the Nazis and the KKK imagined themselves as pressure groups, working to keep the country as white as possible. Now, though, in the 1980s, they took a more oppositional, apocalyptical stance, their political analysis turning darkly, and baroquely, conspiratorial. Belew estimates that the extremist racist movement counted twenty-five thousand members and another six hundred thousand or so who either bought or read the movement's literature. The numbers are from an essay Belew wrote in the *New York Times* called "The History of White Power," (April 18, 2018).

[34] Frederick Kiel, "Mexicans Outraged Over 'Operation Jobs,' " UPI (May 2, 1982).

[35] "INS Official—Private War on Illegal Aliens," *Los Angeles Times* (April 28, 1986).

[36] Reagan's straddle on the issue of immigration is symbolized by Ezell himself. After helping to sell Reagan's 1986 immigration "amnesty" to other hard-liners, Ezell used his INS office to intimidate undocumented residents from applying for the amnesty. He then went on to spearhead California's Proposition 187. Kate Callen, "Harold Ezell: INS Point Man for

Amnesty Program," UPI (May 4, 1988).

[37] "High-Tech War Against Aliens," *Newsday* (April 23, 1983).

[38] "Transcript of the Debate," *Philadelphia Inquirer* (October 22, 1984).

[39] Earl Shorris, "Raids, Racism, and the I.N.S.," *The Nation* (May 8, 1989).

[40] Stacey L. Connaughton, *Inviting Latino Voters* (2005), p. 42.

[41] I discuss Iran-Contra at length in *Empire's Workshop*. See also Belew, *Bring the War Home*, pp. 77–99, for a discussion of Posey and the CMA in detail, including its relationship to Reagan's 1983 invasion of Grenada, which, as Belew demonstrated, likewise focused the concentration of white-supremacist mercenaries.

[42] The "Iran" part of Iran-Contra—which entailed members of the Reagan administration selling high-tech missiles to the Ayatollah's Iran and diverting the money to the Contras—wouldn't be revealed to the public until late 1986, when the story broke in the press. The CMA was part of the "Contra" part of Iran-Contra, which had been reported on since around 1984 and included the creation of a sprawling, grassroots fundraising network that brought together all the fringe elements of the right—radicalized vets, Klan members, *Soldier of Fortune* mercenary types, right-wing Christians, Latin American Nazis, southern conservative businessmen, like Texas oilman Ross Perot, and Middle East sheiks and sultans—to support the cause of anticommunism in Central America. Eventually, Posey and other leaders of the CMA were charged with violating the United States' Neutrality Act, but the case was dismissed by a federal judge who said that they couldn't have violated the act, since that act only applied to countries with which the United States was at peace. "By no stretch of the imagination can the United States be said to have been 'at peace' with Nicaragua," Judge Norman Roettger ruled. "The facts show that, although Congress may have abstained from supporting the Contras . . . the executive branch did not abstain." Posey and his co-defendants were represented by Doug Jones, now Alabama's Democratic senator.

[43] Kristina Karin Shull, "'Nobody Wants These People': Reagan's Immigration Crisis and America's First Private Prisons," PhD dissertation, University of California, Irvine (2014).

[44] "Verdict in Sanctuary Trial," *Hartford Courant* (May 13, 1986); "Alien Arrests Uproar," *Los Angeles Times* (July 11, 1986); "Anti-Communism Called the Thread Binding Group That Captured Aliens," *New York Times* (July 11, 1986); "Private Wars," *Wall Street Journal* (June 14, 1985); "Plea on Firearms Charge," *New York Times* (July 29,1987).

[45] For Posey and the CMA: S. Brian Willson, *Blood on the Tracks* (2011), pp. 188–89, 394; Peter Kornbluh, *Nicaragua: The Price of Intervention* (1987); Freddy Cuevas, "Contras Seek Training from Vietnam Vets," *Sunday Rutland Herald* and *Sunday Times Argus* (July 6, 1986); Ken Lawrence, "From Phoenix Associates to Civilian-Military Assistance," *Covert Action Quarterly* (Fall 1984), no. 22, pp. 18–19; *Who Are the Contras?* Washing-ton, D.C.:

U.S. Congress, Arms Control and Foreign Policy Caucus (1985); "6 Cleared of Illegal Aid to Contras," *Chicago Tribune* (July 14, 1989). See also Belew, *Bring the War Home*, pp. 77–99.

[46] For "our own southern frontier:" *Public Papers of the Presidents of the United States: Ronald Reagan* (1988), p. 352.

[47] The bipartisan Simpson-Mazzoli Act was largely based on the recommendations of the bipartisan Select Commission on Immigration and Refugee Policy, which was established by Congress in 1978 and issued its report in 1981. Carter, though, floated a similar reform: increasing the size of the border patrol; fining employees who hire undocumented workers; and a onetime limited amnesty that provided legal status but not citizenship to undocumented residents. "The Illegales: Americans Talk of Fences," *Los Angeles Times* (October 9, 1977).

[48] "In total, over 3 million people applied for temporary residency, and nearly 2.7 million people received permanent residency in the United States as a result of IRCA. IRCA remains the largest immigrant legalization process conducted" in U.S. history; "Lessons from the Immigration Reform and Control Act of 1986," Migration Policy Institute (August 2005), http://www.migrationpolicy.org/pubs/PolicyBrief_No3_Aug05.pdf.

[49] "Reagan's Farewell Address" (January 12, 1989), https://www.nytimes.com /1989/01/12/news/ transcript-of-reagan-s-farewell-address-to-american -people.html.

[50] *Public Papers of the Presidents of the United States: George Bush, 1991* (1992), p. 1378.

[51] Bush made these remarks in a speech given in Wyoming, heavy with frontier imagery straight from Turner. The topic of the speech was environmentalism, and Bush was trying to strike that middle ground, emphasizing limitlessness while still admitting that some government policy was needed to protect nature. In light of current Koch-funded fossil-fuel absolutism, and considering that Bush did preside over successful policy responses to serious environmental problems, the speech seems well outdated: "But whether restoring a forest or the air that flows above it, nature needs our help. . . . We've hardly scratched the surface of what God put on earth and what God put in man."

[52] *Public Papers of the Presidents of the United States: George Bush, 1991* (1992), p. 280. For "revolution without frontiers," see "Remarks at the Beacon Council Annual Meeting" (September 30, 1991), http://www.presidency.ucsb.edu/ws/?pid=20042.

[53] For example, Edwin Feulner, the founder and former president of the Heritage Foundation, "Skip the Amnesty Sequel" (July 17, 2013), https://www.heritage.org/immigration/commentary/skip-the-amnesty-sequel; "Steve King Says Ronald Reagan's 1986 'Amnesty Act' Led to 15 Million Votes for Barack Obama," *Politifact* (May 29, 2013), http://www.politifact.com/truth-o-meter/ statements/2013/may/29/steve-king/steve-king-says-ronald-reagans-1986-amnesty-act-le/.

第十四章　新的先发者

[1] Walter Mears, "Immigration a Hot Political Potato," *Philadelphia Tribune* (October 14, 1994).

[2] "2 Dispute Chairman on 'Sealing' Border," *Washington Post* (December 22, 1978).

[3] Bush actually borrowed, intentionally, a Sandinista slogan, *revolución sin fronteras*, which he translated as "revolution without frontiers" but would be better rendered as "revolution without borders.""Remarks at the Beacon Council Annual Meeting," http://www.presidency.ucsb.edu/ws/?pid=20042.

[4] "Remarks at the Dedication of the John F. Kennedy Presidential Library Museum in Boston, Massachusetts" (October 29, 1993), http://www.presidency.ucsb.edu/ws/index.php?pid=46039; Gwen Ifill, "Clinton Pushes Trade as New Frontier," *New York Times* (October 30, 1993).

[5] Thomas Friedman, "Scholars' Advice and New Campaign Help the President Hit His Old Stride," *New York Times* (November 17, 1993).

[6] Anthony Arnove, ed., *Iraq Under Siege: The Deadly Impact of Sanctions and War* (2002), p. 17; Chip Gibbons, "When Iraq Was Clinton's War," *Jacobin* (May 6, 2016). Earlier, in the 1980s, Clinton had been one of the few governors willing to send National Guard troops abroad; Arkansas guardsmen went to Grenada, as part of Reagan's invasion of that island, and Chile, where they trained with Augusto Pinochet's military.

[7] Ginger Thompson, "Ex-President in Mexico Casts New Light on Rigged 1988 Election," *New York Times* (March 9, 2004); Paul Krugman, "The Uncomfortable Truth About NAFTA: It's Foreign Policy, Stupid," *Foreign Affairs* (November/December 1993).

[8] In Memphis, Clinton used the phrase "public pathology" to refer to black-on-black crime. "Ghetto pathology" comes from Ta-Nehisi Coates, "The Black Family in the Age of Mass Incarceration," *The Atlantic* (October 2015), https://www.theatlantic.com/magazine/archive/2015/10/the-black-family-in-the-age-of-mass-incarceration/403246/.

[9] Friedman, "Scholars' Advice and New Campaign Help the President Hit His Old Stride."

[10] "For NAFTA," *New Republic* (October 11, 1993).

[11] As national security advisor and secretary of state in the 1970s, Kissinger helped contain Latin America, supporting a series of right-wing coups and death-squad states across the continent that eliminated a generation of nationalists. Reagan, in the 1980s, built on Kissinger's work, going far in opening up Latin America. Now, in the 1990s, "free trade" offered a chance to consolidate "the revolution," as Kissinger said to Mexico's president Carlos Salinas. As an informal advisor to George H. W. Bush, Kissinger had been working to get Mexico on board

with Bush's trade proposal, which was meant to be the first step in a hemisphere-wide free-trade zone (over a 1991 lunch, Kissinger urged Salinas to move fast on trade, since the Democratic Party, in reaction to the rise in poll numbers that victory over Saddam Hussein gave George Bush, would begin to push a protectionist line). After Bush lost reelection, Kissinger and his consultant firm, Kissinger Associates, began advising Clinton, urging him to put NAFTA ahead of health care on his first-year agenda. In his public lobbying for NAFTA, aside from arguments specific to Mexico, Kissinger pushed free trade with exactly the same arguments that he used earlier to push for the first Gulf War: both were needed to stay engaged with the world, to maintain a willingness to act by taking action. For Kissinger and the first Gulf War: Grandin, *Kissinger's Shadow* (2015). For free trade: "With NAFTA, U.S. Finally Creates a New World Order," *Los Angeles Times* (July 18, 1993); Also: Carlos Salinas de Gortari, *México, un paso difícil a la modernidad* (2013). For Kissinger and Clinton: Jeff Faux, *The Global Class War* (2006).

[12] Michael Wilson, "The North American Free Trade Agreement: Ronald Reagan's Vision Realized," Heritage Foundation (November 23, 1993), https://www.heritage.org/trade/report/the-north-american-free-trade-agreement-ronald-reagans-vision-realized.

[13] U.S. International Trade Commission, *Imports Under Items 806.30 and 807.00 of the Tariff Schedules of the United States* (1980), pp. 6–8; Kathryn Kopinak, "The Maquiladorization of the Mexican Economy," *The Political Economy of North American Free Trade*, Ricardo Grinspun and Maxwell A. Cameron, eds. (1993), pp. 141–61; "Mexico Starting Industrial Plan," *New York Times* (May 30, 1965).

[14] Cowie, *Capital Moves*.

[15] "Things Look Up for Mexico as U.S. Firms Cross the Border," *U.S. News & World Report* (July 1, 1968).

[16] United States International Trade Commission, *Production Sharing: U.S. Imports Under Harmonized Tariff Schedule Provisions . . .* (1994), chapter.4, pp. 2–4.

[17] U.S. Environmental Protection Agency and the Mexican Secretaría de Desarrollo Urbano y Ecología, *Integrated Environmental Plan for the Mexican–-U.S.Border Area (First Stage, 1992–1994)* (1992), p. B-5 (appendix).

[18] "Free Industrial Zone Booms on Mexican Border," *Los Angeles Times* (June 12, 1967); "Mexico Pushes Apparel in Border Cities," *Women's Wear Daily* (June 5, 1968); see also Michael Van Waas,"The Multinationals' Strategy for Labor: Foreign Assembly Plants in Mexico's Border Industrialization Program," PhD dissertation, Stanford University (1981). Mexico's Minister of Industry Octaviano Campos Salas said that he got the idea for a border "free trade" zone after a 1964 trip to Asia, where he realized that Mexico could be "an alternative to Hong Kong and Puerto Rico for free enterprise"; see his op-ed: *Wall Street Journal* (May 25, 1967). Also

important to understanding the long historical context of NAFTA is Paul Kershaw's "Arrested Development: Postwar Growth Crisis and Neoliberalism in the US and Mexico, 1971–1978," PhD dissertation, New York University, department of history (2014).

[19] Cowie, *Capital Moves*, pp. 100–27.

[20] For Johnson and Mexico's border industrialization program: Michael Van Waas, "The Multinationals' Strategy for Labor," pp. 149–50.

[21] Cowie, *Capital Moves*, p. 111.

[22] Robert Reich, "Reagan's Hidden 'Industrial Policy,'" *New York Times* (August 4, 1985).

[23] Joel Dyer, *Harvest of Rage* (1997); D. J. Mulloy, *American Extremism: History, Politics and the Militia Movement* (2004); Michael Kimmel and Abby L. Ferber, "'White Men Are This Nation': Right-Wing Militias and the Restoration of American Masculinity," *Rural Sociology* (2000), vol. 65, no. 4, pp. 588–92; Sean P. O'Brien and Donald P. Haider-Markel, "Fueling the Fire: Social and Political Correlates of Citizen Militia Activity," *Social Science Quarterly* (June 1998), vol. 79, no. 2, pp. 456–65.

[24] Nick Reding, *Methland: The Death and Life of an American Small Town* (2009), p. 187.

[25] "Twinkies, Carrots, and Farm Policy Reality," *Civil Eats* (December 19, 2017), https://civileats.com/2017/12/19/twinkies-carrots-and-farm-policy-reality/.

[26] Corie Brown, "Rural Kansas Is Dying," *New Food Economy* (April 26, 2018).

[27] "The Reform of Article 27 and Urbanisation of the Ejido in Mexico," *Bulletin of Latin American Research* (1994), vol. 13, no. 3, pp. 327–335. Also: Gavin O'Toole, "A Constitution Corrupted," NACLA (March 8, 2017).

[28] For the footnote: David Case and David Voluck, *Alaska Natives and American Laws* (2012), p. 116.

[29] Christopher Collins, "Top 1 Percent of Texas Commodity Farmers Get Quarter of $1.6 Billion in Subsidies," *Texas Observer* (November 15, 2017).

[30] Center for Economic and Policy Research, "Did NAFTA Help Mexico? An Update After 23 Years" (March 2017), http://cepr.net/images/stories/reports /nafta-mexico-update-2017-03.pdf?v=2.

[31] "Wave of Illegal Immigrants gains Speed After NAFTA," *NPR Morning Edition* (December 26, 2013), https://www.npr.org/2013/12/26/257255787/wave-of-illegal-immigrants-gains-speed-after-nafta; Kristina Johnson and Samuel Fromartz,"NAFTA's 'Broken Promises': These Farmers Say They Got the Raw End of Trade Deal," *The Salt* (August 7, 2017), https://www.npr.org/sections/thesalt/2017/08/07/541671747/nafta-s-broken-promises-these -farmers-say-they-got-the-raw-end-of-trade-deal.

[32] "The Trade Deal That Triggered a Health Crisis in Mexico," *The Guardian* (January 1, 2018).

[33] "How Guatemala Finally 'Woke Up' to Its Malnutrition Crisis," *PBS News-Hour* (June 25, 2014); "The True Cost of a Plate of Food: $1.in New York, $320 in South Sudan," *The Guardian* (October 16, 2017).

[34] See, in general, David Bacon, *The Right to Stay Home* (2014), and Bacon, "NAFTA, the Cross-Border Disaster," *American Prospect* (November 7, 2017).

[35] The Clinton administration built miles of fortified fences but mistakenly ran one section into Mexican territory, prompting a call by the Mexican government to take it down. As the *Washington Post* reported: "James Johnson, whose onion farm is in the disputed area, said he thinks his forefathers may have started the confusion in the nineteenth century by placing a barbed-wire fence south of the border. No one discovered their error, and crews erecting the barrier may have used that fence as a guideline. 'It was a mistake made in the 1800s,' Johnson said. 'It is very difficult to make a straight line between two points in rugged and mountainous areas that are about two miles apart.'" Alicia Caldwell, "U.S. Border Fence Protrudes into Mexico," *Washington Post* (June 29, 2007).

[36] Washington might be able to, as Benjamin Forgey wryly noted of the pads, "wall off the country" with its leftover war matériel. "The Great Walls of America," *Washington Post* (June 1, 1996).

[37] On the night of September 18, 1993—still three months away from Clinton signing the agreement into law—hundreds of residents from Ciudad Juárez and El Paso filled El Paso's Civic Center to discuss opening up twenty-five miles of their border to trade and commerce. The next morning, though, they woke to find hundreds of green-and-white border patrol vehicles arrayed along the border, fifty yards to one-half mile apart, as helicopters buzzed overhead. Operation Blockade, as this display of men and equipment was called, was designed to shut down informal migration at the point of entrance, as opposed to apprehending migrants once they entered the country. It was executed on the orders of a local border patrol officer—a former Vietnam vet named Silvestre Reyes, who used the operation as a springboard to win, as a Democrat, El Paso's seat in the House of Representatives—but it quickly became national policy. Timothy J. Dunn, *Blockading the Border and Human Rights: The El Paso Operation That Remade Immigration Enforcement* (2009); Joseph Nevins, *Operation Gatekeeper: The Rise of the "Illegal Alien" and the Making of the U.S.–Mexico Boundary* (2002). Hernández, in "The Crimes and Consequences of Illegal Immigration," documents an earlier case where a local initiative taken by a border patrol agent became national policy, when patroller Albert Quillin of south Texas launched an operation that would serve as a model for Operation Wetback.

[38] Dunn, *Blockading the Border*, p. 205.

[39] Nigel Duara, "In Arizona, Border Patrol Doesn't Include Dozens of Deaths in Tally of Migrants Who Perish," *Los Angeles Times* (December 15, 2016); Todd Miller, "Over 7,000 Bodies Have Been Found at the U.S.-Mexican Border Since the '90s," *The Nation* (April 24, 2018).

[40] Dara Lind, "The Disastrous, Forgotten 1996 Law," *Vox* (April 28, 2016).

[41] In December 1996, Rahm Emanuel, a White House advisor, wrote a memo urging Clinton to step up his anti-migrant rhetoric. Clinton's "law and order" policies had cut into the Republican advantage on the issue, but Emanuel wanted Clinton to go further to "claim and achieve record deportations of criminal aliens." Emanuel also recommended that Clinton target migrants in the "workplace.""Halfway through your term," Emanuel said,"you want to claim a number of industries free of illegal immigrants." Emanuel wrote his memo *after* Clinton won his 1996 reelection, so his recommendation was what he thought should be the long-term position of the Democratic Party. Clinton agreed. "This is great," he wrote on the memo's margin.

[42] "Unintended Consequences of US Immigration Policy: Explaining the Post-1965 Surge from Latin America," *Population and Development Review* (2012), vol. 38, no. 1, pp. 1–29.

[43] Robert Ford,"U.S.-Mexico Border Assembly Plant Number Growing," *Austin Statesman* (February 19, 1970).

[44] Alana Semuels, "Upheaval in the Factories of Juarez," *The Atlantic* (January 21, 2016). Also: "Stingy by Any Measure," *The Economist* (August 16, 2014).

[45] "Metalclad NAFTA Dispute Is Settled," *Los Angeles Times* (June 14, 2001). The Department of State threatened to punish El Salvador for setting up a seed-exchange program, which was meant to give local farmers a chance to not become dependent. See Edgardo Ayala, "Salvadoran Peasant Farmers Clash with U.S. over Seeds," *Inter Press Service* (July 5, 2014); Paul Krugman, "No Big Deal," *New York Times* (February 27, 2014).

[46] Richard Roman and Edur Velasco Arregui, *Continental Crucible: Big Business, Workers and Unions in the Transformation of North America* (2015), p. 137.

[47] Shasta Darlington and Patrick Gillespie, "Mexican Farmer's Daughter: NAFTA Destroyed Us," *CNN Money* (February 9, 2017).

[48] In 2000, his last full year in the White House, Bill Clinton enacted Plan Colombia, a military-aid pipeline that channeled billions of dollars to one of the most repressive governments in the hemisphere. Washington had already been sending considerable money to security forces in Mexico, Central America, and Colombia, but Clinton's initiative was a considerable upgrade, meant to target Andean cocaine production. Plan Colombia did break up established Colombian transportation cartels, but it did nothing to stop the flow of drugs north. New start-up cartels and gangs in Central America and Mexico stepped into the vacuum, and drug violence that had largely, in the 1990s, been concentrated in Colombia telegraphed north and engulfed the region.

[49] Bacon, *The Right to Stay Home*. For NAFTA's effects: Bacon, "NAFTA, the Cross-Border Disaster"; Katherine McIntire Peters, "Up Against the Wall," *Government Executive* (October 1, 1996), http://www.govexec.com /magazine/1996/10/up-against-the-wall/427/.

第十五章　跨越血色子午线

[1] Gloria Romero and Antonio Rodríguez, "A Thousand Points of Xenophobia," *Los Angeles Times* (May 21, 1990); "Boy Won't Be Charged for Border Games," *Los Angeles Times*, (June 21, 1990); "TV Show on Border Brings Calls for Inquiry," *Los Angeles Times* (May 10, 1991); "Teen Sentenced to Six Years," *Los Angeles Times* (May 30, 1991), p. 29. *The Reporters'* segment is available on YouTube: https://www.youtube.com/watch?v=FM609 mv6BOw.

[2] The interrogation quote is from *The Reporters*, but the case was widely covered in the print press: For example: "Youth Will Be Tried as Adult in 2 Slayings," *Los Angeles Times* (April 28, 1989).

[3] John Crewdson, "Violence, Often Unchecked, Pervades U.S. Border Patrol," *New York Times* (January 14, 1980). Crewdson's reporting from the late 1970s through the early 1980s on the border for the *New York Times*, much of it reproduced in *The Tarnished Door: The New Immigrants and the Transformation of America* (1983), is harrowing.

[4] Crewdson, *Tarnished Door*, p. 196.

[5] John Crewdson, "A Night on Patrol," *New York Times* (April 22, 1977).

[6] Crewdson, *Tarnished Door*, p. 170.

[7] John Crewdson, "Border Sweeps of Illegal Aliens Leave Scores of Children in Jails," *New York Times* (August 3, 1980).

[8] Crewdson, *Tarnished Door*, p. 170.

[9] Crewdson, "Violence, Often Unchecked, Pervades U.S. Border Patrol."

[10] Crewdson, *Tarnished Door*, p. 196.

[11] Increasing numbers of undocumented laborers arrived to work the fields of a booming agricultural industry, even as the sprawl of San Diego overran those fields with ranch houses, swimming pools, and golf courses. As migrants pitched their makeshift tents (since few farms provided adequate worker housing) on the outskirts of new suburbs, in the creek beds of state and federal parks, they suffered increased racist violence. There were random slurs and jeers directed at groups of men shaping up for day jobs, but also increasing incidents of organized hatred; Crewdson, *Tarnished Door*, p. 196; Freedman, "In an Area Growing Too Fast, Anger Is Taken Out on the Weak"; Human Rights Watch, *Brutality Unchecked: Human Rights Abuses*

Along the U.S. Border with Mexico (1992); for footnote, see Francisco Cantú, *A Line Becomes a River* (2018), p. 32.

[12] Sebastian Rotella and Patrick McDonnell, "A Seemingly Futile Job Can Breed Abuses by Agents," *Los Angeles Times* (April 23, 1993), http://articles.latimes.com/1993-04-23/news/mn-26329_1_level-border-patrol-agent.

[13] Patrollers turned one such substation, in Harlingen, Texas, into a torture center. According to Human Rights Watch, between 1984 and 1992 "physical abuse" there was coupled "with due process abuses meant to terrorize victims of brutality." *Brutality Unchecked*, p. 30.

[14] Operations of the Border Patrol: Hearing before the Subcommittee on International Law, Immigration, and Refugees of the Committee on the Judiciary, House of Representatives, One Hundred Second Congress, second session, August 5, 1992 (1992), p. 209. Also: American Friends Service Committee, *Sealing Our Borders: The Human Toll* (1992).

[15] Operations of the Border Patrol, p. 208.

[16] For "Tonk": Shorris, "Raids, Racism, and the I.N.S.," and John Carlos Frey, "Cruelty on the Border," *Salon* (July 20, 2012), https://www.salon.com/2012/07/20/cruelty_on_the_border/; Martin Hill, "Border Violence: Has the INS Crossed the Thin Line?" *San Diego Magazine* (June 1985).

[17] Human Rights Watch, *Brutality Unchecked*.

[18] Shorris, "Raids, Racism, and the I.N.S."

[19] Judith Cummings, "Border Patrol Is Troubled by Attacks on Agents," *New York Times* (May 19, 1985); Patrick McDonnell, "A Year Later, Mexican Youth Still Haunted by Border Shooting," *Los Angeles Times* (April 21, 1986). Another example: In June 1992, in the middle of the day in a remote Arizona canyon, border patrol agent Michael Andrew Elmer shot Dario Miranda Valenzuela, who was unarmed, in the back, and left him to die. Elmer, who had earlier bragged about "shooting off the leg" of another migrant, was acquitted for the murder. He said he had mistaken Miranda's canteen for a gun. Miranda's family won a civil suit. Rhonda Bodfield, "Elmer Case Settled for $600,000," *Tucson Citizen* (June 5, 1995); Tessie Borden, "Border Agent Was Boastful," *Arizona Daily Star* (July 22, 1992).

[20] William Scobie, "Video Films Trap Brutal Border Cops of Texas," *The Observer* (May 3, 1981).

[21] James Harrington, "I'm Leaving the Texas Civil Rights Project, but Not the Fight," *Texas Observer* (January 6, 2016); Scobie, "Video Films Trap Brutal Border Cops of Texas."

[22] "Mexico Asks UN for Help to Stop Ranch 'Posses' Hunting Migrants," *The Independent* (May 20, 2000); "UN Envoy Is Sent to Investigate Rio Grande Shootings by Posses of Vigilante Ranchers," *The Independent* (May 24, 2000); "Border Clash," *Time* (June 26, 2000). In early

2000, Sam Blackwood, a seventy-six-year-old south Texas rancher, shot and killed a migrant named Eusebio de Haro; de Haro, after spending two one-hundred-plus-degree days hiking into the United States, had approached the rancher on his property and asked for water. Blackwood, who had chased de Haro down the road in his jeep and then shot him, was convicted of a Class A misdemeanor. John W. Gonzalez, "Rancher Convicted in Immigrant's Death," *Houston Chronicle* (August 25, 2001); Agustin Gurza, "America, Tear Down This Wall," *Los Angeles Times* (November 28, 2000). A spokesperson for the National Network for Immigrant and Refugee Rights blamed Clinton's militarization of the border for the rising vigilantism: "There's a climate of violence that's being created by the presence of armed agents, infrared sensors, helicopters with night-vision scopes and guns—a real sense from the U.S. government that there's actually a war being waged," leading people "to imagine immigrants as the enemy." See William Booth, "Emotions on the Edge," *Washington Post* (June 21, 2000), and Pauline Arrillaga, "'Climate of Violence' Leads to Death in Texas Desert," *Los Angeles Times* (August 20, 2000).

[23] "Violence Up as Border Bristles with Guns," *Christian Science Monitor* (June 19, 2000).

[24] By some estimates, Reagan's 1981 tax cut was the largest in U.S. history.

[25] Evelyn Nieves, "Citizen Patrols as Feared as Smuggling Rings Along Border," *Milwaukee Journal Sentinel* (January 4, 2004); Government Accountability Office, "Countering Violent Extremism: Actions Needed to Define Strategy and Assess Progress of Federal Efforts" (April 2017), https://www.gao.gov/assets/690/683984.pdf.

[26] Jennifer Delson, "One Man's Convictions Launched a Border Crusade," *Los Angeles Times* (April 11, 2005). Gilchrist founded the Minuteman Project with Chris Simcox, an Arizona anti-migrant activist currently serving a nineteen-year prison sentence for sexually assaulting three girls under the age of ten.

[27] Carrigan and Webb, *Forgotten Dead*, p. 46.

[28] Julia Mead, "Anti-Immigrant Group Active on East End," *New York Times* (April 23, 2006).

[29] Miriam Jordan, "Anti-Immigration Activists Roil the Heartland," *Wall Street Journal* (July 16, 2007).

[30] In Long Island, where teenagers burned a Mexican family out of their home and bodies of migrants began to turn up in the woods separating townships, stalking Latino migrants became a blood sport. A pack of teenagers out "hunting Mexicans" stabbed an Ecuadoran man to death. Southern Poverty Law Center, "Anti-Latino Hate Crimes Rise for Fourth Year in a Row" (October 29, 2008), https://www.splcenter.org/hatewatch/2008/10/29/anti-latino-hate-crimes-rise-fourth-year-row; Albor Ruiz, "Rising Hate Crime a National Shame," *New York Daily News* (November 3, 2008); Kirk Semple, "A Killing in a Town Where Latinos Sense Hate," *New York Times* (November 13, 2008). In 2009, Shawna Forde, leader of the Minutemen American

Defense, led two other militia members in a raid on the house of Raul Flores and his daughter Brisenia Flores, in Arivaca, Arizona, a town ten miles north of the border, killing both. Ford believed Flores was a cartel member.

[31] Slotkin, *Regeneration Through Violence*, p. 564.

[32] Barry Scott Zellen, *State of Recovery: The Quest to Secure American Security After 9/11* (2013).

[33] Crewdson, *Tarnished Door*, p. 333.

[34] John Crewdson, "Border Region Is Almost a Country Unto Itself, Neither Mexican Nor American," *New York Times* (February 14, 1979).

[35] Chapman was a contradictory figure. He worked to make "illegal alien" a household phrase and brought a militarist's sensibility to border security, warning about high Mexican birth rates and "silent invasions." He ordered immigration agents to target workplaces, but also prohibited searching people at random. He seemed aware of what the implications of that militarism would be for the country's constitutional system. The episode "General Chapman's Last Stand" of Malcolm Gladwell's podcast, *Revisionist History* (http://revisionisthistory.com/episodes/25-general-chapman's-last-stand), focuses on Chapman, mostly to highlight the Mexican Migration Project—led by Douglas Massey, Jorge Durand, David Lindstrom, Silvia Giorguli Saucedo, Karin Pren, Alondra Ramírez López, and Verónica Lozano—which has shown how efforts to police the border to limit migration have had a contradictory effect. As discussed earlier, such policing efforts limit mobility and circulation, ending seasonal or one-off circular migration and increasing the population of permanent undocumented residents. For his quotations: Whittemore, "Can We Stop the Invasion of Illegal Aliens?"

[36] Michael Barone, "In Terms of Geography, Obama Appeals to Academics and Clinton Appeals to Jacksonians," *U.S. News & World Report* (April 2, 2008); Jonathan Chait, "The Party of Andrew Jackson vs. the Party of Obama," *New York* (July 5, 2015); Robert Merry, "Andrew Jackson: Tea Party President," *American Spectator* (October 7, 2011).

[37] Ezra Klein, "Obama Revealed: A Moderate Republican," *Washington Post* (April 25, 2011).

[38] "Still Flying High," *New York Times* (December 25, 2006). For Krugman's second thoughts, see "Trouble with Trade," *New York Times* (December 27, 2007). Also: William Greider, "Paul Krugman Raises the White Flag on Trade," *The Nation* (March 14, 2016).

[39] Lori Wallach, "NAFTA on Steroids," *The Nation* (June 27, 2012).

[40] Gaiutra Bahadur, "Nativists Get a Tea-Party Makeover," The Nation (October 28, 2010).

[41] "Tea Party Rolls into Arizona," *Human Events* (March 30, 2010), http://humanevents.com/2010/03/30/tea-party-rolls-into-arizona/.

[42] But Obama still accepted the legitimating premises of the Global War on Terror, so much so

that he refused efforts to hold any official in the Bush administration responsible for torture or extrajudicial assassinations. Indeed, Obama set his own dangerous precedent by claiming the authority to kill by drone. And he launched his own ruinous intervention in Libya. As with Iraq before it, the United States' military operation in Libya—as part of a NATO assault that led to the downfall of Muammar Gaddafi—had terrible conse-quences, spreading jihadism down into sub-Saharan Africa and, along with the civil war in Syria, sending millions of refugees into Europe, driving a right-wing reaction through the member states of the European Union. For Obama and extrajudicial assassination by drone: Mattathias Schwartz, "A Spymaster Steps Out of the Shadows," *New York Times* (June 27, 2018).

[43] The United States, with its military spread out across the world and its round-the-clock, unaccountable bombing and extensive covert operations, has effectively abolished the idea of "peacetime." As a number of scholars have shown, endless war creates volatile forms of masculinity and free-floating hatreds. Many studies confirm the relationship between war and domestic radicalization, especially between the first Gulf War and the spread of militia and patriot groups. Examples: Jan Kramer, *Lone Patriot* (2007), p. 67; Steven Cermak, *Searching for a Demon* (2012); Abby Ferber, *Home-Grown Hate* (2004); Nadya Labi, "Rogue Element: How an Anti-Government Militia Grew on an U.S. Army Base," *New Yorker* (May 26, 2014). Also Belew, *Bringing the War Home*, and Mary Dudziak, *Wartime: An Idea, Its History, Its Consequences* (2012), p. 86, for how the first Gulf War served as a rupture in the national experience of past wars, which, from frontier wars to World War II, could be seamlessly integrated into a national narrative of progress. Also: Kenneth Stern, *A Force Upon the Plain: The American Militia Movement and the Politics of Hate* (1996); Jerry Lembke, *The Spitting Image: Myth, Memory, and the Legacy of Vietnam* (2000); Daniel Levitas, *The Terrorist Next Door: The Militia Movement and the Radical Right* (2002); Hugh Campbell, Michael Mayerfield Bell, and Margaret Finny, eds., *Country Boys: Masculinity and Rural Life* (2006); Michael Kimmel and Abby Ferber, "'White Men Are This Nation': Right-Wing Militias and the Restoration of Rural American Masculinity"; and Chip Berlet, "Mapping the Political Right: Gender and Race Oppression in Right-Wing Movements"; Evelyn Schlatter, *Aryan Cowboys: White Supremacists and the Search for a New Frontier, 1970–2000* (2009); Leonard Zeskind, *Blood and Politics: The History of the White Nationalist Movement (*2009); and Steven Cermak, *Searching for a Demon* (2012). Billions of dollars that are spent on war could fund social services, while municipalities try to cover their budgets by fining and ticketing their poorest residents, leading some neighborhoods to feel like they are under occupation. As citizens marched to protest the increase in police killing of young, unarmed African American men, they were greeted by phalanxes of police officers armored with surplus gear from the country's wars. It was hard, many noted, to tell the police in Ferguson, Missouri, from the troops in Fallujah. For the political economy of municipal militarization: Walter Johnson, "The Economics of Ferguson," *The Atlantic* (April 26, 2015), https://www.theatlantic.com/politics/archive/2015/04/fergusons-fortune-500-company/390492/; Mark Thompson, "Why Ferguson Looks So Much

Like Iraq," *Time* (August 14, 2014). A number of murders by right-wing racists during the Obama years are well known, including the June 2015 massacre of nine African Americans at Emanuel African Methodist Episcopal Church in Charleston, South Carolina. But quite a few slaughters, such as those in Oregon, Colorado, and Louisiana committed by survivalists, misogynists, racists, and white supremacists, were largely ignored. Government Accountability Office, "Countering Violent Extremism."

[44] In the summer of 2017, Donald Trump, citing George H. W. Bush's 1990 invasion of Panama as a positive precedent, repeatedly pushed his national security staff to launch a military assault on crisis-plagued Venezuela. Trump was serious; he brought up the idea in meeting after meeting. Everyone he spoke with, though, including his military and civilian advisors and foreign leaders, forcefully dismissed the proposal. An invasion of Venezuela might be riskier than the one Bush used to good political effect in Panama, as a prelude to the first Gulf War. But rejection of the idea out of hand has, I think, less to do with objective tactical considerations and more with the fact that, because the U.S. is trapped in an endless war, it can't use one-off particular wars to reorder domestic and international politics, the way Panama did. In the past, the United States often returned to Latin America to regroup after periods of military overreach in the rest of the world. Reagan had his Grenada. Bush had Panama. Trump, for now, is denied his Venezuela.

[45] Wallach,"NAFTA on Steroids."Ernesto Londoño and Nicholas Casey,"Trump Administration Discussed Coup Plans with Rebel Venezuelan Officers," *New York Times* (September 8, 2018), https://www.nytimes.com/2018/09/08/world/americas/donald-trump-venezuela-military-coup.html.

[46] Dara Lind, in *Vox*, provides excellent coverage of border issues, including the militarization of immigration policy. See her overview "The 2014 Cen-tral American Migrant Crisis" (May 13, 2015), https://www.vox.com/cards /child-migrant-crisis-unaccompanied-alien-children-rio-grande-valley-obama-immigration/are-children-who-come-into-the-us-illegally-eligible-for-legal-status.

[47] ABC News,"Obama Has Deported More People Than Any Other President" (August 29, 2016). Based on governmental data found here, https://www.dhs.gov/immigration-statistics/yearbook, the author's insistence that "the Obama administration has deported more people than any other president's administration in history" seems overstated, especially since the mechanisms of deportation, especially during the Hoover, Roosevelt, Truman, and Eisenhower administrations, worked differently. But the point is taken.

[48] Sarah Macaraeg, "Fatal Encounters; 97 Deaths Point to Pattern of Border Agent Violence Across America," *The Guardian* (May 2, 2018), https://www.theguardian.com/us-news/2018/may/02/fatal-encounters-97-deaths-point-to-pattern-of-border-agent-violence-across-america.

[49] ACLU Border Litigation Project and the University of Chicago Law School, International

Human Rights Clinic, "Neglect and Abuse of Unaccompanied Immigrant Children by U.S. Customs and Border Protection" (May 2018), https://www.dropbox.com/s/lplnnufjbwci0xn/CBP%20Report%20ACLU_IHRC%205.23%20FINAL.pdf?dl=0.

[50] This ACLU page (https://www.aclusandiego.org/cbp-child-abuse-foia/) provides links to other recent reports conducted by a variety of organizations—including No More Deaths, the Women's Refugee Commission, and the National Immigrant Justice Center—on ongoing border patrol abuse and impunity.

[51] Ed Pilkington, "'It Was Cold, Very Cold': Migrant Children Endure Border Patrol 'Ice Boxes,'" *The Guardian* (January 26, 2015), https://www.theguardian.com/us-news/2015/jan/26/migrant-children-border-patrol-ice-boxes.

[52] Cantú, *A Line Becomes a River*, p. 32.

[53] Jim Gilchrist and Jerome Corsi, *Minutemen* (2006), p. 13; see also Derek Lundy, *Borderlands* (2010), p. 187.

[54] David Neiwert, *And Hell Followed with Her: Crossing the Dark Side of the American Border* (2013), p. 126; Lundy, *Borderlands*, p. 187.

[55] David Nye, *America as Second Creation: Technology and Narratives of New Beginnings* (2004), p. 210. Also: Wallace Stegner, *Beyond the Hundredth Meridian: John Wesley Powell and the Second Opening of the West* (1954).

[56] J. R. Hagan, who set up the border watch under the auspices of what turned out to be Iran-Contra, said that he had "mowed people down" in Vietnam and that he'd "do it again" to fight communism. "Verdict in Sanctuary Trial Fails to Deter Supporters of Movement," *Hartford Courant* (May 13, 1986).

[57] "*Minuteman Alista Voluntarios,*" *La Opinión* (May 27, 2005). Another example: "People across that border are probably still sitting around campfires talking about how they lost the war to us," another militia member reported, acknowledging that whites "took this land by conquest"; Harel Shapira, *Waiting for José: The Minutemen's Pursuit of America* (2013), p. 3. Gilchrist and Corsi, *Minutemen*, pp. 146–52, for how border militia imagine the reconquest taking place.

[58] Peter Holley, "These Armed Civilians Are Patrolling the Border to Keep ISIS Out of America," *Washington Post* (November 25, 2015).

[59] Shapira, *Waiting for José*, p. 12.

[60] Shane Bauer, "Undercover with a Border Militia," *Mother Jones* (November/December 2016). Right-wing internet sites constantly report on the Urdu-English or Arabic-English dictionaries being found on the border.

[61] Tim Gaynor, "Desert Hawks," Al-Jazeera America (October 26, 2014), http://projects.aljazeera.

com/2014/arizona-border-militia/.

结语　那堵墙在美国历史上的意义

[1] Daniel Van Schooten, "Bad Actors Among Border Wall Contractors," *Project on Government Oversight* (April 17, 2018), http://www.pogo.org/blog/2018/04/bad-actors-among-border-wall-contractors.html.

[2] Todd Miller, *Border Patrol Nation: Dispatches from the Front Lines of Homeland Security* (2014), draws attention to this new way of thinking about the border.

[3] "The Constitution in the 100-Mile Border Zone," ACLU fact sheet, https://www.aclu.org/other/constitution-100-mile-border-zone.

[4] Tanvi Misra, "Inside the Massive U.S. 'Border Zone,'" *City Lab* (May 14, 2018), https://www.citylab.com/equity/2018/05/who-lives-in-border-patrols-100-mile-zone-probably-you-mapped/558275/.

[5] The project, funded by the state of Texas, has since ended. See Joana Moll and Cédric Parizot, "The Virtual Watchers," *Exposing the Invisible*, https://exposingtheinvisible.org/resources/the-virtual-watchers.

[6] "Our Walled World," *The Guardian* (November 19, 2013). Michael Flynn, "Where's the U.S. Border?" unpublished paper, cited in Todd Miller's "Wait—What Are U.S. Border Patrol Agents Doing in the Dominican Republic?" *The Nation* (November 19, 2013); Miller, *Border Patrol Nation*; "All of Michigan Is an ICE 'Border Zone,'" *Metro Times* (February 2, 2018), https://www.metrotimes.com/news-hits/archives/2018/02/02/all-of-michigan-is-an-ice-border-zone-here-are-the-rights-all-immigrants-should-know.

[7] Miller, *Border Patrol Nation*, p. 43.

[8] Ivana Kottasová, "The 1% Grabbed 82% of All Wealth Created in 2017," *CNN Money* (January 22, 2018), http://money.cnn.com/2018/01/21/news/economy/davos-oxfam-inequality-wealth/index.html. The report was produced by OXFAM "using data from Credit Suisse's Global Wealth Databook."

[9] Jane Mayer, "The Reclusive Hedge-Fund Tycoon Behind the Trump Presidency: How Robert Mercer Exploited America's Populist Insurgency," *New Yorker* (March 27, 2017), https://www.newyorker.com/magazine/2017/03/27/the-reclusive-hedge-fund-tycoon-behind-the-trump-presidency. The program that allowed Mercer to play sheriff has reportedly been terminated. Isobel Thompson, "Bob Mercer, Glorified Mall Cop, Has a Badge—and Lots of Guns," *Vanity Fair* (March 28, 2018), https://www.vanityfair.com/news/2018/03/robert-mercer-volunteer-policeman-gun-control; Sean Illing, "Cambridge Analytica, the Shady Data Firm That Might Be

a Key Trump-Russia Link, Explained," *Vox* (April 4, 2018), https://www.vox.com/policy-and-politics/2017/10/16/15657512/cambridge-analytica-facebook-alexander-nix-christopher-wylie; Vicky Ward, "The Blow-It-All-Up Billionaires," *Huffing-ton Post* (March 17, 2017), https://highline.huffingtonpost.com/articles/en/mercers; Michael Wolff, *Fire and Fury* (2018).

[10] Tami Luhby, "Millennials Born in 1980s May Never Recover from the Great Recession," *CNN Money* (May 23, 2018), http://money.cnn.com/2018/05/22/news/economy/1980s-millennials-great-recession-study/index.html.

[11] Peter Whoriskey, "'I Hope I Can Quit Working in a Few Years': A Preview of the U.S. Without Pensions," *Washington Post* (December 23, 2017).

[12] For a convincing argument concerning the structural transformation of the political economy, one that goes beyond questions of poverty and inequality and highlights the limitations of how progressives think about reform: James Livingston, *No More Work: Why Full Employment Is a Bad Idea* (2016). Livingston (influenced by, among others, the New Dealer Stuart Chase, especially his 1934 book, *The Economy of Abundance*) argues that labor has become disassociated from capitalist profit: "Since the 1920s, socially nec-essary labor—what it takes to reproduce the material rudiments of civilization as we know it—describes a smaller and smaller proportion of everyday transactions. Every year, we produce more output without any increase of inputs (whether of capital or labor), and this holds true globally, not just within the United States." The quotation is from "Why Work?" *The Baffler* (June 2017), https://thebaffler.com/salvos/why-work-livingston. For Livingston's take on how this shift fuels social violence: "Guns and the Pain Economy," *Jacobin* (December 18, 2012), https://www.jacobinmag.com/2012/12/guns-and-the-pain-economy. See also Victor Tan Chen, "All Hollowed Out: The Lonely Poverty of America's White Working Class," *The Atlantic* (January 16, 2016); Peter Temin, *The Vanishing Middle Class: Prejudice and Power in a Dual Economy* (2017); Thomas Ferguson, Paul Jorgensen, and Jie Chen, "Industrial Structure and Party Competition in an Age of Hunger Games: Donald Trump and the 2016 Presidential Elections," working paper #66, Institute for New Economic Thinking (January 2018), https://www.ineteconomics.org/uploads/papers/Ferg-Jorg-Chen-INET-Working-Paper-Industrial-Structure-and-Party-Competition-in-an-Age-of-Hunger-Games-8-Jan-2018.pdf; "Statement on Visit to the USA by Professor Philip Alston, United Nations Special Rapporteur on Extreme Poverty and Human Rights" (December 15, 2017), https://www.ohchr.org/EN/NewsEvents/Pages/DisplayNews.aspx?NewsID=22533; Samuel Stebbins, "Despite Overall Sustained GDP Growth in U.S., Some Cities Still Hit Hard by Extreme Poverty," *USA Today* (April 23, 2018), https://www.usatoday.com/story/money/economy/2018/04/23/cities-hit-hardest-extreme-poverty/528514002/; I. Papanicolas, L. R. Woskie, and A. K. Jha, "Health Care Spending in the United States and Other High-Income Countries," *Journal of the American Medical Association* (March 13, 2018), vol. 319, no. 10, pp. 1024–1039. See also Adam Tooze, *Crashed: How a Decade of Financial Crises Changed the World* (2018).

[13] Hiroko Tabuchi, "'Rolling Coal' in Diesel Trucks, to Rebel and Provoke," *New York Times* (September 4, 2016); Brian Beutler, "Republicans Are the 'Rolling Coal' Party," *New Republic* (June 5, 2017), https://newrepublic.com /article/143083/republicans-rolling-coal-party.

[14] Dara Lind, "Trump on Deported Immigrants: 'They're Not People. They're Animals,'" *Vox* (May 17, 2018), https://www.vox.com/2018/5/16/17362870/trump-immigrants-animals-ms-13-context-why.

[15] The passport denials started under George W. Bush, continued through the Obama administration, and increased dramatically under Trump. Kevin Sieff, "U.S. Is Denying Passports to Americans Along the Border, Throwing Their Citizenship into Question," *Washington Post* (September 13, 2018), https://www.washingtonpost.com/world/the_americas/us-is-denying-passports-to-americans-along-the-border-throwing-their-citizenship-into-question/2018/08/29/1d630e84-a0da-11e8-a3dd-2a1991f075d5_story.html.

[16] See the transcript of Trump's call with a person he thought was a U.S. sena-tor, published in *Business Insider* (June 30, 2016), https://www.businessinsider.de/trump-prank-phone-call-transcript-john-melendez-bob-menendez-air-force-one-2018-6?r=US&IR=T. See also John D. Feeley and James D. Nealon, "The Trump Administration Shoves Honduran Immigrants Back into Dan-ger," *Washington Post* (May 9, 2018); Masha Gessen, "Taking Children from Their Parents Is a Form of State Terror," *New Yorker* (May 9, 2018). But to underscore how Trump merely turns structural cruelty into spectacular cruelty, Barack Obama's ambassador to El Salvador had announced a similar policy. Greg Grandin, "Here's Why the U.S. Is Stepping Up the Deportation of Central Americans," *The Nation* (January 21, 2016).

[17] Caitlin Dickerson, "Detention of Migrant Children Has Skyrocketed to Highest Levels Ever," *New York Times* (September 12, 2018), https://www.nytimes.com/2018/09/12/us/migrant-children-detention.html.

图书在版编目（CIP）数据

神话的终结/（美）格雷格·格兰丁著；兰莹译. -- 成都：天地出版社, 2025.1. -- ISBN 978-7-5455-8321-2

Ⅰ.①神… Ⅱ.①格…②兰… Ⅲ.①美国－历史－研究 Ⅳ.①K712.07

中国国家版本馆CIP数据核字（2024）第076149号

THE END OF THE MYTH: From the Frontier to the Border Wall in the Mind of America by Greg Grandin
Copyright © 2019 by Greg Grandin
Published by arrangement with Metropolitan Books, an imprint of Henry Holt and Company
Simplified Chinese language edition © 2024 Beijing Huaxia Winshare Books Co., Ltd.
All rights reserved
著作权登记号 图字：21-24-089

SHENHUA DE ZHONGJIE

神话的终结

出 品 人	杨　政
作　　者	［美］格雷格·格兰丁
译　　者	兰　莹
责任编辑	董　晴
封面设计	水玉银文化
内文排版	马丽霞
责任印制	王学锋
出版发行	天地出版社
	（成都市锦江区三色路238号 邮政编码：610023）
	（北京市方庄芳群园3区3号 邮政编码：100078）
网　　址	http://www.tiandiph.com
电子邮箱	tianditg@163.com
经　　销	新华文轩出版传媒股份有限公司
印　　刷	北京文昌阁彩色印刷有限责任公司
版　　次	2025年1月第1版
印　　次	2025年1月第1次印刷
开　　本	710mm×1000mm 1/16
印　　张	27.5
彩　　插	16页
字　　数	389千字
定　　价	88.00元
书　　号	ISBN 978-7-5455-8321-2

版权所有◆违者必究

咨询电话：（028）86361282（总编室）
购书热线：（010）67693207（营销中心）

如有印装错误，请与本社联系调换。